サクロ・モンテの起源

西欧におけるエルサレム模造の展開

関根浩子
Hiroko Sekine

Sacro Monte

Le origini dei Sacri Monti

Evoluzione della riproduzione architettonica di Gerusalemme nell'Europa cattolica

勉誠出版

目次

第二章　一五世紀以前の西欧におけるエルサレムの模造建築

凡例

1. 欧米の人名や地名、団体名、書名等をカタカナ表記する場合は、それぞれの所属国の原発音に沿うことを原則としたが、すでに慣用的に使用されている表記についてはそれに従った（例：Francesco はフランチェスコ、O. F. M. はフランシスコ会とした）。

2. 欧語のカトリック用語を邦語に訳す場合は、主として『カトリック大辞典』（冨山房、全五巻）や小林珍雄編『キリスト教用語辞典』（東京堂）、『新カトリック大事典』（研究社、全四巻）に拠り、さらに初出の訳語の上に原発音に近いカタカナでルビを付した（例：留《スタチオ》、十字架の道《ヴィア・クルーチス》）。

3. 我が国においてはまだ定着していないと思われる用語の訳語についても、原語がわかるように、初出の訳語の上にカタカナでルビを付した（例：聖（像）柱《ビルトゥシュテック》）。

4. 定着した訳語が存在していても、それが特殊な意味を含めて使用されている場合には、原発音に近いカタカナで表記した（例：mistero（伊語の単数形）、misteri（同複数形）は、訳語の「玄義」の意味で足りる場合には「玄義」と訳し、それ以上の特殊な意味を含めて使われている場合には「ミステーロ」、「ミステーリ」と表記した）。

5. 訳語として定着していても、原発音をルビで付した方がよいと判断される用語には、初出の場合に限ってカタカナでルビを付した（例：復活聖堂（アナスタシス））。

6. 引用文中の（ ）のうち、原文に含まれていたものには「（括弧は原文）」と特記した。特記のない（ ）と〔 〕は著者に依る。

7. 欧米語の文献や史料、聖書の記述の一部などを引用する場合、すでに邦訳が存在している場合はそれに従い、注において出典を記すか文中で注記したが、注記がない引用文は著者の拙訳に依る。

8. 引用文や本文中に見られる傍線は、該当箇所を示すか強調するために著者が施したものである。

9. 欧米語の書名を挿入する場合は、可能な限り邦語に訳し、初出の場合に限って（ ）内に原タイトルを付した。

10. 本文中で用いた区切り符合のうち、『 』は書名、「 」は主として文や注意を引こうとする語句、邦語論文のタイトルに用いたが、第3章ではキリストゆかりの都市や山全体など、広域を特定する場合にも用いた。また、〈 〉は礼拝堂名、《 》はタブローや壁画、版画、彫刻作品のタイトルを表わすのに用いた。さらに、クォーテーションマーク（‘ ’や“ ”）は欧米語の論文タイトルの挿入に用い、（ ）と〔 〕は本文の注記に用いた。

11. 手稿の紙葉に付記したr.とv.は、それぞれrecto（表頁）とverso（裏頁）の略号である。

12. 本文の注は各章末に付した。

サクロ・モンテの起源——西欧におけるエルサレム模造の展開

序

今日、発生地のイタリアでの呼称によって一般に「サクロ・モンテ」（聖山）と呼ばれている近世の巡礼施設は、具体的には、山や丘の頂上か斜面上の限定された屋外空間（図1、2）に、一連の礼拝堂や聖堂、修道院などの宗教建築を擁しており、十字架の道行き（ヴィア・クルーチス）や聖なる道行き（ヴィア・サクラ）などの別の一連の信心業用の小複合体を併設していることもある。そして一連の礼拝堂内では、キリストの生涯や受難、あるいは聖母マリアや聖人の生涯などに関係する聖なる場面が、巡礼者を物理的かつ心理的にそれらの場面へ巻き込むために、きわめて表現力に富む絵画とまるで生身の人間のように見える等身大のそれぞれ独立した群像彫刻（レリーフの場合もある）によって演劇的に表現されている（図3）。

しかし、「サクロ・モンテ」に対する解釈は一様ではない。より現実的、歴史的な意味で、それをエルサレムの模造建築の一種と見做す者もあれば、異教徒による迫害のために困難になった聖地パレスティナへの実際の巡礼に代わる代用巡礼施設、あるいはプロテスタントに対するカトリックの要塞と捉える者もある。また霊性史的立場から、中世に説かれ流布した霊的ないしは心的巡礼を具体化したものとする者もある。さらに、より根本的、象徴的な意味で、修道士のためにではなく、多くの巡礼者や悔悛者をキリスト教徒の最終目的地である「天のエ

図1　ヴァラッロのサクロ・モンテの聖域を囲む壁体（右方に創設当初の古い入口、左方に改造期に造られた壮麗な入口がある）

ルサレム」へ至らせるために、天と地が出会う場所である聖なる山に聖地（「地上のエルサレム」）を再現したり、聖なる頂へ導くための聖道を接続したりした、カトリック的、芸術的、とりわけ苦行的な近世の巡礼施設と解釈する者もある。このような多様な解釈は、それぞれがサクロ・モンテの前史から発生、発展という一連の過程のうちの一面ないしは一時期に着目したために生じたことであり、サクロ・モンテは、逆に言えば、そうした解釈のすべての要素を内包するものと言うことができる。つまり、中世までの西欧の聖地模造や実際の聖地巡礼と霊的巡礼の伝統を受け継いで生まれ、カトリック教会の意向と北イタリアの宗教的諸事情の中で独自の近世的形態を獲得して発展した巡礼施設と捉えられよう。

このように歴史性や象徴性、芸術性を帯びた魅力的なサクロ・モンテについては、イタリアのものに限ってみても、これまで世界中の研究者によって、美術史や建築史、歴史（地理）、カトリック教会史、創設者が属していた修道会（フランシスコ会やカプチン会など）史、並びにキリスト教神秘主義思想史的側面などからアプローチがなされ研究が積み重ねられてきた。その結果今日では、重要な施設については、その歴史的全体像はかなり明瞭に映し出されている。また、その他の大小のサクロ・モンテとの関係やサクロ・モンテ全体の歴史的展開などについても的確な位置付けや跡付けがなされるようになった。しかし、第一章で検証するように、イタリアを除く西欧の国々、とりわけアルプス以北の国々では、すでに二〇世紀初頭から「カルヴァリオ（山）」や「十字架の道行き」などの研究（イタリアの施設も言及されている）において、西欧近世の巡礼施設を総合的に取り上げる傾向が見られるのに対し、イタリアでは、国内のサクロ・モンテと西欧のその他の国々の類似施設を総合的に扱う研究は、近年ピエモンテ州サクロ・モンテ・ディ・クレアの資料センターが開始した大規模で画期的な調査・研究の試みまでまったく見られなかった。それどころか今日に至っても、イタリアのサクロ・モンテをイタリアに固有なものと見做し、西欧のその他の国々のエルサレムの模造建築や類似施設と一緒に考察するのを批判する研究者もいる。しかし、サクロ・モンテに関る重要な問題の中には、イタリア国内にのみ因を求めても解明しがたく、西欧全体ないしは欧州全体に視野を広げて考察する必要があるものもある。

図2　緩やかな斜面上に礼拝堂が並ぶオローパのサクロ・モンテ

図3　ヴァラッロのサクロ・モンテの第37堂《十字架への釘付け》の堂内装飾の一部

本書で取り組む「サクロ・モンテ」の起源の問題も、著者によれば、そのような問題の一つである。その発生については、これまで、対抗宗教改革的理由やフランシスコ会との関係、また、巡礼形態の変化などが理由として挙げられてきた。そして特に、堂内に設えられた壁画と群像彫刻による迫真的な玄義場面の起源については、中世末期に隆盛した聖劇や、北イタリアに散見されるトラメッツォ上に描かれたキリストの受難を主題とした壁画、アルプス以北において四旬節に主祭壇を隠すように吊り下げられる大布（ファステントゥーフ）、イタリアでも流布したことが明らかなデューラーを筆頭とするアルプス以北の版画家による受難伝シリーズ、さらにはフランス南部からイタリアのエミリア・ロマーニャ州やトスカーナ州にまで広く遺例が残るキリストの「埋葬（ミゾ・トンボ）」、ないしは「ピエタ」を主題とする極めて表現主義的な一五世紀の等身大の群像彫刻などからの影響が指摘されている。しかし、サクロ・モンテを構成している大小の礼拝堂の全体的配列（＝形態もしくは類型）や、その形態を構成している個々の礼拝堂の建築的要素に着目し、それらを、同時代の西欧のその他の国々の類似の施設や、先行する時代の同じような意味を帯びた建造物など比較、検証しながら、サクロ・モンテの発生や展開を考察する試みは管見の限りまだなされていない。もちろん、先行する時代にエルサレムとの関係で建設された西欧の建造物を紹介した研究がイタリアにまったくなかったわけではない。しかし、存在するその僅かな論考も、そうした建造物とイタリアのヴァラッロとサン・ヴィヴァルドのサクロ・モンテの「代用エルサレム」時代の形態とがどのように関係しているのかまでは明示していない。

そこで本書では、一五世紀以前のエルサレムの模造建築の模造方法や構成要素の変遷、模造法に変化を生じさせた背景などを西欧的視野のもとに概観することによって、また、旧来のイタリア的方法に反し、同時代の西欧（とりわけアルプス以北）のその他の国々の類似の建造物や施設を比較、検証の対象にすることによって、ヴァラッロとサン・ヴィヴァルドの「代用エルサレム」（後代の「サクロ・モンテ」の手本）の形態の発生の問題にアプローチしてみたい。本書の展開としては、まず第一章で「サクロ・モンテ」等の用語についての批判とイタリアのサクロ・モンテ研究の流れについての概観を行う。そしてその後で一五世紀以前の西欧における聖地パレスティナ、とりわけ聖都エルサレムの模造法についての概観に入る。次いで第三、四章で数世紀を経るなかで変形を被ってしまった現在のヴァラッロとサン・ヴィヴァルドのサクロ・モンテの初期の形態を明らかにし、それによって、両施設の初期の形態が西欧のその他の国々（特にアルプス以北）の一五世紀以前のエルサレムの模造建築や複合体と無縁ではないと同時に、その他の国々の複合体にはない独自性をも備えていることを示したい。そして最後に、両施設のその後のサクロ・モンテへの形態的変化と、トレント公会議以降アルプス南麓に次々と建造されるようになったサクロ・モンテの隆盛の様子を、主にそれらの形態に着目して跡付けてみたい。

第一章　「サクロ・モンテ」の定義と研究史

一　「サクロ・モンテ」の定義

「サクロ・モンテ」（Sacro Monte, 聖山）の定義を改めて確認するために諸文献を洗い直してみると、室内装飾に関する記述は別にして、捉え方や強調点が異なるだけでなく、時に矛盾した記述があるのに気付く。そうした相違は、イタリア国内の文献に限ってみても幾つかの点で認められるが、アルプスの北と南ではとりわけ大きいように思われる。そこで、具体的な考察に入る前に、以下で諸文献に見られる定義の違いを検証しておきたい。検証にあたっては、本書の展開との関係から、特に、サクロ・モンテの前史や建造理由、また、サクロ・モンテの類似施設であるカルヴァリオやカルヴァリオ山、十字架の道行き（ヴィア・クルーチス）などの複合的巡礼施設との関係、さらに、サクロ・モンテのなかでもとりわけヴァラッロの施設の位置付けに関する言及に注意を払いたい。

一—一　アルプス以南（主としてイタリア）の定義

アルプス以南（主としてイタリア）で出版、発表されたものであっても、「サクロ・モンテ」の項目を掲げた辞典や、それを明快かつ厳密に定義付けた論考や研究書は少ない。

見出されたものを年代順に見ていけば（表1参照）、まず、『イタリア世界辞典』（*Lessico universale italiano*,1978）では、'**sacro monte**' は次のように解説されている。「ロンバルディア州では、巡礼の行程に沿って配されたさまざまな礼拝堂からなる、丘上ないしは山の斜面に設置された巡礼施設（サンチュアリオ）がこのように呼ばれている。そして各礼拝堂は、何らかの信心の一つの玄義か、イエスの生涯、とりわけ受難の一つのエピソードに献堂されている。サクロ・モンテの理念（イデア）は、キリストゆかりの聖蹟の象徴的模造という中世的行為（ケンブリッジやピサ、とりわけボローニャの複合的なサント・ステファノ巡礼教会の聖墳墓の模造墓）（括弧は原文）や、それもまた巡礼の一つの理念的形態である十字架の道行きの諸概念（コンチェツィオーニ）に結びついている。また、それにはおそらくキリスト教以前の山岳信仰の記憶も結びついているであろう。しかし、自然の風景、とりわけ霊的黙想と高揚の源としての起伏に富んだ森の風景に対する新しい評価が主な着想源になっていることは確かである。ヴァラッロやヴァレーゼのサクロ・モンテはすでに一五世紀に記録されているが、それらのいずれにも一五世紀的な古い外観は見られず、その特徴はいずれもマニエリスム末期やバロック期の演劇的感性を示している。…中略…アルプスの北でも、バロック時代には、キリストゆかりの聖蹟の記念的建造がある程度の成功をみた。しかし、それらはけっして真のサクロ・モンテではなかった。ボルツァーノ県にあるカステルロット（カステルルース）のカルヴァリオ山は、アルプス地方にあるユニークな例であり、ある意味ではサクロ・モンテに比較できる」(1)。この解説では、ヴァレーゼに関する誤った記述や創設理由がない点を除けば、サクロ・モンテの本質が比較的よく洞察されている。ここには、サクロ・モンテと、その前史を示唆する中世的な模造墓の伝統や霊的な巡礼形態である十字架の道行きとの結びつきだけでなく、キリスト教以前の山岳信仰との結びつきに対する示唆も欠けてはいない。また、そうした伝統とサクロ・モンテを隔てるものとして、自然の風景に対する新しい評価が挙げられている。さらに末尾では、アルプス以北のバロック期のキリストゆかりの聖蹟の記念的、回想的建造物についても言及し、それらを真のサクロ・モンテではないとしている。カステルロットのカルヴァリオ山についての言及も、他の解説には見られない点である。いずれにしても、同解説では、「サクロ・モンテ」は、「十字架の道行き」ともアルプス以北の記念的建造物とも区別されている。また、ヴァラッロの施設は、特に留意することなくすでにサクロ・モンテと見做されている。

トリノで出版された『絵画・画家辞典』（*Dizionario della Pittura e dei Pittori*,1994）の‘Sacro Monte’の項は、「サクロ・

凡例：S. M.：サクロ・モンテ、M. C.：カルヴァリオ山、C.：カルヴァリオ、V. C.：十字架の道行き、斜線：言及も区別もないことを示す

ヴァラッロのS.M.の位置付け	15世紀以降のキリストゆかりの聖蹟の模造体とV.C.との関係	S.M.とV.C.との関係	S.M.とM.C.やC.との関係	M.C.とV.C.との関係	M.C.とC.との区別	イタリアのM.C.についての言及	矛盾した記述
「サクロ・モンテ」と言及		区別あり	区別あり		区別あり	カステルロット（S.M.の類似施設として）	
プロト・タイプ							あり
モデル							
モデル		区別あり（十字架の道行きは単純で小規模なものとする）	S.M.≧C.	区別あり	区別あり（C.：磔刑の場所、M.C.：自然の高所に設置されたもの）		
「サクロ・モンテ」（聖山）と言及		S.M.≦V.C.	S.M.≦M.C.	V.C.≦M.C.		トブラッハ（旧オーストリア領の例として）*ヴァラッロ（M.C.＝S.M.の例として）*	
キリストゆかりの聖蹟の模造建築	区別あり（類似点なし）						
区別あり（初期の模造体：初期の十字架の道行きの一例、新しいエルサレム）（カトリック改革以降：新しいM.C., S.M.）	同一視　15世紀以降のキリストゆかりの聖蹟の模造体＝V.C.	S.M.（新しいエルサレム）＝V.C.	S.M.＝C.	V.C.＝M.C.		*ヴァラッロ、オルタ、ヴァレーゼ（S.M.＝新しいM.C.として）*	
初期のキリストゆかりの聖蹟の模造体＝M.C.	区別あり（類似点なし）			区別あり		*ヴァラッロ（初期のキリストゆかりの模造体時代をM.C.として）*	
				区別あり	区別あり（C.：磔刑の場所、M.C.：自然の高所に設置されたもの）		

表1 ヨーロッパ近世の代用巡礼施設（サクロ・モンテやカルヴァリオ山等）に対する諸文献の定義・言及の相違

	出版・発表年	文献名	S.M.の前史	S.M.やM.C.等の創設要請者	S.M.と古代の山岳信仰との関係	S.M.もしくはM.C.の創設理由	風景に対する新評価とS.M.発生との関係	S.M.を初期のキリストゆかりの聖蹟の模造体時代とカトリック改革後のS.M.に分類
アルプス以南（主としてイタリア）	1978	*Lessico universale italiano*, 'sacro monte'	言及あり		言及あり		言及あり	
	1994	*Dizionario della pittura e dei Pittori*, 'Sacro Monte'		フランシスコ会				区別あり
	1995	*Enciclopedia dell'arte*, 'sacro monte'				プロテスタントの伝播の阻止		
	1996	*The Dictionary of art*, 'Sacromonte'						
	2001 2003	*Atlante dei Sacri Monti, Carvari e Complessi devozionali europei*（2001）とA. Barbero氏の回答（2003）		サクロ・モンテ：宗教団体、カルヴァリオ：私的注文		聖地巡礼の代用品		区別あり
アルプス以北	1942	冨山房『カトリック大辞典』「ゴルゴタ」（J.シュミッツ解説）						
	1949	Teetaert de Zedelgen						
	1970	*Lexikon der christlichen Ikonographie*, 'Kalvarienberg'		フランシスコ会士		1.聖地巡礼の代用品 2.誓願に対する感謝 3.宗教改革後のカトリックの信仰告白		区別（初期の模造体：初期の十字架の道行きの一例、新しいエルサレム）（カトリック改革以降：新しいM.C., S.M.）
	1991	*Lexikon der Kunst*, 'Kalvarienberg'						
	1992	W. Brunnerの2本の論考'Kalvarienberg'		フランシスコ会士		1.聖地巡礼の代用品 2.誓願に対する感謝 3.宗教改革後のカトリックの信仰告白		

モンテは、屋外の高所の宗教建築群からなる都市的総体である。それらの宗教建築は、キリストの（生涯の）変遷が展開された「キリストゆかりの聖蹟（ルオーギ・サンティ）」を——物理的にも、また、視覚的にも——適切に表現するように組織的に構成されている。…中略…サクロ・モンテの最初のモデルはフランシスコ会のなかで誕生した。ヴァラッロの施設はそのプロトタイプである。サクロ・モンテは、年代的には、一五世紀の最後の二〇年間にロンバルディア地域（ヴァラッロとノヴァーラは一七三八年までミラノ治下におかれる）（括弧は原文）に始まり、続いて特に湖水地方に建造されていく。しかし、サクロ・モンテは、フランシスコ会の影響が及んだその他の中心地にも建造され、トレント公会議後の風潮のなかで、全体として、聖カルロ・ボッロメーオの教えから派生した典礼的—文化的方向へとその構造を変えていく。それは、ヴァラッロの総体が正確に証言している通りである…下略…」[2]と定義している。ここには、サクロ・モンテの発生に深い関係をもつ修道会としてフランシスコ会が指摘されているが、前史やアルプス以北の複合体との関係はまったく示唆されていない。そしてヴァラッロの施設は、サクロ・モンテの最初のモデル（＝プロトタイプ）と捉えられている。しかし、それにも拘わらず、サクロ・モンテの起源は、そのプロトタイプが着工されたと同じ一五世紀末とされており、この点には矛盾が認められる。

また、『美術辞典』（*L'enciclopedia dell'arte*, 1995）の**'sacro monte'**の項目には次のようにある。「自然の隆起した所に区域を限定して設置された宗教的建造物（巡礼聖堂、礼拝堂、小亭）の複合体。サクロ・モンテは、プロテスタントの異端の伝播を阻止する必要から生まれたため——このため弧状のアルプス山脈の麓、とりわけノヴァーラやヴェルチェッリ地域に設置された——、かなり早くからカトリック教会の対抗宗教改革的信仰の重要な中心となった。聖書のキリストゆかりの聖蹟（ベツレヘムやタボル山、ゲツセマニ、カルヴァリオなど）を親しみ易い舞台として物理的に再現するという発想は、一種の民衆的宗教心の表明であり、フランシスコ会士、特にカプチン会士によって主張されたものに近い。続いて聖カルロ・ボッロメーオによって支持され、ロンバルディア地方で奨励された。…中略…サクロ・モンテ――そのモデルはヴァラッロであり、最初に建造されるとともに、G・フェッラーリによって絵画と彫刻の効果的な組み合わせが提示された――は、主知主義からは遠い教訓的な美術を主張することで、対抗宗教改革の信仰的内容の普及に有効な手段であることを示した」(3)。この解説には、サクロ・モンテの創設理由として、すでに検証した二つの解説には見られないプロテスタントの伝播の阻止という理由が示されているが、前史やアルプス以北の施設に対する示唆は見られない。また、ヴァラッロの施設はここでもサクロ・モンテのモデルとされている。

さらに、アルプス以南の解説ではないが、上掲の諸定義と類似するものに、イギリスで刊行された『美術辞典』(*The Dictionary of art*, 1996) にT・ヴァードンが寄せた'Sacromonte'の解説がある。しかし、この解説は、サクロ・モンテの外形と堂内の装飾を冒頭で手短に説明しただけで、すぐに建造例や室内装飾の説明に入ってしまっており、前史や建造理由、アルプス以北の施設群との関係についてはまったく言及していない。また、ヴァラッロの施設は、短い定義の直後に始まる「一、歴史と展開」の冒頭で、プロトタイプではなく、最初のサクロ・モンテ (the first sacromonte) と位置付けられている(4)。

最後に、最近イタリアで刊行された『ヨーロッパのサクロ・モンテとカルヴァリオ、並びに複合的巡礼施設のアトラス』(*Atlante dei Sacri Monti, Calvari e Complessi devozionali europei*, 2001)(以下『ヨーロッパの……アトラス』と省略)(5)の定義を見てみよう。同書では、タイトルから想像されるように、「サクロ・モンテ」と「カルヴァリオ」は区別して並列的に捉えられていると考えられる。それらのうち、「サクロ・モンテ」については、その他の解説とほぼ同様に定義されているが、新しいエルサレム(ヌオーヴァ・ジェルザレンメ)の模造体と聖母や聖人の生涯に献堂されたサクロ・モンテを区別している点や、一五世紀末に登場したものをサクロ・モンテのモデルであり、サクロ・モンテそのものではないと示唆している点は、新しくより正確になっている。[6] 他方、「カルヴァリオ」の定義や両者の分類基準については必ずしも明瞭ではないが、それらについて示唆を与えてくれる記述は見られる。但し、「カルヴァリオ」（Calvario）と「カルヴァリオ山」（Monte Calvario）との相違に関する記述は存在しないため、著者の質問に対する監修者のA・バルベロ氏の回答を示したい。まず、「サクロ・モンテ」と「カルヴァリオ」、並びに「十字架の道行き」との相違については、同書は、「ボネ・コレア（一九八九年）によれば、カルヴァリオはサクロ・モンテの本質的な部分であるとしても、すべてのカルヴァリオがサクロ・モンテというわけではない。というのも、サクロ・モンテが高所に設置されているのに対し、カルヴァリオは平地に設置されていることもあるからである。サクロ・モンテの献堂はキリストの物語に関係しているが、聖母（クレア、ヴァレーゼ）や聖人（オルタ、アローナ）（括弧は原文）に関係していることもある。さらに、十字架の道行きはサクロ・モンテに比べごく単純であり、十字架か小聖龕だけで示されている。サクロ・モンテはより自然な僻地の奥まった所に設置されており、きまって巡礼によって到達されるのに対し、カルヴァリオは都市空間の周辺に置かれて日常的に利用されている。カルヴァリオが地元の人士や商人、あるいは町の組合による私的注文の産物であるのに対し、サクロ・モンテは宗教団体の表明であり、その建造や運営はずっと複雑で、つねに宗教団体によって管理されている。最後に、サクロ・モンテでは、（キリストの）受難の素朴な表現は聖劇に変化している。信仰は真実らしさに変わり、舞台装置は聖なるスペクタクル、奇跡に変わっている」[7] としている。次いで、「カルヴァリオ」と「カルヴァリオ山」との相違については、回答は、「「カルヴァリオ」（Calvario）とは、周囲の空間と関係付けられたキリストの磔刑の場所である。従って、カルヴァリオ自体は十字架ではなく、全体として礼拝的な環境（三本の十字架やマリア、聖ヨハネなどが存在）（括弧は回答）を示す「場所」のことである。…中略…カルヴァリオ群は必ずしも自然の「丘」や「高所」に建造されてはおらず、それらの場所はしばしば人工的に高くされている。「カルヴァリオ山」（Monte Calvario）は「自然に」高くなっている場所（丘、山など）を指し、時には地理的にその土地そのものを特徴付けてもいる。もっとも以上は一般論であり、例外は常につきものである」(8)と説明している。このように同書は、推測通り、「サクロ・モンテ」と「カルヴァリオ」、「カルヴァリオ山」、「十字架の道行き」とを類型的にそれぞれ異なるものとして把握しており、従来のアルプス以南の諸定義とはまったく異なった見解を示している。また、スペイン人研究者の言葉を借りて、「カルヴァリオ」が「サクロ・モンテ」の本質的一部であると同時に、諸点においてて後者とは異なるとしている点は、以下で検証するアルプス以北の定義の多くとは正反対になっている。

以上の検証からは、まず、前史である中世の模造墓の伝統やアルプス以北の記念的模造体に触れた解説はわずかであり、最近になって初めてサクロ・モンテとカルヴァリオ、カルヴァリオ山、十字架の道行きなどを類型的に分類する試みがなされ始めたことが明らかになった。また、建造理由については、対抗宗教改革的理由を挙げるもの（『美術辞典』、この場合「サクロ・モンテ」の用語はトレント公会議（一五四五―一五六三年）後に建造されたか改造された施設に適用されるはずである）や、プロトタイプとしてのヴァラッロの施設の建造についてフランシスコ会の影響を指摘するもの（『絵画・画家辞典』）、あるいはまったく言及しないものがあることが明らかになった。さらに、ヴァラッロの施設については、それをサクロ・モンテのモデル（＝プロトタイプ）と捉えるものと、最初のサクロ・モンテと捉えるものとに分かれることも判明した。

一―二　アルプス以北（主としてドイツ語圏）の定義

アルプス以北の定義は、ドイツのヘンデル書店との共編になる冨山房の『カトリック大辞典』（一九四二年）掲載のものから検証していこう。そこには「サクロ・モンテ」（＝聖山）という項目は存在しないが、J・シュミッツによる「ゴルゴタ」の項目中には、「カルヴァリアとその玄義に対する崇敬から、特殊の信心の場所（多くは巡礼聖堂）が生じた。即ちカルヴァリア山、これは聖山とも言われ、多くの十字架群像又は十字架の道がある。後者の例は十字架の道の一種であり、これは恐らくイタリアより起こったものと思われる（世界的に有名なものは、ヴァラロ Varallo 近郊のサクロ・モンテ Sacro Monte で四二の小聖堂を有する）。…下略…（括弧、訳は原文）」[9]とある。従って、ここでは、「サクロ・モンテ」（＝聖山）は、「カルヴァリオ山」や「十字架の道行き」より狭義で、「カルヴァリオ山」のイタリアにおける異称と捉えられている。また、「カルヴァリオ山」と「十字架の道行き」とでは、前者の方が広義で、後者は前者の構成要素と見做されている。ヴァラッロの施設は「聖山」の例として挙げられているが、前史や建造理由は述べられていない。さらに、「カルヴァリオ」と「カルヴァリオ山」も区別されてはいない。

A・テータールトは、一四留の十字架の道行きの起源を見究めようとした「十字架の道行き信心の史的概観」（'Aperçu historique sur la dévotion au chemin de la croix', 1949）という長大な論考のなかで、一五世紀以降に西欧に建造されたキリストゆかりの聖蹟の模造建築の例として、ファブリアーノ（一五世紀初め）とコルドヴァ（一五世紀初め）、ヴァラッロ（一五世紀末）、ロマン＝シュール＝イゼール（一五一六年）を挙げた。そして、「エルサレムのキリストゆかりの地のこうしたすべての模造（建築）には、我々の十字架の道行き（シュマーン・ドゥ・ラ・クロワ）に似たものは何もないことが明らかであるとしても、それらに、主として信心の象徴的な巡礼観が見出されるのは認められなければならない」[10]と述べ、象徴的な巡礼観は共通しているものの、ヴァラッロの施設を含む一五世紀の模造建築群と「十字架の道行き」とは同一ではないとして区別した。しかし、「カルヴァリオ山」との関係などについては言及していない。

一九七〇年に刊行された『キリスト教図像辞典』（*Lexikon der christlichen Ikonographie*）でも、聖山は「カルヴァリオ山」（Kalvarienberg）内で言及されている。そして、まず、「II．概念と起源」では、「元来はラテン語のカルヴァリア（されこうべの散在する場所）に当たる、イエスの磔刑場（アラム語のgulgolta）の名称。…中略…また、十字架の道（クロイツヴェーク）、聖山（ハイリガー・ベルク）、いわゆる新しいエルサレムの名称でもある。それは、山や建築、樹木からなる記念建造物で、麓や上り坂、頂上に十字架の道行きの留が配されている。…中略…カルヴァリオ山の主要な建造動機には、聖地巡礼の代用品や、戦争やペスト蔓延時の誓願に対する感謝、また、宗教改革後のカトリックの信仰告白がある。カルヴァリオ山や十字架の道行きの留（クロイツヴェークスタチオーネン）、また、それと結びついた礼拝形態の主要な要請者は、エルサレムのキリストゆかりの聖蹟の守護者であるフランシスコ会士であった。屋外の最初の十字架の道行きは、一五世紀末に、北ドイツ、ブルターニュ、そしてロンバルディアにほぼ同時に登場した。リューベックの一四六八年のエルサレム山は最初期の例の一つである。聖地の遺外管区長であったベルナルディーノ・カイーミは、一四九一年にヴァラッロの新しいエルサレムを創始した。一五世紀末から一七世紀初めにかけて建造されたブルターニュのカルヴァリオ群は巨大な聖像柱であり、教会や墓地の敷地内に見られる…下略…（括弧は原文）」と定義されている。さらに、「III．図像」のCには、「対抗宗教改革の印、信仰の強化として、ヨーロッパに新しいカルヴァリオ山が生じた。カルロ・ボッロメーオの奨励でヴァラッロの聖山（デア・ハイリゲ・ベルク）が改築され、近くのオルタとヴァレーゼの施設はそれを手本とした。カルヴァリオ山は、バロックの建築概念によって、凱旋門や戸外へ通じる階段、聖なる階段、欄干、留の小礼拝堂（スタチオーネンパヴィリオンス）、円堂、そして大抵は巡礼聖堂を正しく配備するように規定されている。このバロックの総合芸術は大抵は一八世紀に出現し、一八世紀に完成をみた。（以下建造例）…下略…」[11]とある。従って、ここでもカルヴァリオ山（聖山を含む）の前史は示唆されていない。しかし、建造理由としては主要な三動機（聖地巡礼の代用、誓願に対する感謝、宗教改革後のカトリックの信仰告白）、そして、建造の要請者としてはフランシスコ会が挙げられている。また、「カルヴァリオ山」と「十字架の道行き」や「聖山」、「カルヴァリオ」は同義であるが、「カルヴァリオ山」の方が後三者よりも広義で、後三者はそこに包含されている。しかし、ここでは、「カルヴァリオ山」自体が、暗に対抗宗教改革より前のもの（ゴシックのカルヴァリオ山か？）と、それ以後のもの（バロック期の新しいカルヴァリオ山）に区分されており、その区分に応じて「聖山」も暗に対抗宗教改革より前のもの（新しいエルサレムとしての聖山）と、それ以後のもの（改造後のヴァラッロの施設を手本とした聖山）に区分されているのに注意しなければならない。新しいエルサレム型から対抗宗教改革型へ改造されたヴァラッロの施設に当てられている「聖山」の通称中には、従って二類型が包含されていることになる。なお、ここに見られる「カルヴァリオ」も通称であり、「カルヴァリオ山」と類型的に区分されてはいない。

　さらに、『美術辞典』（*Lexikon der Kunst*, 1991）の「Kalvarienberg」の項目の立体表現に関する解説は以下の通りである。「…前略…戸外のモニュメンタルな彫塑的——建築的カルヴァリオ山は、一五世紀以降、まず、北ドイツ（リューベックのエルサレム山（一四六八年））、ブルターニュ（フランス北西部の半島）、そしてロンバルディア（ヴァラッロの新しいエルサレム（一四九一年）、一六、一七世紀に改築される）に発生した。十字架の道行きの留がいずれの山上へも通じており、芸術的な丘も建造された。例えば、一七世紀のブルターニュ（例えばプレイベン（一六三二—四〇年））では、町の近くか墓地にしばしばカルヴァリオ山（例えばプルガステル（一六〇二—〇四年）やトゥルエン）が設置された。それらは一七、一八世紀にはバロックの総合芸術として、南ドイツやオーストリア（アルツルやヴュルテンベルクのシェンタル修道院のための十字架の丘の礼拝堂、テルツ（一七一六年）にも発生した。…下略…（括弧は原文）」[12] ここには、カルヴァリオ山（新しいエルサレムを含む）の前史や建造理由は言及されていない。また、「サクロ・モンテ」（聖山）の用語も認められない。しかし、ヴァラッロの施設（＝新しいエルサレム）は、やはり戸外の「カルヴァリオ山」の早い例として捉えられている。また、「十字架の道行き」はここでは「カルヴァリオ山」と区別されているように思われる。

中欧の複合的巡礼施設にも詳しいW・ブルンナーは、「十字架――磔刑――カルヴァリオ山」（'Kreuz-Kreuzfix-Kalvarienberg', 1992）と題した論考中の、「エルサレム巡礼者とカルヴァリオ山、並びに受難信仰」の節を、さらに、「十字架の道行きと苦しみの道行き」、「西洋における聖山とカルヴァリオ山」などの小見出しに分けて論じた。そしてまず、「十字架の道行きと苦しみの道行き」では、「…前略…中世末期に、トルコ人が、キリストゆかりの聖蹟を征服したに留まらず、バルカン半島を越えヨーロッパへ進攻したため、パレスティナへ向かう陸路も間もなく遮断された。聖地巡礼は今やまったく不可能であった。そこで、古い巡礼者の報告（書）と、何よりもフランシスコ会士の指導に従って、西洋に十字架の道行きとカルヴァリオ山の模造建築が登場した。カルヴァリオ山は、後に戦時や悪疫が流行した時には誓願によって、また、対抗宗教改革の進行中にはカトリックの信仰告白としても建造された」[13] と述べ、十字架の道行きとカルヴァリオ山の建造理由（聖地巡礼の代用、戦時や悪疫流行時の誓願に対する感謝、対抗宗教改革期のカトリックの信仰告白）、並びに建造の指導者（フランシスコ会士）を明確にした。次いで、彼は、「西洋における聖山とカルヴァリオ山」の冒頭において、カルヴァリオ山を、初期の代用的な十字架の道行きの終点に当たる高台に設置されたゴルゴタの象徴としての十字架か礼拝堂に始まるものだとした[14]。そしてそれに続いて、コルドヴァの模造体やリューベックのエルサレム山、ブルターニュ地方のカルヴァリオ群、ゲルリッツの模造体、ヴァラッロのサクロ・モンテに言及し、その後で一六世紀後半の北イタリアのサクロ・モンテ（聖山）とオーストリアの一六〇六年以降のカルヴァリオ山について述べている。以上のことから、ブルンナーは、「カルヴァリオ山」（サクロ・モンテを含む）と「十字架の道行き」については区別しているが、「サクロ・モンテ」と「カルヴァリオ山」については特に区別しているようには思われない。後者の推測は、「ヨーロッパのカルヴァリオ山」（'Europäische Kalvarienberge', 1992）と題された彼のもう一つの論考によっても確かめられる。それは、彼がその序文において、「…前略…今までに知られるようになったヨーロッパのカルヴァリオ山を概観しておこう。すると、ブルターニュ地方に最古のものが見出されるはずであるが、それらは大抵教区教会の傍の墓地にあるので、真のカルヴァリオ山（カルヴァリエンベルク）ではないことがわかる。本式のカルヴァリオ山は、一五世紀後半以降、どこよりもまずラインラントやヴェストファーレン州に姿を現わし、北イタリアでも開始される。宗教改革の混乱の後、カルヴァリオ山は、一七世紀以降、まず、カトリックに留まったドイツの諸地域やポーランド…中略…に広がる。フランスには、ブルターニュ地方以外にはわずかなカルヴァリオしか見出されない。フィレンツェから南のイタリアについてもそれは同様である。…下略…」[15]と述べているからである。なお、「カルヴァリオ」と「カルヴァリオ山」については、前者を後者に含めてはいるものの、ブルターニュの最古のカルヴァリオ（カルヴェール）については真のカルヴァリオ山ではないとして類型的に区別している。

以上のように、アルプス以北ではカルヴァリオ山（サクロ・モンテを含む）の前史は示唆されず、建造の動機としては、聖地巡礼の代用と誓願に対する感謝、宗教改革後のカトリックの信仰告白、フランシスコ会の影響を挙げる解説があった。また、「サクロ・モンテ」（少なくともヴァラッロのそれ）は、テータールトの論考以外では「カルヴァリオ山」に含めて論じられ、同義であるが、後者の方が前者よりも広義と捉えられていた。そして、両用語と「十字架の道行き」との関係については、三語とも同義と見做す見解と両用語とは区別する見解、「サクロ・モンテ」を「十字架の道行き」の一種と見做す見解に分かれた。さらに、「カルヴァリオ山」（サクロ・モンテを含む）を暗に対抗宗教改革より前のものと以後のものに分け、それに応じて形態や建造動機も区別するより厳密な解説も見られた。なお、「カルヴァリオ（カルヴェール）」は通称として用いられており、「カルヴァリオ山」と類型的に区別されてはいなかった。

一―三　本書における「サクロ・モンテ」の捉え方と時代的適用範囲

これまで諸文献に見られる「サクロ・モンテ」の定義の違いを、本章の冒頭で挙げた諸点に注意しながら検証してきたが、その結果、既に述べたように、同用語の解釈には、アルプス以南と以北のそれぞれの各定義間にあってすら多少の相違があるだけでなく、アルプスを境にして根本的な相違があることが明らかになった。もちろん、前史に対する言及の欠如や、「カルヴァリオ」と「カルヴァリオ山」の区別の不明瞭さなどの両者に共通する点がないわけではない。しかし、アルプス以南の諸定義が、わずかな例（『イタリア世界辞典』と『ヨーロッパの……アトラス』）を除き、アルプス以北の複合的巡礼施設にまったく言及していないのに対し、アルプス以北では、テータールトの見解以外は、サクロ・モンテ（主としてヴァラッロのそれ）をカルヴァリオ山と同義とし、イタリアのカルヴァリオ山として捉えていた。また、サクロ・モンテ（アルプス以北ではカルヴァリオ山）の建造理由についても、アルプス以南の諸定義がプロテスタントの伝播の阻止とフランシスコ会の影響しか挙げていなかったのに対し、アルプス以北のそれらは、聖地巡礼の代用と誓願に対する感謝、異端の伝播の阻止とは若干ニュアンスの異なる宗教改革後のカトリックの信仰告白、フランシスコ会の影響といったより多くの理由を挙げていた。さらに、ヴァラッロの施設は、アルプス以南ではサクロ・モンテのモデルか最初のサクロ・モンテと捉えられていたが、アルプス以北ではカルヴァリオ山か十字架の道行きの早い例、もしくはエルサレムの模造建築の例と捉えられていた。

このように、「サクロ・モンテ」の定義は、未だ確立されているとは言えない。しかし、次章以降でその形態の起源と展開に関する考察を進める以上、本書ではどのような見解、ないしはどちらの立場に立って同用語を用いるのか、また同用語の時代的な適用範囲を明確にしておく必要がある。

著者は、アルプス以南の定義であれ以北のそれであれ、施設の形態や室内装飾に関する記述については何ら異論はない。しかし、どちらかと言えば、サクロ・モンテをイタリアに固有なものと見做し、ヨーロッパのその他の類似施設から切り離して単独で考察する大半のアルプス以南的な捉え方ではなく、アルプス以北的な把握の仕方が必要であると考える。しかし、アルプス以北の諸定義のように、「サクロ・モンテ」をイタリアにおけるカルヴァリオ山と捉えると、カルヴァリオ、すなわちゴルゴタという言葉の原義にそぐわない施設が生じてしまう。つまり、イタリアのサクロ・モンテには、聖母マリアや聖人の生涯、また、ロザリオの玄義等を主題としたものも多く、行程の最後に必ずしもキリストの磔刑像や磔刑を象徴する十字架、あるいはキリストの亡骸を横たえた礼拝堂や聖堂が設置されているわけではないからである。また、ヴァラッロの初期の施設は、「カルヴァリオ」だけでなく、次章以降で考察するように、西欧における「聖墳墓（サント・セポルクロ）」（＝キリストの墓）の長い模造の歴史の中で誕生したと考えられるからでもある。さらに、フランスのブルターニュ地方のカルヴァリオ群（カルヴェール）も、厳密な意味では「カルヴァリオ―山」を形成してはいない。従って、著者は、大半のアルプス以南的な捉え方にも、また、「サクロ・モンテ」を「カルヴァリオ山」や「十字架の道行き」と同義で、それらの一種と見做すアルプス以北的な捉え方のいずれにも与することはできない。そして、何よりもまず、ある施設が古くからその土地で呼び慣らされており、しばしば混乱を生じさせもする通称と、類型上の分類名とを明確に区別することから始めなければならないと考える。[16] 次いで、「サクロ・モンテ」(聖山)という言葉を類型上の分類名として用いるのであれば、それを、その他のそれぞれ異なる諸類型(「カルヴァリオ」や「カルヴァリオ山」、「十字架の道行き」など)と並列的に捉え、それらすべてを「近世のカトリックの複合的巡礼施設の諸類型」[17]とでも言うような包括的な言葉で括るべきであろう。この場合、この包括的な「諸類型」の建造理由には、当然のことながら、既述の『キリスト教図像辞典』の「カルヴァリオ山」の項目に挙げられていたすべての理由が含まれることになる。

さらに、ここでもう一つ、ヴァラッロの施設に対する本書の捉え方を述べておかなければならない。ヴァラッロの複合体について、アルプス以南と以北のいずれの立場に立つかを決めるには、まず、「サクロ・モンテ」という言葉の起源にまで遡らなければならない。すでにその見解を引用したバルベロ氏は、同用語については、「一五世紀の初期の複合体は、エルサレムのキリストゆかりの聖蹟を模すものであった(ニュルンベルク、リューベック、ヴァラッロ、サン・ヴィヴァルド、アールヴァイラーなど)(括弧は回答)。「サクロ・モンテ」は、対抗宗教改革運動(一六世紀末―一七世紀)を起源とするイタリア的なニュアンスを含むものであり、カルロ・ボッロメーオやフェデリコ・ボッロメーオといったミラノの司教たちが、そうした(一五世紀の)巡礼施設のモデルを普及させた結果生じた」[18]と述べている。つまり、今日的な意味での「サクロ・モンテ」の複合体、及びその概念は対抗宗教改革期に誕生したことになる。しかし、**'Sacro Monte'**という言葉自体はそれよりも若干早く案内書に登場している。最古の施設であるヴァラッロについてこの言葉がいつ初出したかを探ってみれば、手元にある資料から判断する限り、一五六六年のF・セサッリの案内書のタイトル(*Breve descrizione del Sacro Monte di Varallo di Valsesia*)に

- 近世カトリックの複合的巡礼施設の諸類型
  - 〈15世紀—16世紀初め〉
    - ・代用エルサレム（ヴァラッロとサン・ヴィヴァルドの初期の複合体／ゲルリッツ、トロワ……の複合体）
    - ・カルヴァリオ山（ゴルゴタや初期の十字架の道行きなどを山上や山の斜面に擁したアルプス以北を中心とする複合体）
    - ・カルヴァリオ（ブルターニュの巨大な石製聖像柱／ゴルゴタ（の環境）のみを象徴的ないしは再現的に設営したアルプス以北を中心とする場所や建造物）
    - ・初期の十字架の道行き（苦しみの道行き／キリストの転倒や苦しみの歩み、苦しみの留の道行き……）
    - ・その他
  - トレント公会議後〈16世紀末以降〉
    - ・サクロ・モンテ（ヴァラッロとサン・ヴィヴァルドの改造後の複合体／改造後のヴァラッロの複合体を起源として主に自然の高所に建造され、イタリアからカトリック圏全体に流布した複合体）
    - ・カルヴァリオ山（主に自然の高所に建造されたアルプス以北を中心とするバロックの産物としての複合体）
    - ・カルヴァリオ（15-16世紀初めと同様）
    - ・十字架の道行き（一四留を主とした複合体）
    - ・その他
      - ・礼拝堂の道行き
      - ・ロザリオの道行き
      - ・聖人の道行き

図式1

使われているのが最初である。それに先行する数少ない史料には、‘Monte di Varallo’や小文字の‘monte sacro’、‘Nova Gierusalemme’といった言葉しか見出されない[19]。とはいえ、セサッリの案内書のタイトルに用いられている‘Sacro Monte’という言葉が、今日我々が近世の巡礼施設を指すのに用いている「サクロ・モンテ」と同義で用いられていたかどうかは疑問である。というのも、同書のテキスト中では‘Sacro Monte’という言葉は使われておらず、‘il Monte’等に置き換えられているからである。従って、‘Sacro Monte’という言葉自体は遅くとも一五六六年までには使われていたかも知れないが、それが今日的な概念を帯び始めるのは、バルベロ氏が言うように一六世紀末から一七世紀初め頃のことであったと考えられる。

ところで、今日的な意味での「サクロ・モンテ」が対抗宗教改革期に源をもつものであるならば、それより前に建造された複合的巡礼施設は厳密にはサクロ・モンテとは呼べない。すなわち、今日ではイタリアの代表的なサクロ・モンテとされているヴァラッロとサン・ヴィヴァルドの施設は、それぞれ一五世紀末と一六世紀初めに着工されたものであり、それらの創設期においては、後代のサクロ・モンテのモデルではあっても、未だサクロ・モンテではなく、対抗宗教改革期に改造されて初めてサクロ・モンテになったと言えるものであろう。そして両施設の初期の複合体は、テータールト[20]やバルベロ氏がそれらをそう位置付けているように、エルサレムのキリストゆかりの聖蹟の長い模造の系譜に属するものであったと考えられる。そこで本書では、両施設に対してこれまで曖昧なまま用いられてきた「サクロ・モンテ」という用語を、対抗宗教改革期に複数の聖職者によって改造された後の形態を指すのに用い、それらの初期の形態については「代用エルサレム」、あるいは「初期の模造体」などの言葉を充てて区別したい。それは、G・バンニーニとR・パッチャーニが、サン・ヴィヴァルドの施設について、「代用エルサレム」から「サクロ・モンテ」への移行を概説していることからも是認されるように思われる[21]。また、既述の『キリスト教図像辞典』の定義が、用語の使い分けはしていないものの、「聖山」を、暗に初期の新しいエルサレムと改造後のヴァラッロの施設を手本にしたものとに分けていたのも、類型や建造理由などの点で異なる両者を区別するためであったと思われる。

以上のような「サクロ・モンテ」とヴァラッロの施設、並びにその他の類似施設に対する本書の捉え方を図式化すれば、おおよそ図式1のようになるであろう。

二　イタリアのサクロ・モンテ研究史

一節では「サクロ・モンテ」という用語の従来の定義や解釈について検証し、本書で用いる同用語の時代的適用範囲やその他の類似施設との関係を示したが、本節では、イタリアのサクロ・モンテに関するこれまでの研究の流れと現状、並びに問題点について概観しておきたい。

二―一　二〇世紀末までのサクロ・モンテ研究

イタリアのサクロ・モンテ研究の流れは、学芸の進歩やそれに伴う研究方法の変化とけっして無縁ではない。従って、今日的な意味で研究と呼べるものが出現するのは、一九世紀も末のことである。しかし、それまでサクロ・モンテに関する著作がまったくなかったというわけではない。それどころか、主要な施設では、着工からほどなくして巡礼者用の案内書（今日ではこれら自体も研究の対象になっている）が出版され始めている。従ってサクロ・モンテ研究に類する最初のものは案内書や信心書であったと言える。まず一五一四年に、著者不詳の詩的な『ヴァラッロの山上のキリスト御受難のカピートゥリ、すなわちミステーリに就いて』（*Tractato de li capituli de passione : Questi sono li misteri che sono sopra el Monte de Varale*, Milano）が刊行された。これは、当時ヴァラッロの山上に建造されていた施設に関する現存する最古の案内書である。次いで、一節で言及したセサッリも一五六六、一五七〇、一五八七年にヴァラッロに関する案内書を刊行した。[1] そしてこれらは一五一四年の案内書が発見されるまで最古の史料として研究者に利用された。一七世紀に入っても、ヴァラッロの施設に関する単独の案内書は出版され続けた。G・B・ファッソラの『ヴァラッロの新しいエルサレムもしくは聖墳墓』（*La nuova Gierusalemme o sia il Santo Sepolcro di Varallo*, Borgosesia, 1671）や、Ｆ・トロッティの『新しいエルサレムの歴史』（*Historia della Nuova Gierusalemme*, Milano, 1686）はその例である。[2] 案内書の出版は、その後一九世紀に再び増加し、Ａ・Ｍ・ウッツィーノ（一八〇九年）やＧ・ボルディガ（一八三〇年）、Ｍ・クーザ（一八五七年）、Ｆ・トネッティ（一八七一年、一八九一年）[3]らが、巡礼者の案内役を果たした。オルタのサクロ・モンテについては、Ｄ・Ｇ・ジェメッリの『オルタのサクロ・モンテ』（*Il Sacro Monte d'Orta*, Novara, 1770）などが、またヴァレーゼについては、ゴタルド・ダ・ポンテの『山上の聖母マリア教会の創設と献堂』（*Come fu istituita e consacrata la giesa de Madonna Santa Maria on Monte*, 1547）や、Ｐ・モリージャの『ヴァレーゼを見下ろす至福の山の聖母の縁起』（*Historia dell'origine della gloriosa Madonna del Monte posta sopra Varese*, 1594）などの案内書が知られている。[4] この種の案内書は、挿図が版画からモノクロ写真、そしてカラー写真へと変えられたり、内容が更新されたりすることはあっても、基本的な性格は変えられずに今日でも断続的に出版され続けている。もっとも以上のサクロ・モンテに比べて、その他のサクロ・モンテでは案内書の出版はそれほど多くはない。

一九世紀に入ると、ようやく豊富な情報を提供してくれる研究書的な著作が現われ、研究誌上でも施設や史料が紹介されるようになる。しかし、それらにおいては、個々の施設の変遷は深く掘り下げられてはいても、記述はまだ地方史的な解説の域に留まっている。この時期の著作や施設、史料紹介としては、まずＰ・ガッローニがヴァラッロの施設について著した『ヴァラッロのサクロ・モンテ』（*Il Sacro Monte di Varallo*, Varallo, 1909）と、『ヴァラッロのサクロ・モンテ――美術作品の起源と展開』（*Il Sacro Monte di Varallo. Origine e svolgimento delle Opere d'Arte*, Varallo, 1914）[5]が挙げられよう。特に後者は、それまで紹介されたことがなかった史料を数多く紹介し、それらを駆使して施設の成立から一八世紀までの変遷の過程を浮かび上がらせようとしたもので、今日でも同施設の基本文献の一つであり続けている。また、ヴァラッロの上述の最古の巡礼案内書（一五一四年）やそれに続く貴重な案内書群の紹介、並びに文献一覧の作成や紹介を行ったA・ドゥーリオの仕事も重要なものであろう[6]。ヴァラッロの施設に対してガッローニやドゥーリオが果たした役割を、サン・ヴィヴァルドの施設に対して果たしたのは、同地の修道院長を務めたフランシスコ会神父のF・ギラルディであった。彼には一九世紀末から一九三〇年までの間に著した多くの著書や史料紹介、論考が存在している[7]。また、ヴァレーゼの巡礼施設に対しては、M・サルトリオが同じような役割を果たした[8]。さらにその他の巡礼施設についても、同じような紹介の例はそれぞれ存在している。

あるサクロ・モンテを単独で掘り下げた著作や史料紹介的論考に続いて、複数の施設を同時に取り上げた著作もこの頃から増加し始める。これらの著作の多くは、イタリア人自身よりも外国の旅行家や研究者によって書かれており、今日から見れば、美術的、建築的、文化的、また民俗的、人類学的検証といった、より大きな枠組みのなかで行われる批判的、学際的研究への道を整えたように思われる。古くはB・マニーノが一七世紀前半に、『アローナの聖カルロ、オルタの聖フランチェスコ、ヴァレーゼを見下ろす聖マリア、並びにヴァラッロのサクロ・モンテに就いて』（*Descrittione de Sacri Monti di S.Carlo d'Arona, di S.Francesco, d'Horta, di Santa Maria sopra Varese e di Varallo*, Milano, 1628）[9]において複数の施設を扱っていたが、この種の近代的研究の嚆矢となったのは、S・バトラーの有名な二つの著作、『ピエモンテとティチーノ州の高山と巡礼施設』（*Alps and Sanctuaries of Piemont and the Canton Ticin*, London, 1881）と『奉納像——ヴァラッロとクレアのサクロ・モンテの美術作品についての美術的研究』（*Ex voto. Studio artistico sulle opere d'arte del Sacro Monte di Varallo e di Crea*, Novara, 1894）[10]であった。続いてベルリンからも、P・ゴールトハルトによって複数のサクロ・モンテを扱った『ヴァラッロとオルタ、ヴァレーゼの聖山』（*Die Heiligen Berge*

Varallo, Orta und Varese, 1908）[11]が出版された。同書は、正確な平面図や写真等を掲げてサクロ・モンテ群を紹介した、当時としては非常に質の高い著作であった。それらに若干遅れてフランスでも、L・ジレが一九二八年に『オルタ――ヴァラッロ――ヴァレーゼの聖山のなかで』（*Dans les Montagnes Sacrées Orta-Varallo-Varese*, Paris）[12]を著してイタリアのサクロ・モンテ群を紹介した。複数のサクロ・モンテを同時に紹介、検証する方法は、その後も多くの研究者によって踏襲された。例えばP・C・ブルックス（一九七四年）[13]や、ウォーバーグ研究所が輩出した碩学の一人、R・ウィットカウアーの論考（一九七八年）[14]などもこの系譜に連なるものであり、G・クブラーの論考（一九九〇年）[15]に至っては、ヨーロッパと中南米の複数の巡礼施設の比較検証へと発展している。

二〇世紀も半ばを過ぎると、V・ヴィアーレやR・ロンギ、G・テストーリ、M・ベルナルディ、L・マッレ、A・M・ブリツィオ、N・ガブリエッリ、A・C・ムラート、M・L・ガッティ・ペレル、S・ランジェといった北イタリアの当時の気鋭の研究者[16]は、特にルネサンスからバロック期にかけてヴァラッロの施設の建造や堂内の装飾に携わった建築家や美術家、並びに彼らの作品に関する批判的検証と文献学的掘り下げを行って、ガウデンツィオ・フェッラーリやガレアッツォ・アレッシ、ジョヴァンニ・デンリーコ、タンツィオ・ダ・ヴァラッロ、モラッツォーネといった偉大な芸術家を再評価するようになった。そしてその結果、サクロ・モンテは、歴史的、礼拝的施設としてだけではなく、美術的、建築的、また都市的総体としても評価されるようになった。

その後一九七〇年代に入ると、アレッシの手稿である『ミステーリの書――ヴァルセージアのヴァラッロのサクロ・モンテの都市計画的、建築的、そして造形美術的プロジェクト（1565-1569）』（*Libro dei Misteri. Projetto di pianificazione urbanistica, architettonica e figurativa del Sacro Monte di Varallo in Valsesia*（1565-1569））[17]が凸版印刷で出版（一九七四年）されたのを機に、サクロ・モンテ研究に新たな傾向が生じた。それは、アプローチ法はそれぞれ異なるものの、サクロ・モンテの建築的、都市的形成の解明を試みる点で共通する厳密な研究であった。この時期の主要な研究者としては、C・デビアッジやA・ボッシ、P・G・ロンゴ、G・ジェンティーレなどを挙げることができるが、彼らの貢献や論考については第三章でより詳しく考察していく。

二―二　アルプス以北のカルヴァリオ山や十字架の道行き研究と近年のイタリアにおけるサクロ・モンテ研究

さて、以上のようなイタリアのサクロ・モンテに視点を合わせた研究の流れの他に、それらにも関わる別の研究の流れもここで把握しておく必要がある。それは、一節で概観した定義にも関係するアルプス以北の「カルヴァリオ山」や「十字架の道行き」などの形成、発展に関する研究の流れである。アルプス以北では、それらに関する研究の基礎はすでに二〇世紀初頭にほとんど固められていたが、イタリアのサクロ・モンテ研究者の間では、それらに関する研究は二〇世紀の第4四半期に入るまで脚注にすら挙げられることはなかった。しかし、アルプス以北の研究書には、おそらくはカルヴァリオ山とサクロ・モンテを同一視する伝統から、イタリアの主要なサクロ・モンテがきまって挿入され、同時に考察されていたのである。

アルプス以北の巡礼施設に関する研究書としてまず挙げなければならないのは、ロンドン生まれのイエズス会子H・サーストンが母国語で出版した『十字架の留』(*The Stations of the Cross*, London, 1906) と、その翌年に刊行された仏訳『十字架の道行きの史的研究』(*Étude historique sur le Chemin de la Croix*, Paris, 1907)[18] である。それらは、「第一章　キリストゆかりの聖蹟に対する崇敬」や「第二章　十字架の道行きの起源」といった一三章からなっており、「第四章　七回の転倒」では、ゲルリッツやルーヴェン、アントウェルペンにおける具体的建造例も紹介されている。両書は、後代の研究にしばしば引用されているように、十字架の道行きの発展過程に関する基礎的研究成果を示すものであった。K・A・クネラーも、サーストンとほぼ同時期に、十字架の道行き信仰の開始から完成までを西欧全体を俯瞰しながら歴史的に跡付けようとして『十字架の道行き信仰の始原から完成までの歴史』(*Geschichte der Kreuzwegandacht von den Anfängen bis zur völligen Ausbildung*, 1908)を著した。彼のこの緻密な意義深い研究は三部(「十字架の道行きの前史と予兆」、「十字架の道行き信仰の発達」、「一四留の発展」)に分かれ、章としては七章から成っているが、その一部の第二章(西洋におけるエルサレム)にはイタリアの「ヴァラッロ山」(der Monte Varallo)が挙げられて、彼によって西欧におけるもっとも有名な「(代用の)エルサレム」の建造例とされている。[19] それから半世紀後の、「ドイツ美術史研究」叢書の三一三巻に収められたE・クラマーの『十字架の道行きとカルヴァリオ山――歴史的・建築史的分析』(*Kreuzweg und Kalvarienberg. Historische und Baugeschichtliche Untersuchung*, 1957)には、今度はヴァラッロだけでなく、クレアやオルタ、ヴァレーゼ、オローパ、グラーリアといったイタリアの主要なサクロ・モンテが言及され、その他の国々の巡礼施設と一緒に総合的に紹介・分析されている。[20] このようなアルプス以北における研究方法や研究姿勢は、さらに、オーストリアで学んだL・アンダーガッセンのような最近の研究者にも受け継がれている。かつてオーストリア領であった南チロルのカステルロット(カステルルース、現イタリア領)のカルヴァリオ山を中心に論じた論考('Kalvaria am Kofel', 1990)[21] において、彼は、カステルロットの施設の紹介に先立ち、南チロルに建造された「カルヴァリオ山」や「十字架の道行き」の複合体を、ヨーロッパに建造された類似の施設群(サクロ・モンテを含む)と類型的に比較しながら、それらの系譜上に定位しようとした。次いで、一節でも挙げたブルンナーは、西欧のみならず中欧まで含む視野の下にカルヴァリオ山(サクロ・モンテを含む)の現象を把握しようと試みたが、先述の「ヨーロッパのカルヴァリオ山」と題した論考('Europäische

Kalvarienberge', in W. Brunner *et alt., Calvario Tod und Leben, Graz,* 1992, S. 136）において、「…前略…以下の章は、西欧のカルヴァリオ山の完全な歴史も統計も提供しえてはいない。ほとんどの国にカルヴァリオ山に関する総論がないため、今のところそれを完全に把握することはできない。それゆえ、以下の記述は、明白な叙述が可能な若干の国を除き、それぞれの国のカルヴァリオ山形成の偉大な発展の系譜を示すに留まっている」(22)と述べなければならなかった。しかし、そう述べることで彼は、各国における総括的研究とそれらを総合する全欧的研究の両方が必要であることを婉曲に呼びかけ、今後の研究に方向を示したと言える。

　ところで、南欧のイタリアは、既述のように、アルプス以北の巡礼施設やそれらについての研究、並びにその方法に対して、二〇世紀も第4四半期に入ってからようやく関心を向け始めた。そしてそれは、管見の限り、C・デビアッジの『創設から五世紀後のヴァラッロのサクロ・モンテ――問題と研究』（*A cinque secoli dalla fondazione del Sacro Monte di Varallo. Problemi e ricerche,* 1980）と題された著書(23)のなかに最初に示された。しかし、彼の言及は、一五世紀中頃から「十字架の道行き（カンミーニ・デッラ・クローチェ）」、ないしは「苦しみの道行き（ヴィア・ドロローザ）」と呼ばれる新しい種類の聖地の模造形態がゆっくりと始動し始めたことを示唆するに留まっていた。そして、この新しい模造形態とイタリアの施設との関係については考察せずに、逆に、そうした新形態とヴァラッロの「代用エルサレム」との相違の考察に力点を置いた。続いて、特に、「ベルナルディーノ・カイーミからガウデンツィオ・フェッラーリまで――サクロ・モンテの考案と演出」（'Da Bernardino Caimi a Gaudenzio Ferrari. Immaginario e regia del Sacro Monte', 1996）という論考において、デビアッジとは別の捉え方によって西欧に出現し始めた新しい模造体に再び言及したのはG・ジェンティーレであった。彼は、イタリア外で一五世紀に建造された複数のキリストゆかりの聖蹟の模造体と、ヴァラッロやサン・ヴィヴァルドのイタリアの模造体との類似性を指摘した他、西欧における連続的な「留（スタチオ）」による複合体の建造の流行や、『霊的道行き』(*Geistlich Strass*, Norimberga, 1521) などの受難書や信心書（挿絵として版画が挿入された）の普及が、ヴァラッロとサン・ヴィヴァルドの施設に加えられた付加や改造に影響を与えた可能性を示唆した。(24) しかし彼らの研究は、イタリア外の一五世紀のエルサレムの模造体を、イタリアの代用エルサレムと関わりのある同時代の巡礼施設として指摘するか、同時に考察する必要性を説くに留まっていた。

これらに対し、イタリアのサクロ・モンテをヨーロッパのその他の国々の巡礼施設とともに総合的に把握しようとする研究が、わずかに遅れてイタリアにも登場した。それは、ピエモンテ州サクロ・モンテ・ディ・クレア自然公園・調整地区に属し、一節でも紹介したバルベロ所長が率いていた「ヨーロッパのサクロ・モンテとカルヴァリオ、並びに複合的巡礼施設のアトラスの資料センター」(Centro di Documentazione dell'Atlante dei Sacri Monti, Calvari e Complessi devozionali europei) が、一九九六年に本格的な取組みとして開始したものであった。同センターは、調査方法として、まず調査票（一．歴史的データ、二．管理・運営のデータ、三．資料からなる）を作成し、それらをヨーロッパ各国の計二〇〇〇に及ぶ公的機関に送付し、記入後に返信してもらい、類似施設の存在の有無や現状などを具体的に把握することから開始した。また、当該施設に関する文献や写真資料などがある場合は、返信時に同封してもらうことで資料や情報の収集にも努めた。そして二〇〇一年には、回収された一八一二件の調査票と、協力者から得たチェコ共和国やウクライナ、スロベニア、クロアチアなどの施設に関する情報を基に、膨大な数の巡礼施設の所在地を示した地図を添えて、調査結果の一部を刊行した。それが前述の『ヨーロッパのサクロ・モンテとカルヴァリオ、並びに複合的巡礼施設のアトラス』である。その後も同センターは、トリノ大学と提携して世界各地から専門家を招き、諸宗教と各宗教の巡礼施設の類似点や相違点について論じ合う「宗教と聖山」(Religioni e Sacri Monti) と題したシンポジウムを開催（二〇〇四年）し、その視野を世界の宗教や巡礼施設にまで拡げた[25]。さらに二〇〇六年には、二〇〇一年刊行のアトラスを補う形の出版物も刊行している[26]。

しかし、同センターのこのように画期的な調査・研究活動に対して、イタリアには批判的な見解を示す者もあった。例えば、タイトルに同じように「Atlante」という言葉を掲げて翌年に出版された『アルプス南麓地帯のサクロ・モンテのアトラス』（*Atlante dei Sacri Monti prealpini*, a cura di L. Zanzi e P. Zanzi, Milano, 2002）は、二〇〇一年刊行のアトラスを、ピエモンテ州のサクロ・モンテしか挙げていない点や、異なる文化的伝統に属する十字架の道行きやカルヴァリオ等などの類似施設をサクロ・モンテと一纏めにしている点を理由に不適切だとし[27]、そうした類似施設とサクロ・モンテとの相違点を幾重にも列挙している[28]。しかし、先行のアトラスの付録である地図上には、報告されたイタリア全州の施設の位置が示されているし、サクロ・モンテをその他の類似施設と一纏めにしたような記述も見られない。従って、むしろ後者のアトラス側の批判の方が、これまで述べてきたアルプス以北の研究の流れを考慮していない上、十字架の道行きについても確定された一四留の道だけを念頭に置いている点で適切ではないように思われる。両アトラスに見られるサクロ・モンテ観や研究方法の相違は、いずれにしても、イタリア人同士の見解の相違というよりは、旧来のイタリア的なサクロ・モンテ観や研究方法の伝統と、アルプス以北のそれらとの相違に還元されるものであるように思われる。

本書は、旧来のイタリア的なサクロ・モンテの把握では、モデル（＝プロトタイプ）の形態の発生やそこに加えられた付加、並びにその後のサクロ・モンテ群の形態の変化は説明しきれないと考える所から出発している。従ってサクロ・モンテの形態的起源の問題を考察するには、アルプス以北的ないしはクレアの資料センター的な方法が必要とされる。次章では、このような考えの下に、サクロ・モンテの前史を、西欧（中欧は扱わない）におけるエルサレムの模造建築という視点から跡付けてみたい。サクロ・モンテの前史が、アルプス以南においても以北においてもほとんど示唆されてこなかったのは、すでに検証した通りである。

二―三　日本におけるサクロ・モンテ研究

最後に、日本におけるサクロ・モンテ研究の現状についても見ておこう。我が国では近年までサクロ・モンテが研究対象として取り上げられることは殆どなかった。しかしそれでもまったく紹介されてこなかったわけではない。

早くからサクロ・モンテの価値を高く評価し、それを日本において初めて紹介したのは坂本満氏であった。そして、それは、一九八九年に開かれた美術史学会東支部例会において、「アルプス山麓のサクロ・モンテ――民衆的バロックの彩色群像」という題目の口頭発表を通して行われた。[29] 同氏はその後も、東洋の代用巡礼建築や代用巡礼地の諸例に類する西欧における例としてサクロ・モンテを挙げた論考（「アルプス山麓の巡礼地「サクロ・モンテ」」一九九四年）[30] などを断続的に発表してサクロ・モンテの紹介に努めてきたが、それは現在にまで及んでいる。現実性となまなましい再現力をもったバロックの産物であるプレゼピオとサクロ・モンテの群像を取り上げ、これらが正当に評価されてこなかった理由を、これまでの美術史学の大芸術、ハイ・アート偏重から平明に説いて今後の美術史学の在り方について再考を促したのは今世紀初め（「キリスト生誕の小型群像とサクロ・モンテ」二〇〇四年）[31] のことである。

サクロ・モンテの紹介は、若干の翻訳を通しても既に行われている。マンチェスター大学やローマ大学で教鞭をとったM・プラーツのマニエリスムとバロックに関する論考集（*Il giardino dei Sensi : Studi sul manierismo e il barocco*, Milano, 1975）は、若桑みどり氏らによって邦訳され、一九九二年に『官能の庭――マニエリスム・エンブレム・

バロック』として出版されたが[32]、同書の第五部（バロックの宇宙）には、ヴァラッロのサクロ・モンテに関する「サクロ・モンテの礼拝堂」（上村清雄氏訳）と題された論考が含まれている。また、アーヘン工科大学の現代ドイツを代表する建築学者、J・ピーパーのヴァラッロのサクロ・モンテに関する論考（「聖なる山――超越へと導くもの――脱現実化された山上の理想都市・サクロ・モンテ」）を含む教授資格論文（*Das Labyrinthisch-Über die Idee des Verborgenden, Rärsel-haften, Schwieringen in der Geschichte der Architektur*, 1987）も、和泉雅人氏らの翻訳によって、一九九六年に『迷宮――都市・巡礼・祝祭・洞窟――迷宮的なるものの解読』としてすでに出版されている[33]。

その後もサクロ・モンテは、現在に至るまで、主としてイタリア美術史研究者の論考のなかで比較の対象にされるか、主要な研究対象として取り上げられている。例えば水野千依氏は、ロレンツォ・ロットが制作したスアルディ家礼拝堂の壁画装飾に関する論考（一九九八年）のなかで、その装飾の着想源の一つに、ガウデンツィオ・フェッラーリがヴァラッロのサクロ・モンテに結晶させた芸術や、「留」によって構成されているサクロ・モンテの構造そのものがあったのではないかとする興味深い推測を行った[34]。また同氏は、今世紀初めにも、近世の北イタリアの終末論的預言や幻視の伝達・普及とイメージとの関係を解明する研究の一環としてヴァラッロの創設期の施設を取り上げ、その形態の表現方法を、創設者の四旬節説教に関する手稿中に見られるキリストの生涯や受難の玄義についての解説方法との関係から明察した論考（「ヴァラッロのサクロ・モンテ創設期におけるベルナルディーノ・カイーミの構想――〈場の記憶〉と〈心の巡礼〉」二〇〇五年）[35]を発表している。さらに著者自身も、既にイタリアのサクロ・モンテに関する初歩的な報告（一九九九年）や、トスカーナ州の唯一のサクロ・モンテであるサン・ヴィヴァルドの巡礼施設に関する紹介（二〇〇二年）を行った[36]。続いて大野陽子氏も、「対抗宗教改革期におけるヴァラッロのサクロ・モンテ」と題した論考（二〇〇一年）[37]に次いで、「対抗宗教改革期の北イタリアにおけるサクロ・モンテ構想」という演題の口頭発表（二〇〇二年）[38]を行い、それらにおいてクレアやオルタ、ヴァレーゼといった主要なサクロ・モンテの「中心主題」と「礼拝堂の配置」、並びに「内部装飾」の関係を検証し、それらとは異なるヴァラッロのサクロ・モンテの再編構想の独自性とその問題点を解明しようとした。そして二〇〇八年には、多年に亘る研究の成果を『ヴァラッロのサクロ・モンテ——北イタリアの巡礼地の生成と変貌[39]』と題した浩瀚な一書に纏め上げて刊行している。

注

一

(1) ‘sacro monte’, *Lessico universale italiano*, XIX, Roma, 1978, pp. 557-558.

(2) ‘Sacro Monte’, *Dizionario della pittura e dei pittori*, S-T, Torino, 1994, p. 8.

(3) ‘sacro monte’, *L'enciclopedia dell'arte*, Novara, 1995, p. 833.

(4) ‘Sacromonte’, *The Dictionary of Art*, vol. 27, London, New York, 1996, p. 497.

(5) *Atlante dei Sacri Monti, Calvari e Complessi devozionali europei*, a cura di A. Barbero, Novara, 2001.

(6) *Ibid.*, p. 11.

(7) *Ibid.*, p. 11.

(8) 回答の原文は以下の通りである。

‘Il Calvario è il luogo della crocifissione di Cristo posto in relazione con lo spazio circostante. Quindi non è la croce in sé, ma è il “luogo” che presuppone in genere un'ambientazione devozionale（presenza delle tre croci, di Maria e Giovanni, ecc.）. In Polonia e in Ungheria i complessi devozionali sono chiamati **Kalvaria**, dal latino Calvaria che significa “teschio”, traduzione dell'aramaico “Golgota”, che indica il “luogo del teschio”.

Non sempre i Calvari sono edificati su “colline” o “alture” naturali. Spesso sono luoghi artificialmente sopraelevati.

Il Monte Calvario indica un luogo elevato "naturalmente" (collina, monte, ecc.) e individua a volte geograficamente anche il luogo stesso.

Questo in genere, perché poi esistono sempre eccezioni……'

（9）上智大学編纂、独逸ヘンデル書店共編『カトリック大辞典』II（冨山房、一九四二、三〇一頁）。

（10）A. Teetaert de Zedelgen, 'Aperçu historique sur la dévotion au chemin de la croix', *Collectanea Franciscana*, 19, 1949, pp. 45-142、特にp. 86。なお同論考については、著者による拙訳『キリストの受難　十字架の道行き――心的巡礼による信仰の展開』（勉誠出版、二〇一六年）がある。

（11）'Kalvarienberg', in *Lexikon der christlichen Ikonographie*, 2nd. Vol, 1970, Herder, Rom, Freiburg, Basel, Wien, SS. 489-490.

（12）'Kalvarienberg', in *Lexikon der Kunst*, G-K, Band III, 1991, Leipzig, S. 612.

（13）W. Brunner, 'Kreuz-Kreuzifix-Kalvarienberg', in W. Brunner *et alt.*, *Calvario Tod und Leben*, Graz, 1992, SS. 88-89.（本文献はCentro di Documentazione di Creaで閲覧を許可された。）

（14）*Ibid.*, S. 90.

（15）W. Brunner, 'Europäische Kalvarienberge', in W. Brunner *et alt.*, *op. cit.*, SS. 136-37.（本文献コピーはCentro di Documentazione di Creaから提供頂いた。記して感謝申し上げる。）

（16）「通称」と「類型上の分類名」とを区別すると、当然、通称と類型名が異なる施設も生じてくる。

（17）「複合的巡礼施設」は'complessi devozionali'に対して著者が充てた訳語である。ちなみに'complessi devozionali'はBarbero, *Atlante dei Sacri Monti*……, *op. cit.*, p. 12では、「一、聖なる物語（キリストや聖母マリア、聖人などの生涯のエピソード）と、二、構成要素（建築、彫刻、絵画）の相互依存性、三、屋外に設けられたコースへの構成要素の設置からなる文化財である。コースは、総体のモニュメンタルな諸要素を見ることができるように、象徴的、礼拝的に予め設定されている。総体は、周囲の環境と溶け合って、それぞれの場所の風景的特徴と不可分の文化的実体となっている……」と定義されている。

（18）回答の原文は以下の通りである。

'I primi Complessi devozionali del XV secolo imitavano i Luoghi di Gerusalemme (vedi Norimberg, Lubecca, Varallo,

San Vivaldo, Ahrweiler, ecc.).
Sacro Monte è una connotazione tutta italiana di origine controriformistica (fine XVI-inizio XVII secolo) successiva alla diffusione di questi modelli devozionali ad opera di Carlo e Federico Borromeo, Vescovi di Milano.'

(19) 初期の形態をよく留めているサン・ヴィヴァルドの施設は、現在でもしばしばサン・ヴィヴァルドの「エルサレム」と呼ばれている。いずれにしても、一五一六年の教皇レオ一〇世の返書や一七世紀以降の古い手稿や写本（第四章参照）中では、同施設に対して「Sacro Monte」という言葉は使われていない。

(20) Teetaert, *op. cit.*, p. 86.

(21) R. Pacciani, G. Vannini, *La 'Gerusalemme' di S.Vivaldo in Valdelsa*, 1998, Calenzano, p. 59 は、'Da 'Gerusalemme' a Sacro Monte' という小見出しのもとに、サン・ヴィヴァルドの施設の「代用エルサレム」から「サクロ・モンテ」への移行を説明。

二

(1) F. Sesalli, *Breve descrizione del Sacro Monte di Varallo di Valdelsa etc.*, Novara, 1566. ; idem, *Descrittione del Sacro Monte di Varallo di Valsesia*, Novara, 1570. ; idem, *Descrittione del Sacro Monte di Varallo di Val'di Sesia*, Novara, 1587.

(2) G. B. Fassola, *La nuova Gierusalemme o sia il Santo Sepolcro di Varallo*, Milano, 1671. ; F. Torrotti, *Historia della Nuova Gierusalemme, il Sacro Monte di Varallo del canonico Francesco Torrotti*, Varallo, 1686.

(3) A. M. Uzzino, *Guida per ben visitare Gerusalemme nel Sacro Monte di Varallo*, Varallo, 1809. ; G. Bordiga, *Storia e guida del Sacro Monte di Varallo*, Varallo, 1830. ; M. Cusa, *Nuova Guida storica, religiosa ed artistica al Sacro Monte di Varallo, ed alle sue adiacenze*, Varallo, 1857. ; F. Tonetti, *Guida storica e pittorica della Valsesia e del Santuario di Varallo*, Varallo, 1871 ; idem., *Guida della Valsesia e del Monte Rosa*, Varallo, 1891 など。

(4) ヴァレーゼのサクロ・モンテに関する文献については、Aa. Vv., *Il Sacro Monte sopra Varese*, Milano, 1981 の巻末の一覧が詳しい。オルタのサクロ・モンテに関する文献については、本書巻末の「参考文献」一覧の「サクロ・モンテ・ディ・オルタ」を参照されたい。

(5) P. Galloni, *Il Sacro Monte di Varallo*,Varallo, 1909. ; idem, *Il Sacro Monte di Varallo-Origine e svolgimento delle Opere*

d'Arte, Varallo, 1914.

(6) A. Durio, 'Il Santuario di Varallo secondo uno sconosciuto cimelio bibliografico del 1514', in *Bollettino Storico per la Provincia di Novara*, 192, Fasci. II, pp. 117-139.; idem, 'Francesco Sesalli e la prima 'Descrittione' del Sacro Monte di Varallo ' , in *Bollettino Storico per la Provincia di Novara*, XX, fasci. II, 1927, pp. 167-178.; idem, 'Francesco Sesalli e la prima 'Descrittione' del Sacro Monte di Varallo, in *Bollettino Storico per la Provincia di Novara*, XXI, fasci. IV, 1927, pp. 379-396.; idem, 'Bibliografia del Sacro Monte di Varallo e della Chiesa di Santa Maria delle Grazie annessa al Santuario 1493-1929', in *Bollettino Storico per la Provincia di Novara*, Anno XXIII-1929, pp. 357-405.

(7) 主要なものだけを挙げておく。 F. Ghilardi, *San Vivaldo in Toscana*, Firenze, 1895. ; idem, 'La chiesa le cappelle di S. Vivaldo (spigolature)', in *Miscellanea Storica della Valdelsa*, XVI, 1908, pp. 31-55. ; idem, 'Sulle cappelle di S. Vivaldo. Un documento di Leone X', *Miscellanea Storica della Valdelsa*, XIX, 1921, fasc. 1-2, pp. 1-26. ; idem, *Guida al Santuario di S.Vivaldo*, Castelfiorentino, 1936.

(8) M. Sartorio, *Il Santuario di S. Maria del Monte sopra Varese*, Milano, 1839. ; S. Langé, 'Problematiche emergenti nella storiografia sui Sacri Monti', in Aa. Vv., *Sacri Monti. Devozione, arte e cultura della controriforma*, 1992, Milano, p. 2.

(9) B. Manino, *Descrittione de Sacri Monti di S. Carlo d'Arona, di S.Francesco, d'Horta, di Santa Maria sopra Varese e di Varallo*, Milano, 1628.

(10) S. Butler, *Alps and Sanctuaries of Piemont and the Canton Ticin*, London, 1881. ; S. Butler, *Ex Voto : An Account of the Sacro Monte on New Jerusalem at Varallo Sesia*, London, 1888. (*Ex Voto-Studio Artistico sulle Opere d'arte del S. Monte di Varallo e di Crea*, ed. italiana tradotta dall'inglese, Novara, 1894.)

(11) P. Goldhart, *Die Heiligen Berge Varallo, Orta und Varese*, Berlino, 1908.

(12) L. Gillet, *Dans les Montagnes Sacrès-Orta-Varallo-Varese*, Paris, 1928, pp. 67-121.

(13) P. C. Brookes, 'The Sacri Monti of Lombardy and Piemonte', in *The Connaisseur*, 1974, Heft 750, pp. 286-295.

(14) R. Wittkower, 'I Sacri Monti delle Alpi italiane', in *Idea e immagine, Studi sul Rinascimento italiano*, Torino, 1992, pp. 321-338. (原本は *Idea and image. Studies in the Italian Renaissance*, London, 1978.)

(15) G. Kubler, 'Sacred Mountains in Europe and America', in G. Kubler *et alt.*, *Christianity and the Renaissance-Image and*

Religious Imagination in the Quattrocento, New York, 1990, pp. 413-441.

（16）一九五〇年代から七〇年代にかけてのサクロ・モンテの美術史的、建築史的研究は数多い。個々の論文については、G. Testori, *Il gran Teatro montano*. Saggi su Gaudenzio Ferrari, Milano, 1956 に掲げられている文献一覧参照。

（17）G. Alessi, *Libro dei Misteri*, ms.. ; idem, *Libro dei misteri.Progetto di pianificazione urbanistica,architettonica e figurativa del Sacro Monte di Varallo in Valsesia*（*1565-1569*）, Prefazione di A. M. Brizio, Commento critico di S. S. Perrone, Bologna, 1974.

（18）H. Thurston, *The Stations of the Cross*, London, 1906. ; idem, *Étude historique sur le Chemin de la Croix*, Paris, 1907.

（19）K. A. Kneller, *Geschichte der Kreuzwegandacht von den Anfängen bis zur völligen Ausbildung, 1957*, Freiburg, 1908, SS. 22-24.

（20）E. Kramer, *Krezuweg und Kalvarienberg. Historische und baugeschichtliche Untersuchung*, Studien zur deutschen Kunstgeschichte, Band 313, Kehl / Strassburg, 1957.

（21）L. Andergassen, 'Kalvaria am Kofel', in *Der Kofel in Kastelruth*, Kastelruth, 1990, SS. 47-114.

（22）W. Brunner, 'Europäische Kalvarienberge', in W. Brunner *et alt.*, *Calvario Tod und Leben*,Graz, 1992, S. 136.

（23）C. Debiaggi, *A cinque secoli dalla fondazione del Sacro Monte di Varallo. Problemi e ricerche*, Varallo, 1980, pp. 24-27, nota. 41.

（24）G. Gentile, 'Evocazione topografica, composizione di luogo e tipologia dei Sacri Monti', in *Sacri Monti. Devozione…op. cit.*, pp. 90-91. ; idem, 'Da Bernardino Caimi a Gaudenzio Ferrari. Immaginario e regia del Sacro Monte', in *de Valle Sicida*, periodico annuale, Società Valsesiana di Cultura, Anno VII, n. 1 / 1996, pp. 207-287, pp. 226-230.

（25）トリノ、モンカルヴォ、カザーレ・モンフェッラートを会場として二〇〇四年一〇月一二日～一六日に開催された国際シンポジウムの成果は、*Religioni e Sacri Monti*, Atti del Convegno Internazionale, a cura di A. Barbero e S. Piano, Centro di Documentazione dei Sacri Monti Calvari e Complessi devozionali europei, 2006 として刊行された。なお、同シンポジウムには筑波大学の守屋正彦教授が出席し、「日本における聖なる山と巡礼」（Il Sacro Monte e il pellegrinaggio nell'arte giapponese）と題した口頭発表を行った。

（26）*Linee di integrazione e sviluppo all'Atlante dei Sacri Monti Calvari e Complessi devozionali Europei*, a cura di A.

Barbero e E. D. Filippis, Villanova Monferrato, 2006.

(27) L. Zanzi, 'Introduzione', in *Atlante dei Sacri Monti prealpini*, a cura dei L. Zanzi e P. Zanzi, Milano, 2002, p. 14 e nota 10.

(28) idem, 'Gerusalemme nelle Alpi. Per un Atlante dei Sacri Monti', *op. cit.*, pp. 67-69.

(29) 平成元（一九八九）年六月一七日（土）に開かれた美術史学会東支部例会（国立西洋美術館）での口頭発表で、併行して福原敏男氏による「社寺参詣曼荼羅と巡礼」という題目での口頭発表も行われた。

(30) 坂本満「アルプス山麓の巡礼地「サクロ・モンテ」」（『歴博』六三号、一九九四年二月、四―五頁）。

(31) 同右「キリスト生誕の小型群像とサクロ・モンテ」（『国立歴史民俗博物館研究報告』第一一四集、二〇〇四年二月、一―二三頁）。

(32) M. Praz, *Il giardino dei Sensi: Studi sul manierismo e il barocco*, Milano, 1975.（M・プラーツ著／若桑みどり、森田義之、白崎容子、伊藤博明、上村清雄訳、第五部　バロックの宇宙「サクロ・モンテの礼拝堂」（『官能の庭――マニエリスム・エンブレム・バロック』ありな書房、一九九二年、五五六―五六四頁））。

(33) J. Pieper, '3. Das Hinwegführende : Die entwirklichte Architektur', *Das Labyrinthische-Über die Idee des Verborgenden, Rärselhaften, Schwieringen in der Geschichte der Architektur*, Braunschweig / Wiesbaden, 1987, SS. 86-106.（J・ピーパー著／和泉雅人、佐藤恵子、加藤健司訳、第三章「聖なる山――超越へと導くもの――脱現実化された山上の理想都市・サクロ・モンテ」（『迷宮――都市・巡礼・祝祭・洞窟――迷宮的なるものの解読』工作舎、一九九六年、一二九―一五七頁））。

(34) 水野千依「絵画の語り、聖劇の語り――ロレンツォ・ロット作スアルディ家礼拝堂フレスコ画装飾をめぐって」（『美術史』一四五冊、一九九八年、特に一四七―一四八頁）。

(35) 水野千依「ヴァラッロのサクロ・モンテ創設期におけるベルナルディーノ・カイーミの構想――〈場の記憶〉と〈心の巡礼〉」（京都造形芸術大学紀要〔GENESIS〕第九号、二〇〇五年、一九六―二一五頁）。なお同論考は、ルネサンス期に「イメージが受容者とのあいだで紡いできた生命ある関係を浮彫」にすることを意図した壮大な研究の成果として二〇一一年に刊行された著書（『イメージの地層――ルネサンスの図像文化における奇跡・分身・預言』名古屋大学出版会、二〇一二年第二刷）にも再録（四七四―五〇四頁）されている。

(36) 拙稿「一六世紀前半のイタリア美術とサクロ・モンテ」（『鹿島美術研究』年報第一六号別冊、鹿島美術財団、一九九九年一一月、八三―一〇二頁)、拙稿「トスカーナ管区サン・ヴィヴァルドの,エルサレム,――地形模倣的巡礼施設からサクロ・モンテへ」(『芸術学研究』第六号、二〇〇二年、九―二二頁)。
(37) 大野陽子「対抗宗教改革期におけるヴァラッロのサクロ・モンテ」(『鹿島美術研究』年報第一八号、鹿島美術財団、二〇〇一年一一月、三八七―四〇一頁)。
(38) 二〇〇二年五月一七日に行われた鹿島美術財団賞授賞式における「対抗宗教改革期の北イタリアにおけるサクロ・モンテ構想」と題された大野氏の口頭発表。
(39) 大野陽子『ヴァラッロのサクロ・モンテ――北イタリアの巡礼地の生成と変貌』(三元社、二〇〇八年)。

第二章　一五世紀以前の西欧におけるエルサレムの模造建築

はじめに

イタリアにおけるサクロ・モンテ研究は、序や第一章で述べたように、個別的ないしは地域別的研究を経て、最近では、サクロ・モンテを近世の多様な複合的巡礼施設群の一つの類型と見做して、そうした巡礼施設群全体の全欧的把握を目指す大規模な調査・研究へ移行した。しかし、サクロ・モンテの起源の解明に役立つと思われる一五世紀以前のエルサレムの模造建築群の存在や、それらとヴァラッロやサン・ヴィヴァルドの施設の初期の形態（「代用エルサレム」であり、まだ「サクロ・モンテ」ではなかった）との関係などについては、十分な言及や考察はなされていない。そこで本章では、まず、キリスト教徒のエルサレムに対する憧憬とその模造の伝統、並びにサクロ・モンテとの関係について触れた後、一五世紀以前のエルサレムの模造建築がどのようなものであったかを、西欧に限って概観してみたい。なお一五世紀には、一四世紀までとは異なる模造体が登場してくるため、概観は一四世紀以前（二節）と一五世紀（三節）に分けて行うことにする。

一　キリスト教徒のエルサレム憧憬とその模造の伝統、並びにサクロ・モンテの関係

エルサレム巡礼は、キリスト教公認（三一三年）以前からすでに行われてはいたが[1]、莫大な数の民衆をパレスティナへ送り込むことで、それに新しい次元を開いたのは十字軍であった。十字軍遠征によって、聖地巡礼は大衆運動の趣を呈するようになり、大衆の意識には聖地訪問が慣例的な宗教行為として植えつけられた。その

後も、エルサレムへ至る地中海のルートを制していたマムルーク朝（一二五〇―一五一七年）や後期オスマン朝（一五一七年）と西欧との間には、巡礼者の往来を可能にする状況があり、巡礼がまったく途絶えることはなかった。しかし、第七回十字軍（一二五四年）以降は、先行するエルサレムの十字軍時代と同じ形での巡礼の継続は不可能になっていた。さらに、エルサレムとそこにあるキリストゆかりの聖蹟は、民衆の信仰心の対象や源泉としては、西欧のキリスト教諸国からはあまりに遠く離れていた。このような状況のなかで、一五世紀末から一六世紀初め頃にかけて、巡礼者の情熱に応える普及の担い手を得て企画、建造され、その後も民衆に開かれ続けるような一つの巡礼の実践の可能性を示したのが、サクロ・モンテの祖型であるイタリアのヴァラッロ等の「代用エルサレム」であった。サクロ・モンテの建築テーマが、「中世の巡礼行為、なかでも十字軍の時代に爆発的な人気を得た巡礼地としての聖地パレスティナへの憧憬から発展したもの(2)」と言われるのはこのためである。

ところで、ヴァラッロやサン・ヴィヴァルドの代用エルサレムは、突然イタリアの山上に姿を現わしたのであろうか。何の前触れもなしに俄かに出現したと考えるには、これらの施設はあまりに複雑で趣向が凝らされており、むしろ、キリスト教建築史や信仰史的に見て、長い醸成期間ないしは前史ともいえる段階があったと考える方が自然である。そして実際、西欧の古代末期並びに中世の宗教建築の中には、献堂名や形体、保蔵されている聖遺物、また記録や伝承などによって、エルサレムとの関りが明示されるか示唆されている聖堂や大小の礼拝堂などが数多く見出される。

キリスト教の巡礼者は、エルサレム巡礼の開始以来、巡礼体験を記念し、また、巡礼を実現できない者にこれを伝えるために、巡礼記や案内書を書いたり口授したりしてきた。また、彼らは、そうした文字や口伝による方法以外にも、聖地をより直接的に思い出させる採取の容易なヨシャファトの谷やオリーヴ山の砂利や土、主要

図4　左：聖墳墓の祠堂の小型模型（聖墳墓記念聖堂の模型の一部）16世紀　8.03×8×3.5cm　オリーヴ材　真珠層／右：聖墳墓記念聖堂の屋根のない復活聖堂の上方から見た聖墳墓の祠堂の小型模型／フランシスコ会聖書研究博物館

な聖堂のランプの油、ヨルダン川の水、ジェリコのオアシスの棕櫚といった自然の記念品や、エルサレムやナザレ、アイン・カーレムで巡礼者に配られた金属製ないしは陶製の聖油壜や模型（図4）などの人工的な記念品、とりわけキリストの受難に関係する聖骸布の切れ端や聖十字架の小片、聖墳墓の岩の破片などの聖遺物を故国に持ち帰ることで、自らの巡礼体験を回想するよすがとしていた。しかし、西欧におけるキリスト教徒の聖地エルサレムに対する熱い思いは、それらの行為に留まるものではなかった。聖地巡礼の動きにほぼ平行するかわずかに遅れて、彼らは、地上のエルサレムを、時に天のエルサレムへの憧憬や世界の中心と見做す概念に重ねながら、絵画や彫刻、工芸、建築、また科学的にはまったく厳密とは言えない概念的な地図に、具体的な形象として表現し始めた。その遺例は、絵画や彫刻、工芸においては、具体的主題や表現方法まで考慮に入れると、一四世紀以前に限ってみても、実に多彩で夥しい数にのぼる。しかし、その一方で、古代末期並びに中世の宗教建築においては、以下に見るように、時代によって「模造」の意味や概念、目的に違いや変化が生じたとはいえ、ボローニャの遺例を唯一の例外として、エルサレムはもっぱら聖墳墓（＝キリストの墓）か、それを覆う復活聖堂（アナスタシス）（アナスタシスは「復活」の意の希臘語）、ないしは両者の模造建築を通して象徴、表現されてきた。それらの模造建築こそ、上述のエルサレムとの関りを示唆する聖堂や大小の礼拝堂であり、一五世紀末に誕生したヴァラッロの代用エルサレムに先行し、それを婉曲に準備したと考えられるものであった。

二　一四世紀以前のエルサレムの模造建築

二―一　エルサレムの聖墳墓の祠堂と復活聖堂の変遷

西欧におけるエルサレムの模造建築群を概観する前に、模造対象であるエルサレムの聖墳墓と復活聖堂とはどのようなものであり、どのような変遷を辿ったのかについて述べておこう。

キリストの墓に言及した最古の史料と言える四福音書記者の記述からは、元来の聖墳墓が堅固な岩を掘ったものであり、墓の入口にはそれを閉じるために回転石が置かれていたことや、それが誰も葬られたことがない新しいものであり、磔刑の場所に近い園にあったことが知られる。(1) また、その他にも、それがアルコソリア（岩の側面を浅く掘り抜いて上方を弓形のアーチにした岩棚、龕）式であったことが推測される。(2) 従ってそれは、現在もパレスティナに遺例が散見されるローマ時代のユダヤ人の円形蓋石を伴った簡素な墓のようなものであったに違いない。しかし、キリスト教が公認され、聖蹟信仰や聖遺物信仰、また装飾の豊かさによって崇敬を表現しようとする傾向が高まるにつれ、キリストの墓はそれ自体壮麗であることが期待されていったと推測される。実際、カイザリアのエウセビオス（二六〇―三三九／三四〇年）の『コンスタンティヌス大帝伝』（三三七／三四〇年）によれば、コン

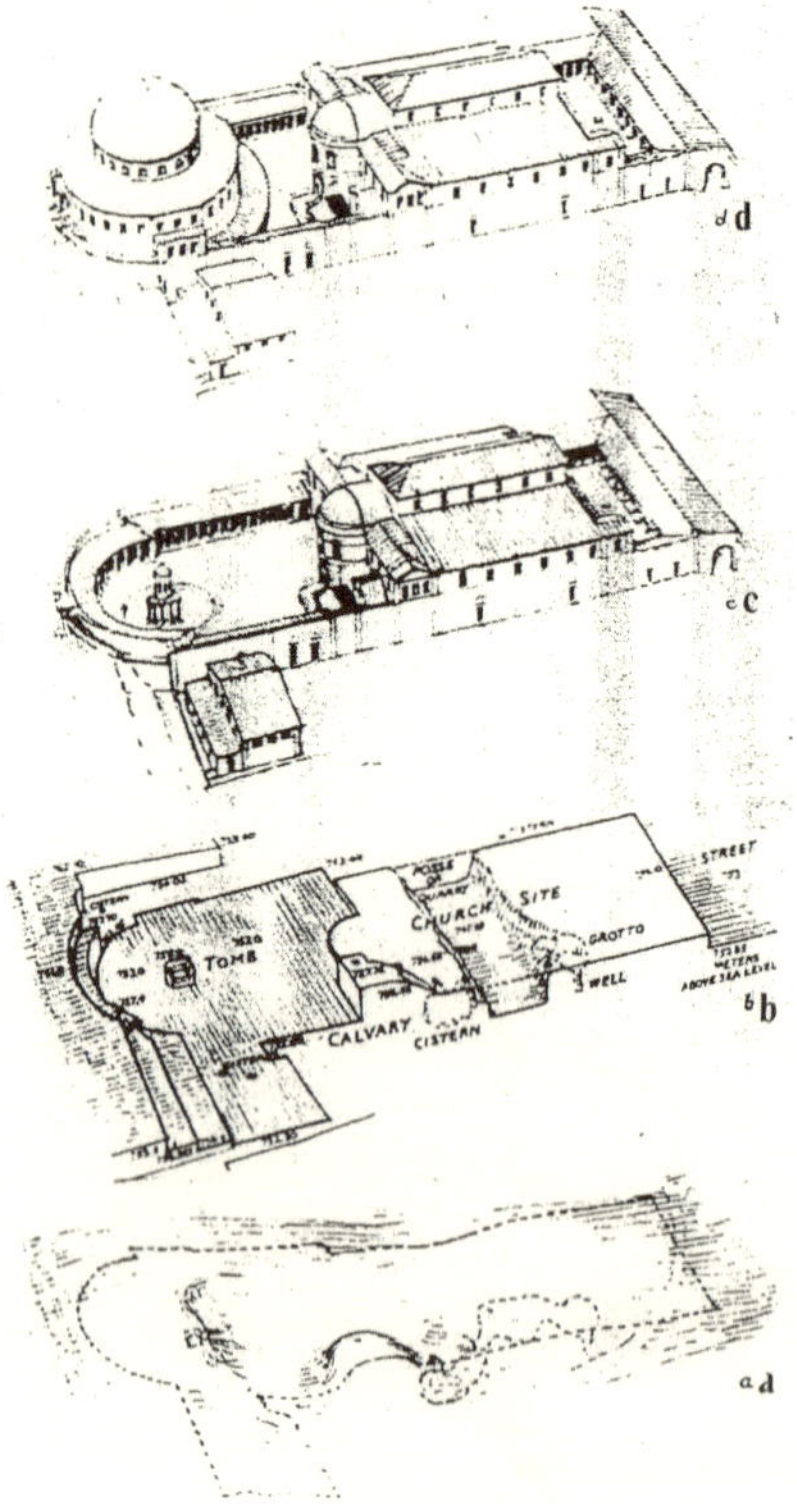

図5　4世紀までのエルサレムの聖墳墓記念聖堂の成立過程（a→d）（K. J. Conantによる想定図 1956年）

スタンティヌス自身がキリスト時代の地面を掘り起こさせてキリストの復活のモニュメントを発見し、三二六年から三三五年までの間にそれを装飾させただけでなく、マルテュリウムと呼ばれた巨大な殉教者聖堂を建造させ、さらには広く開放的な中庭も壁で囲んだという。エウセビオスの著書には復活聖堂に関する言及は見られないが、若干遅れて殉教者聖堂とは完全に切り離されて、それの西側に建造されたと考えられている(3)（図5）。その他、三一五年頃エルサレムに生まれ、キリストのオリジナルの墓と同大帝による改造後の墓について熟知していたと思われるキュリロス(4)（三一五頃―三八七年）からは、元来洞窟であった墓の入口が装飾のために削り取られてしまったことや、王室からの奉納によってこの墓がさまざまに美化されたことが知られる(5)。

しかし、コンスタンティヌス大帝がオリジナルの簡素な墓に対して施した改造や装飾が正確にはどのようなものであり、その後六一四年にペルシア人によって破壊されるまでにどのような修正が幾度加えられたのかについては、研究者の見解は必ずしも一致していない(6)（図6）。また復活聖堂についても、それが内陣と周廊、そして列柱がある円形聖堂（ロトンダ）で、その列柱が階上廊を支え、その上に屋根が載っていたことまでは見解は一致しているが、

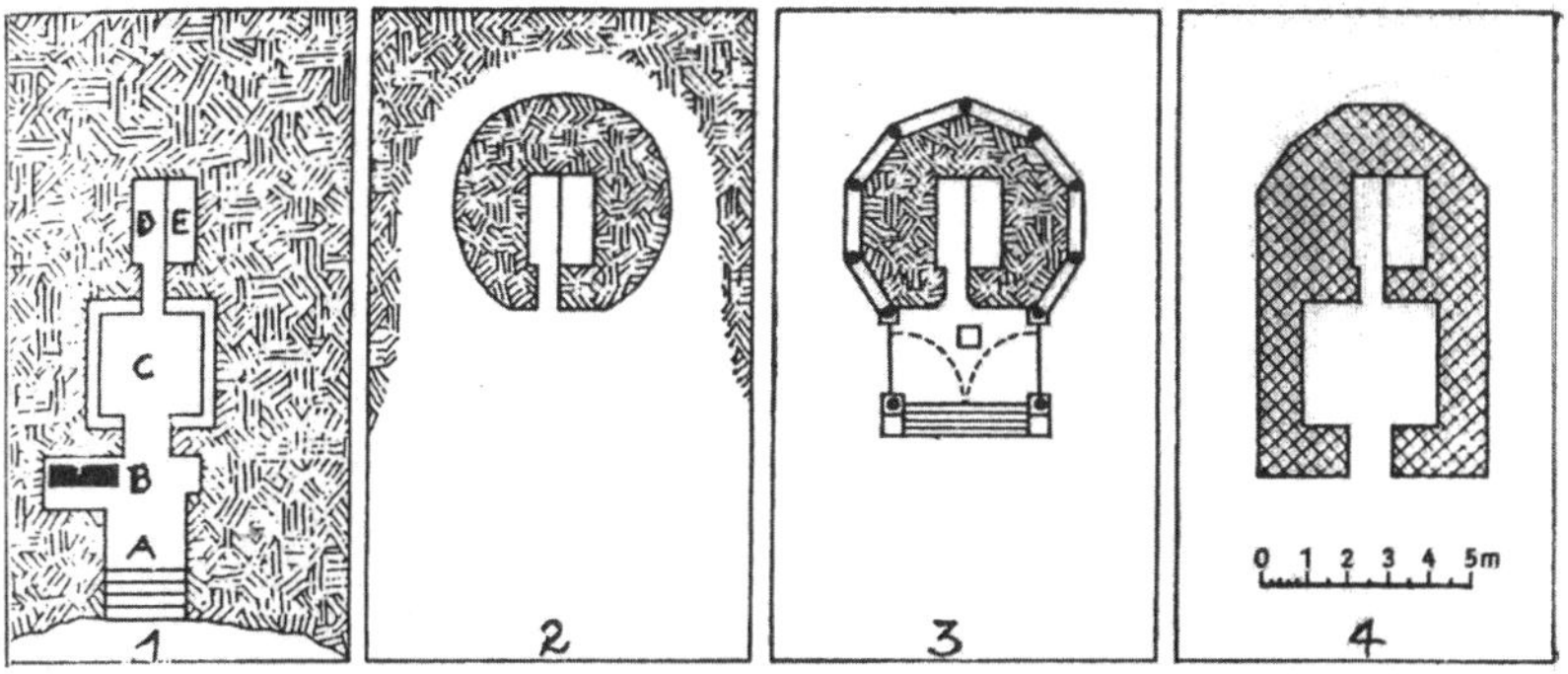

図6　エルサレムの聖墳墓（キリストの墓）とそれを覆うキボリウムの平面図の変遷（E. A. Steinmairによる変遷図、1993年）1. キリストが葬られた際の墓の構造（A. 階段、B. 回転石のある入口、C. 腰掛けのある前室（＝天使の間）、D. 主室（棺室）、E. 棺床）、2. コンスタンティヌス大帝により棺室と棺床のみを残して余計な岩（白い部分）を削り取られた聖墳墓、3. コンスタンティヌス大帝により9本の円柱に囲まれ階段をつけられた聖墳墓、4. 1009年のエル・ハキムの完全破壊後に同じ場所に再建された壁体のある聖墳墓

階上廊の上に載っていた屋根が、当初半球形であったのか、頂部のない円錐形であったのか、あるいは数世紀を経る間に半球形から円錐形に変形されたのかについては、やはり見解が分かれている[7]。

ペルシア人による破壊後に、エルサレムの代理司教モデストゥスが、より小規模であるとはいえ、コンスタンティヌスによる建造物群とほぼ同じ輪郭の東西に横たわる長方形の枠組みで修繕、再建した聖墳墓記念聖堂（六一六─六二六年）については、ガリアの司教アルクウルフスが巡礼体験に基づいて自ら作成した六七〇年当時の見取図の写し（図7）が、その様子を伝えてくれる。この見取図からは、聖なる洞穴への入口は東側にあり、矩形の墓は北側、つまり祈禱のために入ってくる人々の右手側にあったこと、さらに円形聖堂のプランも聖墳墓のそれ（ただし墓には壁体はなかったと思われる）も円形であったことがわかる。この再建された記念聖堂は、数世紀を経るなかで変形を被りながらも、ファーティマ朝のカリフ、エル・ハキムによって完全に破壊（一〇〇九年）されるまで存続した。

再び破壊された聖墳墓記念聖堂を再建したのは、ビザンティン皇帝コンスタンティヌス九世モノマクス（一〇四二―五四年）であった。彼は、エルサレムが短期間ビザンツ帝国の保護下に入った一〇四八年に、ギリシアの建築家を使ってモデストゥスのプランを維持させながら再建させた。聖墳墓が、場所は同じでも、角のある半円と矩形からなるプランによって建てられ、しかも壁によって囲まれたのは、この時期と推測される。復活聖堂には、構造自体に本質的な変更は加えられなかった。

この後、一〇九九年にエルサレムを占領した十字軍は、聖墳墓記念聖堂をロマネスク様式で修繕、改築し、さらに拡大もした。そして、カルヴァリオとそれに接続した中庭の双方を囲んだ教会が建てられ、これと復活聖堂とを通用門のアーチで接続することで、それらは初めて一つの屋根の下に収められた（図8）。十字軍時代には、聖墳墓は、プランは前代と同じで、聖堂参事会の印章（一一七五年）（図9）に見られるような小塔を上に載せ、頂

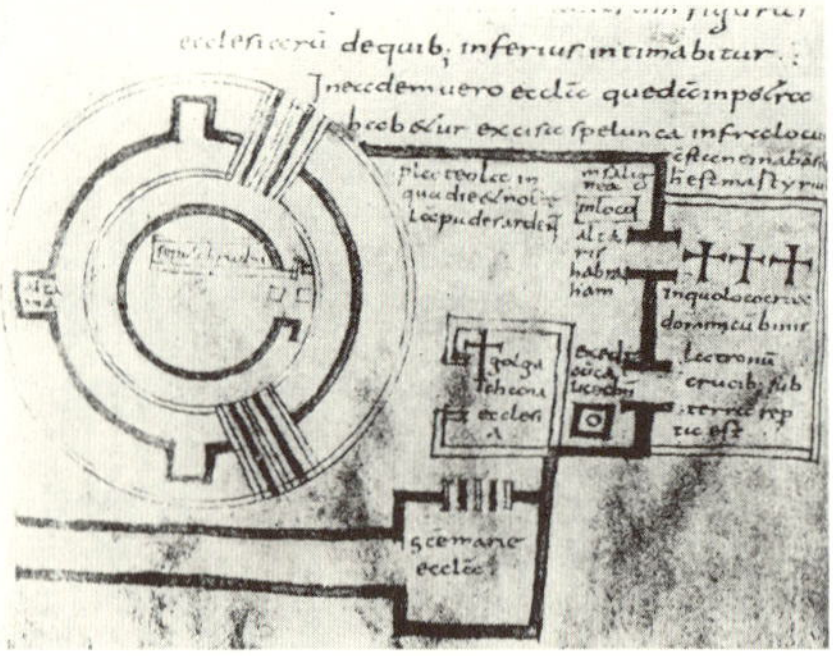

図7　670年頃のエルサレムの聖墳墓記念聖堂（ガリア司教アルクウルフスの平面図（670年）をアダムナンが羊皮紙に写したもの）

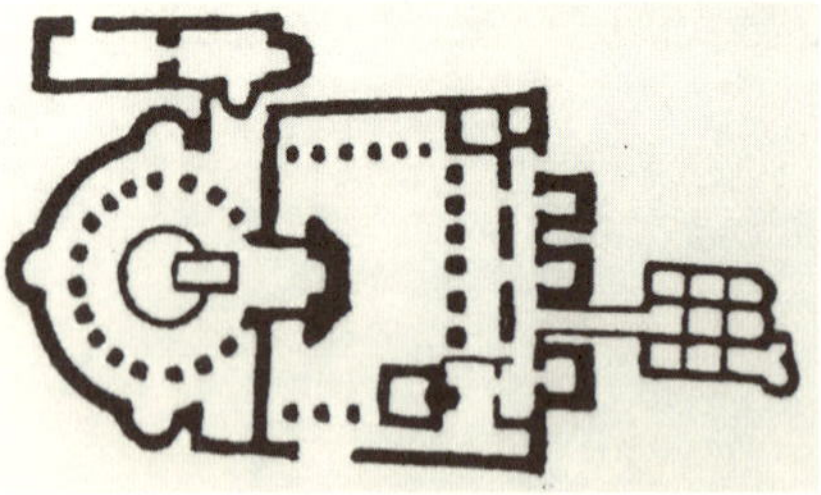

図8　十字軍により修繕、拡張が行われた聖墳墓記念聖堂の想定図

図9　エルサレムの聖墳墓記念聖堂参事会の印章に表現された復活聖堂（アナスタシス）と聖墳墓

部には十字架を置いていたと考えられる。一方、階上廊上に頂部のない円錐形の屋根[8]が載っている復活聖堂には、この時代にもやはり構造的に修正は加えられなかった。

現在の聖墳墓記念聖堂は、概ねこの十字軍時代の設計に従っているが、円堂である復活聖堂には、一八〇八年の火災後、半球形の屋根が載せられた。

二―二　一四世紀以前の「模造（＝代用）墓」と「模造（＝代用）アナスタシス」の建造例

古代末期と中世におけるエルサレムの模造建築の遺例は、既述のように、聖墳墓の祠堂かそれを覆っている復活聖堂、もしくは両要素を模造したものが殆どであり、概観は必然的にそれらが対象となる。ところで、A・ラインレは、現在はいずれか片方の要素の模造建築しか残っていないとしても、両要素はそれぞれ複雑で複合的な聖墳墓記念聖堂の一部であり、西欧ではセットで模造されてきたものであると述べている。[9]他方、B・ボーティエは、聖墳墓信仰の方がアナスタシス信仰よりも重要視され、建造例も模造墓の方が模造アナスタシスより多いとし、この事実から、模造アナスタシス内には模造墓も併設されていたと推測している。[10]両者の考え方には多少の相違があるとはいえ、巡礼の記念や信徒の教化のために建てられた模造アナスタシス内には、たとえ現在は存在しなくとも、ピサのそれを例外として、かつては模造墓があったと考える点では一致している。模造墓だけが単独で建造された例がある以上、どちらかと言えばボーティエの見解の方が妥当と思われるが、両要素の模造例を別々に概観すると重複が多くなるため、本書ではそれらを一緒にして、模造の目的や建造者、地域的分布、建築的特徴などに留意しながら、時代順に遺例を概観していく。

模造墓の最古の例は古代末期に遡るが、二例が知られるにすぎない。一つは、現在南フランスのナルボンヌ

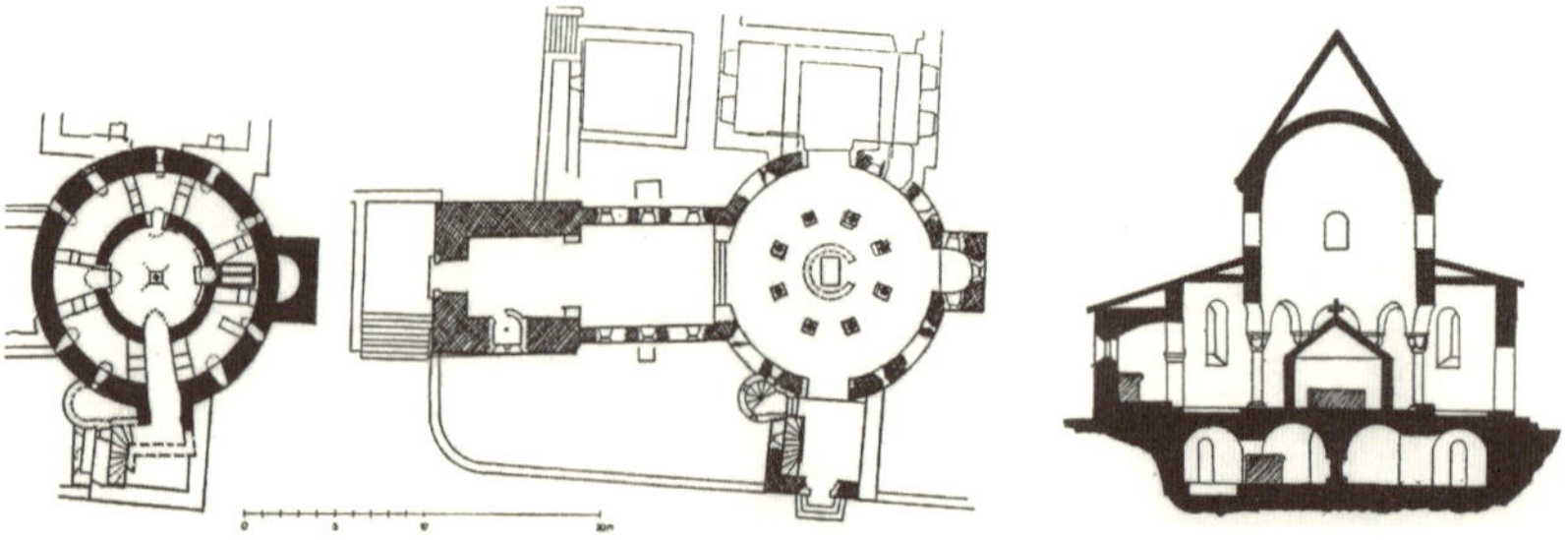

図10　フルダ　ザンクト・ミヒャエル聖堂の平面図（左：クリュプタ、右：一階）と立面図

（石造美術館蔵）に収蔵されている高さ一・二四メートルの大理石製の小モニュメント（四―五世紀頃）で、当時の巡礼記の記述を彷彿とさせる前室と玄室から成っている。いま一つは、聖地訪問の経験があった聖ペトロニウス（？―四五〇年頃）が、ボローニャ司教就任（四三二年）後に、コンスタンティヌス大帝による聖墳墓記念聖堂をモデルにして建造した聖堂（聖ステファノに献堂）の一部であったと伝えられる五世紀の模造墓であるが、これは現存していない。復活聖堂との関係が指摘ないしは推測されている聖堂には、ローマのサンタ・コスタンツァ廟堂（四世紀前半）や、聖アナスタシアに献堂されている聖堂など[11]が挙げられるが、最も興味深いのはローマのサント・ステファノ・ロトンド（四六八―五八三年）で、復活聖堂のみならず、パンテオンや天のエルサレムの黙示録的記号体系との関係も指摘されている[12]。

　その後に建造されたラヴェンナの八角集中式プランのサン・ヴィターレ聖堂（六世紀）や、それを模したアーヘンの宮廷礼拝堂（八〇〇年頃）についても、復活聖堂との関係は否定されないが、中世における模造墓と模造アナスタシスの長い歴史の嚆矢となったのは、ベネディクト会フルダ修道院長アエギルが墓地に建造（八二〇―八二二年）した葬礼的ザンクト・ミヒャエル円形礼拝堂（図10）であった。一階には、内陣を周廊から隔てる力強い八本の円柱と、中心に復活を強調した模造墓があったが、それらは一八世紀に破壊され、現在は基部しか残っていない。大司教アドー（八〇〇―八七五年）がヴィエンヌのサン・ソヴェール聖堂前に建造した模造墓は、小さな矩形の建物であったが、司教レジェの時代（一〇三一―一〇七〇年）に聖堂が延長されて堂内に収められた後、一八〇四年に解体されてしまった。次いでコンスタンツには、九三四年から九七五年頃までの間に、聖地訪問の経験があった司教コンラートによって、小振りながら復活聖堂を模した聖マウリティウス礼拝堂と、その堂内にこの都市における一つ目の模造墓が建造された。紀元一〇〇〇年頃には、イタリアのアクアペンデンテにも、聖遺物を納める壁龕の付いた模造墓（現在の模造墓のプロトタイプ）が建造された。

一一世紀には、まず、司教マインヴェルクによって、ドイツのパーダーボーンに復活聖堂を模した修道院附属聖堂（図11）が建造（一〇三六年以降）された。彼は、建造に先立ち、ヘルメルスハウゼンの修道院長ヴィーノをエルサレムに急派してオリジナルから寸法を採らせたとされるが、[13] 同聖堂は、四つの十字状に伸びた矩形が接続した八角形プランの集中式になっている。続いて、一〇四二年から一〇四九年にかけてフランスのアンドル県のヌヴィ＝サン＝セプルクルに建造された円堂（図12）は、外周の直径が復活聖堂の列柱の輪の直径に等しく、一一本の太い列柱と階上廊を伴っている。堂内にはかつて、上に塔が載った模造墓があったが、一八〇六年に解体（この時、聖墳墓とカルヴァリオの聖遺物の存在を証明する銘文が発

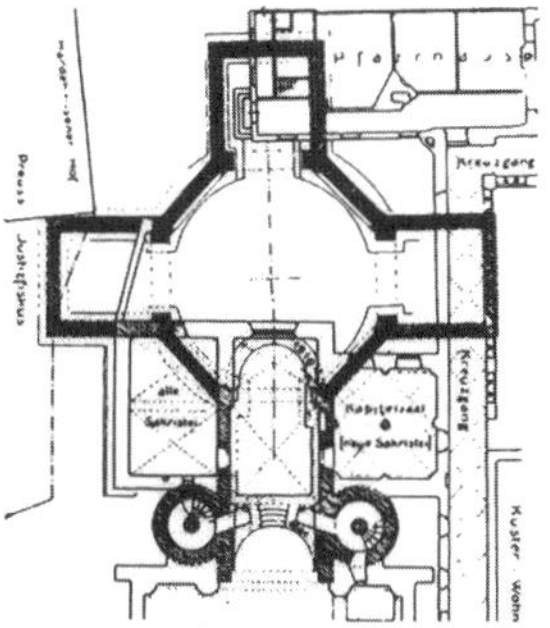

図11　パーダーボーン　セント・ピーター・アンド・アンドリュー聖堂平面図

図12　ヌヴィ＝サン＝セプルクル　サン・セプルクル聖堂

見された）されてしまった。一〇五五年にはプレザンス、さらに一〇六四年にはカンブレーにも聖遺物を納めるための模造墓が建造された。一〇七七年に「墓」（Sepulchrum）として言及されたイタリアのアクイレイア大聖堂の北側側廊の端にある小さな円筒形の建物（図13）は、復活祭の聖木曜日と聖土曜日の聖火の際にまさに墓の役割を発揮した例である。フランスには、既述の例の他にも、四方に腕（三つはアプシスで一つは入口）が伸びた集中式聖堂が二堂知られる。一つは「サン・セプルクル」と呼ばれているヴィルヌーヴ＝ダヴェロンの修道院附属聖堂（一〇七九年より前）、そしてもう一つは、カンペルレの大修道院附属サン・クロワ聖堂（一〇八三年より後に着工）である。さらに、一〇九〇年頃にはパヴィーアに聖遺物を納める模造墓、一〇九四年より後にはセレスタに模造墓と集中式聖堂が建造された。なお、イタリアのカノーザ・ディ・プーリアの大聖堂の右翼廊に隣接するように建造されたボヘムント（一〇六五頃―一一一一）の墓（図14）も、貴人の私的な霊廟であるとはいえ、エルサレムの

図13　アクイレイア　復活聖堂型の模造墓（大聖堂内）

図14　カノーザ・ディ・プーリア　ボヘムントの墓廟（大聖堂の右翼廊に隣接）

図15　ピサ　サント・セポルクロ聖堂

図16　ボローニャ　左：サント・ステファノ巡礼聖堂の聖墳墓の模造墓と模造アナスタシス／右：ピラトの中庭と聖墳墓の聖堂（＝模造アナスタシス）（中央）の東面

聖墳墓の建築的語彙を用いた模造例である。これら以外にも、一一世紀にはフランスのサン＝ユベール＝ドゥ＝アルデンヌ（一〇八七年頃）やグラースなどに、それぞれ模造墓や模造アナスタシスの存在が指摘されている。[14] 以上の多くの建造例から、一一世紀の西欧に聖墳墓信仰とその延長としてアナスタシス信仰が流布したことは明らかと言えよう。

エルサレムの十字軍王国時代（一〇九九―一一八七年）には、まずミラノで、帰還した十字軍兵士により、かつてのサンティッシマ・トリニタ聖堂が再建され、一一〇〇年に改めて聖墳墓に献堂されて地下礼拝堂（クリプタ）に模造墓が置かれた。続いて、同じく十字軍参加者により、イギリスのノーサンプトンに八角形プランの模造アナスタシスであるセント・セプルクル聖堂が建造された。寄進された聖血の聖遺物を納めるために、一一二四年に建造されたヴァインガルテンの修道院附属円形礼拝堂も模造アナスタシスの一例である。一一二五年から一一三〇年にかけては、さらにケンブリッジに模造アナスタシスである八角形プランのセント・セプルクル聖堂が建てられ、一一二八年にはアウグスブルクの大聖堂に模造墓が加えられた。ピサには、一一五三年にディオティサルヴィによって模造アナスタシスである八角形プランの集中式サント・セポルクロ聖堂（図15）が建造されたが、堂内に模造墓は存在していない。模造墓が集中式聖堂内にどのように配されていたかを現在もよく示しているのは、一二世紀半ばに遡るボローニャの例で、それらは隣接するその他の四聖堂とともに複合的な巡礼施設を構成している。中央の祠堂（図16）は聖ペトロニウスの遺骨を収め、説教壇やテラス、祭壇も備えてはいるが、模造墓であることは疑いなく、それは一四世紀に正面に施されたレリーフ群の主題《聖墳墓詣》、《復活を告げる天使》、《眠り込む三人の番兵》からも明らかである。この祠堂を覆う聖堂の方は、歪な八角形プランの集中式で、周廊と一二本の列柱を伴っている（図17）。このサント・ステファノの複合体では、その他、磔刑聖堂の高い内陣（プレスビテリオ）がエルサレムの聖墳墓記念聖堂内のカルヴァリオに相当し、三位一体聖堂（もしくは殉教者聖堂）とその十字架の礼拝堂がエルサレムの殉教者聖堂（マルテュリウム）と聖十字架発見の礼拝堂に、またピラトの中庭（ピラトの水盤を含む）がエルサレムでかつて復活聖堂と殉教者聖堂とを隔てていたアトリウムに当たっている。さらにC・デビアッジによれば、[15] サント・ステファノの複合体から少し離れた現在サン・ジョヴァンニ・イン・モンテ聖堂が立っている所は、オリーヴ山に相当している。ドイツのアイヒシュタットのカプチ

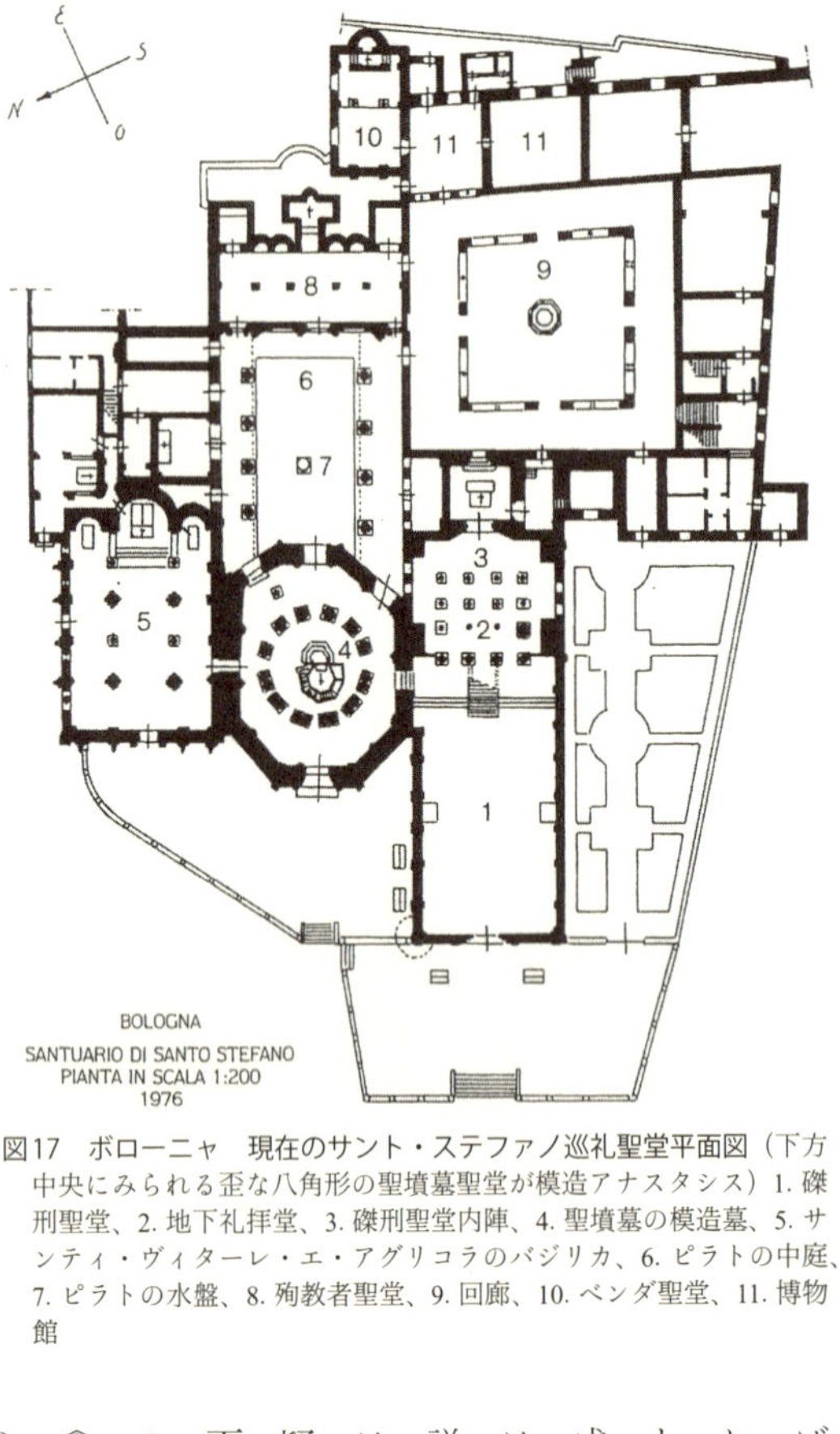

図17　ボローニャ　現在のサント・ステファノ巡礼聖堂平面図（下方中央にみられる歪な八角形の聖墳墓聖堂が模造アナスタシス）1. 磔刑聖堂、2. 地下礼拝堂、3. 磔刑聖堂内陣、4. 聖墳墓の模造墓、5. サンティ・ヴィターレ・エ・アグリコラのバジリカ、6. ピラトの中庭、7. ピラトの水盤、8. 殉教者聖堂、9. 回廊、10. ベンダ聖堂、11. 博物館

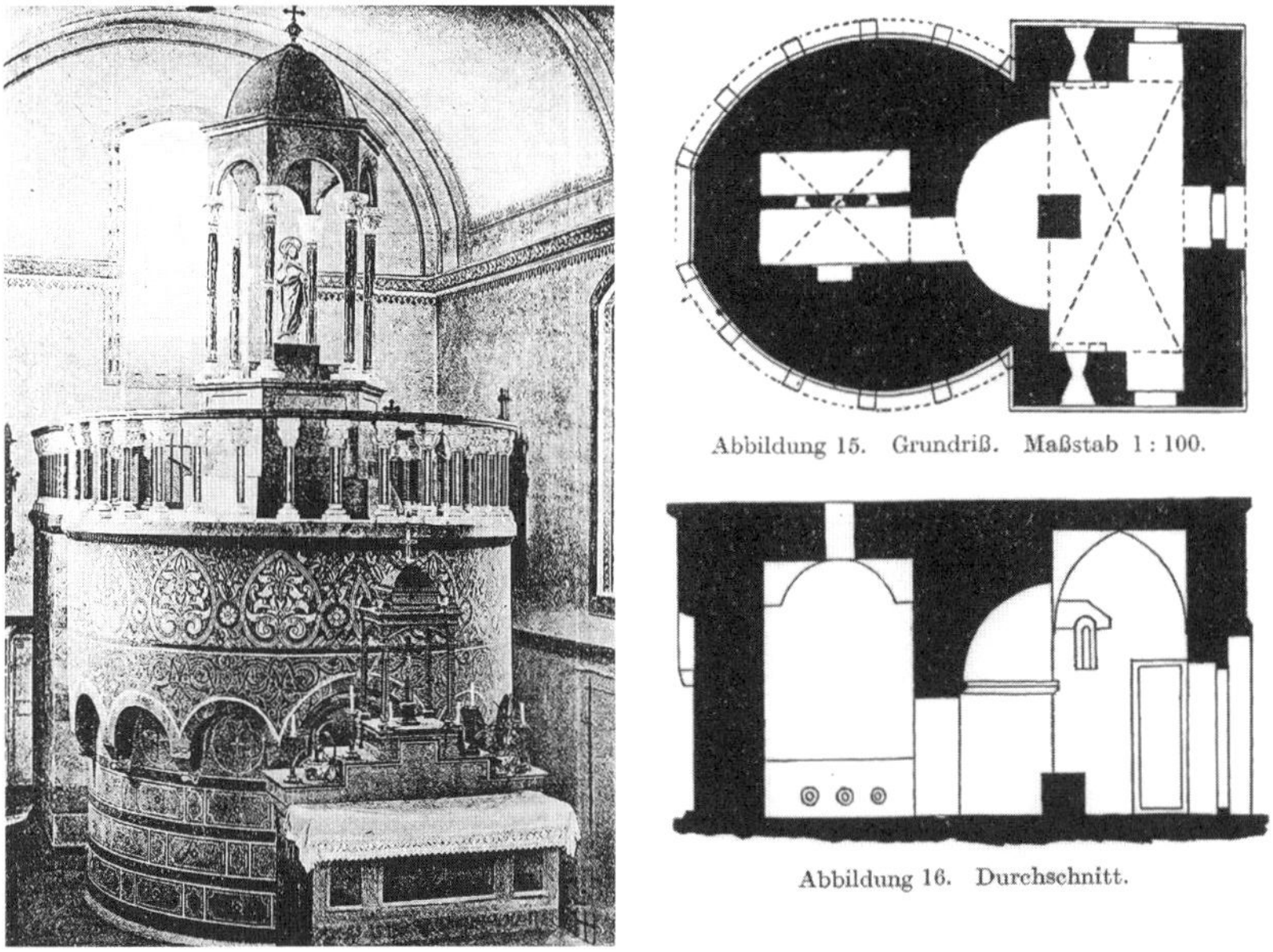

Abbildung 15. Grundriß. Maßstab 1 : 100.
Abbildung 16. Durchschnitt.

図18　左：アイヒシュタット　聖墳墓の模造墓（カプチン派聖堂内）／右：聖墳墓の模造墓の平面図と立面図

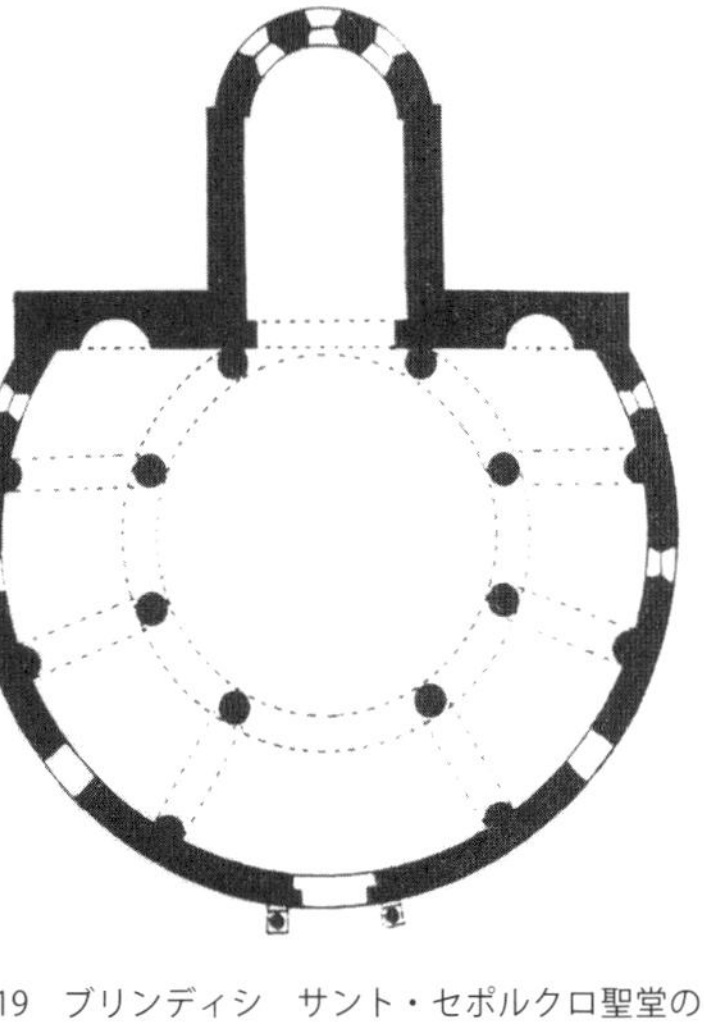

図19　ブリンディシ　サント・セポルクロ聖堂の平面図（Valentini-Caroniaによる）

ン派聖堂内にある模造墓（図18）は、元来は、司教座聖堂参事会会長ヴァルブルンが十字軍からの帰還後に建造し（一一四七年以降）、聖十字架の聖遺物とともにヨハネ騎士修道会の聖堂に寄進したものであった。十字軍による修復後の復活聖堂をモデルにした可能性も指摘[16]されている南イタリアのブリンディシのサント・セポルクロ聖堂（図19）は、テンプル騎士団によって建造された後、エルサレムの聖墳墓記念聖堂の参事会が管理することになったもので、復活聖堂が真の円堂ではないのと同様に四分の三の円形プラン（堂内には八本の列柱がある）をもち、これに一つのアプシスが付いている。サンチャゴへの巡礼路上にある町トッレス・デル・リオに、一二世紀末に建造された八角形プランの集中式サンタ・クルツ聖堂（アプシスと西側に円塔が付く）も、エルサレムの参事会に属したもので、模造アナスタシスの好例である。以上の他にも、一二世紀には、フランスのサン＝ティエリ＝ドゥ＝ランス（一一一五年）やシャラント県のオーヴテールとブーロニー、ドイツのデンケンドルフ（一一三〇年より前）、ゲルンローデなどに模造墓が、また、ペイロールやグラヴソン、パートネイ、ロクロール[17]、ヴェーゼンベルク（一一八五年頃）、ドゥリュックゲルテン（一二世紀末）[18]などに模造アナスタシスの建造例が確認されている。

さらに、模造アナスタシスとして建造されたエルサレムに関りの深い同時期の三大騎士修道会による集中式聖堂について触れておけば、それらは、M・ウンターマンが言うように[19]、とくにイギリスに数多く建造された。三大騎士修道会のなかでもテンプル騎士修道会は、聖墳墓の守護者としてのイメージを民衆に植えつけるために集中式を採用し[20]、ロンドン（一一八五年献堂）やドーバー、テンプル・ブリューアー、アスラックビー、ブリストル、ガーウェイ、パリ（一二世紀半ば）、メッツ、ラオーン、トマール（一一九〇―一二〇〇年）等にその例を残した。また、ヨハネ騎士修道会も、リトゥル・マープルステッド（一一八六年以降）やロンドン近郊のクラーケンウェルの聖堂に集中式を採用した。

エルサレムの模造例は一三世紀に入ってもなお若干見出される。スペインのセゴヴィアに建造され、ブリンディシのそれと同様に聖墳墓記念聖堂参事会が所有していた集中式聖堂（現在のベラ・クルス聖堂、一二〇八年、図20）はその一例である。同聖堂は、トマールの聖堂と同様に、狭い中央の空間にある二階構造の建造物が、模造墓と聖遺物の収納室になっている。ドイツのマクデブルクの大聖堂内にも、幾つかの集中式建築のシンボルを組

図21　マクデブルク　復活聖堂型の聖墳墓の模造墓（大聖堂内）

図20　セゴヴィア　サント・セプルクロ聖堂（今日のベラ・クルス聖堂）の立面図と平面図

み合わせた一六角形プランの小さな模造墓（図21）が一二五〇年頃に建造された。一二六〇年にコンスタンツに建造された二つ目の模造墓である司教座聖堂内の祠堂（図22）は、管見の限り、中世における最後の模造墓である。この後、模造墓と模造アナスタシスの建造は完全に途絶えはしなかったものの、俄かに数が減少していく。特に、模造アナスタシスは単独で建造されることはごくまれになった。こうした現象には、サラディンによるエルサレム包囲（一一八七年）が大きく影響を及ぼしたと考えられ、その後のドイツ皇帝フリードリヒ二世によるエルサレムの再獲得（一二二九年）も、かつての聖墳墓信仰の勢いを復活させることはなかった。そして一四世紀に教皇によってエルサレムの聖墳墓記念聖堂内での祭式挙行禁止令が出されると、その衰えはますます疑いようのないものとなった。

しかし、聖墳墓信仰は実際には衰滅したわけではなかった。聖体信仰へと昇華されていたのである。そして聖金曜日に聖体を設置することが習慣化すると、時には模造墓だけが聖体信仰との関係で建造され、聖週間に三日間聖体を納める祭壇として用いられた。ブランデンブルクに修道院建造と併せて設置された模造墓（一二八七年）などはその例である。一四世紀には聖墳墓のそうした神秘神学的意味はさらに痛ましい調子を帯び、一二世紀までの栄光の復活の墓と一三世紀の聖体の墓とは、祈念像や十字架降下の悲痛なイメージに席を譲った。

以上、一四世紀以前の模造建築例をクロノロジー的に概観してきたが、ここで概観結果を総括しておけば、まず、建造の目的や建造者については、巡礼の記念か聖地に赴けないキリスト教徒の教化、あるいは聖地の騎士修道会の役割の象徴か死者（貴人）の埋葬のいずれかのために、高位聖職者か十字軍兵士、もしくは聖地の騎士修道会（士）、高位の俗人のいずれかによって建造されたと言える。また、時代的、地域的分布については、模造はローマを中心に古代末期（四、五世紀）から開始されてはいるものの、建造のピークは一一、一二世紀で、この時期には聖墳墓信仰を煽ったと思われる十字軍の強い影響で、西欧各地に相次いで模造建築が建造されたと言える。さらに形態については、模造対象はそれぞれ一つであるにも拘らず、おそらくはモデル自体が破壊によって幾度も修繕や再建を余儀なくされ、とりわけ聖墳墓については完全に変形されたことや、時代や地域における建築様式の変化や相違、さらに信仰や信心、典礼の変化などが大きく影響して、「模造墓」も「模造アナスタシス」も実に多様で互いに異なっていたと言える。

図22　コンスタンツ　復活聖堂型の聖墳墓の模造墓（マウリティウス礼拝堂内）

いずれにしても、キリストの埋葬と復活、そして出現に関るキリスト教の最初にして最も重要な聖蹟である聖墳墓とそれを覆う復活聖堂を模造の対象にしてきた中世までの西欧の宗教建築においては、エルサレムは、ボローニャの例を例外として、その一部の模造をもって全体を暗示ないしは象徴されていたと言える。

三　一五世紀のエルサレムの模造建築

エルサレムを象徴する模造墓は、その後、一五世紀の第2四半期頃から再び建造されるようになった。それらの中には、依然として一四世紀以前の模造方法で建造されたものもあったが、多くは、キリストの墓だけに対する信仰を反映したものでも、聖堂内の中央で孤立した存在でもなくなっていた。一五世紀には新傾向の模造方法が登場し、しかもそれには少なくとも二傾向あったように思われる。一つは、聖墳墓と復活聖堂だけでなく、それら以外のキリストゆかりの聖蹟、とりわけカルヴァリオ（ゴルゴタ）やオリーヴ山なども模造して、それらの模造建築を聖地におけるそれぞれの位置関係まで再現するように配列する方法である。もう一つは、それぞれ受難の一つが割り当てられた複数の「留（りゅう）」を行列的に設置する方法（一種の十字架の道行きではあるが、確定した数をもった後代の十字架の道行きではない）で、この場合留は聖柱や礼拝堂によって示された。この方法は、西欧のとりわけアルプス以北に流布したキリストの受難に対する特殊な諸信仰に実践形態を与えたものであった。一四世紀に神秘主義文学の影響を受けて、情緒的形態や細部にまで写実性を求めるようになった受難信仰は、聖墳墓信仰の産物である単一にして全的でもあった模造墓や模造アナスタシスを、キリストゆかりの聖蹟を再現する堂内に受難場面も再現された模造体や、複数の留からなる初期の一種の十字架の道行きの一部にしていったのである。

その他、一五世紀の複合的模造体には、以上の二つの新傾向を併せ持った遺例も報告されている。従って、遺例を模造方法によって区分することは全遺例において有効ではないかもしれない。しかし、本節では二つの方法を便宜上区別し、旧来型の模造例を概観した後で、それぞれの方法による建造例を見ていくことにしたい。なお、概観に際しては、地理的分布や創設者、模造の細部の特徴などに着目することにする。

三―一　旧来型のエルサレムの模造建築のその後の展開

三―一―一　一五世紀

それではまず、一四世紀までのエルサレムの模造建築の型に属する建造例を、明らかにされている範囲で概観していこう。

ドイツで一五世紀にエルサレムの模造建築を建造した最初の町は、おそらくウルムである。この町が、大聖堂（ミュンスター）の南西にあったローティッシェン礼拝堂（一八一七年に建造中断）内に模造墓を建造したのは巡礼者が増加したためであったが、それがどのような外観を呈していたのかについて語ってくれる史料は見出されていない。一七三一年に書かれたエリアス・フリックの大聖堂に関する記述によれば、この模造墓はヘルマン・ロートの息子のハンス・ロートが建てたもので、明らかにエルサレムの聖墳墓を模造したものであったという(1)。

パリのサント・カテリン・デュ・ヴァル・デ・エコリエ修道院附属聖堂内にあった建造物群も注目される。それらは互いに向い合った袖廊に配されていた二つの礼拝堂で、一方はベツレヘム（もしくは降誕）に献堂され、もう一方は聖墳墓に献じられていた。後者は、「主の墓をエルサレムにおけると同様に、まるでグロッタの中ででもあるかのように示した」と記した一七世紀の歴史家の記述によれば、一四二〇年に建造されたものであった。

しかし、いずれも一七世紀中葉以降に取壊されてしまったと考えられている。(2)

次の例もフランスのものである。それは、エルサレムに巡礼したリモージュ出身のポール・オーディエが、一四二一年にヴェネツィアを経て故国に戻るに際して同伴した一人の彫刻家が、リモージュのサン・ピエール・デュ・ケイロワ聖堂に建造したものである。この彫刻家は、フランスに赴くに際し、エルサレムの聖墳墓に似たモニュメントの図面を携えてきていたため、同聖堂内に建造されたのは自ら刻んで持ち帰ったこの図面に基づくものであったと考えられている。この建造物はサン・ピエール・デュ・ケイロワ聖堂にはもはや現存しておらず、その正否や形体、規模を確かめることはできないが、それが模造墓であって群像彫刻でなかったことは明らかである。(3)

リモージュの模造墓からわずかに遅れた一四二三年にも、それ自体聖墳墓に献堂されていたサントメールの聖堂内（二節参照）に、同じような経緯で、アーチ型の天井をもった一つの礼拝堂（おそらく模造墓）が建造された。この礼拝堂へ至るには、まるでグロッタの中ででもあるかのように腰を曲げて階段を降りなければならなかったという。(4)

既述のウルムでは、エルサレム巡礼と礼拝堂との関係は明らかではなかったが、ニュルンベルクのインゼル・シェットの東側に一四三七年に整備された墓地に建造された聖墳墓礼拝堂では、その関係は明らかである。つまり、この礼拝堂は、フリードリヒ二世辺境伯とともに一四五三年にエルサレムにあったゲオルク・ケッツェルが一四五九年に建造したもので、他の多くの模造墓の礼拝堂と同様に、ほぼ正方形の前室（天使の間）と玄室（墓室）から成る模造墓による墓地礼拝堂の一つであった。しかし、この墓地は当時同地の貧者らが使用しており、完成した礼拝堂に一個人の紋章を掲げることができなかったため、同建造物によってケッツェルが名を高めるこ

図23　ニュルンベルク　ノーリス施療院　上：聖墳墓の模造墓／下：同平面図

とはなかった。この墓地礼拝堂は、一七六二年に描かれた写生図によれば、その頃には墓地に建造されたノーリス病院にすでに接合されていたことがわかる（図23）。この接合によって、礼拝堂へは施療院の中から入るしかなくなり、病院の壁に嵌め込まれたこの礼拝堂のファサードも、施療院の中から見るしかなくなってしまった。この聖墳墓礼拝堂は、一八七〇年に施療院が新築された際、写真撮影の対象にされており、少なくとも一八七一年まで存続していたことは疑いないが、現存してはいない。(5)

もはや現存しない銘文と一六四五年の証言によれば、ケルンのザンクト・バルトロメウス―アペルン聖堂にも、エルサレムの手本に倣った模造墓が一四六四年に建造されていた。但し、一六〇七年の別の典拠では建造年は一四九六年とされ、創設者は巡礼から戻ったケルン市民のヨハンネス・メンテンバウアーとされている。同聖堂には、ケルンの陪席判事であり、また聖墳墓の騎士でもあったブルーノ・デ・ハルテヴァウストが一二七七年にエルサレムから齎した荊冠が存在しており、模造墓内のキリスト像の頭部にはこの荊冠が付けられていた。ザンクト・バルトロメウス―アペルン聖堂は、後に十字架の道行きによってゲレオ聖堂と結ばれたが、同道の終点となったのは模造墓とは関係のない後者の聖堂であった。このケルンの模造墓は、フランスに支配されていた一八一二年頃、聖堂（後に取り壊された）が売却された際失われてしまったが、荊冠だけは使徒聖堂に移された。[6]

イタリアにも、私的礼拝堂として建造された模造墓が存在している。フィレンツェのジョヴァンニ・ディ・パオロ・ルチェッライの依頼でL・B・アルベルティが建造したものがそれで、古いサン・パンクラツィオ聖堂のかつての入口近くに今も見ることができる（図24）。この祠堂の図面や採寸法については、年代記作者らの記述はさまざまであり、決定的な史料が見出されない限りいずれが正しいか断定はできない。他方、建造年代の方は、祠堂の入口の上の壁面に象嵌された銘文から一四六七（MCCCCLXVII）年と確定される。[7]この祠堂は矩形プランを基本としているが、小さなアプシス部分は半円プランになっている。そして、いわゆる前室はなく、玄室だけから成っている。全面が白を基調とする大理石で覆われている外壁は、濃緑大理石の枠で姿見状に仕切られており、各区画はさらに横の帯と付け柱によって区切られている。そして各枠内には色大理石でさまざまなバラ窓状の模様が象嵌されているが、それらの中にはルチェッライ家の紋章の一つである風を孕んだ船の帆やコンパス、また、それぞれルチェッライ家とメディチ家の紋章の一つである三本の羽毛とダイヤ付きの指輪を合体させた紋章なども象嵌によって挿入されている。付け柱の柱頭の上には優美なフリーズとコーニスが載り、それらの上にはさらに彫刻による百合の装飾が連結されて載っている。フリーズとコーニスとの間

図24　フィレンツェ　レオン・バッティスタ・アルベルティ　聖墳墓の模造墓　サン・パンクラツィオ聖堂内

には、「あなた方は十字架につけられたナザレのイエスを探しているが、あの方は復活なさってここにはおられない。御覧なさい。お納めした場所である」[8]という福音書記者聖マルコの言葉（マルコ、一六・六）が、大文字のラテン字体で象嵌されている。また、この祠堂上には円柱と螺旋条溝のある葱花状の円蓋をもった越し屋根（ランターン）が載り、ファサードのコーニス上には大理石製の同家の盾状紋章も掛けられている。さらに、ヴォールトと側壁の壁面が色大理石張りででもあるかのように彩色されている堂内には、祭壇に見立てた石棺上にキリスト像が置かれ、その上方に《復活のキリスト》の壁画（一四八四―一五〇〇年）が描かれている。ちなみに、後者は伝統的にフィリッピーノ・リッピの手に帰されてきたが、作者の同定にはさらに精査が必要である。[9]

ベルリンの模造墓は、もはや現存しない多くの模造墓のうちの一つである。この墓とそれを納めていた礼拝堂（模造墓があったことからエルサレム聖堂と呼ばれる）は、聖地巡礼を永く記憶に留めようと、同地の貴族のミュラーがシュプレー川の近くに建造したものであり、堂内には数体の木彫像が配されていた。この礼拝堂には、ブランデンブルクやラーツェブルク、レーブス、さらにその他二都市の司教から、大祭や聖母マリアの祝日、聖十字架の記念日、守護聖人の祝日に訪れた信徒に四〇日の免償を与えることが許可されていた。建造年代は、ブランデンブルクの司教アーノルド（在位一四七二―八六年）が承認した免償の起案者名が列挙された文書が一四八四年に交付されていることから、一四八四年より前と考えられる。しかし、この模造墓は、一六七九年の改築の際に取壊されてしまった。[10]

ザクセン州のトルガウにも、選帝侯によって聖十字架聖堂内に模造墓の祠堂が建造されていた。この小堂は、選帝侯フリードリヒが一四九三年三月にエルサレム行きを申し出、聖十字架に献堂するための礎石をトルガウに置いてから聖地に赴き、同年九月に故国に戻ってまずは聖堂を完成させ、次いでその堂内にエルサレムから携えてきた形体と方法によって建造させたものであった。旧ライプツィヒ通りにあったこの聖堂は、後にフランシスコ会に譲渡されたが、プロテスタント時代に同会が衰えたため一六〇一年頃には早くも姿を消してしまった[11]。コブランツの模造墓は、一四九二年にエルサレムを訪れた市民のペーター・ファスベン・フォン・モールスベルクが、一四九四年に許可を得て建造した聖十字架礼拝堂とともに設置されたと推測されている。一四九五年に完成し、一五〇七年には早くもカルトジオ会に譲渡されたこの礼拝堂には、〈聖十字架〉の祭壇と〈苦しみの聖母〉の祭壇があった。また、エルサレムの聖墳墓の模造墓は同堂の傍か堂内に存在していた。この墓は、岩を掘り抜き彫刻像を置いたものであったらしいが、他の多くの模造墓がそうであったように、一八一〇年には取壊されてしまった[12]。

三―一―二　一六世紀

この後もドイツでは、G・ダルマンの研究によれば[13]、聖堂内やその敷地内、あるいは墓地内に引き続き模造墓が建造された。例えば一六世紀には、レーゲンスブルクのザンクト・エメラム聖堂（一五〇三年）やアウグスブルクのザンクト・アンナ聖堂（一五〇八年）（図25）、ホフ（一五〇九年）、ザーゲン（一五九八年）に、また一七世紀には、ラウプハイムのザンクト・レオンハルト聖堂（一六一一年）やオーバーグローガウ（一六三四年）、ロイテスドルフの十字架聖堂（一六四九年）、ネールゼンの小エル

図25　アウグスブルク　ザンクト・アンナ聖堂内の聖墳墓の模造墓

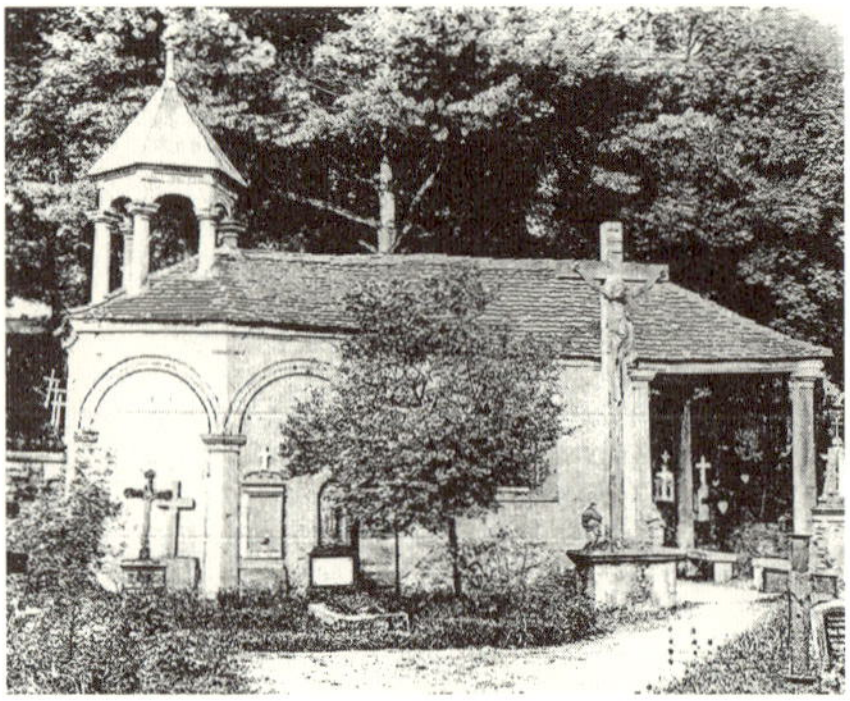

図26　シュタインバッハ　墓地内の聖墳墓の模造墓

サレム内（一六五六年）、ビュールのザンクト・シュテファン聖堂（一六六九年）、ザーマイスター（一六七〇年頃）などに模造墓の建造が確認されている。さらに一八世紀になっても、模造墓は、アンナベルク（一七〇〇—〇九年）やヴァイターディンゲン（一七二〇年頃）、シュタインバッハ（一七二〇年頃）（図26）、ウェルブルク（一七三〇年）などに、屋外の独立した礼拝堂としてか、あるいは聖堂に内包される形で建造された。

フランスにも一六世紀以降の遺例は欠けていない。サン・レスティテュの北西には、サン・ポール・トロワ・シャトーの司教ギョーム・アデマールによって聖堂に献堂された六角形の礼拝堂が一五〇八年に建造されていたが、一五三二年には貴族のグラティアン・ドゥ・フォドゥロンの承認を得て堂外に聖墳墓か、あるいはカルヴァリオ山の祠堂かいずれかが建造された。[14] フランソワ・ドゥ・モンソーが、ローマやロレート、サンティアゴ・デ・コンポステーラ、さらにはエルサレムを巡った巡礼から戻り、パリのフランシスコ会オブセルヴァント派の聖堂内に一五五九年に建造した礼拝堂も、エルサレムの聖墳墓の祠堂の模造建築であったと推測されている。しかし、火災に遭って一五八〇年以降のいずれかの時期に取壊されてしまったため、その形体は詳らかではない。[15]

一六世紀以降の単独の模造墓の建造例はイタリアにも確認される。かつてオーストリアに属していたイタリアのトレンティーノ・アルト＝アディジェ州に幾例か現存しているのがそれらである。その一つ、サン・カンディド（インニヒェン）の模造墓の祠堂（図27左）は、同地のホテル経営者であったゲオルク・パプリオンがエルサレム

図27　サン・カンディド　左：聖墳墓の模造墓／右：越し屋根部分

から持ち帰ったオリジナルの聖墳墓の図面に拠って着工され、一六五三年に完成されたものである。パプリオンは、すでに一六三三年頃にドイツのアルテッティングの聖堂を手本とした屋根が円錐形の円形礼拝堂とこれに接合された身廊（受難の礼拝堂）を建造させていたため、模造墓の祠堂とそれを納める礼拝堂は先行の建造物に接続される形で建造された。模造墓の祠堂は、エルサレムにおけるのと同様に、半球形のヴォールトや半円状の窓、二階式の列拱廊がある復活聖堂にあたる多角形の礼拝堂のなかに納められている。この祠堂は前室と玄室から成り、上方には列柱内に《復活のキリスト》像が置かれた越し屋根（ランターン）が載っている（図27右）。また、ファサードには、墓の番人と墓を訪れた三人のマリア、さらに弟子の聖ヨハネと聖ペテロが描かれている。このように、サン・カンディドの模造墓の祠堂とそれを収めている礼拝堂は、ごく慎ましいものであるとはいえ、一四世紀以降はまれになったエルサレムの復活聖堂と聖墳墓の祠堂両方の模造建築であると言える。[16]

　同じくトレンティーノ＝アルト・アディジェ州の小村スピンガ（シュピンゲス）にも、聖地巡礼から戻った教区司祭のゲオルク・シュトッカーによって、一六八五年にエルサレムの手本に基づく模造墓が

図28　スピンガ　聖墳墓の模造墓

建造された。その後、この模造墓は、屋根の上に二つの鐘楼と受難具をもった大理石製の一〇人の聖人像を戴くユニークな低い建物のなかに収められた[17]（図28）。

さらにもう一つ、チロル地方に建造された一七世紀末の模造墓の祠堂に言及しておこう。それは、メラーノ（メラン）の北に位置するマーゾ・ディ・レーナ（サンドヴィルトゥないしはサンド）という小村に今も現存している。この祠堂は、チロル地方の自由のためにフランス軍と戦った英雄アンロレアス・ホーファーの祖先にあたるカスパール・ホーファーが、聖地巡礼から戻った後に設計して一六八九年に献堂したものである。建築的には、ファサード上に小塔が一つ載った単一の建造物と言え、アプシスの半円柱に載った盲アーチ装飾には、模造対象であるエルサレムの手本の面影が偲ばれる（図29左）。堂内は、鉄格子によって前室と玄室に分けられている（図29右）。そして両室にはかつてマグダラのマリアを伴う《磔刑》の群像（一七〇〇年頃）と《横臥のキリスト》像などが配されていたとされるが[18]、著者の訪問時には、墓室に《横臥のキリスト》像、そして前室に天使と墓を訪れた一体のマリア像のみが置かれていた。従って、《磔刑》の群像はいずれかの時期に天使とマリア像に置き換えられたと考えられるが、天使とマリア像の動作やしぐさが「墓を訪う三人のマリア」の伝統的な図像に見られる動作やしぐさとは異なるため、《磔刑》の群像の一部が再利用された可能性もある。

最後に、ラツィオ州に現存する一七世紀の模造墓の祠堂についても触れておこう。それは、現在ローマのサ

図29　マーゾ・ディ・レーナ　左：聖墳墓の模造墓／右：模造墓の祠堂内

ン・ニコロ・ダ・トレンティーノ聖堂の左側廊の、かつて聖フィリッポ・ネーリに献じられていた最初の礼拝室に設置されている。この祠堂（図30）は、一九二四年にサンタ・マリア・エジツィアカ聖堂から移されてきたもので、入口の上に掛けられた碑板中の銘文「エルサレムに見出されるのと同形の我らが主イエス・キリストの墓の真の形　一六七九年」[19]から、エルサレムの聖墳墓を模して一六七九年に建造されたものであることがわかる。しかし、創設者や建造目的等については一切言及はなされていない。外壁は彩色して大理石に擬し、エルサレムの手本を思わせる柱頭付きの付け柱によって区切られている。また、上方には越し屋根も載っている[20]。

図30　ローマ　サン・ニコロ・ダ・トレンティーノ聖堂内の聖墳墓の模造墓

以上の概観の結果、一五世紀に入っても、またそれ以降も、聖墳墓だけを模した建造例は西欧各地に確認されると言える。しかし、それらの中には、前世紀までは見られた、独立した聖堂としてエルサレムの復活聖堂や聖墳墓に献堂された例は確認されなかった。また、マクデブルクやコンスタンツの中世の模造墓のように、円形プランの復活聖堂の形体をかりて模造墓とした例も見られず、殆どが矩形プランの前室と半円ないしは多角形プランの墓室の二室から成り、上方に越し屋根を戴いていた。そしてそれらの多くは、高位聖職者か巡礼経験のある富裕な俗人によって、巡礼の記憶を留めるために、私的礼拝堂か墓地礼拝堂として建造されていたと言える。

三―二　複数の模造建築からなる複合的「代用エルサレム」の登場

次に、聖墳墓や復活聖堂だけではなく、その他の主要なキリストゆかりの聖蹟も模造して、エルサレムを複合的に再現しようとした例について見ていこう。ここでは、複合体の構成要素にも注意を払う必要がある。

最も早いのは、後に列福されたドミニコ会士アルヴァレスが、一四〇五年にエルサレム巡礼から戻り、コルドヴァから二マイル離れた丘の上にスカーラ・コエリ修道院を建造したことに始まるスペインの例である。続いて彼は、一四二〇年に、この僧院の近くにあった丘と小川をカルヴァリオ山とキドロンの急流に見立て、修道院の周囲にさまざまな受難の聖蹟を象徴する一連の十字架や礼拝堂を建造した。そして最初の礼拝堂から順に、《オリーヴ園で祈るキリスト》、《キリストの捕縛》、《笞刑》、《荊冠》、《エッケ・ホモ》、《十字架を負うキリスト》、《磔刑と十字架上での苦悶》、《ピエタ》（ないしは《聖母の嘆き》）の場面を表現する群像彫刻を堂内に設置してエルサレムの記憶を補完した。[21] このようなアルヴァレスの施設は、しばしば最初の「十字架の道行き」の例として挙げられるが、E・クラマーが「この初期の模造建築は、しかし、後代の厳密な十字架の道行きとは無関係である」と述べているように、[22] 十字架の道行きに類するものにすぎなかった。しかし、このスペインの例は、三―三項で概観する北欧の初期の「十字架の道行き」群のいずれかに属するものでもなかった。従ってそれは、キリストゆかりの聖蹟の地形模倣的要素と、一種の十字架の道行きの要素を併せ持ったものであったと考えられる。

次の例は、ベルギーのブリュージュに建造されたものである。裕福な商人であり、旅行家、巡礼者でもあったアンセルモ・アドルヌが、一四七一年に息子のジョヴァンニとともにパレスティナ巡礼を行い、帰国後、ユニークな巡礼記を起草する一方で、一四七〇年代から八〇年代までの間に建造させたエルサレム聖堂と堂内の模造墓がそれらである。後者は単に聖墳墓の祠堂を模造したものではなく、二階建てで、模造墓を配する下階と、エルサレムの聖墳墓記念聖堂内のカルヴァリオの建造物を示唆する上階の随意に表現された一種のギャラリーから成っていた。[23] さらに、聖堂自体がエルサレムの聖母聖堂に倣って建造されていたため、ブリュージュの複合体は少なくとも三つの模造建築によって構成されていたと言える。

図31　ゲルリッツ　上：聖墳墓の模造墓／下：同平面図

ナイセ川を挟んでポーランドと向かい合うザクセン州の町ゲルリッツにも、一五世紀に複合的模造体が建造された。一四六五年にエルサレムで聖墳墓の騎士に任じられ、一四七六年にも同地に赴いた市長のゲオルク・エメリッヒの指揮下で、市民議会によって、一四八一年から一五〇四年までの間に町の西壁の外にある墓地に建造された複合体がそれである。この複合体は、〈キリストの墓〉の礼拝

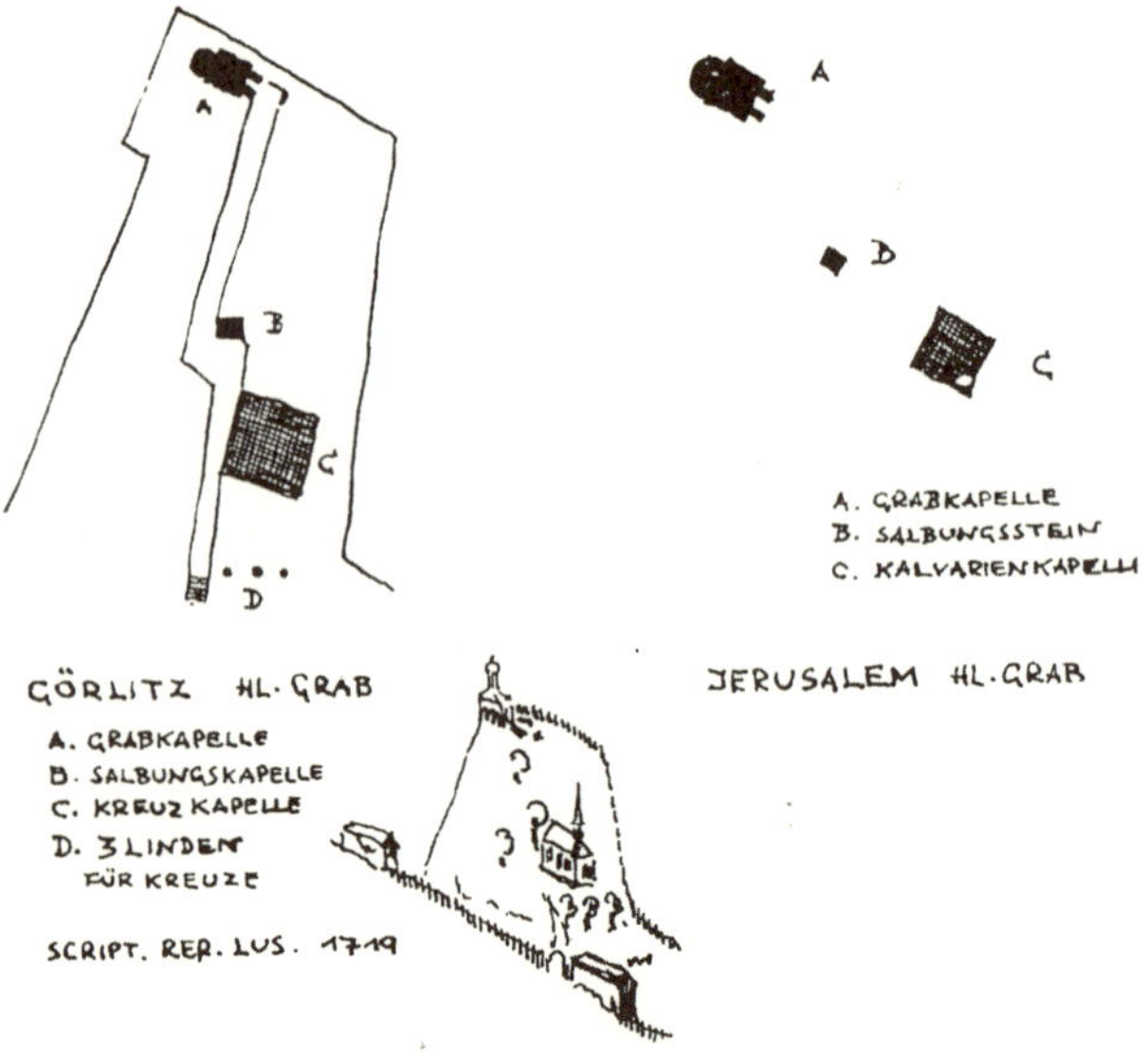

図32　E. Kramerによるゲルリッツとエルサレムの聖墳墓やその他の聖蹟の複合体の配列図　左：ゲルリッツの複合体の配列図（A. 聖墳墓の模造墓、B. 聖体塗油石の礼拝堂、C. 十字架の礼拝堂、D. 三本の十字架を象徴する三本の木／右：エルサレムの聖墳墓とその他の聖所の配列（A. 聖墳墓の模造墓、B. 聖体塗油石、C. カルヴァリオの礼拝堂）

堂（図31）と、《哀悼》の群像を伴った〈聖体塗油石〉の礼拝堂、そして、エルサレムのカルヴァリオの聖蹟を表現した二階建ての〈聖十字架〉の礼拝堂という、エルサレムの中でも最も重要なキリストゆかりの聖蹟の模造建築から成っている。しかも、これらの礼拝堂は、エルサレムの聖墳墓記念聖堂内のそれぞれ対応するキリストゆかりの聖蹟同士の位置関係も模倣して、〈聖体塗油石〉の礼拝堂を真中にしてほぼ一直線上に配されている（図32）。石造りの〈聖墳墓〉の礼拝堂は、一三二五年には一本の十字架しかなく、一五世紀になっても木造の礼拝堂があるだけであった場所に、一四八九年に完成された。一種のアプシスとほぼ正方形プランの部屋から成り、上方に小塔が載ったその外観は、ベルンハルト・フォン・ブライデンバッハの『聖地巡礼記』に添えられているエルハルト・リューヴィッヒ制作の一葉の木版画（図34）に酷似している。[24] この礼拝堂と反対の位置にある聖十字架（＝カルヴァリオ）の礼拝堂（一四八一―一五〇四年）は二階建てになっている（図33）。そして下階に、裂け目が東壁に造られた部屋があり、ユダヤ人と裏切りの報酬が入った箱が置かれている。また階段の下には、《苦しみの人》が置かれた牢屋がある。上階には最後の晩餐の部屋があり、弟子の足を洗う桶や十字架の設置場所を示す三つの穴、キリストの聖衣を賭けて振られたサイコロ用の穴が開いた最後の晩餐のテーブルが見られる。〈聖十字架〉の礼拝堂の先には、さらに三本の十字架の設置場所を示す三本の木が立ち、キドロンの急流とオリーヴ山に対応する川と丘も存在している。また、市街にあるザンクト・ペーター聖堂から〈聖十字架〉の礼拝堂までの隔たりは、エルサレムのピラトの館からゴルゴタまでの距離と同じであり、さらにニコラウスの塔はエルサレムのそれに見立てられている。ザンクト・ペーター聖堂から〈聖十字架〉の礼拝堂までの道には、さらに、同聖堂から二八六歩の所（キレネのシモンが十字架を負った所）と、そ

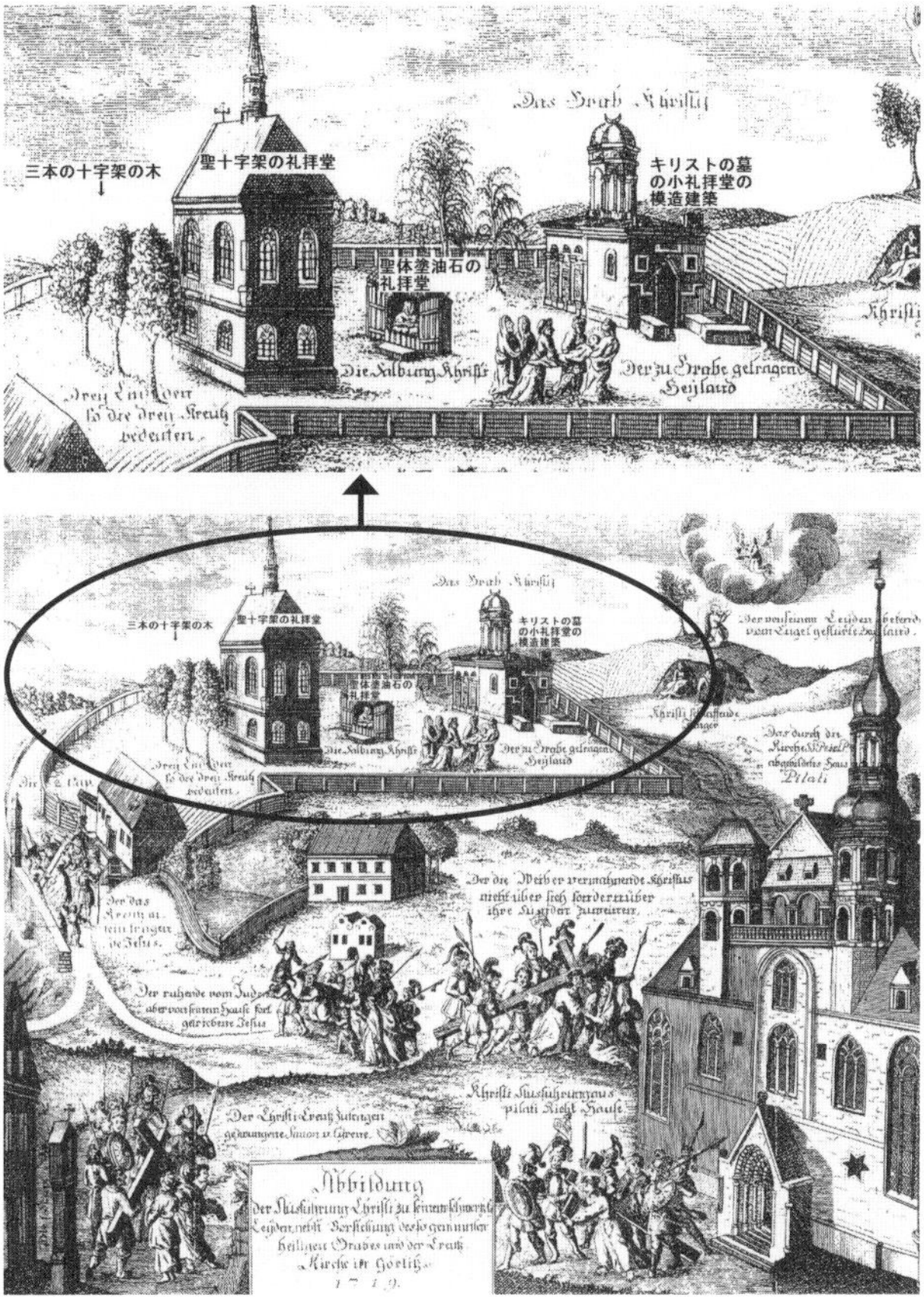

図33　ゲルリッツ　ザンクト・ペーター聖堂とオリーヴ山の間の聖墳墓の模造墓周辺の俯瞰図（下）とその一部の拡大図(上)　1719年　銅版画（著者加工）

図34　B・フォン・ブライデンバッハの聖地巡礼記（1483-1486年）に挿入された聖墳墓の祠堂の木版画

こから六四七歩進んだ所（キリストが再び十字架を負った所）に聖柱も設置された。ちなみに、後者の聖柱にはカルヴァリオの丘までわずか三七歩と記されているため、ザンクト・ペーター聖堂から〈聖十字架〉の礼拝堂までは合計九七〇歩ということになる。その他、エメリッヒ家の年代記の一六一二年の記述からは、設置場所は詳らかでないものの、《ピラトとエッケ・ホモ》や《十字架を負うシモン》、《ウェロニカとの出会い》の三種の木彫群像が存在していたことがわかる。それらの群像は現存していないが、他方で、ハンス・オルミュッツァーが制作した《横臥のキリスト》（一四九二年）と《苦しみの人（シュメルツェンスマン）》の彫像は領邦教会（オーバーキルヒェ）に現存している。(25)

デュッセンバッハ（現フランス領アルザス）には、すでに一三世紀に一人の隠修士によって〈カルヴァリオ山〉が設置された。続いて同じ世紀のうちに、リボヴィレ（リボピエール）伯らによって〈キリストの墓〉と〈ピエタ〉、〈聖母の墓〉を表現する三棟の礼拝堂が増設され、それらのうちの一棟に聖母像が置かれていた。しかし、この地が聖地の模造とより密接に結びつくのは、リボヴィレ伯マクシミリアン二世が一四八四年にエルサレムから戻り、聖地のキリストゆかりの聖蹟の模造を試みてからのことである。彼は、自分が訪れた聖蹟を記憶に留めるため、既存の〈カルヴァリオ山〉に自然な裂け目が入った花崗岩の塊を置き、そこに〈オリーヴ山〉を接合して《祈るキリストと慰める天使》、《眠る三人の弟子》の石彫を設置した。また、〈カルヴァリオ山〉の近くに牢屋にあたる小塔を配し、そこに《囚われ人として鎖に繋がれたキリスト》像を設置した。こうしてリボヴィレからデュッセンバッハまでの通りは一種の十字架の道行きとなったが、この複合体は一七九四年に革命軍によって焼き払われてしまった。当時の様子はペーター・オブリーによる一六六七年の銅版画から窺うしかないが、一〇〇年後の一八九四年には再建されるに至った。[26]

フランスには、トロワのサン・ニコラ聖堂内に唯一のエルサレム的複合体が存在する。助任司祭ジャック・コレがエルサレム巡礼から戻って建造させた〈カルヴァリオ〉と〈キリストの墓〉の二棟の礼拝堂から成る一六世紀初めの最初の複合体は、一五二四年の大火によってトロワの街の一部とともに失われたため、現在見られるのは大火後ほどなくして聖堂とともに再建（一五二六―九〇／九一年）されたものである。〈カルヴァリオ〉の礼拝堂と〈聖墳墓〉の祠堂、さらに〈オリーヴ山〉に当たるロッジャから成るこの複合体は、元来は聖堂から切り離されていたが、現在は西側の聖堂内にある。再建時には、トロワ出身で教皇庁の書記官であったジャン・ミエの仲介で、教皇クレメンス七世は、勅書を通し、サン・ニコラ聖堂と二つの礼拝堂の訪問をもってローマ巡礼に代えるとすることを貧者に認めていた。〈カルヴァリオ〉の礼拝堂は、エルサレムの同名の建造物と同様に二階構造になっており、一階には、トロワの彫刻家フランソワ・ジャンティ（一五一〇頃―八八年）[27]に帰されるモニュメンタルな《磔刑を待つ縛られたキリスト像》が配されている。最終的に聖堂の北側（側廊）の低所に設置された〈聖墳墓〉の祠堂は、エルサレムの手本にほぼ忠実に則った正一二角形と矩形プランの部屋から成っており、壁体には葉叢状の柱頭がついた拱廊状装飾が施されている。当初直径が一〇メートルあったこの祠堂は、その後縮小されたものの、堂内の配置はそのままとされ、墓室の入口の右側に置かれた棺台に複数の天使に見守られる恰好で横臥のキリスト像が置かれている。そしてその上方にドミニク・フロランタン（一五〇六頃―六五／七五年、本名ドメニコ・リヌッチ）作と推測される《復活のキリスト》像が配されている。また、外壁には、拱廊状

 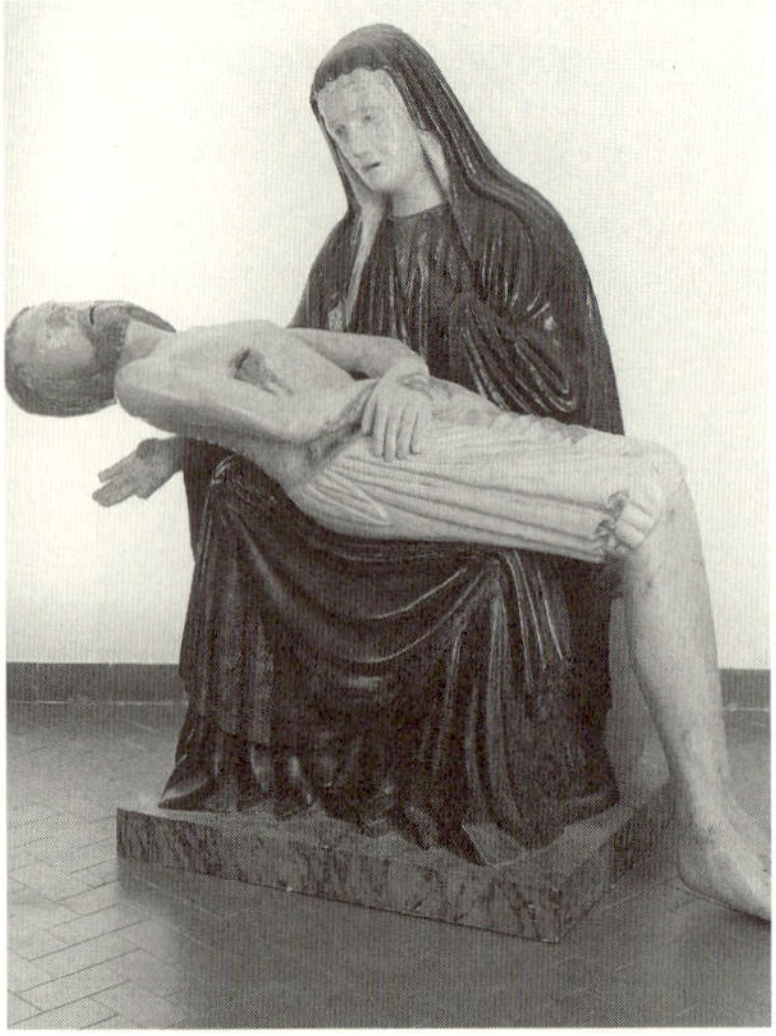

図35　ファブリアーノ　サン・タゴスティーノ聖堂　左：福者ピエトロとジョヴァンニの祈禱堂／右：〈涙の聖母〉ないしは〈ピエタ〉の祭壇に配された木彫像

装飾部分に受難具がレリーフによって表現されているほか、コーニス上にも「ECCE LOCVS VBI POSVERVNT CHRSTVM DOMINVM（この場所に主キリストを置けり）」という銘文が刻まれている。(28)

イタリアのファブリアーノには、聖アウグスティノ会士であった同市出身の二人の福者ピエトロ・ベッケッティ（有名な説教師）とその従兄弟のジョヴァンニ・ベッケッティ（神学者）が、信仰心に駆られて一三九三年に聖地へ旅行した後、サン・タゴスティーノ修道院の回廊(29)にキリストの墓に献じた小聖堂（テンピエット）（図35）を建造した。そして、この小聖堂の四つの祭壇においてキリストの受難の聖蹟の再現を試みた。建造された四つの祭壇のうち、一二段の階段を上った所にある〈磔刑〉に献じられた最初の祭壇は「カルヴァリオ山」と呼ばれ、二番目の祭壇は拷問のために引かれていくイエスと出会った時の聖母の卒倒を記念して「ヨシャファトの谷」と呼ばれた。また、階段を十段下りた所にあって他の祭壇より下方に位置している三番目の祭壇は、キリストの亡骸を膝に抱いた時に聖母が流した涙を記念して〈涙の聖母〉（ピエタ）に献じられ、四番目の祭壇は〈恩寵の聖母〉に献じられていた。さらに、「カルヴァリオ山」の両側面には、エルサレムの聖墳墓と同寸法で模造された祠堂と、複数のマリアの木彫像に囲まれた〈聖母の墓〉の祠堂があった。その他、後代には五番目の礼拝堂も建造され、そこに創設者である二人のアウグスティノ会士が葬られた。小聖堂を建造した彼らの意図は、G・ドンニーニによれば、(30)木彫像による聖劇の舞台装置を通して信徒にカルヴァリオを示唆し、カルヴァリオへの昇降劇を提示することにあった。そして「カルヴァリオ山」では、〈磔刑〉の大きなキリスト像が場面を支配し、頭部を切り落とされた洗礼者聖ヨハネと聖母像（但し、ゴルゴタへの道上の遮蔽された所に置かれていた）が近くからキリストを囲んでいたと考えられている。しかし、この小聖堂は幾度か変形や修復を被った上、ナポレオンの宗教法人廃止命令による修道院の廃止後は顧みられなくなって貴重な作品が絵画館に移されてしまったため、一四世紀末か一五世紀初めに制作された当初の木彫像による物語の展開を跡付けることは容易ではない。ファブリアーノの人々が幾百年もの間守ってきた小聖堂自体も、現存しているとはいえ、完全に打ち捨てられた状態にある。なお、福者たちの亡骸は、バルドゥッチ司教による承認を得て一八三四年にサン・タゴスティーノ聖堂の祭壇に移されている。(31)

ラツィオ州にも、トスカーナ州との州境に近いイーゾラ・ビセンティーナに、有力貴族のファルネーゼ家と、とりわけフランシスコ会オブセルヴァント派が建造に関わった興味深い七棟の礼拝堂（図36）が存在している。しかし、それらの礼拝堂にキリストゆかりの聖蹟や聖人の名が冠せられた理由は未だ明らかにされていない。七堂のうち五堂は一五世紀のうちに建造されたが、それらの中でも最も早く建造（一四五〇年頃）されたのは〈聖フランチェスコ〉の祈禱堂である。グロッタスクーラの入り江の小高い岸壁上に建造されたこの礼拝堂は、聖人が聖痕を受けたラ・ヴェルナ山を回想したもので、その場所は主要コースの終点に当たっている。第二コースの

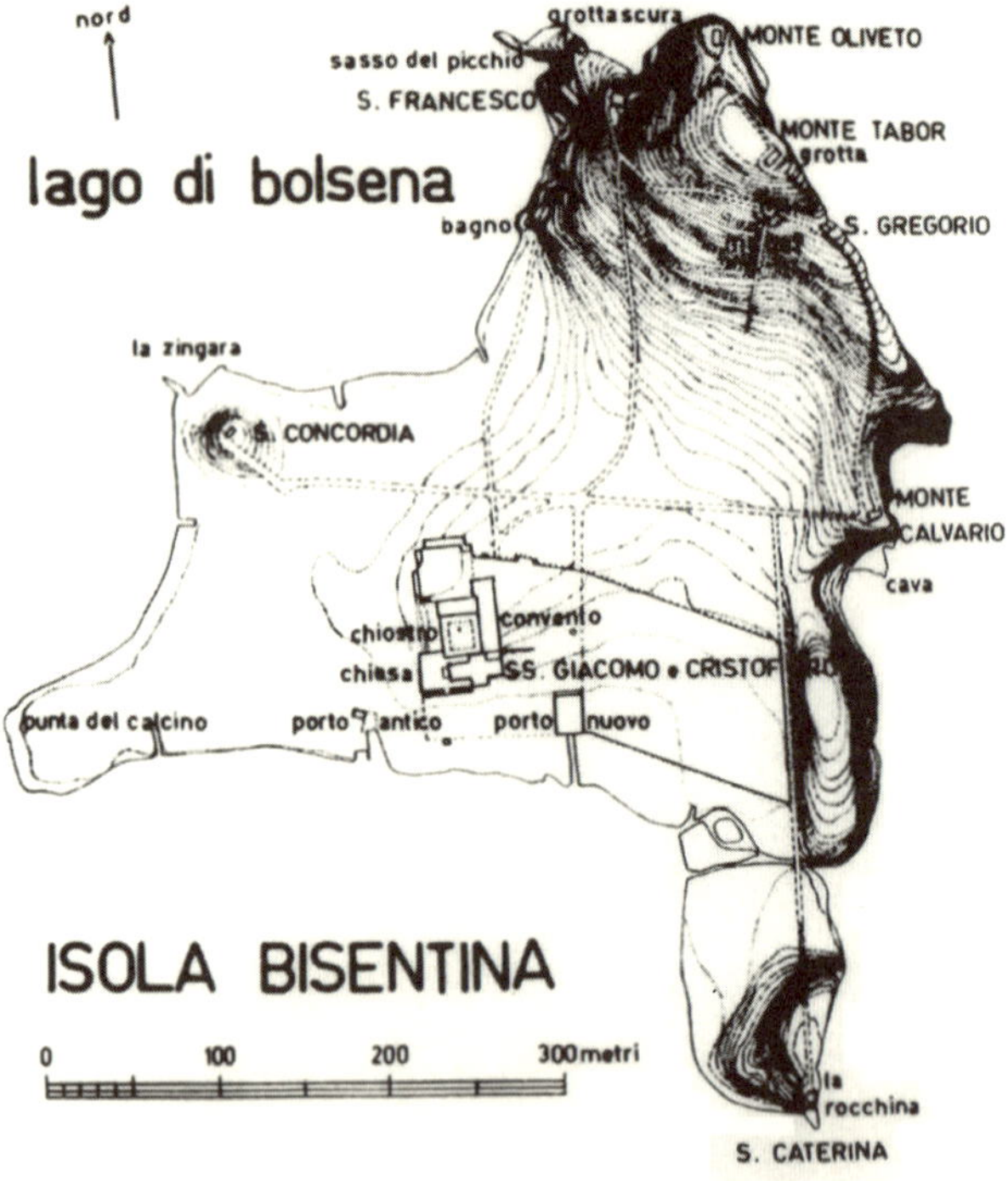

図36　イーゾラ・ビセンティーナ　礼拝堂群の配列図

突き当りに建造された〈聖グレゴリウス〉の礼拝堂と、第三コースの西端に位置するラ・ジンガラの低い丘の突端に建造された〈聖コンコルディア〉の祈禱堂も初期に建造されたものである。第三コースの東端には〈カルヴァリオ山（ないしは磔刑）〉の祈禱堂が建造された。また、この島の最高地点には、教皇にして殉教者の聖ピオ一世の称号が付けられ、リュネットに一四六二年に同地を訪れた教皇ピッコローミニ（＝ピウス二世）（一四五八―六四年）の紋章も認められる〈タボル山〉の礼拝堂が建てられた。さらに、アントニオ・ダ・サンガッロ・イル・ジョーヴァネが枢機卿ファルネーゼの依頼で教皇レオ一〇世の時代（一五一三―二一年）に建てた二つの小神殿[32]（一五一三―一五二一年）のうちの一つが先に存在していたと考えられる第六コースの突き当りには、一六世紀末か一七世紀初め頃に六番目の〈オリーヴ山〉の祈禱堂が建てられた[33]。そして、この島の南端の第七コースの突端には、アントニオが設計したもう一つの礼拝堂と考えられる〈聖カテリーナ〉に献堂された外観が八角形、堂内が円形の礼拝堂（〈ラ・ロッキーナ〉とも呼ばれる）が立っている。同地の礼拝堂群は、以上のように、一五世紀に建造された五堂と一六世紀に建造された二堂（うち一堂は一六世紀末に改築）から成っているが、それらのうちキリストゆかりの聖蹟に献堂された礼拝堂は三堂のみで、残りは聖フランチェスコやその他の聖人に献じられている。また、パレスティナに関係する三堂にも、聖地の対応するキリストゆかりの聖蹟との地形的一致や建築的模造は認められない。従って、これらの礼拝堂は、若干遅れてヴァラッロやサン・ヴィヴァルドに建造された「代用エルサレム」の直接的プロトタイプとは言いがたい。しかし、〈タボル山〉の礼拝堂の建造にあたって、教皇庁のフランシスコ会総代理であり、一四五五年以来十字軍のための布施の徴収に当たっていたアンジェロ・ディ・ジョヴァンニ・ダ・ボルセーナに教皇から全権限が与えられていることからも分かるように、礼拝堂とフランシスコ会や聖地との間には否定できない関係があるのも事実である。

イタリアにはさらに、同じ一五世紀に、クララ修道女であった聖エウストキア・ダ・メッシーナ（一四三四―一四九一年、一七八二年列福、一九八八年列聖）[34]がモンテヴェルジネ修道院（一四六三年）内に構想した複合体の例も知られる。しかし、この複合体についての諸文献の解釈は大きく二つに分かれている。一つは、複合体が修道院内にキリストゆかりの聖蹟を表現する祭壇か何かの具体的建造物、例えば十字架の道行きのようなものとして建造されたとする解釈であり、他方は、それを心中に描写された霊的な産物であったとする解釈である。例えば、F・カルディーニやP・リネッリは前者の解釈に基づき[35]、エウストキアの最初の追随者であった修道女のヤコパ・ポッリチーナによる彼女の伝記中の記述や、一六七六年に刊行されたB・マッツァーラの『フランシスコ会聖人伝』（*Leggendario francescano*, Venezia, 1676）中の彼女に関する記述[36]は、後者の解釈に基づいてなされているように思われる。エウストキアによる複合体が「心的なエルサレム」であったのか、あるいは現実の建造物であったのかは俄かに判断できる問題ではない。というのも、かりに彼女によって現実に複合体が建造されていたとしても、現在のモンテヴェルジネ修道院や聖堂が二〇世紀に再建されたものであることからも分かるように、一九〇八年にメッシーナを襲った大地震はそれらの現地における検証作業を不可能にしてしまったからである。[37] いずれにしても、彼女が僧院に建造したか、あるいは思い描いたとされる「移送されたエルサレム（ジェルザレム・トランスラータ）」の構成要素は示唆的であるので、マッツァーラの著書に列挙されているものを掲げておけば、〈キリストが生まれた飼葉桶（プレゼピオ）〉、〈聖母マリアの家〉、〈ソロモンの神殿〉、〈オリーヴ山〉、〈キリストが捕えられた菜園〉、〈最後の晩餐の部屋〉、〈アンナスの館〉、〈カイアファの館〉、〈ピラトの法廷〉、〈カルヴァリオ山〉、〈キリストの墓〉[38]となる。つまり、「ベツレヘム」と「ナザレ」から一つずつ選ばれた場所（それぞれ〈キリストが生まれた飼葉桶（プレゼピオ）〉、〈聖母マリアの家〉）以外は、すべて「エルサレム内」か「エルサレム近郊」から選ばれていると言える。これらの聖蹟が、後章で検証するヴァラッロやサン・ヴィヴァルドの「代用エルサレム」に取り上げられたキリストゆかりの聖蹟とほぼ一致しているのは偶然とは思われない。

時代は下るが、フランスのシャロン＝シュール＝マルヌにも、フランシスコ会士のもとに設置されたという点で興味深いキリストゆかりの聖蹟の複合的模造体がある。それは、一五三五年にフランシスコ会の衣を纏うことを望んだニコラス・デ・ヴサンソンなる人物が、全財産を擲って同地のフランシスコ会オブセルヴァント派の修道院の庭に建造した、〈カルヴァリオ山〉とエルサレムの聖墳墓に酷似した〈キリストの墓〉から成る複合体で、屋外に置かれることで聖地のキリストゆかりの聖蹟を象徴的に再現していた。ここではまた、堂内に配された彫刻されたキリストの墓とも言える《埋葬（ミゾ・トンボ）》の群像彫刻も際立っていた。このシャロン＝シュール＝マルヌの複合体は、エルサレムのキリストゆかりの聖蹟の番人であり、また十字架の道行きの推進者でもあったフランシスコ会士のもとに設置されたこともあり、なおさら興味深い建造物であったと言えるが、現在は修道院の主要な入口だけがコーデリエ通り一三番地に残っているにすぎない[39]。

以上の諸例から明らかなように、新傾向の模造もしくは代用の建造例については、建造地や建造目的は一四世紀までの模造例と大差はないが、創設者には、特にイタリアの場合、フランシスコ会士の関与の開始が指摘できる。建築的特徴としては、一四世紀までは模造墓か模造アナスタシス、ないしはその両者によって象徴あるいは代用されていたエルサレムは、一五世紀には、それらの他に、エルサレムの聖墳墓記念聖堂内のカルヴァリオの建造物を模造したカルヴァリオ（山）や、エルサレム旧市街の東に展開しているオリーヴ山、また、聖母の墓などの模造建築によって再現されるようになったことが指摘できる。そしてそれは、聖堂内に建造された場合でも屋外に建造された場合でも同様であったが、屋外の場合には、さらに、近くの小川をキドロンの急流に見立てたり、三本の樹木を磔刑に見立てたりすることで、模倣の範囲を地形的なものにまで拡大する例も確認されるようになった。模造・模倣の「複数化」ないしは「複合化」とでも呼ぶべきこうした一五世紀の西欧全体の傾向が、一五世紀末から一六世紀初めにかけてフランシスコ会士によって着工されたイタリアのヴァラッロとサン・ヴィヴァルドのより複雑で大規模な代用エルサレムとけっして無縁でないことは、もはや疑いないことであるように思われる。

三―三　連続する「留（スタチオ）」（りゅう）によるエルサレムの新たな模造体の出現

地形模倣的な複合的模造体と並んで、一五世紀には、エルサレムに間接的に関係するもう一つの新しい形態が出現した。それは、本節の冒頭でも述べたように、キリストの「転倒」や「苦しみの移動」、「苦しみの留」、「苦しみの道行き」といった、当時アルプス以北で生じ始めたキリストの受難に対する特殊な諸信仰に具体的な実践形態を与えたもので、複数の連続する礼拝堂や聖柱（聖石柱や殉教柱、受難柱など）を「留（スタチオ）」（りゅう）[40]として行列的に配して形成された。そしてそれらの礼拝堂や柱には、黙想の手助けとして、受難の一場面を表現した板絵やレリーフ（まれには丸彫）が納められるか付されることが多かった。そうした複合体のうち、例えば「苦しみの移動」のそれでは、キリストが十字架を負って立ち止まった各停留間の歩数が正確に数えられ、「苦しみの道行き」のそれでは、ピラトの官邸からゴルゴタまでの距離が正確に測られた。従って、エルサレムの苦しみの道行きや捕縛の道行きを偲ばせる西欧におけるこうした初期の一種の十字架の道行き群も、ある意味ではエルサレムの複合的な霊的模造体と呼びうるものと言えよう。

ところで、一五世紀の西欧、とりわけアルプス以北におけるこうした初期の十字架の道行き群の発生には、おそらくキリストの受難に対する信仰の変化と高まりが関係しているに違いない。そこでまず、受難信仰の展開や、受難信仰とキリスト教神秘主義文学、造形表現などとの関係を概観し、続いて建造例や当時の受難書、信心書に記された形態を具体的に見ていきながら、初期の十字架の道行きの発生の背景や過程を考察してみたい。なお、諸例の記述は、A・テータールトの『十字架の道行き信心の史的概観』（'Aperçu historique sur la dévotion au chemin de la croix', 1949）[41]に多くを拠った。

三―三―一　一五世紀までの受難信仰と初期の十字架の道行き棒――その発生に及ぼした受難信仰の間接的影響

三―三―一―一　一一世紀以前の受難信仰と初期の十字架の道行き

キリストの受難に対する信仰は、キリストのさまざまな受難や死に同情した聖母マリアや弟子たちの心の中で、磔刑の十字架の下に始まる。そして、この信仰の開始の瞬間から、キリストの受難と死は、キリスト教徒の信仰の本質的要素の一つとなり、同教のその他の諸信仰の中でも中心的なものと見做されてきた。しかし、その信仰形態と崇拝概念は、聖職者の著作や巡礼記、宗教行列、美術作品や建築の遺例などから分かるように、時代によって変化ないしは相違している。

十字架上のキリストは、周知のように、一一世紀までは、キリスト教文学においても、またキリスト教美術においても、受難と死を通して悪魔と罪に打ち勝ち、人間を悪魔の軛から解き放って王国を築いた栄光の勝者、威厳あふれる神として強調されていた。それは、この時期までの受難信仰が、何よりも、悪魔と罪に対するキリストの知恵や力、勝利の称揚を重視していたためである。従って、初期の教父や教会著述家が十字架を負ったキリストについて語る時には、彼らはその歩みを勝利のラッパを手にした悪魔に対する凱旋的な歩みとして語った。そしてこの時期までは、十字架の道行きも、むしろ、キリストが勝者として両肩に勝利のシンボルを担いで歩いた勝利の道行きと見做されていた。しかし、キリストが耐えた苦しみへの合一や、死を迎える主に対する同情がキリスト教徒に欠けていたわけではなかった。聖週間のミサでは、そうした合一や同情が示されたし、教皇や教会著述家もキリストの受難の黙想にかなりの紙幅を割いた。また、初期キリスト教時代から、信徒に受難を想起させるような象徴が選ばれ、贖罪のために彼が流した血も崇敬された。さらに、キリスト教の公認後に同教の旗印として教会が選んだのも十字架であり、この十字架崇敬は、聖ヘレナが真の十字架を発見し、その断片が個人（キリスト教徒の国王など）や主要な聖堂に分与されてからは世界に広まった。そして受難信仰は、四世紀以降はとりわけこの十字架崇敬の中に表現された。但し、十字架はここでも拷問具ではなく、キリストが勝ち取った勝利の印と見做されていた。

その他、一一世紀までの受難信仰を証する証拠としては、数多くの巡礼記中の記述が挙げられる。それらは、キリスト教徒の聖地信仰のなかでも、受難のクライマックスの場所であるカルヴァリオ（＝ゴルゴタ）と聖墳墓に対する信仰を明確に証言している。こうした記録のうち、周知の巡礼者の中で西欧における最初の人物と考えられているボルドーの巡礼（Bordeaux Pilgrim）が三三三年頃書いたとされる『聖地巡礼記』（*Itinerarium Burdigalense*）や、三八〇年代に巡礼したスペイン北西部ガリャエシア（現ガリシア州）出身の修道女エゲリア（エテリア）の『聖地巡礼記』（*Itinerarium Egeriae*）、また、聖ヒエロニムス（三八五―四一九年にパレスティナ滞在）の書簡（*Epistolario*）といった最初期の巡礼記録には、エルサレムの信徒がすでに当時から、土地の伝統によって指摘、同定された受難に関係する場所を含むキリストゆかりの聖蹟（まだ数は少なかった）に対して強い崇敬を示していたことが証言されている。例えばエゲリアのそれには、復活聖堂や殉教者聖堂、オリーヴ山上の昇天聖堂、ゲツセマニの園、御苦禱の洞穴、シオン山とそこに保存された笞刑の円柱などが言及されている。[42] そして彼女によれば、信徒は、聖週間の聖木曜日にはゲツセマニの園に列をなして下り、そこでキリストの捕縛についての司教の朗読に涙し、聖金曜日には十字架と復活聖堂との間にあるアトリウムに集まって受難の出来事の朗読に涙したという。[43] しかし、こうした巡礼記には、巡礼者がエルサレム訪問時に辿った一定のコース（受難の聖蹟だけでなく、その他のキリストゆかりの聖蹟も含まれていた）である聖道（ヴィア・サクラ）についての若干の指摘は見られても、キリストが十字架を負って歩いた苦しみの道行き（ヴィア・ドロローサ）、もしくは十字架の道行きについての記述は見出されない。

キリストの受難によって聖別された聖蹟に対して信徒がもっていた信仰を証するもう一つの証拠としては、エルサレムにおいて一年のとある日に行われていた復活聖堂から殉教者聖堂までの行列も挙げられる。この行列は、四世紀には、聖墳墓とカルヴァリオの二ヶ所しか訪れていなかったが、受難の聖蹟が新たに指定され、また復活聖堂と殉教者聖堂とが統合されたのに従って拡大された。そして毎日午後になると、聖墳墓記念聖堂内にあるさまざまな聖蹟を賛美歌を歌いながら手に蠟燭をもって訪れる「ラテン人の行列」へと発展した。[44] この行列が訪問する聖蹟の数と訪問の順序は時代とともに変化し、一二世紀初頭にはすでに多くの聖蹟が訪問すべき場所として報告され、[45] その数はその後も増加していった。この行列は、少なくとも最初の一〇世紀間は西欧の「十字架の道行き」とは関わりはないが、やがてその起源や建造法に多少の影響を及ぼすことになる。従って、十字架の道行きに対する信仰は、すでにこの行列のなかに萌芽的な状態で存在していたと言える。[46]

受難信仰を証するものには、さらに、キリストゆかりの聖蹟（とりわけ聖墳墓と復活聖堂）の模造建築や美術作品に見られる受難表現が挙げられるが、前者についてはすでに概観した。そこで美術作品についてのみ一言すれば、キリストの受難はここでも勝利として表現されたと言える。四世紀にエルサレムの聖蹟が発見され、それが壮麗に装飾された頃、凱旋を祝う戦勝的雰囲気の中で、石棺彫刻に受難場面（エルサレム入城や洗足、ユダの接吻など）が採用されはしたが、受難の印は表現されず、代わりに凱旋の十字架が表現された。また大抵は、代わりとして旧約聖書か、聖ペテロと聖パウロの使徒伝中の受難場面が挿入されて、キリストの受難の印や記号、比喩とされていた。その後四世紀末頃からは、象牙細工や木彫、石彫、そして最後は挿絵やモザイクにも受難場面が取り入れられるようになり、なかには、キリストの磔刑像が象徴的な記号や印によってではなく、写実的に表現されたものも見られるようになった。さらに中世においては、写本の扉絵や挿絵、聖堂の壁画などにも受難場面が連続的に表現されるようになったが、これらにおいても受難はまだ標識的ないしは物語的（歴史的）に表現されるか、教会歴の祝日の玄義として表現されるにすぎなかった。

三―三―一―二　一二世紀から一五世紀までのキリスト教神秘主義思想と受難信仰

一二世紀の信徒は、来るべき救済の意味とその歴史的次元により多くの関心をもってとりわけ熱心に聖書を読んだ。そしてキリストに対する信心は、おのずとキリストの人性、ことに人々の心を強く打つ誕生や受難、十字架上での死といった、地上での生活の諸々の玄義に共鳴する新しい方向をとるに至った。こうして、受難信仰は一二世紀からは新たな段階に入る。

キリストの人性や、受難を含むその地上での生活の諸玄義に対する熱い敬虔は、古代のキリスト教以来、西方のみならず東方の霊的な人々にももちろん見られた。そして一一世紀になると、フランスのベネディクト会士フェカンのヨハネス（九九〇―一〇七八年）やカンタベリーの聖アンセルムス（一〇三三／三四―一一〇九年）らが、神に対する人間の負債を人間のために苦しみ死ぬことで贖ったキリストの生涯を詳述したり、キリストに対する同情的な愛の衝動を示したりするようになった。しかし、一一世紀以前には、救世主の受難に対して同情的な参加が強調されたことは殆どなかった。受難に対する信仰を同情的な参加形態で流布させるのに最も貢献したのは、十字軍と、第二回十字軍を宣言したシトー会の聖ベルナルドゥス（一〇九〇頃―一一五三年）であった。彼は、幼子イエスと受難のイエスを観想することでイエスと魂を愛によって結びつけ、キリスト教文学に受難に対する愛情深い信仰を導入したのである。

聖ベルナルドゥスが受難に対する同情的な信仰の主要な先駆者であったとすれば、その信仰を継承して拡大させたのは、アッシジの聖フランチェスコ（一一八一―一二二六年）であった。十字架にかけられたキリストに対する彼の愛は、苦しむキリストに深く同情し、その苦悩への参加、合一を願うものであった。フランチェスコは、生涯の終わりにキリスト教史上初めて聖痕を受けることでキリストとの神秘的合一を確証したため、彼の姿は神秘思想に新たな活力を注ぎ込んだ。また、受難に対する愛情深い信仰は、貴重な遺産としてフランチェスコからフランシスコ会士に伝えられ、彼らの説教を通して民衆にも速やかに広まった。そして同時に、教会においても一般化されるに至った。

受難に対する同情的な信仰は聖フランチェスコを介して信者の共有するところとなったが、それを中世の神秘思想の教義に定着させたのは、フランシスコ会士聖ボナヴェントゥラ（一二二一―一二七四年）であった。ボナヴェントゥラは、ベルナルドゥスの思想を単に繰り返したわけではなく、著作を通して受難信仰を発展させた。例えば、彼の『生命の樹』（*Lignum Vitae*）では、受難は神秘の木（＝イエス・キリスト）の幹の中央に示され、その果実の数は他の出来事の果実のそれより多い。また『神秘のぶどう』（*Vitis mystica*）では、受難の状況はぶどうの木の寓意を用いて詳述されている。後者は、キリストの七つの言葉や七回の流血などが物語の展開の中心となっているため、出来事のクロノロジー的関係にはあまり左右されていない。ボナヴェントゥラは、比較的自由に思考をめぐらせて受難の諸場面や諸状況を詳述しており、こうした意味で、細部にますます重きを置くようになる後代の著述家に道を開いたと言える。

ボナヴェントゥラが受難に対する同情的な信仰を神秘思想の教義に定着させて以来、中世は、キリストの受難に熱狂したと言われるほど受難に関する著作物を数多く生み出した。それらのうち、受難信仰に長い間影響を及ぼした主要な作品としては、フランシスコ会士ヤコポーネ・ダ・トーディ（一二三〇―一三〇六年）に帰される『スタバト・マーテル』（*Stabat Mater*）や、キリストの内的苦悩に注目したフランシスコ会士ウベルティーノ・ダ・カザーレ（一二五九―一三二八年以降）の『イエス・キリストが十字架にかけられた生命の樹』（*Arbor vitae crucifixsae Jesu Christi*,1305）、さらに、偽ボナヴェントゥラの『キリストの生涯についての黙想』（*Meditaziones vitae Christi*）などが挙げられよう。最後の『キリストの生涯についての黙想』は、一般には、フランシスコ会士ヨハネス・デ・カウリブスが一三〇〇年頃著したか、トスカーナの不詳のフランシスコ会士が一四世紀初めに著したと推測されており、中世の受難に対する同情的な信仰に多大な影響を及ぼしただけでなく、それを新たな次元へ導いた。その内容はキリストの生涯と受難が中心となっている。著者は、神学的解釈を前面に出さないよう物語をドラマ仕立てにし、細部にまでこだわって非常にリアリスティック、かつ著しく感傷的に受難を演出した。さらに、そうした詳細な受難の物語は、福音書に情報がない場合は、聖書外典や想像によって補完された。このように、一四世紀以降、受難に対する信仰は宗規に則してもいなければ教会によって公認されてもいない典拠によって養われていく。

『キリストの生涯についての黙想』とフランシスコ会士の説教の影響で、キリストの受難は敬虔な信徒の関心の的となった。例えば、ベネディクト会の修道女ヘルフタのゲルトルーディス・マグナ(一二五六―一三〇一年)やフランシスコ派第三会士のフォリーニョのアンジェラ(一二四八/四九―一三〇九年)、また、同じ第三会士のスウェーデンの聖ビルギッタ(一三〇二/三―一三七三年)は、キリストの苦しみや受難場面を黙想したり、イマジネーションによって受難場面の幻視を体験したりした。大部分想像されたこの種の受難のドラマは、その後も発展を続け、やがて各受難場面がそれぞれ一つの特殊な物語を構成するようになった。そしてこれらの特殊な物語にも、再び想像によってあらゆる細部や特徴が付加された。ドミニコ会士ハインリヒ・ゾイゼ(c.一二九五―一三六六年)やヨハネス・タウラー(一三〇〇頃―一三六一年)の著作は、その顕著な例である。

『キリストの生涯についての黙想』は、さらに、キリストの受難が優位に置かれた「キリストの生涯」という新しい文学ジャンルを生んだ。数多くのキリスト伝の中で最も優れているのは、カルトジオ会士ザクセンのルドルフス(一二九五/一三〇〇―一三七八年)の主著『キリストの生涯』(*Vita Chrisiti*, 1348以後)である。同書は「レクチオ」(lectio)、「メディタチオ」(meditatio)、「オラチオ」(oratio) の三部から成り、「レクチオ」では聖書や聖書外典、教父神学の伝承に基づいて主の生涯が記述され、「メディタチオ」では読者が玄義を現実の出来事として体験できるように記述されている。また、「オラチオ」では読者の生涯とイエスの生涯が感動的に融合されるように配慮されている。同書は、写本や印刷本、多言語への翻訳、また要約や抜粋の増加がそれを証しているように、一五、一六世紀に多くの読者を惹きつけ、イグナティウス・デ・ロヨラや新しいキリストのまねびの信心にも影響を与えた。

三―三―一―三　十字架の道行きの発生に及ぼした受難信仰の諸要素

上述のような霊性史に見られる受難信仰の展開とキリストの生涯、とりわけ受難に関する新しい文学ジャンルは、「十字架の道行き」の発生に多少とも影響を与えずにはいなかった。例えば、受難物語の中に、聖書外典や伝承、著者自身の想像に拠った場面や細部表現も集められていたという事実は、十字架の道行きにも、聖書にはない場面を表現した留が導入される可能性を与えた。また、キリストの受難が、偽ボナヴェントゥラの著作以来、それ自体として黙想されるさまざまな場面に分割されたことは、間接的に留の区別を準備した。

当時の受難文学を基礎とした受難の信心も、十字架の道行きの発生に影響を与えたと考えられる。信心業の受難の黙想では、聖務に適った時間や曜日に、受難の特別な一場面もしくは複数の場面が黙想されていた。こうした信心業においては、留はまだ問題ではなく、キリストの歩みも一般的にしか考察されていないとはいえ、すでにそこには十字架の道行きのための選択の余地が用意されていた。

さらに、十字架の道行きの発生に間接的に影響を与えたと考えられるものに、宗教劇とキリスト教美術がある。

これらは、受難信仰の発展に後続し、その新しい概念に従った。既述のように、当時のキリスト教神秘主義文学は苦しむキリストの写実的な描写を試みたが、宗教劇とキリスト教美術は、そうした感傷的な諸場面の具体的な再現を試みた。従って宗教劇の中には、十字架を担うキリストなどの十字架の道行きの幾つかのエピソードのための要素が用意されていた。キリスト教美術においても、中世末期（一四世紀）以降は、神秘思想とその文学、宗教劇の影響を受けて写実主義が高揚し、表現方法は深化していた。それは、美術作品に、信徒に信心を惹起させるという新しい役割が求められるようになったからである。そしてそれ故に、キリストの受難や死といった感傷的な場面が好んで採り上げられ、新しい主題（ゲツセマニにおける御苦禱のキリストや、荊冠と五つの傷を帯びて立つキリスト、キリストの聖痕、ピエタ、カルヴァリオ山の群像、受難道具など）も考案された。さらに、複数の場面からなる一種の十字架の道行きの連作も制作されるようになり、これらは、一五世紀末から一六世紀にかけては、ショーンガウアーやデューラーなどのアルプス以北の版画家によって受難全体に及ぶ版画連作へと発展した。そしてそれらはアルプス以南にも流布して、北イタリアのフランシスコ会附属聖堂のトラメッツォの壁画や、少なくとも南はローマにまで及ぶイタリア美術（特に絵画や版画）に多大な影響を与えた。(47) 従って、美術作品もまた、十字架の道行きに対する信仰を惹起させ、その実践用の施設の建造を間接的に促したと言えよう。

三―三―二　一五世紀の特殊な受難信仰とその信心の諸形態（＝初期の十字架の道行き）

複数の留からなる初期の十字架の道行きの複合体は、以上のようなさまざまな影響を受けて発生するに至ったと考えられる。そうした複合体は、一五世紀に生じたキリストの受難に対する特殊な諸信仰を実践するための道具と言えるものであった。以下、それぞれの信仰ごとに建造例や信心書に挙げられている例を見ていく。

三―三―二―一　キリストの「転倒」に対する信仰とその信心形態

十字架の道行きの起源に主要な影響を及ぼし、それ自体一種の十字架の道行きの信心とも呼べるものに、まず、キリストの「転倒」に対する信仰がある。同信仰は、受難の間にキリストが流した血の流出や血の滴り、落涙、被った傷、また、聖母マリアの喜びや悲しみなどの題目の下に受難の出来事を寄せ集め数え上げる（とりわけ七が好まれた）のを好んだ、当時の感傷的でリアリスティックな信仰心と完全に一致していた。そして一五世紀以降、ドイツやオランダ、ベルギーに広まったが、その他の国々にはあまり流布しなかった。[48]

キリストの転倒の各場面は、受難のいずれかの場面に結びつけられ、信徒が想起し易いように、小礼拝堂か柱、あるいは十字架に、彫刻（丸彫りやレリーフ）や絵画によって表現された。また、それらの場面は、エルサレムの対応する聖蹟間の距離と同じだけの間隔を空けて配された。

転倒の順序と受難場面の選択は多様で、地域によっても異なっていた。しかし、そうした多様性にもかかわらず、同信仰は、転倒の場面が受難全体に亘っているグループと、厳密な十字架の道行き（ピラトの官邸からカルヴァリオまでの道）上に限られているグループに大別される。二者のうちでは歴史的には前者の方が古いが、[49]このグループの遺例は少ないため、比較的短期間しか実践されずに後者の形態に移行したと考えられる。前者のグループの遺例には、ドイツのノイアーブルクの七回の転倒（①オリーヴ園から⑦キレネのシモンまで）や、フランスのストラスブールのサン・ウルヴァン墓地の七回の転倒（①オリーヴ園から⑧磔刑まで）、オーストリアのインスブルック、ルクセンブルクの例などがある。また、受難に先行するイエスと聖母との最後の別れから始まる七回の転倒や、五回の転倒のみの例、七回以上の転倒を含む例も存在した。[50]なお、このシリーズには、信仰形態と表現形態の手引きとなった小さな信心書の存在が指摘されている。一五二〇年頃にオランダのライデンで出版された『カ

図37　ニュルンベルク　アダム・クラフト　七回の「転倒」の道行きのレリーフ板のうちの一板　26.〈十字架の下に倒れる〉　ドイツ国立博物館

ルヴァリオ山』（*Dit is den berch van Calvarien. Een devoet hantboecxken voor een jegelic kersten mensce hoe men den berch van Calvarien opclimmen sal, ende helpen onsen Heere zijn swaer cruyce draegen.*）や、これに類似した実践を含むゲントの大学図書館の写本（m. 1734, f. 93v）がそれらである。

後者のグループは一五世紀末にはすでに登場した。そしてこのシリーズは、前者より具体的な現実性を特徴としていたためはるかに流布した。これらのうち、アダム・クラフトがレリーフを制作したバンベルク（一五〇〇年頃）とニュルンベルク（一五〇五年頃）の転倒は、最初期の最も優れた建造例である。バンベルクの転倒は、〈十字架を担いでピラトの官邸を去る〉、〈聖母との出会い〉、〈キレネのシモン〉、〈エルサレムの娘たち〉、〈ウェロニカ〉、〈十字架の下に倒れる〉から成っているが、ニュルンベルクのそれも、〈十字架を担いでピラトの官邸を去る〉の場面がなく、代わりに〈ユダヤ人に打たれ手ひどく扱われる〉と〈ピエタ〉が見出される以外は、前者と同じ要素によって構成されている。(51) また、いずれにもピラトの家から各場面までの距離と主題を示した銘文が付けられている。ちなみに、ニュルンベルクの貴族によって建造された後者は、七本の聖柱（図37）とモニュメンタルな群像による《磔刑》、並びに礼拝堂内に等身大の群像が配された《埋葬》から成り、その行程は、市街とザンクト・ヨハンニス墓地との間に設定されている(52)（図38）。同シリーズは、一六世紀から一七世紀にかけてドイツに著しく広まった他、チロル地方（一五世紀初めには五回の転倒シリーズも知られる）

図38　ニュルンベルク　七回の「転倒」の道行き

やオランダのワーヘニンゲン、エルブルフ、ベルギーのアントウェルペンのフランシスコ会修道院の庭など、至る所に設置された。このシリーズも、転倒の順序や受難場面の選択は多様であった。この後者のグループについても、七回転倒しながらキリストに同伴する方法を教える小さな信心書の存在が知られる。それは、一七一〇年に不詳のフランシスコ会士が刊行した『ケルン人の新ローマ巡礼』（*Newe Cöllnische Römerfahrt*）で、そこには、「ピラトの官邸からカルヴァリオ山まで十字架を運んだ時になされたキリストの七回の転倒を崇敬する敬虔な方法」の項目が含まれ、各転倒間の距離も記されている。

なお、ドイツのアールヴァイラーにも、いずれのグループに含まれるか不明なものの、七回の転倒の道が建造されていた。同地には、エルサレムから戻った一人の騎士が、一四四〇年にアール川をキドロンの急流、ガルゲンの丘をカルヴァリオ山に見立てて、後者の丘上（町の教区教会からガルゲンの丘までは、ピラトの官邸からゴルゴタまでの距離に等しい）にキリストの受難の礼拝堂を建造していたが、一五〇二年にはこの最初の礼拝堂に代わる聖堂が着工（完成は一六七八年）された。アールヴァイラーの市塔からガルゲンの丘までの間に、受難場面を表現したレリーフ板が載った七本の殉教柱から成る七回の転倒の道行きが建造されたのは、おそらくこの頃（一五〇〇年頃）であった。七本の柱は、一六三〇年まではすべて存在していたが、一七三二年には、十字架を戴く切妻屋根が付いた一四の聖柱から成る現在の十字架の道行きにとって代わられた。[53]

三―三―二―二　キリストの「苦しみの移動」に対する信仰とその信心形態

イエスが受難の間に強要された「苦しみの移動」に対する信仰も、「転倒」に対する信仰と同時代のもので、やはりドイツにおいて人気があり、キリストが停留した場所（＝留）よりも好まれ、移動の数も好んで数えられた。また、同地では、移動の間にキリストが耐えた苦しみについてだけではなく、移動の開始場所と到着場所においてキリストが忍んだ苦しみについても黙想され、それらは非常に感傷的なリアリズムで描写された。説教師は、さまざまな苦しみの移動の中でも最も困難な、ピラトの官邸からカルヴァリオまでの移動においてキリストが被った暴力や傷、拷問などをとりわけ生き生きと語り、実践の中でキリストに同情し苦しみを共有しながら主と合一するよう説いた。従って、苦しみの移動、とりわけピラトの官邸からカルヴァリオまでの移動の実践と、十字架の道行きの実践との間には著しい類似が存在していた。

崇敬された移動の数やその選択、順序はやはり多様であったが、その数は、聖金曜日にキリストの苦しみの移動の記念に聖堂を七堂、ないしは九堂訪問した当初の形態を反映して、七か九で留まっている例が多い。ちなみに、キリストの移動を記念して聖堂を七堂、ないしは九堂訪問する習慣は、おそらくはローマの大聖堂群の訪問を模倣したものである。というのも、中世のローマでは聖堂を九堂訪問することは珍しくなかったからである。また、イエスの七回の苦しみの移動を記念したローマの七大バジリカ訪問も、慣例化されたのは聖フィリッポ・

ネーリ（一五一五―一五九五年）以降であるとはいえ、実際には、ネーリよりもはるか前にイエスの受難と関係付けて実践されていたからでもある。

苦しみの移動は、聖堂に通じる道に複数の受難柱を建てることによっても崇敬された。柱の数は記念された移動の数によって異なり、例えば、一五二〇年頃南ドイツで編まれた建造指南書では、柱は一一本で、出発点を示す最初の柱（キリストの移動には対応していない）の後に、一一本の柱が続いている。[54]また、一四九九年にアントウェルペンで印刷されたフランドルの小受難書『我らの主イエスがピラトの官邸からカルヴァリオの丘まで重い十字架を背負いながら辿った一三の場所（＝留）から成る道行き』（*Dit is die ganck die ons heer ihesus ghinck wt pilatus huse geladen metten swaren cruce tot opten berch van calvarien ende sijn geordineert met XIII punten*）では、黙想用に挙げられている場面は一三になっている。ちなみに、これらの例では、苦しみの移動はもはや受難全体に亘っていないため、ピラトの官邸からカルヴァリオまでの間に限られた実践は、少なくとも一五世紀末には行われていたと考えられる。

苦しみの移動に関係しているその他の受難書についても見ておこう。最初に挙げるのは、一四七一年から一四九〇年までの間にフランドル人（おそらくはオランダの司祭ベトレム）によって書かれ、一五一八年にアントウェルペンで刊行された、挿図を伴った一六葉の仮綴の小冊子『我らの愛しい主の受難についての敬虔な黙想』（*Dit is een devoet meditacie op die passie ons liefs heren ende van plaetsen die mate geset daer onse lieve here voer ons gheleden heeft, met figuren ende survelike oracien daer op dyenende*）で、ここには、受難全体に配分された二五の留と各留における黙想と祈りの他、一週間の各曜日に配分されたキリストのさまざまな苦しみの移動（最後の晩餐からカルヴァリオもしくは埋葬まで）や、受難の各聖蹟間の距離（オーヌ尺による）[55]が記されている。また、修道女によって書かれたヘントの大学図書館所蔵の手稿（ms. 1734, f. 87 v）とルーヴェンの大学図書館所蔵のそれ（ms. G. 218, f. 72）には九回の移動が列挙されている。ニュルンベルクで一五二一年に出版され、著者として、聖地に一〇年間滞在したフランシスコ会士ニコラス・ヴァンケルの可能性が指摘[56]されている『霊的道行き』（*Geistlich Strass*）の目的も、やはり、キリストの苦しみの移動を信徒に提示することにあった。そこには、ベタニア（聖母との別れ）から埋葬までの受難全体に亘る一七回の移動が、版画や祈りなどを添えて列挙されている。その他、ドイツ中世末期の有名な説教師であるガイラー・フォン・カイザースベルク（一四四五—一五五六年）の『我らの主イエス・キリストの受難、あるいは苦しみ』（*Der Passion oder das lyden Jesu Christi unsers herrn*, nach dem text der fyer Evangelisten, Strassbourg, 1522）や、イエズス会の創始者イグナティウス・デ・ロヨラ（一四九一—一五五六年）の『霊操』（*Exercitia spiritualia*,1548）には七回、また、ドイツのカトリック神学者ヨハン・マイアー・フォン・エック（一四八六—一五四三年）の『待降節から復活祭までの説教』（*Homiliae de tempore ad Adventu usque ad Pascha*, t. I, f. 240v, Paris, 1549）には九回の苦しみの移動についての知識が認められる。さらに、フランシスコ会の聖メンハルトも、一七世紀に一〇回の苦しみの移動を列挙し、同数の聖堂か祭壇を毎日でも訪れ、イエスの苦しみを心の中で黙想するよう勧めている（*Passiologie*, München, 1674）。

三—三—二—三　キリストの「苦しみの留」に対する信仰とその信心形態

キリストの「転倒」と「苦しみの移動」に対する信仰がヨーロッパ北部、とりわけドイツに流布したのに対し、ヨーロッパのその他の国々、なかでもベルギーでは、キリストの受難の間の「苦しみの留」（ないしは停留）に対する信仰が発達した。「留（スタチオ）」（りゅう）は、キリストがあれかこれかの「歩み」を行った後、多少とも長く留まった場所であり、その歩みに密接に関係している。一方は他方を前提としているため、両信仰は実践の中ではある種の融合と浸透を経験した。このような苦しみの留に対する信仰は、出発の場面に応じて主要な四グループに分けられる。すなわち、受難に先行する聖母との別れから始まり埋葬で終わるグループ（ⓐ）と、やはり受難に先行する最後の晩餐から始まり埋葬で終わるグループ（ⓑ）、オリーヴ園から始まりカルヴァリオ山か聖墳墓で終わるグループ（ⓒ）、そしてピラトの官邸から始まりカルヴァリオで終わるグループ（ⓓ）である。

ⓐグループ（聖母との別れから埋葬まで）

ベタニアでの聖母との別れから始まる一番長いグループでは、別れと埋葬の留を両端として、その間に数も順序も一様ではない留が挿入されている。遺例には、オーストリアのビザンベルクの六留（①聖母との別れから⑥聖墳墓まで）の苦しみの留や、ドイツのエンゲルスベルクの六留（①聖母との別れから⑥ピエタまで）のそれ、同じくドイツのバッセンハイムの七留（①聖母との別れから⑦磔刑まで）のそれなどがあるが、数は少ない。

ⓑグループ（最後の晩餐から埋葬まで）

最後の晩餐から始まるⓑのグループの存在は、幾つかの小冊子から推測される。すでに引用したベトレムの『我らの愛しい主の受難についての敬虔な黙想』はその一つである。彼は、受難全体を含む長い道（最後の晩餐から聖墳墓まで）と、厳密な十字架の道行きに一致するより短い道（ピラトの官邸から聖墳墓まで）とを区別し、後者の留をその他の受難の留より重視した。そして、最も困難な後者の道行きのなかでキリストと合一し、彼が耐えた苦しみのすべてに心のなかで参加するよう説いた。この後者の留は、現在の十字架の道行きの留と著しく類似しており、今日の十字架の道行きの起源と構成に影響を及ぼしたことはまちがいない。次いで、一五〇九年にコペンハーゲンで刊行された二八葉のデンマーク語の小冊子（*Haer begynnes the faeruthen staeder sam wor herre tolde syn pyne paa*）[57]も、キリストの苦しみに毎日心の中で合一し、最後の晩餐から始まる苦しみの道の一五留（①弟子の洗足と聖体の創設を伴った最後の晩餐から⑮埋葬まで）を、キリストに同伴しながら訪問するよう勧めた。さらに、一六〇三年にパリで刊行された後、並外れた人気を博して各国語に翻訳され、一七世紀後半から一八世紀にかけて長い十字架の道行きを大流行させたP・A・パーヴィリェの『我らの主イエス・キリストの受難の維持に使用されるエルサレムの留』（*Les stations de Jérusalem pour servir d'entretien sur la passion de N. S. J. C.*）には、最後の晩餐から昇天したオリーヴ山までの一七留が挙げられている。

Ⓒグループ（オリーヴ園からカルヴァリオ山ないしは聖墳墓まで）

オリーヴ園から始まるⒸのグループも、留の数と順序は多様であるが、民衆によって崇敬された最古のシリーズの一つであり、ⓐ、ⓑのグループよりも普及したと考えられる。このシリーズはチロル地方でかなり人気があったらしく、すでに一四八二年にヴィンシュガウに七留（①オリーヴ園から⑦磔刑まで）の道が報告されている。オーストリアのシュバーツとゼーフェルトでは、彫刻による一五留の道行き（一五一五年）が崇敬された。また、同じシュバーツのフランシスコ会修道院にも、一六世紀初めに彫刻による一三留（①オリーヴ園から⑬埋葬まで）の道行きが存在していた。

一七世紀初めには、同シリーズは、主としてベルギーのフランス語圏とフランス北部で大流行した。これらの地域では、苦しみの留の道行きは、一般に、聖書に語られているエピソードだけから成る七留（①オリーヴ園から⑦カルヴァリオ山まで）で構成されたため、その他の苦しみの留の道行きに対して優位を占めた。この七留シリーズを広めるのに最も貢献したのは、『カルヴァリオ巡礼者』（*Peregrinus Calvariae*, Vienne, 1638）を著したネーデルランドのイエズス会士シャルル・ムサール（一六五三年没）で、彼によって最初ウィーンに導入された同信仰は、やがてハンガリーやドイツにも流布していった。この型の複合体は大成功を納め、一六三九年にオーストリアのヘルナルスに最初の例が建造された後、リンツ（一六五八年）などその他の町にも建造されていった。さらに、一七世紀初頭のリエージュのサン・セプルクル聖堂女子聖堂参事会員は、日常的な実践として七留の受難の黙想と訪問を行っていた。それは、同会の「会憲細則」に、毎日、全員の行列によってか、あるいは一人で、一週間の各曜日に割り振られ、回廊や共同寝室などのそれぞれ異なる場所に設けられた七留のうちの一つを訪れるよう規定されていたからである。この種の十字架の道行きは、同参事会の修道院の急速な増加とともに、ベルギーのフランス語圏やフランス、ドイツに広まった。受難の七つの苦しみの留に対する信仰は、その他、ベルギーのフランドル地方やルクセンブルク、ドイツ南部のバイエルンでも崇敬された。さらに、パリ近郊のバレリアン山上にも、オリーヴ園に始まる一二留の最も長い苦しみの留の道行き（①キリストの苦悶から⑫復活まで）が建造された。

ⓓグループ（ピラトの館からカルヴァリオまで）

最後のグループは、今日の十字架の道行きの留に及ぼした間接的かつ直接的な影響ゆえに、最も興味深く重要なものである。信徒は、キリストの「転倒」や「苦しみの移動」、「苦しみの留」に対する信仰の中で、当然ながら、ピラトの官邸からカルヴァリオまでのそれぞれについて特別に留意するようになり、同時に、一五世紀後半以降、キリストが十字架を負って辿った「苦しみの道行き」（ピラトの官邸からカルヴァリオまで）を崇敬するようになった。この道行きの信心形態は、初期には、一四八四年よりも前にベルリンに存在した例[58]のように、出発点（＝ピラトの官邸）と終点（＝カルヴァリオ）だけが示された行程（その距離はエルサレムのピラトの官邸からカルヴァリオまでの距離に等しい）上を、キリストと密接に合一し、その苦しみに同情しながら彼に倣って辿るというものであった。この初期の苦しみの道行きに対する信仰は、とりわけ北欧に流布し、多くの地域で実践された。そして、その道の出発点と終点との間には、転倒の道にしろ、移動、留のそれにしろ、他の受難場面以上に残酷な虐待や苦しみの場面が、数や順序、各場面の間の距離もさまざまに躊躇なく挿入された。但し、こうした初期の十字架の道行きでは、多くの場合、終点にはカルヴァリオではなく聖墳墓が置かれた。

このような「苦しみの道行き」の最古の例は、聖ヨハネ騎士団が聖地のキリストゆかりの聖蹟を記念してロードス島に建てたもので、その留は、エルサレムの各聖蹟間の距離と同じだけ隔てられた七本の柱によって構成されていた。この七留の道行きは、次いで、スイスのフリブールで一六世紀初めに模造された。エルサレムの聖ヨハネ騎士団団長であったピエール・ダングリスベルクが携えて帰った建造方法を手本として、サン・ジャン聖堂からブールニヨンの聖母の礼拝堂までの間に設置されたこの道行きは、受難場面が表現された七本の聖柱から成り、第七留の近くには、《磔刑》の群像を伴う三本の十字架（＝カルヴァリオ）も設置された。[59] 続いて、このフリブールの道行きは、今度は、一五一四年に同地を訪れて、そこにあったカルヴァリオと七留の苦しみの道行きに感銘したフランスのロマン＝シュール＝イゼールの商人ロマヌ・ボッファンの構想によって、同地で模造された。当初は、聖堂付参時会が管理するサン・ベルナール聖堂から、町の西側の市壁の外にある丘の上までのコースに、手本に倣って七堂を設置する予定で一五一七年に礎石が置かれたが、聖地巡礼から戻った二人のフランシスコ会士の指示で、その数は次第に増え、一五二二年の完成時には、この総体には三七の留と三人のマリア像を伴う〈カルヴァリオ〉の三本の十字架、〈キリストの墓〉の円形礼拝堂が含まれていた。[60] 同じような苦しみの道行きは、さらに、南フランスのヴァランス（一五一七年）や、とりわけチロル地方にその存在が確認される。しかし、苦しみの道行きの中で最も優れたものであり、また、一四留の十字架の道行きの留の配列に対して主要な影響を及ぼしたと考えられるのは、一五〇五年頃にベルギーのルーヴェンに建造されたものである。同地のペトルス・ポテンスとマティアス・シュテーンベルヒが、エルサレムで測量した後設置したとされる九留の道行き（①死刑

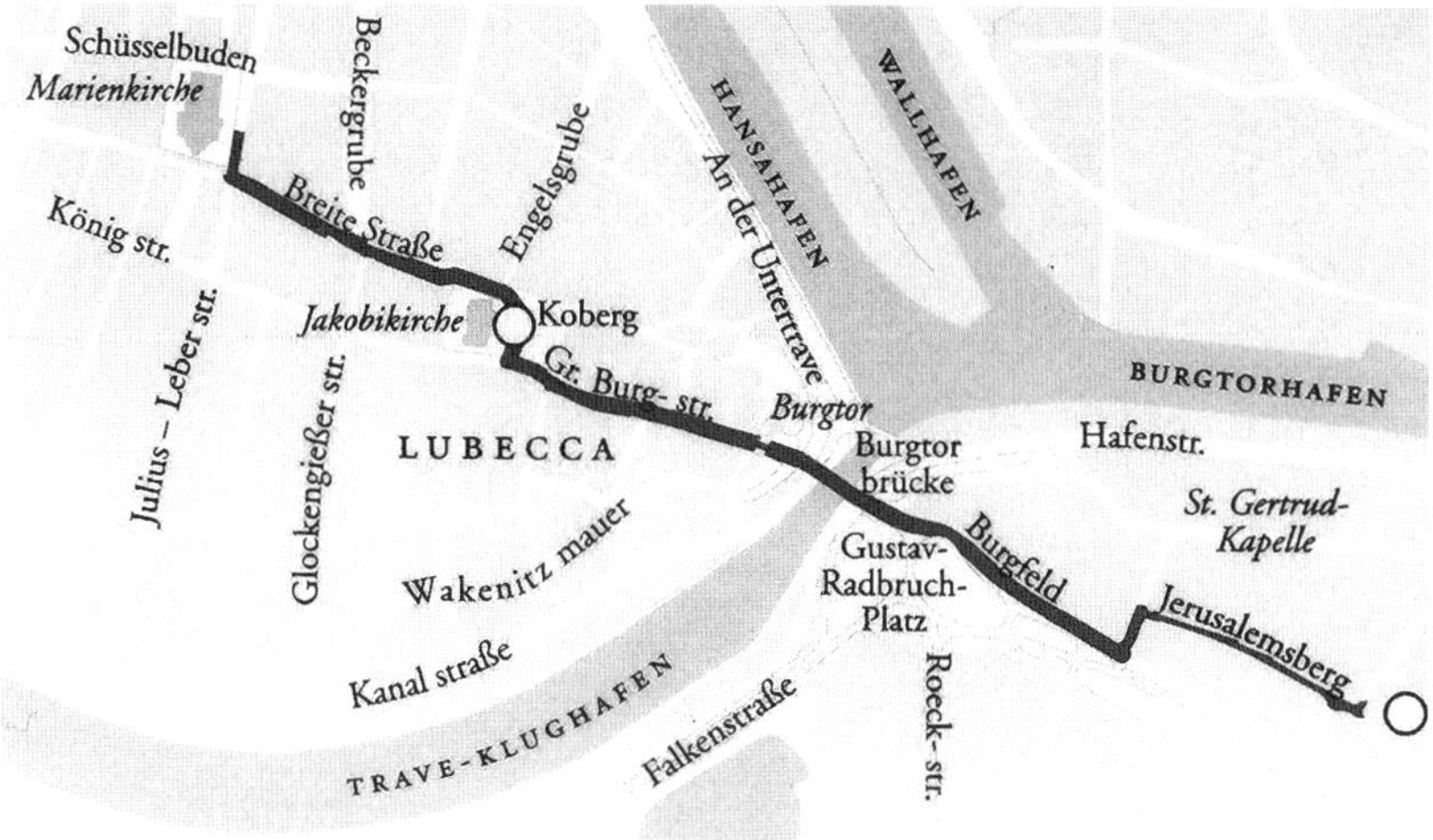

図39　リューベック　苦しみの道行き

宣告から⑨カルヴァリオまで）がそれで、各留の受難場面は群像彫刻によって表現された（なお、第①留から第⑦留までは「七回の平伏」の道行きでもあった[61]）。

その他、同じベルギーのメッヘレンやフィルフォールト、ブラバント州の諸地方にも、同じような複合体が建造された。また、留の数は異なるものの、ドイツのリューベック（一四六八年）やコブランツ（一四九五年）、フランスのマイエンヌ（一六世紀）、オーストリアのチロル地方やババリア（一七世紀）にも、この種の道行きが確認される。例えばリューベックのそれは、町の顧問であったハインリヒ・コンスタインが、エルサレム巡礼から戻った後、一四六八年に聖地で確認した苦しみの道行きの距離（一六五〇メートル）にできるだけ忠実な長さで設置させたもので（図39）、市街のザンクト・ヤコブス聖堂の北壁上に置かれた《手を洗うピラトの前のキリスト》のレリーフが出発点、そして、エルサレムの丘が終点になっており、終点の丘までの間には七つの留が置かれた[62]。

三―三―二―四　霊的巡礼の信心書

これまで見てきたように、一五世紀には、最終形態である一四留の十字架の道行きに先行する、数も順序も異なるそれ自体一種の十字架の道行きといえるさまざまな信心形態があることが分かったが、これらと並んで一五世紀末頃から、一四留の十字架の道行きのシリーズと著しい類似を示す新しい形態も生じ始めた。それは、信心書に基づく「霊的巡礼」ないしは「心的巡礼」と呼ばれる形態であった。キリスト教徒は誰もが聖地パレスティナへ旅することを強く願ってはいたが、大多数の信徒はそれを果たすことができなかった。そこで修道士たちが考えたのが、信徒に心の中でキリストゆかりの聖蹟を訪問させる霊的な巡礼書の執筆であった。そうした信心書は、キリストゆかりの聖蹟の霊的巡礼法を教えると同時に、実際の聖地訪問におけると同様な免償を謳っていたため、信徒は当然ながらこうした霊的巡礼の実践へと駆り立てられた。

現在知られる最古の巡礼書は、一五世紀前半に不詳のフランシスコ会士が書いたとされる、[63]ベルギーのシント・トレイデン（サン・トロン）のフランシスコ会附属修道院にある二巻の手稿である。この手稿には導入部と第一留が欠落しているが、オランダのヤン・ファン・ギル所有のコピーによれば、導入部では、霊的巡礼を始める前に神の前で謙虚になり、次いで十字架を負ったキリストに心の中で従い、主が被った苦しみを黙想して同情すれば、家を離れなくとも聖地のキリストゆかりの聖蹟に関係する免償を獲得できるとされている。同手稿に挙げられている十字架の道行きの留は一二留（①死刑宣告から⑫埋葬まで）で、各留間の距離は歩数で示されている。また、各留について、それぞれに適った黙想と祈りが定められている。

シント・トレイデンの手稿の著者による霊的巡礼の修業は、その他の同種の修業に計り知れない影響を与えた。アントウェルペンの一六世紀初めの手稿（ms. 47, プランタン・モレトゥス博物館）中の十字架の道行きの霊的実践もその一つである。この手稿のテキストは、シント・トレイデンの手稿のそれに文学的によく似ているだけではなく、八留（①死刑宣告から⑧埋葬まで）がシント・トレイデンの類似の留にそれぞれ対応している。各留には、唱えるべき主の祈りと天使祝詞の数は示されているが、各留間の距離や免償は示されていない。

キリストの転倒に対する信仰の箇所ですでに言及した小冊子『カルヴァリオ山』には、「転倒」に対する崇敬方法（f. 11v）と並んで、十字架の道行きの修業（f. 1v-11r）のテキストが含まれている。後者のテキストも、簡略化されているとはいえ、シント・トレイデンの手稿のそれと非常によく似ている。そして、『カルヴァリオ山』の第一留は、シント・トレイデンの手稿の①留から⑤留までと大部分一致し、第三留は七留、第四留は⑧留、第五留は⑨留、第六留は⑩留、第七、第八留は⑪留、第九、第一〇留は⑫留にそれぞれ一致している。さらに各留では、主の祈りと天使祝詞の朗誦のほか、留に適った黙想と祈りの実践が規定されている。

先に挙げたベトレムも、シント・トレイデンの手稿の十字架の道行きの霊的修業を利用した一人で、彼の『我らが愛しき主の受難についての黙想』中の短い修業（ピラトの官邸から聖墳墓まで）を構成している留の大部分は、シント・トレイデンの手稿の留と一致している。そして、同修業の十一の留は、二度目の転倒が合致せず、また、エルサレムの女たちとの出会いが欠け、聖衣剥奪と磔刑で一つの留を形成している以外は、内容の点でも順序の点でも現在の十字架の道行きの留に一致している。このように、現在の十字架の道行きの留とその順序の多くは、すでにベトレムによって定められていた。

カルメル会士ヤン・ファン・パスカ（一五三二年没）が著した『霊的に聖地巡礼するための敬虔な方法』（*Een devote maniere om gheestelyck pelgrimagiete trekken tot den heylighen Lande, als te*.....）(64) に含まれている霊的修業には、一四留の十字架の道行きとの類似がさらにはっきりと認められる。パスカが書いた修業は、一年を要するもので、一日ごとに、聖地巡礼の限定された一部分か、一つのキリストゆかりの聖蹟の訪問、並びに一つの黙想と幾つかの信心業が割り当てられている。彼も、長い十字架の道行き（①オリーヴ宴での苦悶から⑮埋葬までの計一五留）と、それより短い道行き（④死刑宣告から⑮埋葬までの計一二留）を知っており、後者を真の十字架の道行き、もしくは正しい十字架の道行き（de rechte cruysganck）と呼んで区別したが、その正しい十字架の道行きには、示唆されてはいるものの留としては数えられていない二回の転倒（最初と五度目の転倒）を含めれば、一四留の十字架の道行きの内容がすべて、しかも同じ順序で出揃っていた。

最後に、シント・トレイデンの手稿の著者が始め、ベトレムとパスカによって完成されていった霊的な巡礼形態を広めるのに多大な貢献をしたオランダ人で、デルフトの聖バルバラ修道院長も務めたクリスティアン・ファン・アドリヘム（一五八五年没）の形態を見てみよう。彼には、各国語に翻訳された『キリスト教時代のエルサレム』（*Jerusalem sicut Christi tempore floruit*, Cologne, 1584）と、やはり一七七二年までに約一〇版を重ねた『聖地の劇場』（*Theatrum Terrae sanctae*, Cologne, 1590）という非常に普及した一六世紀末の二つの著作が帰されるが、これらからは、彼も、ピラトの官邸からカルヴァリオまでの真の十字架の道行き（①死刑宣告から⑫カルヴァリオの穴に十字架をたてるまで）と捕縛の道行き（①オリーヴ園から⑦再びピラトの官邸まで）の両方を知っていたことが推測される。彼が前者の道行きの留として挙げたのは一二留（①死刑宣告から⑫カルヴァリオの穴に十字架をたてるまで）だけであったが、別の箇所で十字架降下と聖墳墓（＝埋葬）の留を挙げているので、一四留の要素はやはりすべて出揃っていた。留の順序や各留間の距離はパスカから借用されてはいるが、留の列挙には相違も認められる。すなわち、パスカが七回の転倒（最初と五度目の転倒は留として数えていない）を挙げ、しかも、それらのうち四回の転倒を十字架の道行きの他の四エピソードと結びつけたのに対し、アドリヘムは、他のエピソードと結びついていない三回の転倒のみを独立した三留として挙げて、現在の十字架の道行きへのいっそうの接近を示している。

以上、一五、一六世紀の幾つかの霊的巡礼書について概観した結果、これらは、一四留の十字架の道行きにきわめて近づいているとはいえ、まだ先駆的段階に留まるものであり、完成した十字架の道行きという点では、一七世紀まではいかなる著述家もまだ一四留を明白には認識していなかったと結論される。しかし、これらの著作が、完成形態のプロトタイプと見做しうる霊的巡礼形態を西欧各地、とりわけアルプス以北に急速に普及させていたことは疑いない。ちなみに、一四留の十字架の道行きの起源は、一七世紀に、まずはスペイン、次いでイタリアのサルデーニャにそれを導入したフランシスコ士に帰される。また、留の数として一四留が優勢になるのは、教皇インノケンティウス一一世がフランシスコ会士の実践形態に免償を許可した一六八六年以降のことであった。

結び

これまで、特にドイツや低地地方にキリストの受難に対する特殊な諸信仰が生まれ、それらの実践用に複数の留からなる初期の一種の十字架の道行きの複合体が建造されるようになった過程を概観してきたが、こうした特殊な諸信仰や信心形態は、イタリアには殆ど流布しなかったとされている[65]。しかし、次章以降で行うイタリアの二つのサクロ・モンテの代用エルサレム時代の形態の復元作業から分かるように、両施設には、創設者が没した直後（ヴァラッロでは一五世紀最末期から一六世紀初頭までの間）から一種の十字架の道行きと思われる要素が付加され始めた。そしてその要素は、一六二八年にイタリアで初めて建造された一四留の十字架の道行きのそれとは明らかに異なっており、アルプス以北において当時発展過程にあった初期の一種の十字架の道行きのそれであったと考えざるをえない。つまり、アルプス以北の一五世紀の特殊な受難信仰や信心形態が、イタリアにまったく影響を与えていなかったとは考えがたく、むしろ、アルプス以北と以南のそれぞれの遺構の共通性が示している通り、修道会や修道士などを介しての北から南への多少の影響があったと考える方が妥当である。また、対抗宗教改革期に登場し、以後のイタリアのサクロ・モンテの形態の典型となるヴァレーゼの施設の行列的な留の配列も、遡ればアルプス以北のそうした初期の複合体の留の配列と無関係ではないように思われる。

第三、第四章では、いずれにしても、二つのサクロ・モンテの代用エルサレム時代の外観の復元を試み、これまで見てきたアルプス以北の一五世紀の複合的巡礼施設との比較を可能にしてみたい。

注

一

（1）F. Cardini, 'La devozione al Santo Sepolcro, le sue riproduzioni occidentali e il complesso stefaniano, Alcuni casi italici', in Aa.Vv., *7 colonne & 7chiese*, 1987, Bologna, p. 23.

（2）J・ピーパー著／和泉雅人、佐藤恵子、加藤健司訳『迷宮――都市・巡礼・祝祭・洞窟…迷宮的なるものの解読』（工作舎、一九九六年、一三四頁）(J. Pieper, *Das Labyrinthische-Über die Idee des Verborgenen, Rätselhaften, Schwierigen in der Geschichte der Architektur*, Frankfurt am Main, 1987, S. 89)。

二

（1）マタイ27・16、マルコ15・46、ルカ23・53、ヨハネ19・41、20・1。

（2）ヨハネ20・12。

（3）例えば、N. C. Brooks, 'The sepulchres of Christ in Art and Liturgy', in *University of Illinois Studies in Language and*

Literature, VII, 2, 1921, p. 10参照。

（4）関谷定夫『図説新約聖書の考古学』（講談社、一九七七年、二四九頁）。

（5）同右、二四九頁。

（6）例えばC・ブルックスは、K・J・コナンのキリストの墓の想定変遷図（一九五六年）中のfの時期について語ったかのようなくだりで、「円柱は周囲をめぐり、銀の格子細工とともにその自然の岩の防御柵となっていた。それらの円柱はアーチとも結びついて金銀製の屋根を支え、一種の天蓋もしくはキボリウムをなしていた」（Brooks, *op. cit.*, p. 11）と述べているが、E・A・シュタインメアー（E. A. Steinmair, *Heiliggrab-Denkmäler in Südtirol*, Brixen, 1993, S. 123, 図6）は、コンスタンティヌス時代の円柱による円形プランの壁体のないキボリウム状の構造が、一〇〇九年における破壊後に、角のある半円と矩形との組み合わせをプランとした壁体のある構造に変えられて再建されたとだけ述べている。

（7）例えば、K・J・コナンの想定成立過程の図面（一九五六年、図5）や、ヴァンサン神父の立面図（Steinmair, *op. cit.*, S. 77所載、一九一四年？）では、地階の屋根は平ら、突出したドラム上の屋根は半球形である。一方、B・ロッシ監修の聖地の解説書所載の作図年不詳の立面図、平面図（*La Terra Santa*, a cura di B. Rossi, Bologna, 1979, p. 55）では、地階の屋根には勾配があり、突出したドラム上の屋根は円錐形である。またB・ボーティエ（G. B.-Bautier, 'Les imitations du Saint-Sépulcre de Jérusalem (IXe-XVe siecles) Archéologie d'une dévotion', in *Revue d'histoire de la spiritualité*, XL, p. 336）は、「中央が開いている木製の円錐状のヴォールト」としているが、天井のヴォールトなのか屋根のそれなのかは判然としない。

（8）円錐形の屋根は、以後も、一四八七年に聖地巡礼を行ったコンラート・フォン・グリューネンベルクの巡礼記中のペン画スケッチ（バーデン州立図書館）や、一六世紀末に四年間聖地にいて製図にも習熟していたフランシスコ会士B・アミーコによる一六〇九年の立面図中（Fra B. Amico, *Plans of the sacred edifices of the holy land*, Jerusalem, 1953, Sheet 24）などに見られる。

（9）A. Reinle, *Zeichensprache der Architektur*, Zürich und München, 1976, S. 127.

（10）G. B. Bautier, 'Les imitations du Saint-Sépulcre de Jérusalem (IXe-XVe siécles) Archéologie d'une dévotion', in *Revue d'histoire de la spiritualité*, XL, 1974, pp. 336-337.

（11）そこでは、キリストの復活（アナスタシス）に献堂された後、聖アナスタシアの聖遺物が収められたと考えられている。

（12）本節では天のエルサレムとの関係は扱わないが、Cardini, *op. cit.*, p. 36や、特にM. Rossi, A. Rovetta, 'Indagine sullo spazio ecclesiale immagine della Gerusalemme celeste', in《*La dimora di Dio con gli uomini*》*Immagini della Gerusalemme celeste dal* III *al* XIV *secolo*, a cura di M. L. G. Perer, Milano, 1933, pp. 82-84などに指摘がある。

（13）Reinle, *op. cit.*, S. 129.

（14）Bautier, *op. cit.*, pp. 337-338.

（15）C. Debiaggi, *A cinque secoli dalla fondazione del Sacro Monte di Varallo. Problemi e ricerche*, Varallo, 1980, p. 20. ; G. Bazin, *Aleijadinho et la sculture baroque au brésil*, Paris, 1963, pp. 190-191.

（16）Cardini, *op. cit.*, pp. 42-43.

（17）Bautier, *op.cit.*, pp. 330-332.

（18）Reinle, *op.cit.*, pp. 129-130.

（19）M. Untermann, *Der Zentralbau im Mittelalter*, Darmstadt, 1989, S. 78.

（20）B・ボーティエは、テンプル騎士修道会の集中式聖堂群が、岩のドームではなく復活聖堂のプランを模造したのは、聖墳墓の守護者としての役割を大衆に連想させるためであり、例外的なことだと推測（Bautier, *op. cit.*, pp. 328-329）。

三

（1）G. Dalman, 'Das Grab Christi in Deutschland', in *Studien über christliche Denkmäler*, Herausgegeben von J. Ficker, Leipzig, 1922, S.75.

（2）G. Bresc-Bautier, 'Les chapelles de la mèmoire : souvenir de la terre sainte et vie du Christ en France（XVe-XIXe siècles）', in *La*《*Gerusalemme*》*di San Vivaldo e i Sacri Monti in Europa*, a cura di M. L. Gatti Perer, Ospedaletto, 1989, p. 219. この建造例は次章で言及してもよいであろうが、わずか二堂の複合体であるのでここで言及した。

（3）*Ibid.*, p. 218.

（4）*Ibid.*, pp. 218-19.

（5）Dalman, *op. cit.*, SS. 75-79.

（6）*Ibid.*, SS. 79-80.

（7）入口上方の大理石の壁には、"IOHANNES RUCELLARIUS PAULI• F (ILIUS) • UT INDE SALUTEM SUAM PRECARETUR UNDE OMNIUM CUM CHRISTO FACTA EST RESURRECTIO SACELLUM HOC AD Ĭ (N) STAR JHEROSOLIMITANI SEPULCRI FACIENDUM CURAVIT MCCCCLXVII"という銘文が象嵌されている（括弧は著者が補ったもの）。

（8）フリーズとコーニス間には、"YHESUM QUERITIS NAZARENUM CRUCIFIXUM SURREXIT NON EST HIC ECCE LOCUS UBI POSUERUNT EUM"という銘文が象嵌されている。

（9）D. Neri, *Il Santo Sepolcro riprodotto in Occidente*, Jerusalem, 1971, pp. 81-87. なお、ネーリは同書においてルチェッライ家の最初の模造墓は一四世紀前半に建造されたものであり、アルベルティはその改築を依頼されたにすぎないとしている。F. Borsi, S. Borsi, *Leon Battista Alberti*, Firenze, 1994, p. 22.

（10）Dalman, *op. cit.*, SS. 80-81.; E. Kramer, *Kreuzweg und Kalvarienberg*, Kehl, 1957, S. 102.

（11）Dalman, *op. cit.*, SS. 90-91.

（12）*Ibid.*, S. 91.

（13）*Ibid.*, SS. 92-139.

（14）Bresc-Bautier, *op. cit.*, p. 221.

（15）*Ibid.*, p. 219.

（16）以上は、E. Kühebacher, 'L'《*Außerkirchl*》' *di San Candido*, San Candido, 1990参照。

（17）G. Conta, *I luoghi dell'arte*, Vol. quinto, Ora, 1999, p. 52.

（18）J. Weingartner, *Die Kunstdenkmäler Südtirols*, Band 2, Bozen, 1991, S. 688.

（19）碑板中には'VERA FORMA DEL SEPOLCRO-DI-NR̃O-SIGNORE-GIESV-CHRISTO CONFORME-SI-RITROVA-IN GERVSALEMME-ANNO-MDCLXXIX'と記されている。

（20）P. Parsi, *Chiese romane. Da S. Maria di Loreto a SS. Nome di Gesù*, Vol.V, Roma, 1970, pp. 211-212.; W. Buchwiecki,

Handbuch der Kirchen Roms. Die Kirchen innerhalb der Mauern Roms S. Maria della Neve bis S. Susanna, 3. band, Wien, 1974, SS. 407-15.

(21) A. Teetaert de Zedelgen, 'Aperçu historique sur la dévotion au chemin de la croix', in *Collectanea Franciscana*, 19, 1949, pp. 85-86.

(22) E. Kramer, *Kreuzweg und Kalvarienberg*, Kehl, 1957, p. 104.

(23) 以上は、G. Gentile, 'Da Bernardino Caimi a Gaudenzio Ferrari. Immaginario e regia del Sacro Monte', in *De Valle Sicida*, Periodico annuale Società Valsesiana di Cultura, Anno VII. n. 1, 1996, p. 227参照。

(24) ちなみに、エルサレムの手本のうち二つのコピーと言えるこの〈聖墳墓〉の礼拝堂は、一五九八年にはザーゲンで、また一七七二年にはベーメンのライヒェンベルクで模造された。さらに宗教改革の後もこの墓を訪れる人々は絶えなかったとされる。

(25) 以上は、Kramer, *op. cit.*, pp. 110-11.; Gentile, *op. cit.*, pp. 226-27. ; A. Barbero, 'Il ricordo del pellegrino e l'esperienza del sacro', in *Di ritorno dal pellegrinaggio a Gerusalemme*, a cura di A. Barbero e G. Roma, Vercelli, 2008, pp. 74-75参照。ゲルリッツでは、宗教改革期までは、聖金曜日に〈聖十字架〉の礼拝堂の《磔刑のキリスト》の木彫像を上記の〈聖墳墓〉の礼拝堂まで運んで設置し、復活の日の朝に再び〈聖十字架〉の礼拝堂まで戻す宗教行列が行われていた。

(26) Kramer, *op. cit.*, pp. 105-106.; Barbero, *op. cit.*, pp. 70-71. 現在のデュッセンバッハの十字架の道行きの各留は、http://guy.joly1.free.fr/chemin_de_croix_dusenbach.html（二〇一七年九月一八日）において画像付きで紹介されている。

(27) Bautier, *op. cit.*, p. 220.; Gentile, *op. cit.*, p. 227.

(28) 銘文によれば、これらのうち〈カルヴァリオ〉と〈オリーヴ山〉の礼拝堂は一五三六年から四九年にかけて再建されたものである。

(29) R. Sassi, 'Oratorio dei Beati Becchetti', in *Le chiese di Fabriano. Brevi cenni storico-artistici*, Fabriano, 1967, p. 62では、二人の福者が聖地からの帰国後に小聖堂を建造したのはサン・タゴスティーノ修道院の回廊とされているが、G・ドンニーニが引用しているT・タッシの記述中では、「大きなサン・タゴスティーノ聖堂に小聖堂を造った」とされている（G. Donnini, 'L'Oratorio dei Beati Becchetti e il gruppo ligneo del Calvario', in *Il Portale restaurato*, Fabriano, 1995, p. 56）。ここでは前者の記述に従った。前者の文献の収集についてはAmilcare Barbero氏とGiorgio Pellegrini氏、また後者の文献についてはDott. Giovanni Moretti氏にご協力、ご提供頂いた。

（30）Donnini, *op. cit.*, p. 56.

（31）二人の福者の歴史的な事実や堂内の装飾については、注29の文献の他、D. Pilati, *Storia di Fabriano dalle origini ai nostri giorni*, Fabriano, 1985, pp. 326-27. ; 'Oratorio', in *I legni devoti. Sculture lignee del Trecento nel territorio fabrianese*, a cura di G. Donnini, Fabriano, 1994, pp. 58-62. ; Teetaert, *op. cit.*, pp. 84-85を参照した。

（32）G. Vasari, *Le Vite*, Vol.V, ed. Milanesi, Firenze, 1981, pp. 455-456.

（33）以上は、F. T. F. Zeni Buchicchio, 'Gli oratori dell'Isola Bisentina dal tempo Ranuccio Farnese agli interventi di Antonio da Sangallo il giovane', in Aa.Vv., *Il Quattrocento a Viterbo*, Viterbo, 1983, pp. 108-132を参照。

（34）la voce di 'Eustochia Calafato', in *Dizionario dei Santi*, Firenze, 1989, p. 117.

（35）G. Cardini, 'La devozione a Gerusalemme in occidente e il《caso sanvivaldino》', in *La《Gerusalemme》di San Vivaldo e i Sacri Monti in Europa*, a cura di S. Gensini, Ospedaletto, 1989, p. 101. ; P. Rinelli, *Vivo io, non più io. La spiritualità della beata Eustochia da Messina*, Messina, 1982, p. 38.

（36）Suora Jacopa Pollicino, *La leggenda della Beata Eustochia da Messina*（*Smeralda Calefat-Colonna*）, Testo a penna del secolo XV per la prima volta pubblicato, Messina, 1903, p. 47. ; B. Mazzara, *Leggendario francescano*, Venezia, MDCLXXVI, p. 121. その他、*Compendio della vita della Beata Eustochia. Clarissa messinese*, Messina, 1961, p. 45も、エウストキアの複合体を聖地の一端を理念的に移送したものと解釈。

（37）メッシーナのエウストキアの複合体についての著者の照会に対し、Dott.ssa Maria Sindoni Pavone, Dott.ssa Sandora Conti, Dott.ssa Maria Teresa Rodriquezから、諸文献のコピーのご提供や一九〇八年の地震について御教示を頂いた。

（38）Mazzara, *op. cit.*, p. 121.

（39）Bautier, *op. cit.*, pp. 221-222. 修道院等が現存しているか否かについては、シャロン＝アン＝シャンパーニュのLucie Evain氏に御教示頂いた。

（40）キリスト教用語としては、statio（拉）、station（英）（仏）（独）、stazione（伊）には、「留」（りゅう）という訳語が充てられている（小林珍雄編『キリスト教用語辞典』東京堂、一九五四年、三八〇―三八一頁）。同用語は、軍隊から天文学、考古学などにまで亘って広く使用されているが、キリスト教用語として使用される場合には、「連禱を唱えながら集合所を出発し、長い行列をなして指定参詣聖堂へ向かったローマの四旬節の祭式の挙行」や、「このような祭式に参加することで得られる免償や罪の赦し」、また「そのような行列の間に信徒が行う停留やそれに続く祈りの場所」を意味している。また特に、「十字架の道行きの宗教儀式の参加者に、同数のキリストの受難のエピソードを記念するために停留して集団で祈禱するよう定められていた一四の各停留地点」や、「このような典礼の挙行中に信徒が行った各停留」を意味している。さらに、「換喩的には、十字架の道行きの一四のエピソードのうちの一つを表現する絵画や似像、その他の造形作品」や、「歴史的には、教皇が行う四旬節や降誕の典礼に参加するため信者の行列が目指したローマの聖堂」なども意味している（*Grande dizionario della lingua italiana*, XX, Squi-Tog, Torino, p. 111 の Stazione の項目の no. 17）。しかし、実際には一四だけでなく、さまざまな数の停留（地点）に対しても同用語は使用されている。

（41）本節の既述は、多くを Teetaert, *op. cit.*, pp. 45-142 の緻密な先行研究に拠った。

（42）Egeria, *Pellegrinaggio in Terra Santa*, a cura di N. Natalucci, 1999, Bologna, pp. 157-221.

（43）*Ibid.*, pp. 196-197, 200-203.

（44）Teetaert, *op. cit.*, p. 51.

（45）例えば、一一〇二―一一〇三年にエルサレムに滞在したセウルフスは、聖墳墓記念聖堂内に、キリストがとじこめられた牢獄の聖蹟や、十字架発見の聖蹟、笞刑の際の大理石の円柱が保存されている聖蹟、キリストが衣を剥奪された聖蹟、紫の衣と荊冠を纏わされ、さらに聖衣を分かたれた聖蹟、カルヴァリオ山、十字架を打ち込んだ穴の聖蹟、（カルヴァリオ山の下にある）ゴルゴタの聖蹟、キリストが十字架から降ろされて香油を塗られた後葬られた聖蹟、キリストが自らの手で世界の中心を示して測定した聖蹟などを列挙している（P. D. Baldi, *Enchiridion locorum sanctorum Documenta S. evangelii loca respicientia*, Jerusalem, 1935, pp. 833-834）。ほぼ同時期（一一〇六―一一〇七年）にエルサレムに滞在したダニエル・アッバスも、アナスタシス、聖墳墓、天使がその上で女たちにキリストの復活を告げた石、磔刑の聖蹟、カルヴァリオの聖蹟（穴の意味）、その上方のゴルゴタ（磔刑の聖蹟）、十字架降下の聖蹟、キリストの聖衣が分かたれた聖蹟、キリストが荊冠を載せられ紫の衣を着せられた聖蹟、キリストが顔を打たれた聖蹟、キリストが閉じ込められた牢獄、聖母マリアが大急ぎでやって来てキリストの後に従った聖蹟、聖十字架発見の聖蹟などを挙げている（*Ibid.*, pp. 835-839）。両者の列挙には、カルヴァリオとゴルゴタの記述が逆になっている以外、大きな違いはない。

（46）Teetaert, *op. cit.*, p. 51.

（47）S. Langé, 'Esperienza del reale e spazio virtuale nell'iconografia della passione', in S. Langé, A. Pensa, *Il Sacro Monte di Varallo*, Milano, 1991, pp. 7-127.; 拙稿「一六世紀前半のイタリアにおけるデューラー版画の受容」（『五浦論叢』茨城大学五浦美術文化研究所紀要第三号、一九九六年、六三―一四六頁）など。

（48）Teetaert, *op. cit.*, p. 71.

（49）*Ibid.*, p. 72.

（50）*Ibid.*, p. 74.

（51）*Ibid.*, pp. 74-75.

（52）*Atranti dei Sacri Monti, Calvari e Complessi devozionali europei*, a cura di A. Barbero, Ponzano Monferrato, 2001, pp. 124-125参照。

（53）E. Kramer, *Kreuzweg und Kalvarienberg*, Kehl, 1957, pp. 97-98を参照。

（54）Teetaert, *op. cit.*, p.79.

（55）一オーヌ＝一・一八メートル

（56）P・ディンツェルバッハー編／植田兼義訳『神秘主義事典』（教文館、一九八九年、「フランシスコ会神秘主義」の項、三七一頁）。

（57）一六世紀初頭に出版されたこの古いデンマーク語の書名は文章として成立していない。イタリア語訳においても原文のまま注記なしに記載されているため、ここでも原文のまま記載する。

（58）Kramer, *op. cit.*, p. 102を参照。

（59）*Ibid.*, p. 107を参照。

（60）ロマン＝シュール＝ロワールの複合施設は、前段（三―二―二―二）で言及してもよい例であるが、構想時の状態に焦点を当てたため本節で取り上げた。Teetaert, *op. cit.*, pp. 86-87.; Barbero, *op. cit.*, pp. 99-101.

（61） E. Kramer, *op. cit.*, pp. 118-119.

（62） *Ibid.*, p. 119.

（63） Teetaert, *op. cit.*, p.97.

（64） *Een devote maniere om gheestelyck pelgrimagie te trehken tot den heylighen Lande, als te Jherusalem, Bethleem, ter Jordanen, met die rechte gheleghentheyt der heyligher Plaetsen, so bescheelijck beschreven, al oft mense voor ooghen sagh.* [霊的に聖地巡礼するための敬虔な方法] は、P・カランティンがルーヴェンで一五六三年に刊行。同書については、その他、一六三〇年頃印刷された英語版の三冊の『霊的なエルサレム巡礼』（*The spiritual Pilgrimage of Hierusalem*）（K. A. Kneller, *Geschichte der Kreuzwegandacht*, Freiburg im Br., 1908, pp. 13-14など）参照。

（65） 「イエスの転倒に対する信仰は、とりわけドイツやオランダ、ベルギーに広まるが、その他の国々にはより少ないか、ほとんど流行していない」（Teetaert, *op. cit.*, p.71）とされ、「苦しみの移動」に対する信仰もドイツにおいて人気があったとされている（*Ibid.*, p. 77）。さらに「苦しみの留」に対する信仰も、とくにベルギーで発達したとされる（*Ibid.*, pp. 83-84）。

第三章　ミラノ管区ヴァラッロのサクロ・モンテ

――フラ・ベルナルディーノ・カイーミの「代用エルサレム」

はじめに——現在のヴァラッロのサクロ・モンテと問題点

ピエモンテ州ヴェルチェッリ県の小都市ヴァラッロの現在の巡礼施設は、登山路上の五つの小礼拝堂と山上の壁で囲まれた聖域内の四五の礼拝堂、並びに聖母被昇天聖堂や復活のキリストの泉などの宗教建築やモニュメント、さらに巡礼宿などの世俗建築によって構成されている(図40、41)。四五の礼拝堂は、旧約聖書や聖フランチェスコ、聖カルロ・ボッロメーオに関係する礼拝堂(各一堂)を除けば、いずれもキリストと聖母マリアの生涯のエピソードに関係しており、多くは、図40に明らかな範囲で示した建造年代からわかるように、一六世紀後半以降に建造されたものである。そしてそれらは、起伏に富んだ道が蛇行する山林風のゾーン(第一—一九堂まで)と、土地が平坦に均された高い中央ゾーン(第二〇堂以降)に大きく特徴が二分されるコースに、事件の発生順に巧みに配されている。そこには「ナザレ」や「ベツレヘム」、「カルヴァリオ」の総体と呼ばれる場所はあるが、パレスティナのキリストゆかりの町や聖蹟を想起させるそうした名称は一部の建物に与えられているにすぎない。

しかし、今日「サクロ・モンテ」の筆頭に挙げられているこのヴァラッロの施設は、元来は、フランシスコ会オブセルヴァント派の神父ベルナルディーノ・カイーミ(一五世紀前半—一四九九年)が、多大な困難と危険を伴う海外巡礼に代わる、身近で安全な上、何度でも訪れて擬似体験できる代用の聖地をキリスト教徒に提供するために着工(一四八〇年代後半)したものであった。それは、〈キリストの墓〉の礼拝堂(一四九一年完成)の入口に掲げられているラテン語の銘文が、「…前略…巡礼に赴けない者がこの山でエルサレムを体験できるように、ミラノの…中略…ベルナルディーノ・カイーミ師がここにキリストゆかりの聖蹟を構想した」(1)と証言していることからも裏付けられる。しかし、この施設には、カイーミが没した直後から、後任の修道士や具現者である建築家、美術家によって、彼の構想にはなかった礼拝堂や堂内のミステーリ表現が加えられ始め、その後も、この施設に関与した建築家や宗教家によって大規模な再整備が実行に移された。[2] このため、彼の構想に基づく初期の礼拝堂の配列や堂内のミステーリ表現はすっかり変えられてしまった。現在の施設の壮麗な外観は、こうした再整備によって与えられたものであり、その姿から初期の様相を推察することはできない。

しかし、創設者カイーミの構想や、この山上の初期の様相が明らかにされなければ、サクロ・モンテの起源の問題や、その解明の手掛かりとなる西欧のその他のエルサレムの模造建築群とヴァラッロの施設との関係、また「代用エルサレム」から「サクロ・モンテ」への移行の問題などを論じることはできない。そこで本章では、カイーミの構想がどのようなものであったのかを、諸史・資料や先行研究の分析、現地踏査を通して考察し、平面図上で復元してみたい。

一　ヴァラッロの初期の施設に関する先行研究

草創期へ遡及していく前に、ここでヴァラッロの施設の初期の様相を解明しようとした先行研究について触れておこう。

初期の礼拝堂の配列や、堂内のミステーリ表現について最初に再構成を試みたのはP・ガッローニである。彼は、創設記録と創設者カイーミに関する『ヴァラッロのサクロ・モンテ』(*Il Sacro Monte di Varallo*, Varallo, 1909) の出版から程なくして刊行した主著『ヴァラッロのサクロ・モンテ——美術作品の起源と展開』(*Il Sacro Monte di*

cose sopra Sacro Monte
Varallo
Varallo
parcheggi
Madonna del
0 10 50
N

図40　現在のサクロ・モンテの礼拝堂群の配置図（*Sacri Monti. Note architettonico-urbanistiche*,1980掲載の配置図を若干修正）
凡例　［図］●●●：歩行者用巡礼路／▲▲▲：展望所／▲：出入口／
［キャプション］〈　〉：礼拝堂名／（　）：礼拝堂の建造年代（彫刻や絵画による堂内の装飾年代を示すものではない）

登山路上
a.〈ラ・ピアナッチャ〉（19世紀末）／b.〈聖母の休息〉（16世紀初め）／c.〈砂漠の聖ヒエロニムス〉（17世紀初め？、20世紀初頭に再建）／d.〈チェーザレ・マーギ〉（1566年頃）／e.〈白いイエス〉（18世紀前半？）

山上
1.〈アダムとエヴァ〉（1566年）／2.〈受胎告知〉／3.〈マリアの聖エリサベツ訪問〉／4.〈聖ヨセフの最初の夢（＝天使からマリアの懐妊についてのお告げを受ける聖ヨセフ）〉／5.〈マギの到着〉（1519-1520年）／6.〈キリストの降誕〉（15世紀末）／7.〈羊飼いの礼拝〉／8.〈神殿への奉献〉（＝キリストの割礼）／9.〈聖ヨセフの二度目の夢〉（＝天使からエジプトへ逃避するようお告げを受ける聖ヨセフ）（1572年）／10.〈エジプトへの逃避〉（1576-80年）／11.〈幼児虐殺〉（1586年）／12.〈キリストの洗礼〉（1572-76年）／13.〈キリストの誘惑〉／14.〈サマリアの井戸〉（1572年より前-1576年）／15.〈中風者の治癒〉（1572年より前-1576年）／16.〈ナインの寡婦の息子の蘇生〉（1572年より前に着工、1576-80年完成）／17.〈タボル山上でのキリストの変容〉（1572年より前に着工、1647年より前に完成）／18.〈ラザロの蘇生〉（1576-1580年）／19.〈エルサレム入城〉（1572年着工、1576-1580年完成）／20.<最後の晩餐〉／21.〈園でのキリストの祈り〉／22.〈使徒を目覚めさせるキリスト〉／23.〈キリストの捕縛〉（1617年）／24.〈アンナスの法廷でのキリスト〉（1737-1740年）／25.〈カイアファの法廷でのキリスト〉（1617年完成）／26.〈ペテロの悔恨〉（1617年完成）／27.〈ピラトの官邸でのキリスト〉（1595-1610年）／28.〈ヘロデの法廷でのキリスト〉（1619-1629年頃）／29.〈ピラトの官邸に戻るキリスト〉（1641年）／30.〈笞刑〉（1605年）／31.〈荊冠〉（1605年までに完成、1608年拡張）／32.〈法廷に上るキリスト〉／33.〈エッケ・ホモ〉（1603年ほぼ完成／34.〈手を洗うピラト〉（1608年より前-1617年）／35.〈死刑の宣告を受けるキリスト〉（1610年）／36.〈カルヴァリオへ上るキリスト〉（＝十字架を負う）（1589-1594年）／37.〈十字架に釘で打ち付けられるキリスト〉（1631-1637年）／38.〈磔刑〉（1520年より前に着工）／39.〈十字架降下〉（1632-1639年）／40.〈ピエタ〉／41.〈埋葬〉（＝〈聖骸布にくるまれたキリスト〉）／42.〈聖フランチェスコの祭壇〉／43.〈キリストの墓〉（1491年）／44.〈聖カルロ・ボッロメーオ〉／45. 復活のキリストの噴水（16世紀の最初の10年間）／46.〈聖母の墓〉（1491年）／47. 聖母被昇天聖堂（1614-1642年、ファサードは19世紀末）

A. 主門（1566年）／B. 補助門／C. 噴水／D. サクロ・モンテ・ホテル／E. 金門（1572年）／F. サクロ・モンテ宿泊所／G. ピアッツァ・デル・テンピオ（神殿の広場）／H. 巡礼者の宿泊所／I. 労働修士の家／J.／旧聖堂／K. サクロ・モンテ博物館・図書館／L. ピアッツァ・デイ・トリブナーリ（法廷の広場）／M. ヴァラッローサクロ・モンテ間のロープウェー発着所／N. カーサ・パレッラ

図41　南側上空から見た現在のヴァラッロのサクロ・モンテ

Varallo. Origine e svolgimento delle Opere d'Arte, Varallo, 1914）において、それまで紹介されたことがなかった史・資料を数多く紹介し、それらの典拠に批判的な分析を加えながら初期の「エルサレム」の平面図上での復元を試みた。しかしガッローニは、この著作の刊行から十数年後に発見された基本文献を参照できなかったために、半世紀以上も後に、幾つかの点で解釈の誤りを指摘されることになる。

ガッローニが参照できなかった史料を紹介したのはA・ドゥーリオで、一九二六年のことであった。(1)セヴィリアのコロンビーナ図書館で発見された同史料は、カイーミが没してから一五年しか経っていない一五一四年にミラノで出版された八行詞による詩的な巡礼案内記で、導入部の二連と四五のカピートゥリ（Capituli）(2)、最後の一連のソネットから成る計四八連で構成されている。そしてこれらに、堂内のミステーリ（misteri）(3)場面を表現したものと思われる四点の木版画（《受胎告知》、《磔刑》、《キリストの昇天》、《聖母の死》）が付されている。しかし同史料には、礼拝堂の配列図が付いていない上、その記述も方位や距離による正確なものではないため、設置場所を特定できない礼拝堂も多い。とはいえ、この案内書は、礼拝堂と堂内のミステーリ表現の種類、並びに建造や装飾の進捗状況についてはかなり正確に教えてくれる。さらに同史料は、それが発見されるまでは最古のものとして参照されていたF・セサッリの巡礼案内記、『ヴァルセージアのヴァラッロのサクロ・モンテ略記』（*Breve descrittione del Sacro Monte di Varallo di Valsesia*, Novara, 1566）と、それとほぼ同じ内容の『ヴァルセージアのヴァラッロのサクロ・モンテについて』（*Descrittione del Sacro Monte di Varallo di Valsesia*, Novara, 1570）より半世紀以上も前に遡るものであるため、初期の礼拝堂の配列の再構成にとっては欠くことのできない最重要の基本文献である。

しかし、重要史料が紹介されたにもかかわらず、それを利用して初期の礼拝堂群の配列を再考察しようとする者はしばらくは現われなかった。四半世紀後になってこの問題に再び言及したのは、ガウデンツィオ・フェッラーリの研究で知られる美術史家、A・M・ブリツィオであった。彼女は、一九五四年から一九五七年にかけて発表した論考において、カイーミの構想を知るためには、一五〇七年より前については補完史料に頼るしかなく、文献としては一五一四年の巡礼案内記が絶対的に一番古いとしてその意義を再評価した。[4] さらに彼女は、同じ時期に、ブレラ絵画館にある《聖母子と諸聖人》を描いた絵画の背景（図69）に注目し、それを一五四三年より少し後に位置付け、それまでは最古と考えられていた木版によるサクロ・モンテの景観図（一五六六年、図71）に先行する最古の景観図であるとした。[5] その他、一九五六年にヴェルチェッリで開催されたガウデンツィオ・フェッラーリ展も、[6] 彼に関する研究を深化させただけでなく、研究者の関心をサクロ・モンテに集中させ、さらにサクロ・モンテの造形美術的事象から建築的・都市計画的事象にまで目を向けさせていった点で重要な役割を果たした。

一九六〇年代に入ると、中央の高いゾーンの再整備計画全体に関係する未公開の史料と図面（一五七六―一五八〇年）が紹介されたり、[7] G・テストーリとブリツィオによってガウデンツィオ時代の山上の空間的形成について正確な定義づけがなされたりした。[8] またA・トロヴァーティが聖地で撮影した写真を掲げて、ヴァラッロに残る初期の遺構とエルサレムのオリジナルの建築とを構造や外観の面から比較したのもこの時期である。[9]

一九七〇、八〇年代は、初期の様相に関して研究成果がもっとも多く発表された時期であった。主要なものだけを挙げれば、まずガレアッツォ・アレッシが当時のサクロ・モンテの教会財産管理委員であったジャコモ・ダッダの依頼で、山上の再整備のために起草した手稿『ミステーリの書』（*Libro dei Misteri*, ms., 1565-1569, Bib. Civica Farinone Centa di Varallo）が、ブリツィオの序文、並びにS・S・ペッローネの論考と史料解説を添えて一九七四年に出版された。同書は、平面図や未紹介史料を多数含んでおり、それまで非常に分かりにくかった聖カルロ・

ボッロメーオ時代の山上の変化の解明に貢献しただけではなく、初期から一六世紀半ばまでの礼拝堂の配列に関する複雑な問題の解明にも寄与した。[10] これ以降、サクロ・モンテ研究においては、建築的・都市計画的構成要素の分析に目を向けた厳密な探究の流れが出現することになり、とりわけ一．初期（一四九一―一五三〇年頃）、二．アレッシによる新計画と再整備構想期（一五六五―一五六九年）、三．聖カルロ・ボッロメーオの新計画と再整備構想期（一五七〇年頃―一五八五年）、四．カルロ・バスカペの最終決定による再整備期（一五九三―一六四〇年頃）の重要な四期におけるサクロ・モンテの形成に注意が向けられた。これら四期のうち、本章で問題となる第一期について研究した者としては、M・L・ガッティ・ペレルが名前を列挙しているように、[11] 主としてC・デビアッジやA・ボッシ、P・G・ロンゴ、G・ジェンティーレなどが挙げられる。デビアッジは、七〇年代に発表した諸論考のなかで、[12] サクロ・モンテの創設年や、初期の礼拝堂のうち設置場所が未解決の礼拝堂の場所の特定の問題などを、一五一四年の最古の史料を含む諸史料を照合し直して再考し、旧来の説、とりわけガッローニの説に修正をせまった。またボッシも、創設年を遡らせるデビアッジ説を、新しい根拠を加えて補強する論考[13]や、初期の礼拝堂のミステーリのうち幾つかが聖書外典に取材していることに注意を促す論考を発表した。[14] ロンゴは、総合的で模範的な古文書研究を通して、サクロ・モンテの形成や変形、発展といった基礎的諸段階に影響を与えた原理的要因を、キリスト教や歴史的観点から解明しようとした。またヴァラッロの初期の「代用エルサレム」については、その形成をフランシスコ会との関係からイコノロジー的に読み解こうともした。[15]

ヴァラッロの山上の初期の状況に関して、イタリアにおいて注目に値する論考が現われるのは九〇年代に入ってからのことである。一九九〇年にガッツァータ（ヴァレーゼ県）で開催されたサクロ・モンテに関する国際会議における発表者の論考を中心にして出版された『サクロ・モンテ――対抗宗教改革の信仰と美術、そして文化』

(*Sacri Monti. Devozione, arte e cultura della controriforma*, Milano, 1992) 中に収録されたジェンティーレの論考[16]がそれである。同じように、初期の礼拝堂とミステーリ表現の配列に関する論考を同書に寄せたペッローネが、幾つかの点で、ガッローニ説を支持する自身の過去の見解[17]に固執したのに対し、ジェンティーレは、配列については上述のデビアッジの研究成果に拠ってはいるものの、同時代のその他の西欧諸国の類似の巡礼施設群との関係や、それらとの同時進行的展開という新しい視点を明確に示しながら、初期の様相を考察しようとした。そして彼は、ヴァラッロの施設を、当時の西欧に流布していたキリストゆかりの聖蹟のモティーフと、巡礼記や伝承、聖劇、一五世紀の民衆的説教本、諸々の観想論などからそれらについて得た知識とを取り入れて提供された海外巡礼の代用品であり、心的巡礼を実用的に視覚化した施設でもあるとした。また彼は、そうした諸要素の出会いと相互作用が、やがて当初の地形模倣的配列を劣勢にし、人目を惹く純粋に描写的な方向への発展を助けてしまったと考え、こうした見解をさらに九六年の長大な論考において敷衍した。[19]

以上のような主要な史料紹介や研究、また、それらを基にした諸考察が積み重ねられた結果、今日では、具体的な状況だけではなく、建造の理念的動機の点でも初期の施設の外観を概説することは可能になった。しかし、近年の科学的貢献をもってしても、最古の案内書に挙げられている幾つかの初期の礼拝堂の場所は、それと対照できる決定的史料が見出されていないため、未だ完全には確定されていない。

二　最古の巡礼案内書に言及されている礼拝堂とミステーリ

カイーミの「代用エルサレム」がどのようなものであったかを考察するには、いずれにしても、彼の時代ないしは彼の構想が反映されていた時代に建造、装飾された礼拝堂や堂内のミステーリ表現を確認しなければならない。それらの確認には現存する最古の史料である一五一四年の案内書に頼らざるをえないため、同書にどのようなキリストゆかりの町や聖蹟、またミステーリが挙げられているかを確認してみよう。ヴァラッロの施設は、上述のように、一五三〇年頃までが初期と見做されてはいるが、カイーミの没年（一四九九年）に近ければ近いほど彼の構想に近いと考えられるため、ここでは同案内書に挙げられている礼拝堂やミステーリ表現のみを同定の対象としたい。

この案内書の内容は、既述のように一九二六年にドゥーリオによって全文が紹介されたほか、一九八七年には初期の状況に関する複数の論考を加えて凸版で復刻（ただし挿図はない）[(1)]されたため、容易に確認される。同書のIからXLVまでの連続するカピートゥリからは、以下の三〇の礼拝堂もしくはモニュメント、並びに三〇以上のミステーリ場面が識別される（Cap.とローマ数字は、各ミステーロを分割しているカピートゥロとその番号を示している。（　）内は堂内の場面を示し、キリストゆかりの町や聖蹟が明記されるか示唆されている場合はその後に記した。▲は未完ないしは建造中、△は建造予定の礼拝堂を示すものとする。また、末尾のアラビア数字は礼拝堂数の把握や礼拝堂の区別のために便宜的に付したもので、一つの礼拝堂内に複数の場面が表現されている場合は、番号の後にアルファベットを補って区別した）。

Cap.I（山麓のフランシスコ会修道院の近くに建造された聖フランチェスコの泉について）

Cap.II〈聖母の休息〉の礼拝堂（ヨハネとマグダラのマリアに付き添われてカルヴァリオへ向かう途中での聖母の休息を表現する場面）——サクロ・モンテへの登山路の途中……1

Cap.III〈受胎告知〉の小礼拝堂（お告げをする天使とお告げを受けるマリアの場面）——ナザレ……2

Cap.IIII〈キリストの降誕〉の礼拝堂（キリストの誕生と、降誕の場所に入ろうとする三人のマギの場面）――ベツレヘムの総体内……3

Cap.V〈キリストの割礼〉の礼拝堂（割礼を受けさせるために、幼児キリストを祭壇上に横たえる聖母マリアの場面――ベツレヘムの総体内……4

Cap.VI, VII〈最後の晩餐〉の礼拝堂（壁画を伴う最後の晩餐の場面）――シオン山上……5

Cap.VII〈同上〉の礼拝堂内の祭壇（弟子の足を洗うキリストの場面）――シオン山上……5-a

Cap.VIII〈眠り込んだ三人の弟子〉の礼拝堂（眠り込んだペテロ、ヨハネ、ヤコブから遠ざかるキリストの場面）……6

Cap.VIII▲〈ゲツセマニの園で眠り込む七人の弟子〉の礼拝堂（場面の記載なし）――ゲツセマニ……7

Cap.VIIII〈園での祈り〉の礼拝堂（洞窟）（祈るキリストと聖杯を差し出す天使の場面）……8

Cap.X〈ゲツセマニの園で眠り込む七人の弟子〉の礼拝堂内の壁面（ユダに向かって歩むキリストの壁画による場面）……7-a

Cap.XI▲〈キリストの捕縛（＝ユダの裏切り）〉の礼拝堂（場面の記載なし）……9

Cap.XII△〈アンナスの館でのキリスト〉の礼拝堂（場面の記載なし）……10

Cap.XII△〈ピラトの官邸でのキリスト〉の礼拝堂（ピラトのもとに連行され不当に告発されるキリストの場面の予定）……11

Cap.XIII〈十字架の下に倒れるキリスト〉の礼拝堂（十字架を負ったキリストの転倒とそれを見て苦悶する聖母の場面）……12

Cap.XIIII〈聖衣を剝がれカルヴァリオへ送られるキリスト〉の礼拝堂（聖衣を剝がれ首に縄を巻かれて連行されるキリストと、聖ヨハネに伴われた聖母がそれを見て苦悶する場面）……13

Cap.XV〈磔刑〉の礼拝堂（マグダラのマリアを十字架の下に伴った磔刑の場面）――カルヴァリオ……14

Cap.XVI〈卒倒の聖母〉の礼拝堂（十字架にかけられた我が子を見てあまりの悲しみに卒倒し、複数のマリアに付き添われる聖

Cap.XXX, XXXI, XXXII〈主禱文を教えるキリスト〉の礼拝堂（聖ペテロに祈禱法を教えるキリストの場面）――オリーヴ山付近……22

Cap.XXXIII▲〈クレド起草〉の礼拝堂（場面の記載なし）……23

Cap.XXXIIII△〈聖霊降臨〉の礼拝堂（図面上で計画済の聖霊降臨の場面）――シオン山上（〈最後の晩餐〉の礼拝堂の裏）……24

Cap.XXXV, XXXVI〈天使による聖母への死のお告げ〉の小礼拝堂（祭壇上に表現された老いた聖母への天使による死のお告げの場面）――ガリラヤ山とオリーヴ山との間の谷……25

Cap.XXXVII, XXXVIII, XXXIX, XL, XLI〈聖母が聖ヨハネに付き添われて晩年を過し死を迎えた所〉の小礼拝堂（聖母の亡骸とそれを取り囲む弟子たちの場面、クーポラに聖母被昇天の場面）――シオン山上の大礼拝堂内……26

Cap.XVII〈聖母の墓〉の礼拝堂（横たえられた聖母の亡骸と昇天する聖母の場面）――ヨシャファトの谷……27

Cap.XLIII〈ヨアキムの墓〉の礼拝堂（場面の記載なし、聖アンナの墓と向き合い互いに相似）――ヨシャファトの谷の中腹……28

Cap.XLIIII〈聖アンナの墓〉の礼拝堂（場面の記載なし、ヨアキムの墓と向き合い互いに相似）――ヨシャファトの谷の中腹…29

Cap.XLIIII, XLV もみの木に囲まれた救済の泉（巡礼者に水を差し出すキリスト像）……30

以上、一五一四年の案内書のカピートゥロ順に礼拝堂と堂内の聖なるミステーリ場面を列挙したが、カイーミは、多くの先行研究によっても指摘されているように、実際の聖地巡礼におけるのと同様な体験を可能にする施設を提供するために、巡礼者が当時必ず訪れた有名なキリストゆかりの聖蹟をできる限り忠実に再現しようとしたことが推測される。そこで、ヴァラッロの施設の初期の状況と模造対象であるパレスティナとを比較し易いように、以上の礼拝堂群とミステーリ場面をさらにキリストゆかりの町や聖蹟ごとに整理し直すと以下のようになるであろう（○内のアルファベットは、キリストゆかりの町や聖蹟の分類のために便宜的に付したものである。▲や△、四角囲み内のアラビア数字は、先のカピートゥリ列挙時のそれらに対応）。

【エルサレム外】

ⓐ「ナザレ」――〈受胎告知〉の礼拝堂（お告げをする天使とお告げを受けるマリアの場面）…2

ⓑ「ベツレヘム」――〈キリストの降誕〉の礼拝堂（キリストの誕生と降誕の場に入ろうとする三人のマギの場面）…3、〈キリストの割礼〉の礼拝堂（幼児キリストを祭壇上に横たえ割礼を受けさせる聖母マリアの場面）…4

【エルサレムとその近郊】

ⓒ「シオン山」――〈最後の晩餐〉の礼拝堂――（壁画を伴う最後の晩餐の場面）…5、（祭壇上に弟子の洗足の場面）…5-a、△〈聖霊降臨〉の礼拝堂（図面上で計画済の聖霊降臨の場面）――〈最後の晩餐〉の礼拝堂の裏…24、〈聖母が聖ヨハネに付き添われて晩年を過し死を迎えた所〉の礼拝堂（聖母の亡骸とそれを取り囲む弟子たちの場面、クーポラに聖母被昇天の場面）――シオン山上の大礼拝堂内…26

ⓓ「ゲツセマニ」――〈眠り込んだ三人の弟子〉の礼拝堂（眠り込んだペテロ、ヨハネ、ヤコブから遠ざかるキリストの場面）…6、▲〈ゲツセマニの園で眠り込む七人の弟子〉の礼拝堂――（場面の記載なし）…7、（ユダに向かって歩むキリストの壁画による場面）…7-a、〈園での祈り〉の礼拝堂（祈るキリストと聖杯を差し出す天使の場面）…8、▲〈キリストの捕縛（＝ユダの裏切り）〉の礼拝堂（場面の記載なし）…9

ⓔ「エルサレム内（ヴィア・ドロローザ（苦しみの道）上？）」――△〈アンナスの館でのキリスト〉の礼拝堂（場面の記載なし）…10、△〈ピラトの官邸でのキリスト〉の礼拝堂（ピラトのもとに連行され、不当に告発されるキリストの場面の予定）

…⑪、〈十字架の下に倒れるキリスト〉の礼拝堂（十字架を負ったキリストの転倒とそれを見た聖母の苦悶の場面）…⑫、〈聖母の休息〉の礼拝堂（ヨハネとマグダラのマリアに伴われてカルヴァリオへ向かう途中の聖母の休息の場面）…①

ⓕ「カルヴァリオとその付近」――〈聖衣を剝がれカルヴァリオへ送られるキリスト〉の礼拝堂（聖衣を剝がれ首に縄を巻かれて連行されるキリストと、聖ヨハネに伴われた聖母がそれを見て苦悶する場面）…⑬、〈磔刑〉の礼拝堂（マグダラのマリアを十字架の下に伴った磔刑の場面…⑭、〈卒倒の聖母〉の礼拝堂（十字架にかけられた我が子を見てあまりの悲しみに卒倒し、複数のマリアに付き添われる聖母の場面）…⑮、〈聖体塗油石〉の礼拝堂（十字架から降ろされて油を塗られ、白い布にくるまれたキリストを、聖母やその他の者が取り囲んでいる場面）…⑯

ⓖ「キリストの墓」…⑰（墓室（キリストの亡骸（彫刻像）が石棺上に置かれ、受難具を持った二天使がその両側に侍している場面と、さらに墓上に絵による《復活のキリスト》の場面）、前室（葬られたイエスに跪いて涙するマグダラのマリアに、天使が「十字架にかけられた者はここにはいない」と告げている場面）、〈キリストの墓〉の礼拝堂前の拱廊の床にはめ込まれた、パレスティナのキリストの墓を覆っていたものと似た石、〈キリストの墓〉の礼拝堂の入口の両側にある祭壇と水盤）

ⓗ「キリストの墓付近」――〈聖母に出現するキリスト〉の礼拝堂（聖母へのキリストの出現の場面とそれぞれ聖なる円柱と十字架を備えた二つの外窓）…⑱、〈マグダラのマリアに出現するキリスト〉の礼拝堂（ノリ・メ・タンゲレの場面）…⑲

ⓘ「ガリラヤ（＝ここではオリーヴ山付近のガリラヤを指す）」――〈ガリラヤで弟子に出現するキリスト〉の円形礼拝堂（壁画による弟子へのキリストの出現とペテロの悔恨（出入口付近）の場面）…⑳

ⓙ「オリーヴ山」――〈キリストの昇天〉の円形礼拝堂（壁画によるキリストの昇天とそれを見上げる聖母や弟子の場面と、大理石の床にはめ込まれた聖なる足跡）…㉑、〈主禱文を教えるキリスト〉の礼拝堂（聖ペテロに祈禱法を教えるキリストの場面）…㉒、▲〈クレド起草〉の礼拝堂（場面の記載なし）…㉓

ⓚ「ガリラヤ山とオリーヴ山との間の谷」――〈天使による聖母への死のお告げ〉の小礼拝堂（祭壇上に表現された、老いた聖母への天使による死のお告げの場面）…25

ⓛ「ヨシャファトの谷（＝キドロンの谷）」――〈聖母の墓〉の礼拝堂（横たえられた聖母の亡骸と昇天する聖母の場面）…27、〈ヨアキムの墓〉の礼拝堂（場面の記載なし、聖アンナの墓と向き合い互いに相似）…28、〈聖アンナの墓〉の礼拝堂（場面の記載なし、ヨアキムの墓と向き合い互いに相似）…29

ⓜ「その他」――広場――もみの木に囲まれた救済の噴水（巡礼者に水を差し出すキリスト像）…30

三　一五一四年の案内書に挙げられた礼拝堂の設置場所の同定

最古の案内書に言及された礼拝堂とミステーリ場面、並びにそれらの建造や制作状況が把握されたので、以下では、各礼拝堂の当時の設置場所について考察していくが、ここでいま一度現在までに発見、紹介された史・資料で、位置の同定や推定に用いられてきたものを整理しておけば、一四九三年の創設記録、一五一四年のものを最古とする案内書群、アレッシの『ミステーリの書』、アンブロジアーナ図書館で発見され最終的に建築家マルティーノ・バッソに帰された、山上の中央ゾーンの再整備に関係する三点の構想図、アレッシのプロジェクトの保留後に作成された実施作業に関する一五七二年の合意文書、ノヴァーラ司教カルロ・バスカペの訪問記録（とりわけ一五九三年の記録）、さらにタブローの背景描写や案内書に挿入された景観図（版画）などの視覚的史料を挙げることができる。また、一五世紀の聖地巡礼記の記述なども必要に応じて利用されてきており、それらに加えることができよう。しかし、カイーミ自身のプランや構想図、メモなどは見出されていない(1)。また、一五一四年の案内書に挙げられた礼拝堂のうち、現存するか、当時の場所が問題なく同定できるものは、二節で便宜的に付したアラビア数字の番号で言えば、「ベツレヘム」の総体の3〈キリストの降誕〉と4〈キリストの割礼〉の礼拝堂、「カルヴァリオ」の総体の14〈磔刑〉の礼拝堂、「キリストの墓」の17〈キリストの墓〉の礼拝堂、そして「ヨシャファトの谷」の27〈聖母の墓〉の礼拝堂のわずか五堂と復活のキリストの泉にすぎない。さらにこれら五堂ですら、すべてが一五一四年当時の面影をそのまま伝えているわけではない。

それでは、未解決の礼拝堂の設置場所やミステーリ場面の問題に注意しながら、各礼拝堂の場所の同定を試みることにしよう。なお、以下の引用文の訳と（　）、傍線は著者による。

ⓐ「ナザレ」――2〈受胎告知〉の礼拝堂

現在の「ナザレ」の総体には、〈受胎告知〉（第二堂）と〈マリアの聖エリサベツ訪問〉（第三堂）[2]、そして〈ヨセフの最初の夢〉（第四堂）[3]の礼拝堂が配されている（図40）。しかし、一五一四年当時はここには〈受胎告知〉の礼拝堂しかなく、しかもその礼拝堂は現在の第二堂の位置にはなかった。というのも、現在の第二堂は、元来は一五一四年から一五二八年までの間に、おそらくガウデンツィオ・フェッラーリの設計で〈ロレートの聖家〉の礼拝堂として建てられたものであり、一五七二年にアレッシが構想した新しい配列と設備が具体化された時に初めて〈受胎告知〉のミステーロを受け入れたからである。従って一五一四年当時における〈受胎告知〉の礼拝堂の場所をどこかに探さなければならないが、現場を丹念に検証したデビアッジ[4]は、現在〈聖ヨセフの最初の夢〉の礼拝堂（第四堂）が南西の隅に置かれている、質素な建物の北東の角の部屋をそれと同定した（図42、43）。この建物は、当初は、アレッシの平面図（図44）からも推測されるように、南壁と西壁が塞がれてはおらず、現在の第四堂を造るために設けられた堂内の仕切り壁や、南東の角の一時〈エリサベツ訪問〉の礼拝堂が配されていたと考えられる部屋と〈受胎告知〉の部屋との間の仕切り壁もなかった。そしてそこは、巡礼者が移動しやすいように雨よけを兼ねた拱廊になっていた。それは、外壁にアーチを塞いだ痕跡を確認できることからもほぼ間違いない。従って、もし、「ナザレ」の総体のどこかに当初の〈受胎告知〉の場所を特定するとすれば、現在はまったく人目に触れることがないこの北東の部屋以外にはないと考える。それは、現在、ホテルの物置として使われているその部屋（図45）が、最古の案内書の**Capitulo III**に記されている「掘削した小礼拝堂」（in una capeleta *concavata*）や、聖地のナザレのグロッタを偲ばせるように暗い上、大天使ガブリエルと聖母マリアの二体の像がやっと置けるほどに狭いことからも首肯される。

図42　ヴァラッロ　現在の「ナザレ」の総体の外観（手前が最初の〈受胎告知〉の礼拝堂があった建物で現在の第4堂が配されている、その右奥が現在の第3堂〈マリアの聖エリサベツ訪問〉の礼拝堂がある建物、左奥が現在の第2堂〈受胎告知〉の礼拝堂がある建物（=かつてのロレートの聖家）

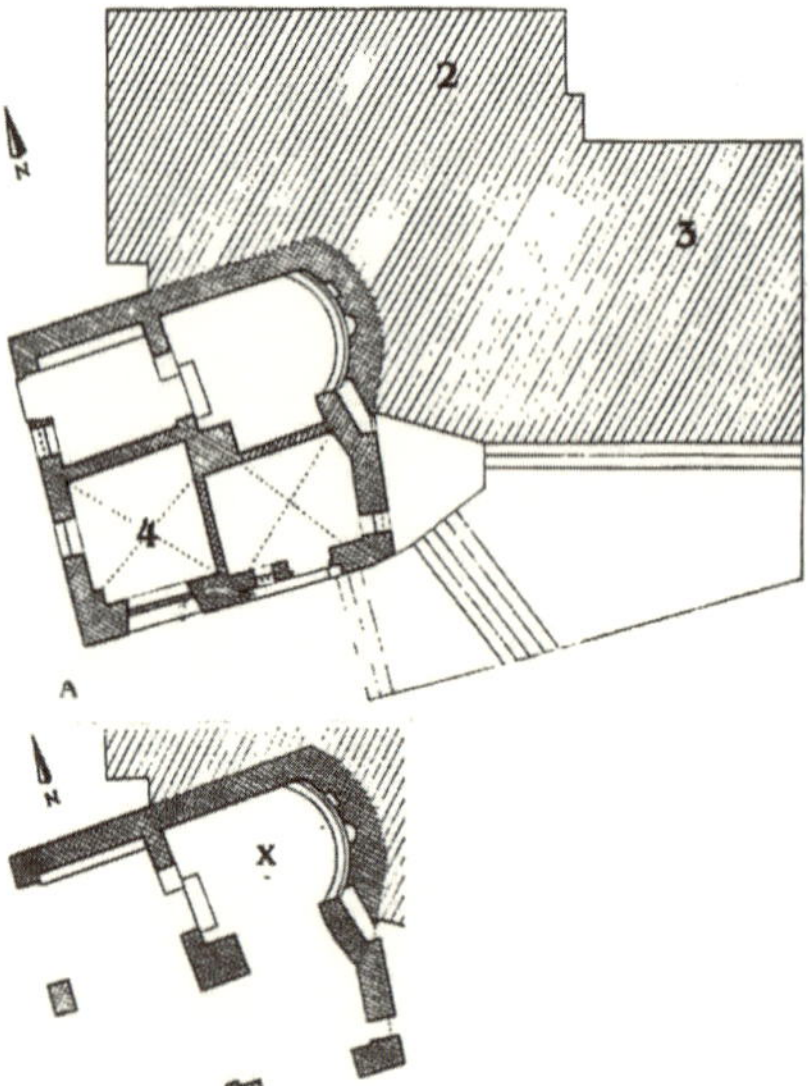

図43　A. ヴァラッロ 「ナザレ」の現在の第4堂を含む建物の平面図（C. Debiaggiの論考（1974年）所載）2：現在の〈受胎告知〉の礼拝堂、3：現在の〈マリアの聖エリサベツ訪問〉の礼拝堂／B. ヴァラッロ 「ナザレ」の最初の〈受胎告知〉の礼拝堂と初期の拱廊の平面図（C. Debiaggiの論考（1974年）所載）X：最初の〈受胎告知〉の礼拝堂

ⓑ「ベツレヘム」――③〈キリストの降誕〉、④〈キリストの割礼〉の礼拝堂

現在の「ベツレヘム」の総体は、〈マギの礼拝〉(第五堂)、〈キリストの降誕〉(第六堂)、〈羊飼いの礼拝〉(第七堂)、〈キリストの割礼〉(第八堂)、〈聖ヨセフの二度目の夢〉(第九堂)の計五堂から成っているが、第五堂は一五一九―一五二〇年に、また第九堂は一五六六―一五七二年の間、第五堂の前室(=〈降誕〉の空間へ通じる廊下)は一六一四年、さらにこの総体への入口の開廊は一八五三年に建造されたものであるため、それらは一五一四年頃には存在していなかった。当時存在していたのは、一五一四年の案内書に、「…前略…小山の近くに進むと、そこには地下にベツレヘムの□□□として掘削された場所がある。そこの(ベツレヘムと)似た降誕の場所にはイエスがおり、その傍らには牛と謙遜な驢馬がいる。この(小)山のなかの(ベツレヘムに)似た場所では、三人のマギが降誕の場に足を踏み入れて礼拝しようとしている」(Capitulo IIII)とあり、また「この聖なる場所(降誕の場所)の出口には、側面に割礼がある。そこを通るものは皆、聖母が祭壇にイエスを横たえ、そのイエスに聖なる司祭が厳かに割礼を施すのを目にすることができ

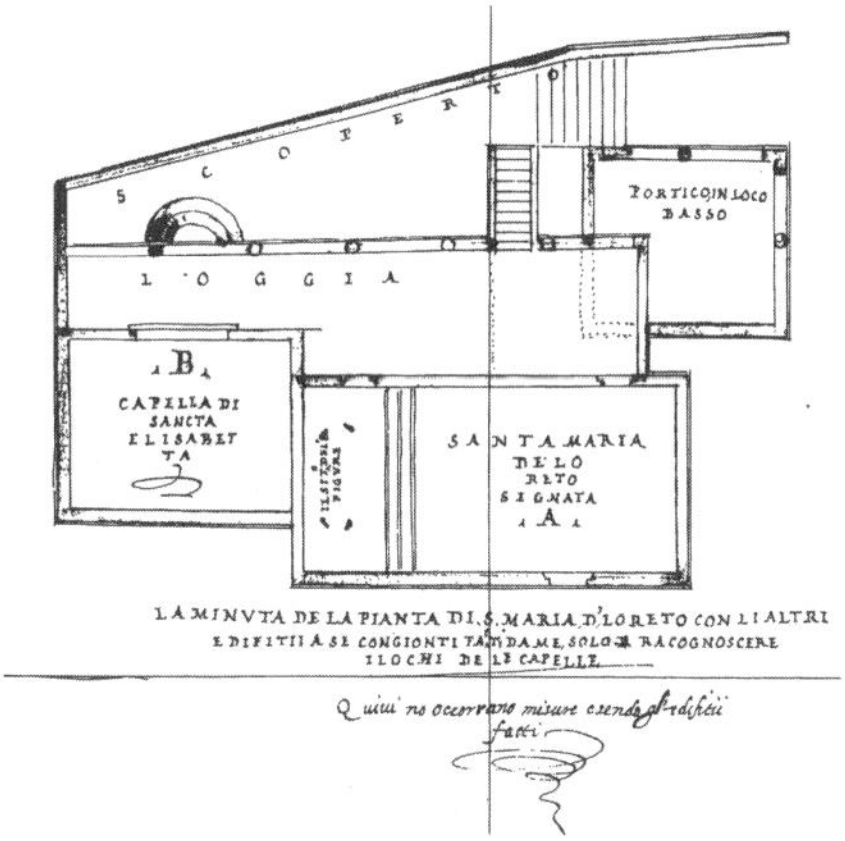

図44　ヴァラッロ　アレッシによる「ナザレ」の平面図(c. 23)　1565-1569年　市立図書館

図45　ヴァラッロ　最初の〈受胎告知〉の礼拝堂と推測される部屋(奥の暗い部屋)

る…下略…」（Capitulo V）とあることから判断して、[3]〈キリストの降誕〉と[4]〈キリストの割礼〉の二堂だけである。これらのうち、[4]の礼拝堂については、現在の第八堂（図50-1、50-2）と同位置にあったと問題なく確定できるが、[3]のミステーロの内容は、明らかに現在の第六堂の狭小空間には収まりきらないため、当時は別の場所に設置されていたと推測される。実際、一五一四年には現在の第六堂には祭壇だけが置かれ(5)、現在の第七堂の空間に、生まれたイエスと二体の動物（木彫）による〈降誕〉の場面と、そこに足を踏み入れようとしている三人の〈マギの礼拝〉（木彫）の場面とが結合的に表現されていた(6)（図47-1、47-2、48）。そして当時は、現在の第五堂もその前室も存在していなかったため、巡礼者は「ナザレ」の総体の後、**Capitulo IIII** に記されているように、半ば暗く地中に埋まったような[3]〈キリストの降誕〉の礼拝堂へ直行していた。以上のことから、一五一四年当時の[3]の礼拝堂は現在の第七堂の位置に同定できよう。

図46　1514年の最古の案内書に掲げられた〈受胎告知〉の挿絵（木版画）

図47-1 「ベツレヘム」の総体の室内　かつての[3]〈キリスト降誕〉の礼拝堂（現在の第7堂〈羊飼いの礼拝堂〉）

図47-2　現在の第7堂〈羊飼いの礼拝堂〉二体の動物像は1514年当時から存在している最古の木彫像

図48　ヴァラッロ　現在の「ベツレヘム」の総体の室内（下階）、左：第6堂〈キリストの降誕〉、右：第7堂〈羊飼の礼拝〉の礼拝堂

図49　ベツレヘム　降誕教会のグロッタ（聖洞穴）

ⓒ「シオン山」――[5]〈最後の晩餐〉の礼拝堂、△[24]〈聖霊降臨〉の礼拝堂、[26]〈聖母が晩年を過し死を迎えた所〉の礼拝堂

「エルサレム近郊」の「シオン山」には、堂内の祭壇上に、[5]-a〈弟子の洗足〉の場面を伴う群像彫刻による[5]〈最後の晩餐〉の礼拝堂(7)（参考図53）と、その裏に[24]〈聖霊降臨〉の礼拝堂が計画されていた。そして、それらの礼拝堂の近くに、[26]〈聖母が晩年を過ごし死を迎えた所〉の小礼拝堂（図54）を含む大礼拝堂があったはずであるが、それらはどれ一つとして現存していない。しかし幸い、アレッシが作成した山上の全景図（図58）の左上端（南）

図50-1　ヴァラッロ　現在の「ベツレヘム」の総体の室内（上階）第8堂〈キリストの神殿奉献〉（＝割礼）の礼拝堂

図50-2　ヴァラッロ　現在の「ベツレヘム」の総体の室内（下階から上階への出口にある半円階段）

図51　ベツレヘム　グロッタの出口にある半円階段

に、それらと同定できる建物を確認することができる（図55）。それらは、現在の巡礼宿（H）や労働修士の家（I）、旧聖堂の一部の遺構（J）がある辺りに当たっている。但し、アレッシの図では、X（Quivi e la Cena）で示された〈最後の晩餐〉の礼拝堂の背後は、AA（Quivi N. S. lava li piede）で示された〈弟子の洗足〉の礼拝堂になっており、〈聖霊降臨〉の礼拝堂は右上方（西）に円形の平面図と立面図、並びに「LO SPIRITV SANTO」の書き込みによって示されている。しかし、全体として自身のプロジェクトによって新築を予定している礼拝堂

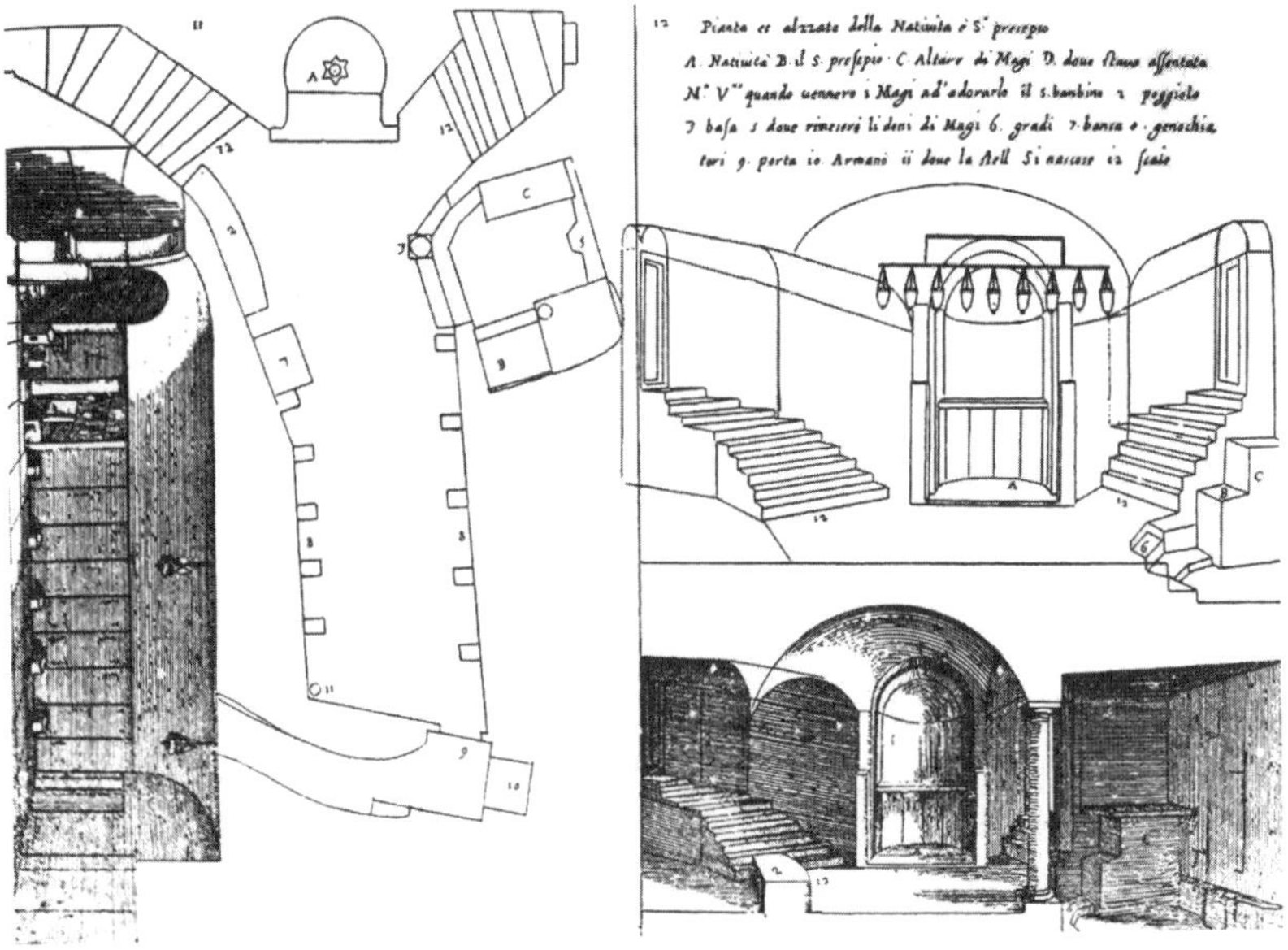

図52　ベツレヘムの降誕聖堂のグロッタ（聖洞穴）の平面図、透視図（fra B. Amico, 1609年）
A. キリストが生まれた所、B. 聖なるプレゼピオ、C. マギの祭壇、3. 円柱の基台、5. マギの献上品が置かれた所、6. 階段、12. 上堂へあがる階段、16. 割礼の祭壇

を平面図と立面図、注記によって示し、既存の礼拝堂は平面図と注記のみによって示していると思われる[8]アレッシのこの全景図の性質からすると、右方に示された〈聖霊降臨〉の礼拝堂は、再整備のために新築を予定されているものと考えられる。従って、当時建造予定とされていた同ミステーロの礼拝堂は、一五一四年の案内書の記述通り、〈最後の晩餐〉の礼拝堂の裏のAAの位置に予定されていたに違いない。また、アレッシの図でAAに置かれている〈弟子の洗足〉の礼拝堂も、一五一四年には、独立したAAの礼拝堂内にではなく、「この大きなコエナクルムがどれほど美しく建てられ…中略…。同じ側には祭壇があり、そこでは主が自らを卑しめ愛する弟子たちの足を洗った…下略…」(Capitulo VII) という案内書の記述通り、やはり、〈最後の晩餐〉の礼拝堂内の祭壇に表現されていたに違いない。なお、26〈聖母が晩年を過ご

図53　ヴァラッロ　現在の第20堂〈最後の晩餐〉の礼拝堂

図54　1514年の最古の案内書に掲げられた〈聖母の死〉の挿絵（木版画）

し死を迎えた所〉の小礼拝堂は、「La Chi（e）sa di N. ra Signora」と書かれた大礼拝堂（＝旧聖堂）の左端の円形プランの部分がそれに当たっている。

ⓓ「ゲツセマニ」――6〈眠り込んだ三人の弟子〉、▲7〈ゲツセマニの園で眠り込む七人の弟子〉、8〈園での祈り〉、▲9〈キリストの捕縛〉の礼拝堂

「ゲツセマニ」のゾーンにも、当時の礼拝堂は一堂も現存していない。アレッシの全景図（図58）には、一五一四年当時は建造中とされていた9〈キリストの捕縛〉の礼拝堂に当たると思われるものだけが二ヶ所に記載されている。すなわち、山頂の中央ゾーンの周縁に、「Quivi e ora la presa che va levata（ここには現在〈捕縛〉があり、そ

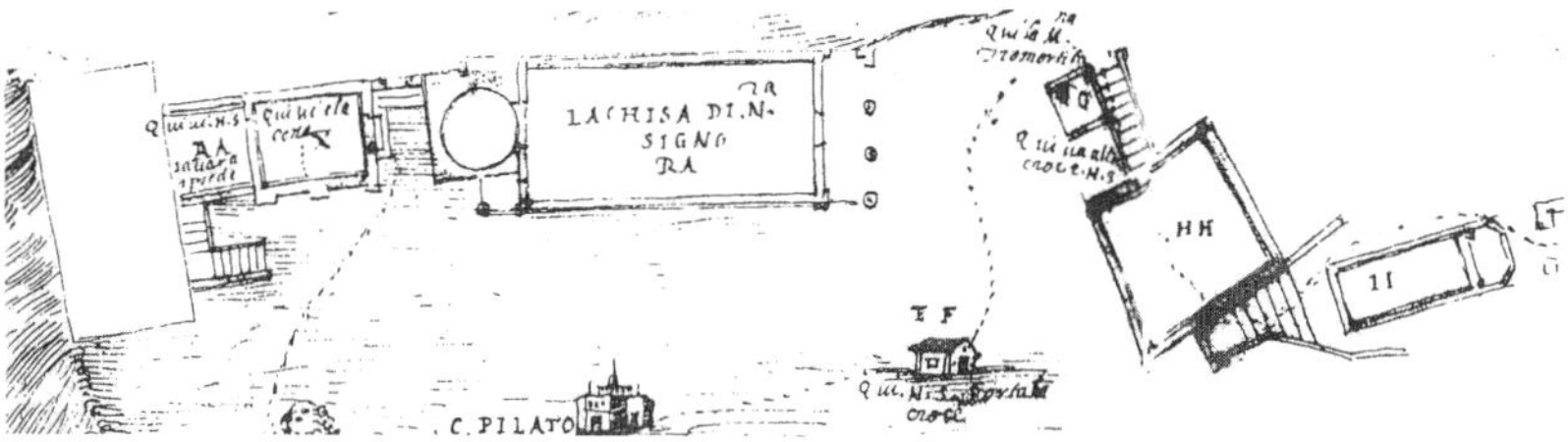

図55　ガレアッツォ・アレッシによるサクロ・モンテの全景図の「シオン山」と「カルヴァリオ」、「カルヴァリオ付近」部分

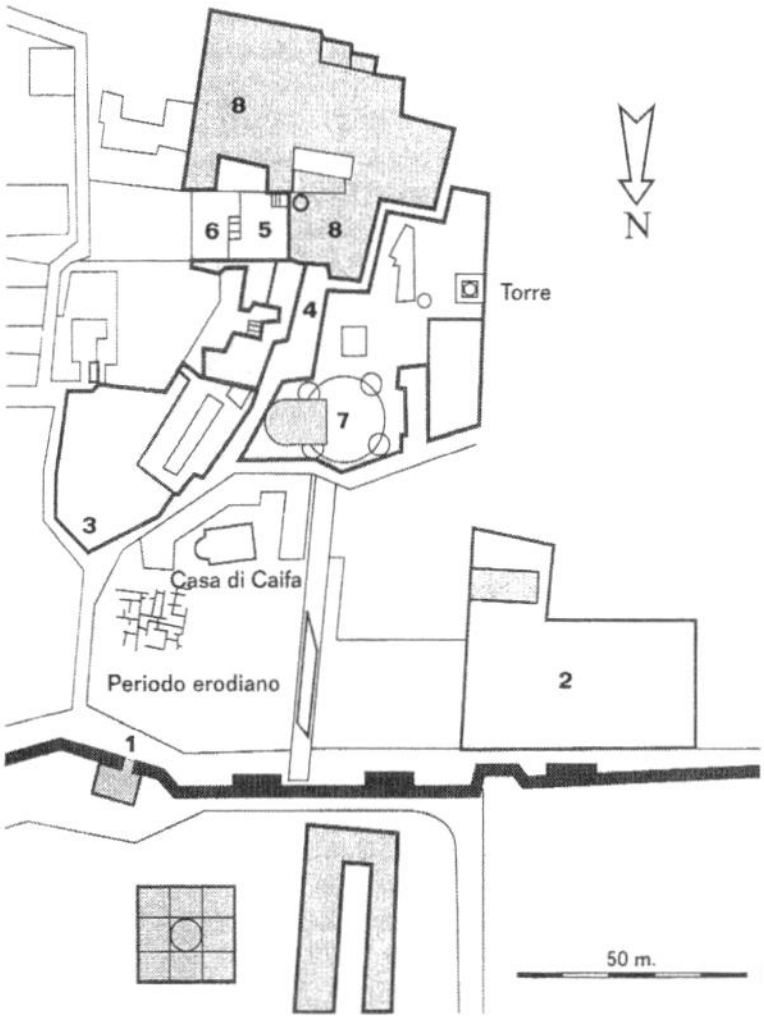

図57　エルサレム　シオン山のモニュメントの配列図（C. Baratto監修 1999年）
1. シオン門、4. コエナクルムの入口、5. コエナクルム（最後の晩餐の部屋）、6. 聖霊降臨、7. ドルミシオン（マリアの永眠教会）、8. フランシスコ会旧修道院

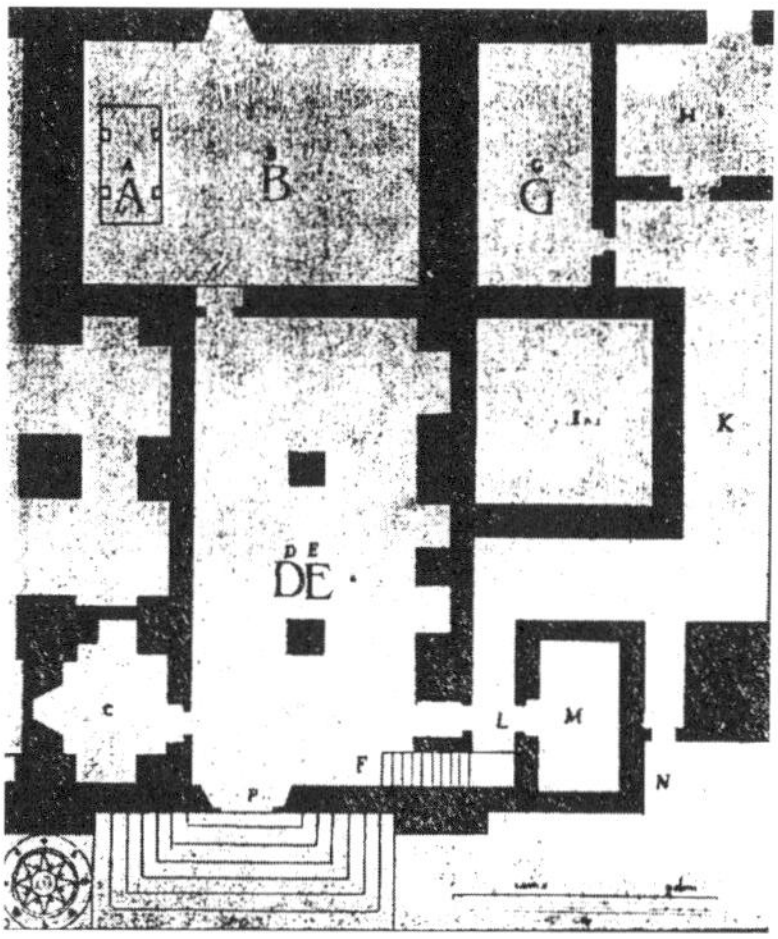

図56　エルサレム（シオン山）コエナクルムの平面図（fra B. Amico 1609年）
A. 下階：ダヴィデ、ソロモン、その他の過去の王の墓、B. 上階：聖霊降臨の聖蹟、D. 下階：キリストが聖金曜日に弟子の足を洗った所、E. 上階：最後の晩餐の部屋、G. 下階：復活後、キリストが使徒に現われた所、I, H, K.：フランシスコ会修道院

れは取り除かれる〕という注記と平面図だけで示されている部分と、それよりも左方（東）の「ベツレヘム」の総体寄りの所に、平面図（CC）と立面図、並びに「LA PRESA」という書き込みがなされている部分である。しかし後者は、〈聖霊降臨〉の礼拝堂の場合と同様に、アレッシによる新築予定の場所と建物の外観を示したものと考えられるため、前

図58　ガレアッツォ・アレッシによるサクロ・モンテの全景図（1565-1569年）ペン　40.5×26cm『ミステーリの書』（c.10 verso e c.11 recto）

La Porta Principale / Al t. de Adam et Eva / Il têpio D'Adam et Eva / A. S. M. de Loreto / B. La Nuntiata / S. Elisabetta. S.Elisbitta / D. Li Magi / E. La Nativita di N. S. / La purificazione / F. L'angelo anôcia a S. Josepp che fugga in Egitto / I. Il t. degli Innocenti / K. La Madonna va in Egitto / L. Il tempio del Batesimo di N. S. / M. Tempio (?) de la Tetationa / N. Tempio (?) de la Samaritana / Il tempio del Paralitico / P. Risciuscita il Figliolo de la Vedova / Lazzaro / R. Cristo être in Jerusal / BB. Ora / CC.La Presa / Q / X. Quivi é la Cena / AA. Quivi N. S. lava li piede / La Chiesa di N.ra Signora / EE. C. Pilato / DD. C. d Caifas / Quivi si fara lazzaro Resuscitato / T. Quivi e ora la presa che va levata / EF. Qui N. S. porta la Croce / G. Qui la Mna Tramortita / Quivi va alla Croce N. S. / HH / II. / KK. / LL. Il Sepolcro di N. S. / M M. Apare a Madalena / OO. Qui si fara N. S. aparire alli due discepoli in Emaus / PP. Quivi apare N. S. alli Apostoli / Lasesio / QQ. Lo Spiritu Santo / RR. Qui si farà il Giuditio / SS.

なお、図面上に注記のないアルファベットは、『ミステーリの書』の序文等から次のように推察される。Q : Monte Tabor / HH : Monte Calvario, cappella della Crocefissione / II. Cappella di Cristo spogliato dei suoi panni ed avviato al Calvario e cappella della Pietra dell'unzione / KK. Altare di San Francesco / SS. Sepolcro della Madonna

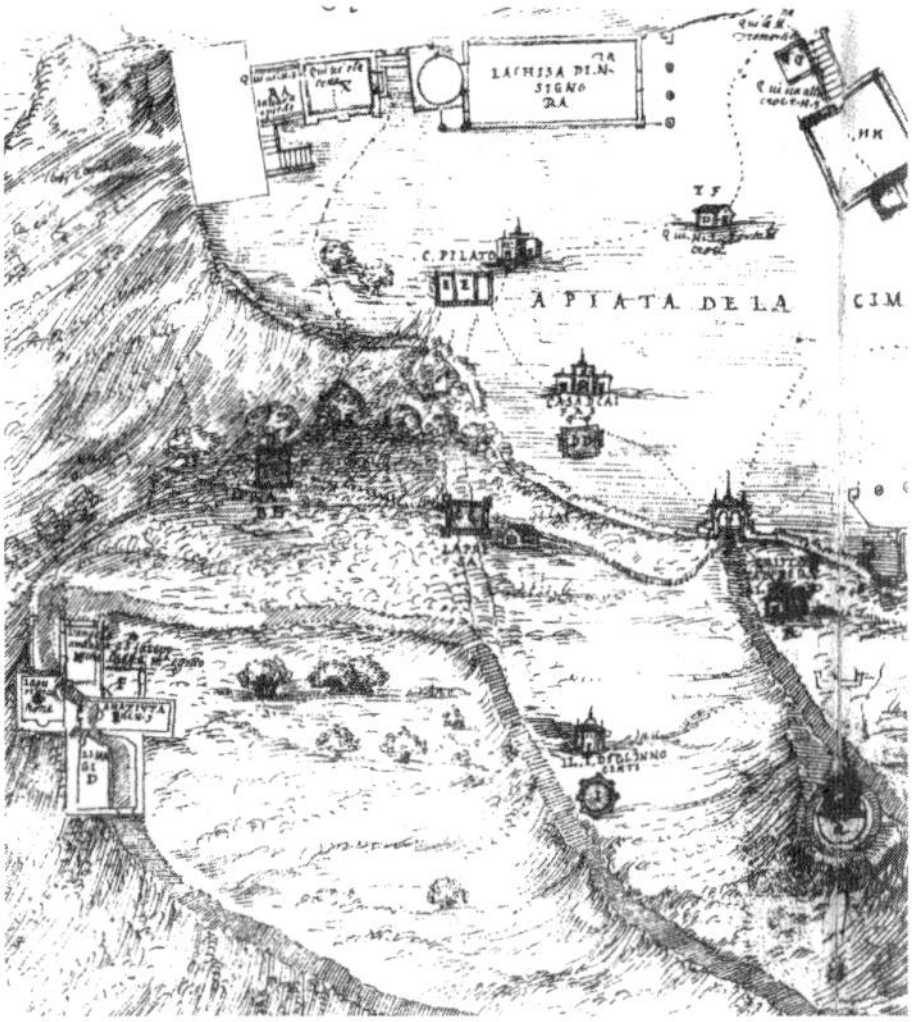

図58-b　図58の部分（左上部）

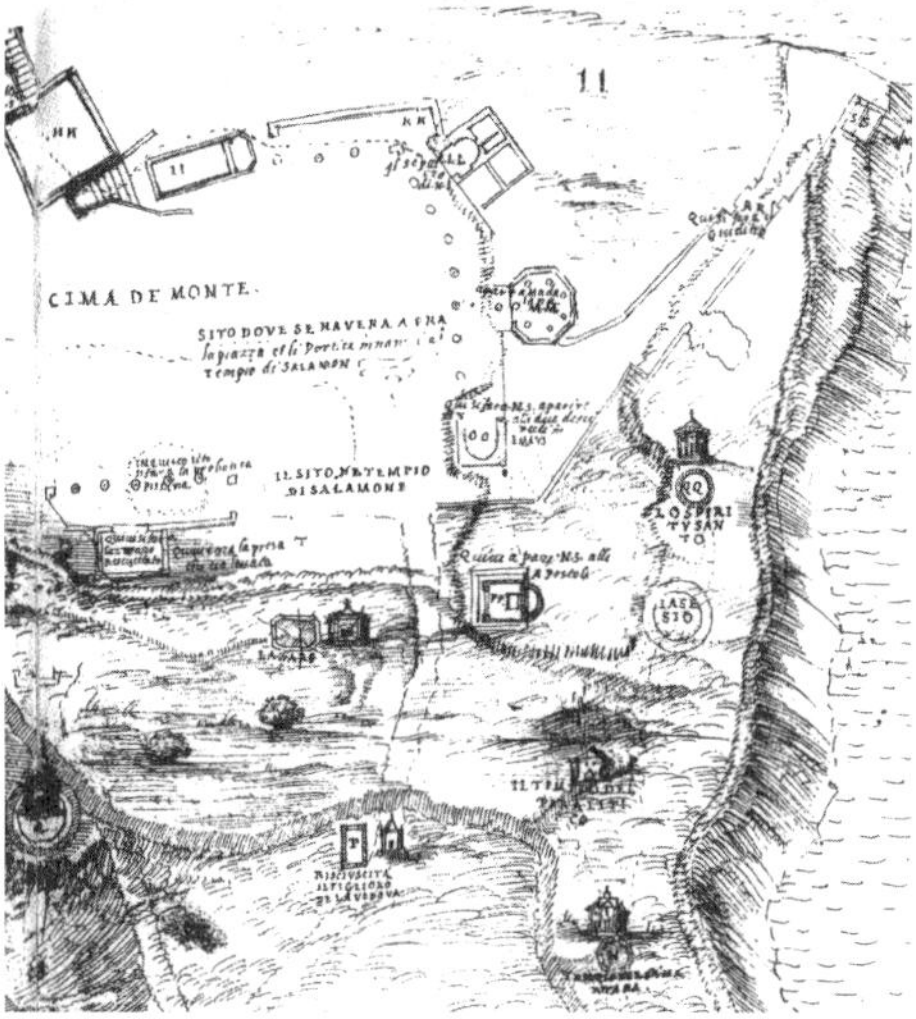

図58-a　図58の部分（右上部）

図58-d　図58の部分（左下部）

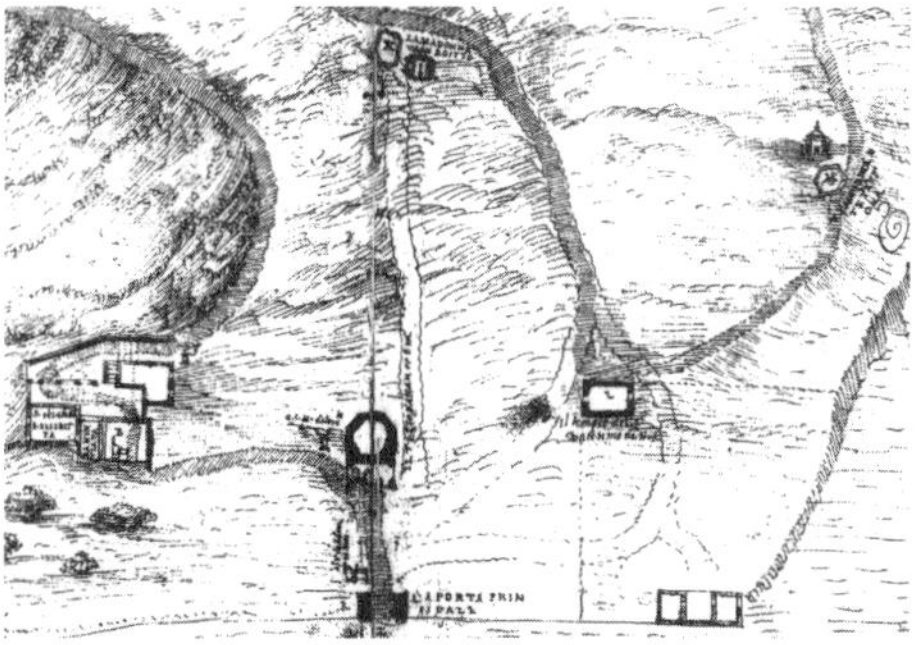

図58-c　図58の部分（中下部）

図59-1　伝ガウデンツィオ・フェッラーリ〈マリア永眠像〉1493-1498年頃　ヴァラッロ　聖母被昇天聖堂（スクローロ）

図59-2　〈マリア永眠像〉部分

者の場所が[9]の礼拝堂の位置であったと推定される。そこは、現在の配列図（図40）で言えばカーサ・パネッラ（N）辺りに当たっていよう。

その他、アレッシが新築を予定したＣＣの〈キリストの捕縛〉の礼拝堂の左（東）側に、ＢＢと「ＯＲＡ」で示された平面図は、彼による巡礼の行程から考えて〈園での祈り（Orazione）〉の礼拝堂を意味していようが、ＣＣの礼拝堂と同様に新しく予定されたものと考えられる（但し、立面図はない）。従って、当初の〈園での祈り〉の場所は別の所にあったはずである。ガッローニは、一五九三年九月二四日のカルロ・バスカペの司教訪問記録が、〈エマオへ向かう二人の弟子に出現するキリスト〉にすることが予定されている礼拝堂の後に、「その後、程なくして、石の洞窟の中に配された園で祈るキリスト（の場所）へ下る」と記しているのに注目して、アレッシの全景図で、〈エマオで二人の弟子に出現するキリスト〉の礼拝堂から、[27]〈聖母の墓〉があった谷に下る道のほぼ中間辺りに確認される、ラフなスケッチによるグロッタ状の痕跡をそれと同定した。[9] そしてこの同定はデビアッジによっても受け入れられた。[10] 一方、ペッローネは、一九七四年にはガッローニ説に同意しながら、一九九五年には、それはゲツセマニのゾーンに当たる現在のタボル山の斜面上に建っていたと改めた。[11] しかし、聖地の同堂に対応する場所との関係から推しても（図72、73参照）、[8]の礼拝堂の場所はグロッタ状の痕跡付近に同定されなければならない。同堂は、アレッシの『ミステーリの書』のcar. 258と、彼のプロジェクトの保留後に作成された中央ゾーンの構想図（Cod. Ambros. S.150 Sup., C. XXX）[12]には、同じような場所にU字型の平面図としてより明瞭に識別される。その場所は、現在の平面図で言えば、神殿の広場（G）からロープウェーに通じる通廊の右側の第三二、三一堂辺りに相当しよう。

以上の二堂に対し、[6]〈眠り込んだ三人の弟子〉と[7]〈ゲツセマニの園で眠り込む七人の弟子〉の礼拝堂の方は、アレッシの全景図にもその他の図面にも痕跡すら見出されない。ガッローニは、セサッリの一五六六、一五七〇年の案内書には既にそれらは挙げられていないため、当然同定を行わなかった。ペッローネは、まず一九七四年には、一五一四年の案内書を知っていたにも拘らず、やはりこれら二堂については同定を行わなかった。しかし、一九九五年には、6の礼拝堂を現在のタボル山の斜面上に同定した。[13] これに対しデビアッジは、7の礼拝堂の同定は行わなかったが、6の礼拝堂については、聖地で記念されている〈眠る三使徒の岩〉の場所に一致する8〈園での祈り〉の礼拝堂のすぐ前（北東）にあり、それは、現在のロープウェーへ至る通廊と聖なる階段（スカーラ・サンタ）の外壁が接する辺りであったとした。[14] 但し、決定的な根拠は示していない。一五一四年の案内書では、「そこ〈最後の晩餐〉の礼拝堂）から出ると、イエスがひたすら父に従おうとしてペテロとヨハネ、そしてひいきのヤコブを眠るがままにしておいたささやかな場所を見出す。もう一つ別の近くにある未完成の場所は、…中略…七人の弟子がゲツセマニの園に残しておかれた…下略…」（Capitulo VIII）と記され、「さらに進むと聖なる洞窟が見え、そこでは主が祈っている…下略…」（Capitulo VIIII）と続いているため、6、7の礼拝堂がごく近くにあり、さらにそれらは8〈園での祈り〉の礼拝堂とも近かったということが確認される。従って著者も、6の礼拝堂についてはデビアッジ説に同意したい。また、デビアッジが同定していない7の礼拝堂については、「一同がゲツセマニという所に来ると、イエスは弟子たちに「わたしが祈っている間、ここに座っていなさい」と言われた。そしてペトロ、ヤコブ、ヨハネを伴われたが、…中略…彼らに言われた。「わたしは死ぬばかりに悲しい。ここを離れず、目を覚ましていなさい。」少し進んで行って地面にひれ伏し、できることなら、この苦しみの時が自分から過ぎ去るようにと祈り…下略…」（マルコ14、32-36）という聖書の記述を根拠として、6の礼拝堂には近いが、8の礼拝堂とは反対方向に位置付けたい。そして一五一四年の案内書では、6、7の礼拝堂の後に、「次いで多少下ったところで、どのようにユダに裏切られたかを見るであろう…下略…」（Capitulo XI）という9〈キリストの捕縛〉の礼拝堂が続いているので、その場所は、9の場所への途上にあったではあろうが、9の礼拝堂によりは、6の礼拝堂に近い所にあったと考えたい。(15)

ⓔ「エルサレム内（苦しみの道上？）」――10△〈アンナスの館でのキリスト〉、11△〈ピラトの官邸でのキリスト〉、12〈十字架の下に倒れるキリスト〉、1〈聖母の休息〉の礼拝堂

聖地ではエルサレム市街にあったアンナスの館とピラトの官邸は、ヴァラッロではどこに置かれていたのであろうか。一五一四年の案内書では、10、11の礼拝堂とも、これから建造を予定されているものとしてCapitulo XII内だけで簡単に済まされており、10の礼拝堂に至っては、堂内のミステーロ表現の予定すら言及されてはいない。アレッシの全景図（図58）には、アンナスの館についての示唆はまったく見出されないが、ピラトの官邸は左上方（南東）のシオン山の総体の下方に見出される。しかし、平面図（EE）と立面図、そして「C. PILATO」の注記を伴うこの場所は、明らかに、アレッシが再整備のために新築を予定した場所を示すものであり、初期のピラトの官邸の場所を示すものではない。また、彼の同じ手稿本の序文にも、最初のピラトの官邸の場所を示唆する記述はない。さらに、一五六六、一五七〇年のセサッリの案内書でも、アンナスの館は依然として建造予定とされている。しかし、ピラトの官邸はこのセサッリの案内書で初めて示唆される。つまり、〈キリストの捕縛〉から△〈アンナスの館〉を経た後で、「再び巡り直して、この山の別の部分に行くと、ポンティオの館ないしはピラトの官邸と呼ばれる場所がある。…中略…しかし、この場所はまだ完全ではない。もっとも、これまでに屋根は載っているが…下略…」（car. 9 verso, no. 26）と記されている。しかし、これだけでは先行のカピートゥリ群の場

所から離れていることは推測されても、何処であるのかは特定できない。そこで、ピラトの官邸に後続する礼拝堂に関する記述を見ると、一五一四年の案内書でもセサッリのそれでも、〈十字架の下に倒れるキリスト〉の礼拝堂がきているのがわかる。一五一四年の案内書（Capitulo XIII）の記述は、場所の同定については参考にならないが、セサッリの一五七〇年の案内書（car. 9 vers, no. 29）では、「うしろを向くと、黒い聖堂のなかに、キリストが、兵士やひどく残忍そうな人々に伴われて、肩に十字架を担いで歩いている残酷な光景が見られるであろう…下略…」と解説されている。この黒い聖堂とは、現在の第一三堂（〈キリストの誘惑〉）のことで、当時から黒い聖堂として有名であった。アレッシの手稿の序文でも、この礼拝堂は、「…前略…西の方に歩いて行くと、今日黒い聖堂と呼ばれている聖堂に出くわすであろう。そこには現在、十字架を運ぶイエス・キリストのミステーロがある。このミステーロは、後に続く事柄の順序を中断しているため、別の場所に置かれるであろう。…中略…そしてそこには、主の洗礼と聖ヨハネ…中略…が示されるであろう…下略…」と記されている。アレッシの全景図（図58）で、右下方（北北西）（図58-c）にLで示された平面図と「Il tempio del Batesimo di N. S.」の書き込みによって示されている礼拝堂がそれで、その場所はまちがいなく現在の第一三堂に一致している。黒い聖堂（＝⑫〈十字架の下に倒れるキリスト〉の礼拝堂）の位置が確実に同定されたので、逆にそれから先行する⑪の礼拝堂の場所は演繹される。すなわち、「うしろを向くと、黒い聖堂」があると言うことであれば、アレッシの全景図で言えば、黒い聖堂の北側にある方形が二つ並んだ平面図（書き込みはない）で示された建物以外にはありえない。そしてガッローニも、かつてこの建物をピラトの官邸と同定していた。[17] ちなみに、この建物には、一五九三年のバスカペの訪問記録によれば、〈笞刑〉と〈荊冠〉のミステーリが表現されていた。さらにガッローニによれば、両ミステーリは、二階構造で四部屋から成るこの建物の一階の二部屋に表現されていて、二階は使われていなかった。[18] 以上のことから、11〈ピラトの官邸でのキリスト〉の最初の礼拝堂の場所も確定できたと言える。但し、それがカイーミの構想になるものであったか否かは別問題である。他方で、10〈アンナスの館でのキリスト〉の礼拝堂については、手懸りはまったくない。セサッリの案内書でも依然として建造予定とされている以上、著者は結局は実現されなかったと考える。また、最後の1〈聖母の休息〉の礼拝堂は登山路上に現存している。

ⓕ「カルヴァリオとその付近」――13〈聖衣を剥がれカルヴァリオへ送られるキリスト〉、14〈磔刑〉、15〈卒倒の聖母〉、16〈聖体塗油石〉の礼拝堂

このゾーンの四堂のうち、問題なく場所を同定できるのは14〈磔刑〉の礼拝堂のみである。しかし同堂も、場所以外は一五一四年当時の礼拝堂の面影を伝えてはいない。

現在のカルヴァリオ山の総体は、〈十字架に釘で打ち付けられるキリスト〉（第三七堂）と〈磔刑〉（第三八堂）、そして〈十字架降下〉（第三九堂）の礼拝堂から成っているが、第三七堂と第三九堂は一七世紀前半に、また礼拝堂の前方の開廊と二つの階段は一九世紀半ばに具現されたものである。さらに現在の第三八堂は、一五二〇年にはまだ建造中であり、[19]ガウデンツィオの八七体のテラコッタ像（一五二〇―一五二八年頃）と二体の木彫像は堂内には配されていなかった。[20]従って、一五一四年当時の礼拝堂は、現在のそれとはかなり異なるものであったはずである。実際、一五一四年の案内書には、「次いで君は一八段の階段を上って、例のカルヴァリオと呼ばれる山に至り、そこで十字架に架けられたキリストに涙するであろう。そして、何一つ罪のないキリストの周囲に偽りのユダヤ人、両脇に罪人、また十字架の下に苛酷な刑に耐える創造主をみつめるマグダラのマリアを目にするであろう」（Capitulo XV）としか記されていない。また、同堂の解説がCapitulo XVのみで終えられていることからは、

同堂と堂内のミステーロ装飾とが、現在のガウデンツィオが手掛けた大きな礼拝堂と大規模な群像表現とは異なっていたことが推察される（参考図60）。カルヴァリオの礼拝堂は、事実、元来は岩の上に孤立して立っており、岩を穿って造った階段が両脇につけられていた。また、正面に入口はなく（代わりに窓が二つあった）、側壁にあった二つの小扉から出入りが行われていた。さらに、巡礼者と群像とを隔てる壁や鉄柵もなかった。[21]従って、当初の[14]〈磔刑〉の礼拝堂は、位置的には現在の第三八堂と同じ場所にあったとしても、後者よりはるかに小規模で簡素であったことは疑いない。[22]ガッローニがその平面図すら示していないのも（図61）、またデビアッジがそれを凹型の小礼拝堂（sacello）として図示しているのも同じような見解によるものであろう。ちなみに、アレッシの全景図（図58-a、b）でＨＨの付いた方形の平面図に「Qui va alla croce N. S.（ここで主は十字架に向かう）」と注記を

図60　1514年の最古の案内書に掲載された〈磔刑〉の挿絵（木版画）

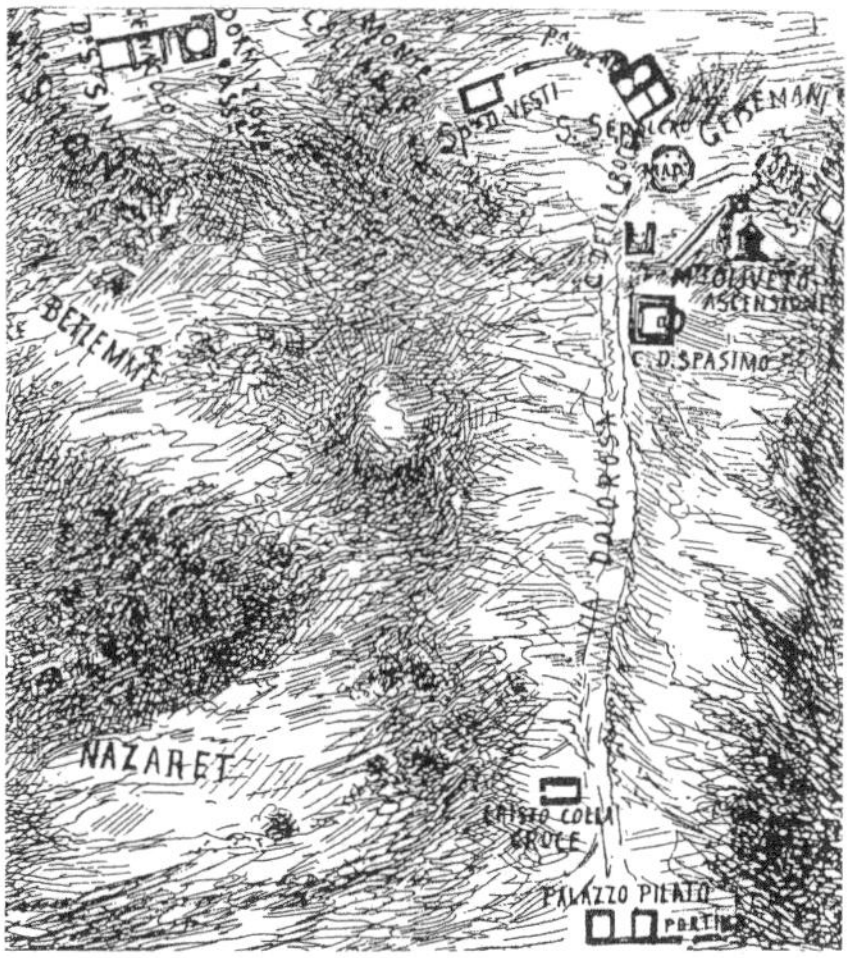

図61　P. ガッローニによる初期のサクロ・モンテの復元図（1914年）

添えて示されている〈磔刑〉の礼拝堂は、ガウデンツィオが設計したものであり、最初の礼拝堂を示すものではない。

このカルヴァリオ付近には、その他、〈磔刑〉の礼拝堂のそれぞれ北と南についた階段の下に、IIとGのアルファベットで示された矩形の建物と方形の小さな平面図（図55）が見られる。これらのうち、Gの平面図には

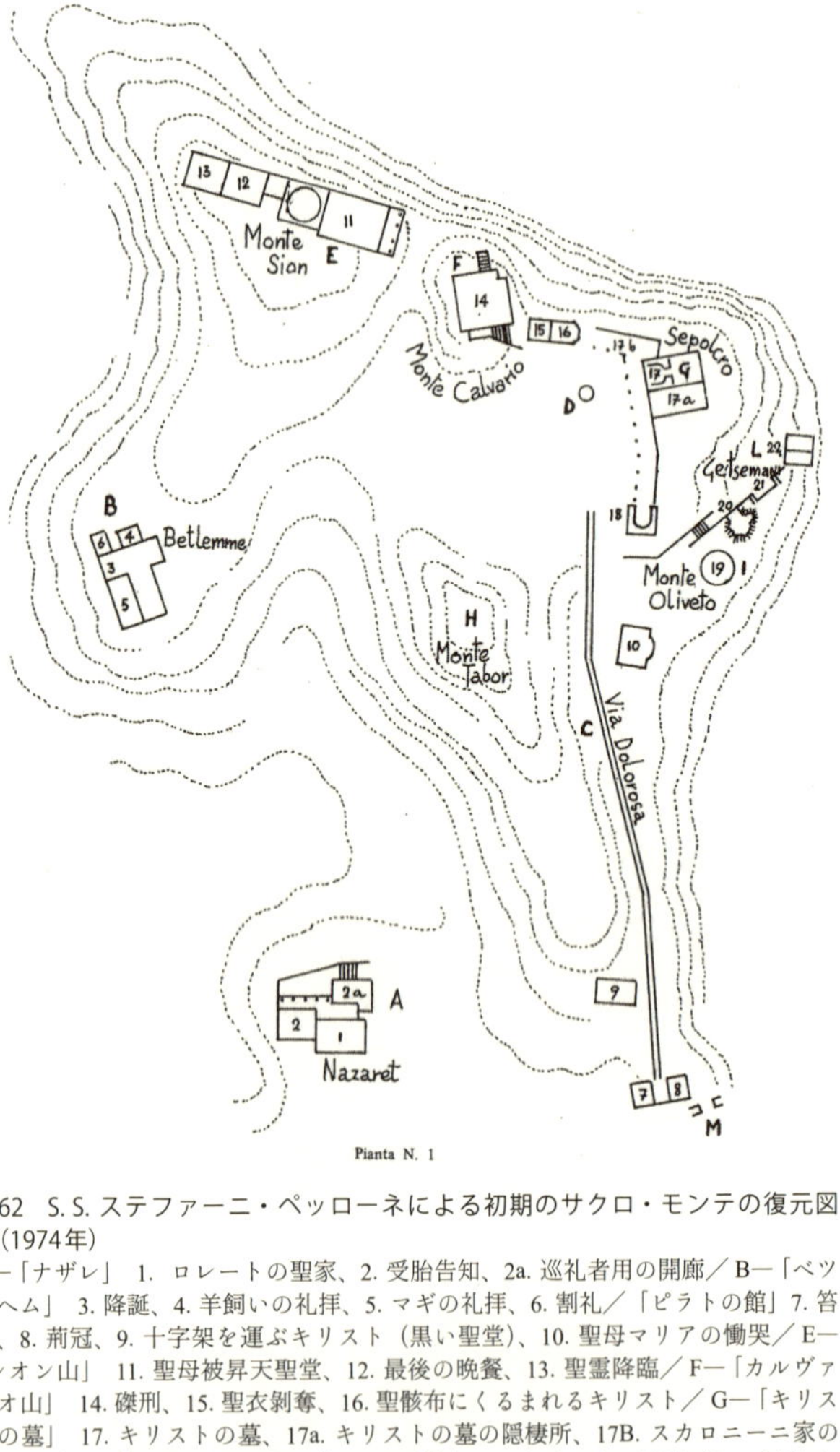

図62　S. S. ステファーニ・ペッローネによる初期のサクロ・モンテの復元図（1974年）

A—「ナザレ」 1. ロレートの聖家、2. 受胎告知、2a. 巡礼者用の開廊／B—「ベツレヘム」 3. 降誕、4. 羊飼いの礼拝、5. マギの礼拝、6. 割礼／「ピラトの館」 7. 笞刑、8. 荊冠、9. 十字架を運ぶキリスト（黒い聖堂）、10. 聖母マリアの慟哭／E—「シオン山」 11. 聖母被昇天聖堂、12. 最後の晩餐、13. 聖霊降臨／F—「カルヴァリオ山」 14. 磔刑、15. 聖衣剝奪、16. 聖骸布にくるまれるキリスト／G—「キリストの墓」 17. キリストの墓、17a. キリストの墓の隠棲所、17B. スカロニーニ家の礼拝堂／H—「タボル山」／I—「オリーヴ山」 19. キリストの昇天／L—「ゲツセマニ」 20. 園での祈り、21. キリストの捕縛、22. 聖母の墓／M—「小門」／C—「ヴィア・ドロローザ」／D—「キリストの泉」

書き込みがあり、その書き込みは「Qui la Mna Tramortita（ここで聖母が卒倒）」と判読されることから、そこに15〈卒倒の聖母〉の礼拝堂が置かれていたことは間違いない。問題は、堂内に仕切りがあって大、小の部屋に二分されているように見える、ＩＩで示された矩形の平面図である。ガッローニはこれを〈聖衣を剝がれカルヴァリオへ送られるキリスト〉の礼拝堂と見做し（図61）、ペッローネは〈聖衣を剝がれカルヴァリオへ送られるキリスト〉と〈白布に包まれるキリスト（九二年には〈聖体塗油石〉と改めた）〉と考え（図62）、前者を〈磔刑〉の場所に近い方に、そして後者を〈キリストの墓〉に近い方の部屋に同定した。さらにペッローネは、これらの部屋が

図63　フェルテッリ・ディ・ドナーティ〈聖体塗油石〉の群像　1486-1493年頃　ヴァラッロ　木彫　市立絵画館

それぞれ現在の〈ピエタ〉（第四〇堂）と〈埋葬〉（第四一堂）の礼拝堂に一致し、しかも元来は矩形の一つの部屋で、〈聖体塗油石〉を表現する木彫の群像（図63、ヴァラッロ、絵画館蔵）を擁していたとした。[23] この最後の問題は別にして、当面の問題である残りの13、16の礼拝堂の場所の同定については、現在の第四〇堂（〈ピエタ〉）の背景に描かれている壁画が、確かに、13〈聖衣を剝がれカルヴァリオへ送られるキリスト〉のミステーロに合致していることから、著者も13の礼拝堂を現在の第四〇堂の位置に同定したい。また、16〈聖体塗油石〉の礼拝堂についても、Capitulo XVII に、「次いで君はそこ（カルヴァリオ）から下りて聖体塗油の石へ向かう…下略…」と記されていることから、カルヴァリオの下にあった礼拝堂を探せば、現在の第四〇堂がそれでなければ、第四一堂以外に16の礼拝堂の場所はありえないと考える。

図64　エルサレム　聖墳墓記念聖堂内のカルヴァリオ（J. Zuallart, 1587もしくは1604年）
1. 塞がれた南向きの扉、2. ラテン人の王の棺、3. アダムの亡骸が置かれた礼拝堂、4. キリストの十字架が打ち込まれた礼拝堂、5. キリストが磔刑に処せられた礼拝堂、6. 聖体塗油石

ⓖ「キリストの墓」――⑰〈キリストの墓〉の礼拝堂

この礼拝堂は現存しており、場所の同定については問題はない。同堂はこの山の宗教的変遷の核であり、最初期の礼拝堂の一つか最初の礼拝堂であった。同堂の入口の上に掲げられている碑板には一四九一年という年代が記されているし、一四九三年四月一四日付けのフランシスコ会士への山上の施設の委託文書でも、同堂は、隣接する最初の隠修所とともに既に建造されたものとして挙げられている。[24] この礼拝堂は、聖地のキリストの墓の祠堂の室内空間を模造した二つの小室から成っている。前室には、入って左側の龕の中にマグダラのマリアの木彫像が配され、小さな出入口の上には「Simile e il Santo Sepulcro de Yesu Xristo」（イエス・キリストの聖墳墓に類似）と書かれた銘板があった。また、そこにはかつて一つの石があり、「磔にされた者はここにはいない」と告げる一体の木彫の天使像がその上に置かれていた。しかし、現在はマグダラのマリアの木彫像しか見られず、天使像は壁画によって表現されている。奥の墓室には、《横臥のキリスト》の木彫像（図65）が石製の台上のガラスケースに横たえられている。この棺は、元来はすべて石製で床に直に置かれていた。そして両側面には、受難のシンボルを手にした二体の木彫の天使像が配され（参考図67）、上方にはガウデンツィオに帰される《復活のキリスト》の油彩画があったが、これらは現存していない。

図65　ヴァラッロ　現在の第43堂〈キリストの墓〉の礼拝堂（墓室）（伝ガウデンツィオ・フェッラーリ《横臥のキリスト像》木彫　16世紀初頭）

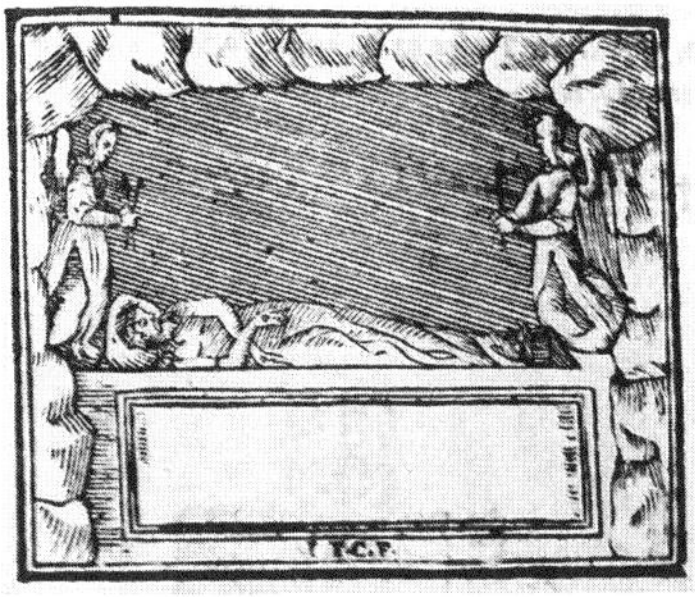

図67　1626年のT. ナンニの案内書（*Dialogo sopra i Misterij del Sacro Monte di Varallo*）に掲げられた〈キリストの墓〉（墓室）の挿絵（木版画）

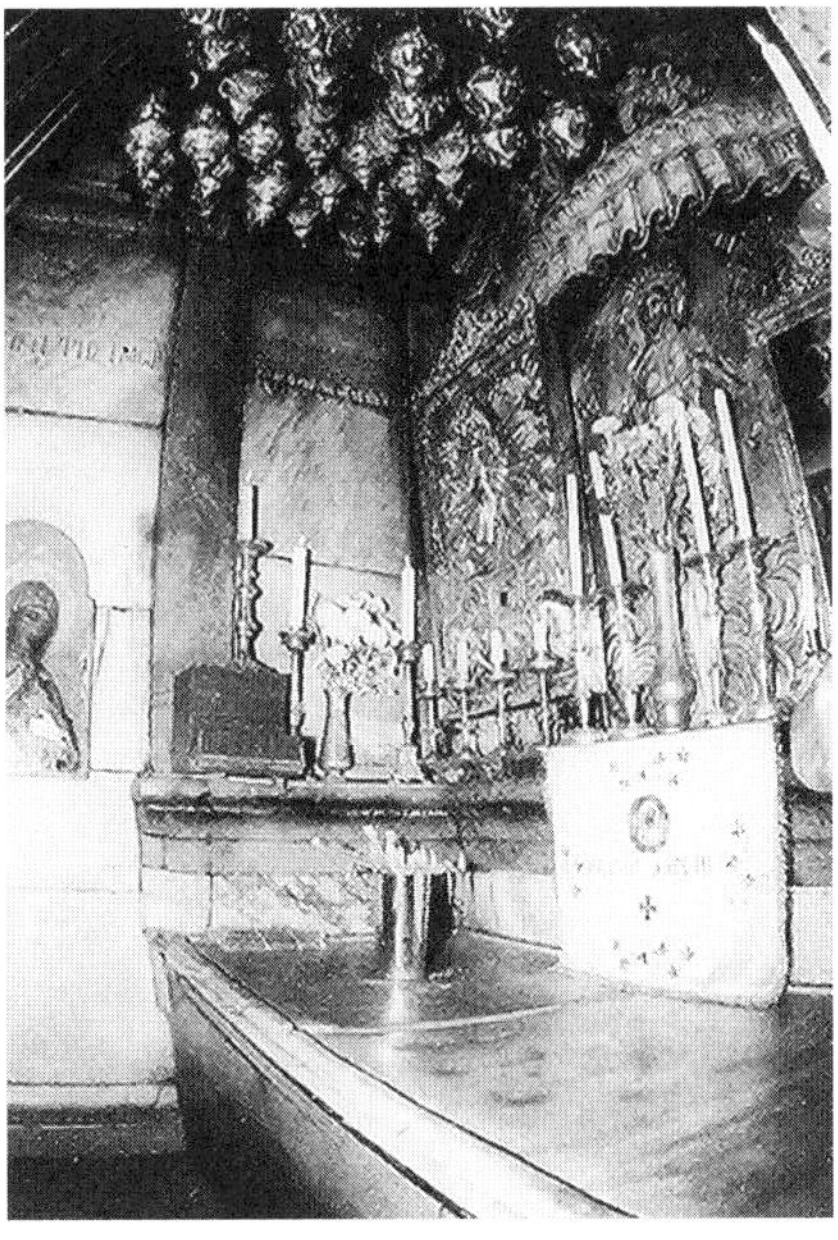

図66　エルサレム　聖墳墓の祠堂の墓室

ⓗ「キリストの墓付近」――⑱〈聖母に出現するキリスト〉、⑲〈マグダラのマリアに出現するキリスト〉の礼拝堂

〈キリストの墓〉の礼拝堂に続く⑱〈聖母に出現するキリスト〉と⑲〈マグダラのマリアに出現するキリスト〉の礼拝堂については、一五一四年の案内書の記述からは、両堂が〈キリストの墓〉を出て進んだ所にあったこと、そして互いに近くにあったということしか読み取れない。しかし、アレッシの全景図（図58-a）には、LLで示された〈キリストの墓〉の礼拝堂の前の拱廊を少し南に下った所の西側（拱廊の裏）に、MMと付された八角形の平面図が見られ、そこには「appare a madalena（マグダラのマリアへ出現する）」と注記されている。同じアレッシの手稿の序文（car. 7）では、同堂は、堂内は八角形でも外観は円堂とされているが、⑲の礼拝堂がこの八角形平面図の位置に立っていたことは間違いない。そして堂内には、セサッリの一五六六年の案内書によれば、ガウデンツィオの木彫像が配されていた（参考図68）。一方、近くにあるはずの⑱の礼拝堂は、アレッシの全景図にも、ガッローニやペッローネの復元図（図61、62）にも見出されない。しかし、⑲の礼拝堂の近くにある凹型の平面図に注目すると、「Qui si fara N. S. apparire alli due discepoli in EMAVS（ここには、エマオでの二人の弟子への主の出現が造られるであろう）」とあり、現在は〈エマオでの二人の弟子への出現〉ではないことが示唆されている。さらにアレッシは、〈エマオでの二人の弟子への出現〉の設計図（car. 278）の解説中で、「ここに掲げている平面図は、エマオに向かっていた二人の弟子にキリストが出現するミステーロを含むものであり、私はそれが、マグダラのマリアの神殿の前をはしる拱廊の端に当たる、十字架の礼拝堂と呼ばれる、すでに仕上がっている礼拝堂の中に設置されればと思う……」と述べており、凹型の礼拝堂が「十字架の礼拝堂」と呼ばれていたことを示唆している。ガッローニとペッローネの復元図において、凹型の礼拝堂が〈十字架〉の礼拝堂（Cappella della croce）と

されているのは、このアレッシの記述に拠っている。しかし、一五一四年の案内書には同名の礼拝堂は存在していない。そして後に、デビアッジが18の礼拝堂と同定し、[25]またペッローネも18の礼拝堂と同定し直しているように、[26]凹型の平面図は、二つの外窓にそれぞれ聖なる円柱と十字架が付いた18〈聖母に出現するキリスト〉の礼拝堂であったと考えられる。

ⓘ「ガリラヤ」――20〈ガリラヤで弟子たちに出現するキリスト〉の円形礼拝堂

ⓙ「オリーヴ山」――21〈キリストの昇天〉、22〈主禱文を教えるキリスト〉、23〈クレド（使徒信条）起草〉の礼拝堂

20〈ガリラヤで弟子たちに出現するキリスト〉の礼拝堂の場所は、21〈キリストの昇天〉の礼拝堂やその他のオリーヴ山上の礼拝堂の同定とも関係してくるため、ここではそれらを一緒に考察する必要がある。ここで言う「ガリラヤ」は、オリーヴ山の北山腹に立っているガリラヤの人々（Viri Galileai）と呼ばれるギリシア正教会がある場所を指している。アレッシの全景図（図58-a）には、西側の崖際の中央よりやや上方に、「昇天」を意味していると思われる「LASESIO」と書き込まれたラフな二重円は見られるが、〈ガリラヤで弟子たちに出現するキリスト〉と推測される注記はどこにも見出されない。また、彼の手稿の序文や各平面図の解説中にも、二つの異なる小丘並びにそれらの上に建てられていた礼拝堂を同定させる手懸りはない。一五一四年の案内書には、19〈マグダラのマリアに出現するキリスト〉の礼拝堂（Capitulo XXV）の後に、「次いで、そこから上ってガリラヤに向かう」（Capitulo XXVI）とあり、続いて「この礼拝堂は円堂」で、「神々しいキリストが満足げに両腕を広げ弟子の間に出現している様子が描かれている」とある。さらに、「その出入口には（堂内側に）自分の過ちに涙し、恥

図68　1613年のG. G.フェッラーリの案内書（*Brevi considerazioni sopra i Misteri del Sacro Monte di Varallo*）に掲載された〈マグダラのマリアに出現するキリスト（＝ノリ・メ・タンゲレ）〉の挿絵（木版画）

ずかしさのために主から身を隠しているペテロが描かれている」（以上Capitulo XXVII）とある。そして、次のCapitulo XXVIIIの冒頭の、「ここ（ガリラヤ）を下りて戻り、再びあの祝福されたオリーヴ山に登り、山上で…中略…絵が描かれた円堂に驚嘆する」へと続いている。その後の22〈主禱文を教えるキリスト〉の礼拝堂については、「ここ（オリーヴ山の礼拝堂）から再び外に出た後、そこを少し下ると、またもそこには完成した場所が見出される…下略…」（Capitulo XXX）とある。次いでCapitulo XXXIIにおいて、「進んでいくと、聖なる使徒信条が起草された別の未完成の場所がある…下略…」として、23〈クレド起草〉の礼拝堂へ移っている。従って、以上のカピートゥリからは、当時は、19〈マグダラのマリアに出現するキリスト〉の礼拝堂の近くに「ガリラヤ」山に見立てられた小丘があり、19の礼拝堂から見てそれとは別の方角に、「オリーヴ山」に見立てられた小丘があったことが推測される。

しかし、ガッローニは、その一五一四年の案内書の存在を知らずに、主にセサッリの案内書に拠って、まず、〈キリストの昇天〉の場所の同定を試みた。セサッリの案内書は、〈キリストの昇天〉（一五六六年版はcar. 12 recto、一五七〇年版はcar. 12 verso）を、「皆がオリーヴ山と呼ぶ別の丘の上にあるもう一つの聖堂では、イエスが天の父のもとへ真っ直ぐに昇天している。キリストが聖なる御足によって我々に残そうとした聖跡はそこに彫り込まれている。小聖堂に表現されているこの現象は、着工された美しい神殿のなかに刻まれるであろう」と記すに留まっている。従ってこの記述からだけでは、〈キリストの昇天〉の小聖堂は「オリーヴ山」上にあったが、新しい昇天用の建物は何処に建造されていたかはわからない。しかし彼は、アレッシの全景図（図58-a）のOOで示された⑱〈聖母に出現するキリスト〉の礼拝堂の北西のゾーンをオリーヴ山とみなし、両堂ともその山上にあり、「LO SPIRITV SANTO」の注記を添えてQQで示された円堂が最初の小聖堂、そしてその北側の「LASESIO」と書き込まれた所が建造中の神殿の場所だと考えた。(27) また彼は、〈ガリラヤで弟子たちに出現するキリスト〉の場所についても、昇天の礼拝堂があったとした丘と同じ丘の上にあったと考えた。そしてそれは小礼拝堂で、新しい昇天の礼拝堂の空間を拡大するために取り壊されたか、一五九三年のバスカペの司教訪問記録に挙げられている〈泣くペテロ〉の礼拝堂の壁に描かれた単なる壁画にすぎなかったと推測した。つまり彼は、同じ小丘の上に最初の〈キリストの昇天〉の小聖堂と〈泣くペテロ〉の礼拝堂が立っており、〈ガリラヤで弟子たちに出現するキリスト〉は後者の堂内に描かれていたか、小礼拝堂として立っていたが取り壊されたと考えたのである。しかし、〈泣くペテロ〉の礼拝堂は存在したことはないし、「泣くペテロ」は逆に〈ガリラヤで弟子に出現するキリスト〉の礼拝堂内の出口付近に描かれた壁画にすぎなかった（二節参照）。また、かりにガッローニ説を採用するとして、それらを一五一四年の案内書の記述に当てはめると、㉒〈主禱文を教えるキリスト〉と㉓〈クレド起草〉の礼拝堂も、〈キリストの昇天〉の礼拝堂があった丘の斜面に設置されていたと考えられるため、一つの丘の上に二堂、そして同じ丘の斜面上に二堂と、合計四堂がごく近くにあったことになる。しかし、山上の最古の景観図（図69、70）の右端の小丘上には、一つの円堂しか確認されない。さらにガッローニは、一九一四年の主著においてて、アレッシのプロジェクトを実現するための一五七二年の合意文書（memoriale、一一月二日）を自ら紹介しながら、そこに言及されている「…前略…現在「ガリラヤでの」と言われている例の礼拝堂がある場所には、主

図69　G. ジョヴェノーネの工房〈聖母子と諸聖人ならびに寄進者〉（部分）ミラノ　ブレラ絵画館　1543年頃（ヴァラッロのサクロ・モンテの最古の景観図）

図70　G. ジョヴェノーネ・イル・ジョーヴァネ〈聖母に暇を告げるキリスト〉（部分）カレサナブロ教区教会（ヴェルチェッリ）　16世紀後半

の昇天のミステーロがつくられるべきである」(28) という「ガリラヤ」の礼拝堂に関する記述を考慮に入れてはいない。

　多年に亘って受け入れられてきたガッローニ説の以上のような矛盾に気付いたデビアッジは、20と21の礼拝堂の位置の再同定を試みた。彼が参照した史料は、一五一四年の案内書以外は、ガッローニが参照したものと異ならないが、聖地のキリストゆかりの聖蹟と、ヴァラッロのそれぞれ対応する聖蹟との対応関係から両堂の場所の同定を試みた点は、ガッローニとは根本的に異なっていた（図72、73参照）。彼はまず、一五一四年の案内書のCapitulo XXVI（〈ガリラヤで弟子に出現する

図71　F. セサッリの案内書（1566、1750年）に掲載された景観図（木版画）

キリスト〉）からCapitulo XXXIII（〈クレドの起草〉）までの記述を再検証し、ただ一つの丘だけを想定したガッローニに対し、二つの丘があったはずだと考えた。そして一つをガッローニが想定したのと同じ場所に、もう一つを現在タボル山に見立てられて第一七堂（〈キリストの変容〉）（図74）が置かれている場所に同定した。後者は中央ゾーンのなかでも最も高い場所であり、当時すでに山上で利用されていた丘（カルヴァリオ山、シオン山）以外で高い所と言えば、これら二ヶ所以外にはなかった。[29] そしてガッローニがオリーヴ山とした西の崖側の丘を、聖地の同名の場所との関係からガリラヤ山と同定し直し、他方をオリーヴ山として、そこに最初の昇天の礼拝堂（図73）があったとした。さらに、一五一四年の案内書の記述と聖地の対応する聖蹟とに従って、22と23の礼拝堂を後者の丘の斜面上に同定した。つまり、アレッシの全景図（図58‐a、b）で言えば、中央にQで示された円形の平面図がある所がオリーヴ山で、その南側の斜面に幅広の消えかかった凹型で示されているのが22の礼拝堂、さらにその南側の〈エルサレム入城〉の礼拝堂に予定されている辺りが23の礼拝堂の場所であったとした。また、「ガリラヤ山」上にあった20〈ガリラヤで弟子たちに出現するキリスト〉の礼拝堂については、

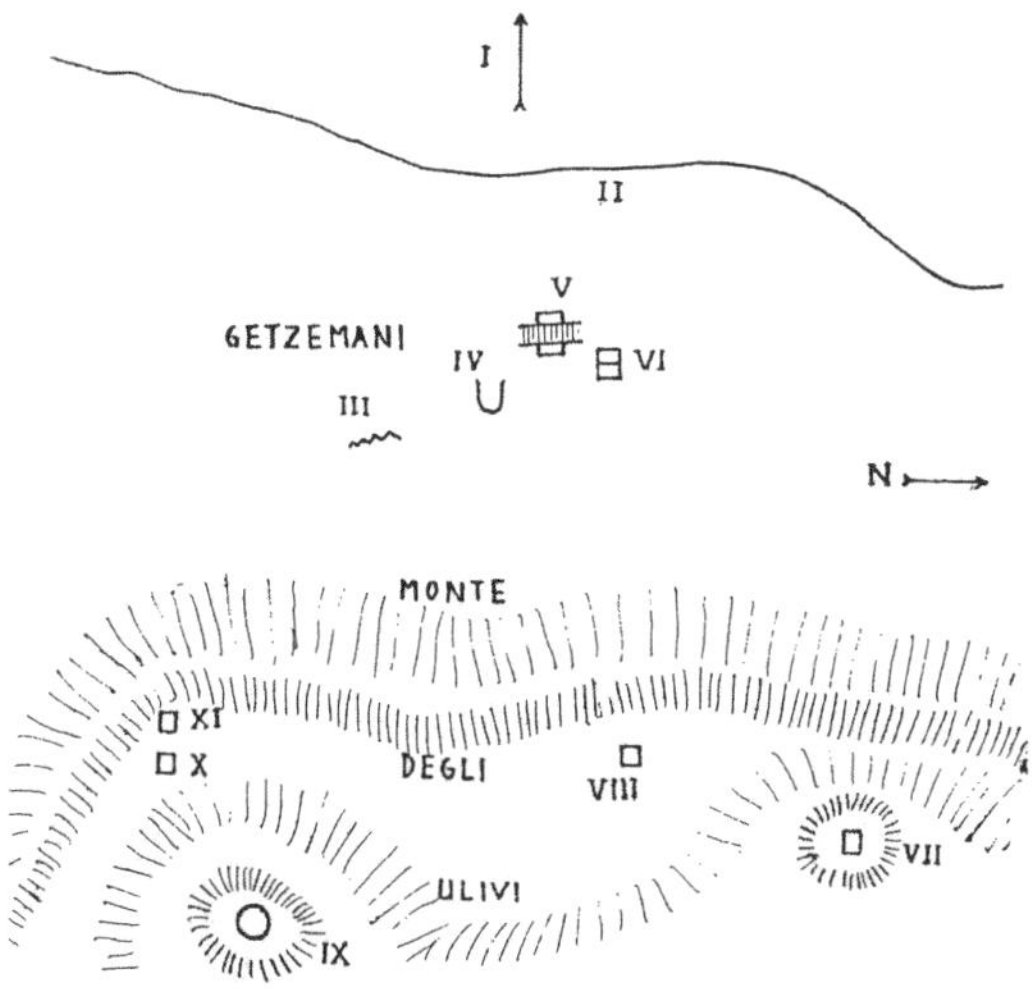

図72　C.デビアッジによるエルサレムのゲツセマニとオリーヴ山の地形とキリストゆかりの聖蹟の配列図

Ⅰ：聖墳墓記念聖堂がある方向、Ⅱ：キドロンの急流とヨシャファト、ないしはキドロンの谷、Ⅲ：三人の眠る弟子の岩、Ⅳ：ゲツセマニのグロッタ、Ⅴ：ヨアキムと聖アンナの礼拝堂、並びに聖母の墓に通じる階段、Ⅵ：聖母の墓、Ⅶ：ガリラヤ、Ⅷ：聖母への天使による死のお告げ、Ⅸ：昇天聖堂、Ⅹ：主禱文ないしはエレオナ聖堂、Ⅺ：クレドの地下聖堂

前述の一五七二年の合意文書の記述に基づいて、'LASESIO'と書き込まれた二重円の場所にあったとした。

デビアッジの説は、「ガリラヤ山」上の礼拝堂の同定については、一五七二年の文書の記述から判断してほぼ間違いない。これに対し、「オリーヴ山」の方には、聖地における同名の場所との一致以外に根拠はない。しかし一五七二年の文書では、「タボル山」は、「□□□の礼拝堂とタボル山の礼拝堂を仕上げるよう努めること。タボル山の礼拝堂では、堂内の突出した付け柱を取り去り、既述の礼拝堂を拡大してタボル山をもっとゆったりさせるべきである。それは、必要となる多大な出費を避けるためでもある……下略……」[30]と記されている。著者の解釈に誤りがなければ、この記述は、ガッローニが判読できなかった既存の□□□の礼拝堂を、経費節減のためもあって拡大して再利用し、ゆったりとしたタボル山の礼拝堂にすることに合意したものであり、タボル山には何かはわからないものの、先行する礼拝堂があったことを教えてくれる。そして、拡大する必要があったということからは、それがやや狭小な礼拝堂であったことが推測される。この場所が、その他で言及されているシオン山でもカルヴァリオ山、ガリラヤ山でもないとすると、残りはオリーヴ山以外にはなく、

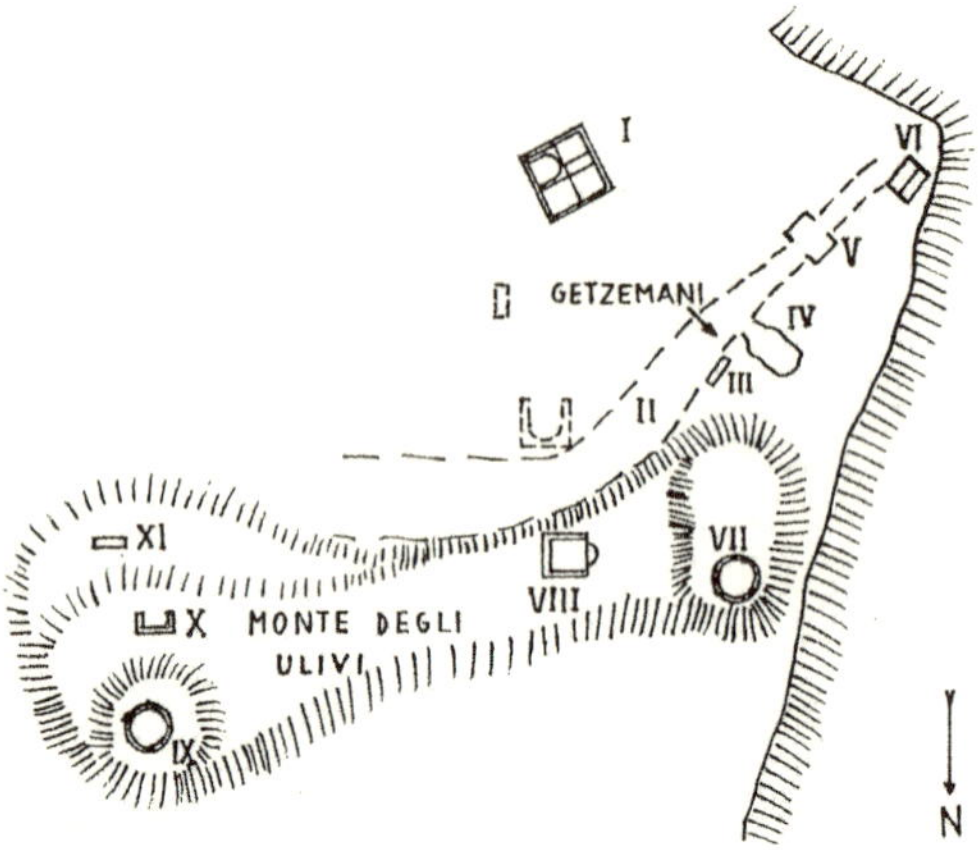

図73　C. デビアッジによるヴァラッロの初期のサクロ・モンテのゲツセマニとオリーヴ山の地形とキリストゆかりの場所の配列図

I：〈キリストの墓〉の礼拝堂と隠棲所、II：ヨシャファトの谷ないしはキドロンの谷、III：〈三人の眠り込んだ弟子〉の礼拝堂と推測される場所、IV：ゲツセマニのグロッタ（消失）、V：〈ヨアキムの墓〉と〈聖アンナの墓〉の礼拝堂（消失）、VI：〈聖母の墓〉の礼拝堂、VII：〈ガリラヤで弟子に出現するキリスト〉の礼拝堂（消失）、VIII：〈聖母への天使による死のお告げ〉の礼拝堂（消失）、IX：〈キリストの昇天〉の礼拝堂（消失）、X：〈主禱文を教えるキリスト〉の礼拝堂（消失）、XI：〈クレド起草〉の礼拝堂と推測される場所

その不詳の礼拝堂も、セサッリが「小礼拝堂」（piccola chiesa）と記した〈キリストの昇天〉の最初の礼拝堂以外には考えられない。それは、最古の景観図群（図69、70）では現在のタボル山付近に見られる円堂に該当しよう。そして堂内には、一五一四年の案内書の記述通り、昇天するキリストとそれを見上げる使徒や聖母が表現されていたはずである（図75）。

デビアッジ説の妥当性は、彼の同定に従って一五一四年の案内書の20堂から23堂までの記述を順に辿り直すと、矛盾なしに辿れることから首肯される。しかし、セサッリの案内書の記述とは22と23の礼拝堂が合致しない。それは、セサッリの記述では、後二堂がすでにオリーヴ山の斜面上にはなく、二つの別の丘、しかも23の礼拝堂の方が22のそれよりも高い所に移されているためである。22、23の礼拝堂は、おそらく一五一四年から一五六六年

図74　ヴァラッロ　現在のタボル山

図75　1514年の案内書に掲げられた〈キリストの昇天〉の挿絵（木版画）

までの間のいずれかの時期に場所を変えられたのに違いない。一七世紀初め頃のエンリコ・ファン・スコレルのエッチング（ミラノ、ベルタレッリ・コレクション）による全景図には、現在のタボル山（かつてのオリーヴ山）の南側斜面から神殿の広場の一部にかけて、まだ整備されていない起伏に富んだゾーンがあるので、同所のどこかに配されていたのではないだろうか。以上のようなデビアッジの同定は、必ずしもすべての研究者によって受け入れられてはいないが、(31)本書では20から23までの礼拝堂を、その妥当性ゆえに彼の説の通りに同定したい。

ⓚ「ガリラヤ山とオリーヴ山の間の谷」――25〈天使による聖母への死のお告げ〉の礼拝堂

一五一四年の案内書のCapitulo XXXVで、「ガリラヤ山とオリーヴ山との間の谷」にある場所とされている礼拝堂はどこに置かれていたのであろうか。アレッシの全景図（図58-a）にはそれと同定できる礼拝堂は見出されない。しかし、彼の同じ手稿本の序文（car. 6. v）には、「…前略…ここ（エマオでの弟子への出現）から少し離れた所に方形の礼拝堂があり、その中には現在、聖母に死のお告げをしている天使が見られる。この礼拝堂を修復し、ここには不適切なそのミステーロを取り去って、できればそこに主イエス・キリストが弟子たちに出現するミステーロを再設置したい…下略…」という記述が見られる。また、〈エマオで弟子に出現するキリスト〉の礼拝堂の設計図の説明（car. 288）にも、「ここに掲げる平面図は、イエス・キリストが弟子たちに出現した神殿用であり、できればそれを、現在は天使による聖母マリアへの死のお告げが描かれている礼拝堂に建てたい…下略…」とあることから、25の礼拝堂は、彼の全景図ではＰＰで示され、「Quivi apare N. S. alli Apostoli（ここで主が弟子に出現）」と書き込まれた、方形に小さなアプシスがついた平面図で示された所に置かれていたことがわかる。この位置は、現在の「ピラトの官邸」の第二七堂辺りに同定される。ちなみにガッローニは、図61のように、同礼拝堂をエルサレムで慟哭の聖母の礼拝堂と呼ばれている〈聖母へのキリスト捕縛のお告げ〉の礼拝堂（図ではC. D. SPASMO）と同定し、セサッリが一五六六年の案内書中（car. 13 recto）でそれを〈天使による聖母への死のお告げ〉の礼拝堂としているのは彼の誤解だとしたが[32]、それは、ヴァラッロに苦しみの道行きがあったとして、当該の礼拝堂をその道の一構成要素と考えたガッローニの誤解であった。また、ガッローニ説を踏襲したと思われるペッローネの復元図も（図62）、この平面図を〈慟哭の聖母〉（Lo Spasimo di Maria）の礼拝堂のものとしている（但し、九二年には彼女は見解を変え、アレッシの記述を考慮して確定を保留した[33]）。しかし、エルサレムの同名の聖蹟の場所から判断して、PPの場所は、アレッシが記した通り、〈天使による聖母への死のお告げ〉のそれであったはずである。そしてそれは、現在のピラトの官邸の第二七堂（最初のピラトの官邸でのキリスト）付近にあったに違いない。

図76　ヴァラッロ〈聖母の墓〉の礼拝堂

① 「ヨシャファトの谷（＝キドロンの谷）」――[27]〈聖母の墓〉、[28]〈ヨアキムの墓〉、[29]〈聖アンナの墓〉の礼拝堂

[27]〈聖母の墓〉の礼拝堂は、既述のように現存している（剝された壁画はヴァラッロの絵画館が収蔵）。現在の第四六堂（図76）がそれであり、アレッシの全景図（図58-a）では右上端（南西の角）にSSで示されている。これに対し、一五一四年の案内書で〈聖母の墓〉に後続している[28]、[29]の礼拝堂はそこには見出されない。しかし、彼の手稿本のcar. 310の平面図の解説には、「掲げているこの方形の平面図は、（最後の）審判の神殿に用いられる予定であり、この神殿は、現在は聖アンナの墓が見られる所に建てられなければならない

…下略…」とあり、彼の時代には〈聖アンナの墓〉の礼拝堂が存在していて、しかも〈最後の審判〉のミステーロへの変更を予定されていたことがわかる。こうして改めて全景図を見直すと、SSの〈聖母の墓〉の場所の北東に、RRで示された二つの横長の凹型と、「Qui si farà il Giuditio」（ここに最後の審判は造られるであろう）の注記が見出されるため、ここが29の礼拝堂の設置場所であったと同定できる。しかし、アレッシにもセサッリの一五六六年の案内書のcar. 13 rectoにも、28〈ヨアキムの墓〉の礼拝堂についての記述はない。従って、一六世紀の六〇年代には、28の礼拝堂はすでにそれを同定させる装飾や建造物を失っていたに違いない。しかし、一五一四年の案内書のCapitulo XLIIIで、「…前略…（君は）互いに向き合ったヨアキムと聖アンナの二つの墓を目にするであろう」と記されている以上、凹型の一方が〈ヨアキムの墓〉の礼拝堂であることは疑いない。なお、それらは、現在のロープウェー乗場前の小広場辺りにあったはずである。

ⓜ「救済の泉（＝復活のキリストの泉）」
この泉は、神殿の広場の当時と同じ場所に現存しているが、水盤上の復活のキリスト像はコピーである（オリジナルは現在、聖母被昇天聖堂内にある）。

四　一五一四年の案内書の礼拝堂群とエルサレムの「キリストゆかりの聖蹟」

三節における同定作業によって、一部を除いて設置場所を確定できた礼拝堂と堂内のミステーリ装飾は、二節でキリストゆかりの町や聖蹟ごとにそれらを整理し直してから考察したことが有効であったことからわかるように、町や聖蹟ごとにまとまって配されていた。つまり礼拝堂は、聖地のキリストゆかりの町や聖蹟の位置関係や、それらの主要な特徴を彷彿とさせるように配されたり建造されたりしていたと言える。しかし、そうした配列は、次章でみるサン・ヴィヴァルドの施設のそれとは多少異なっていた。

それでは、ヴァラッロの初期の施設の聖地模倣とはどのような、ないしはどの程度のものであったのだろうか。以下で、ヴァラッロの礼拝堂群の配列や建築的特徴と、聖地の対応する町や聖蹟の位置や特徴との関係を具体的に見てみよう（考察順序は三節に準じる）。

ⓐ「ナザレ」――聖地では、ナザレはエルサレムの北に位置し、そこではラテン告知聖堂の「受胎告知のグロッタ（聖洞穴）」が巡礼者の主要な崇敬対象であった。そして、このグロッタは、一二六〇年に同教会が回教徒によって完全に破壊された後も、キリスト教徒の巡礼対象であり続けた。ヴァラッロでも、「ナザレ」は「エルサレム」の北に位置している。また、三節で同定した斜面を穿って造ったような、暗くて狭い最初の〈受胎告知〉の礼拝堂（図45）は、この聖洞穴の特徴を模造しようとしたものであったに違いない。

ⓑ「ベツレヘム」――ベツレヘムは、パレスティナではエルサレムの南に位置しているが、ヴァラッロではエルサレムの東にあり、方角的には一致していない。しかし、一五一四年以降修正が加えられたとはいえ、現存しているかつての3〈キリストの降誕〉（図48）と4〈キリストの神殿奉献〉（＝割礼）（図50-1）の礼拝堂が、ベツレヘムの降誕教会のグロッタ（図49、52）と、グロッタの右側の階段を上った所にある出口の左手の、割礼を記念した聖蹟の建築的構造（図51）を模造していることは、A・トロヴァーティが指摘[1]しているように明らかである。ベツレヘムでは、降誕のグロッタの中央に祭壇があり（図52参照、A）、祭壇下の大理石にキリストの降誕の聖蹟

が星型で示されている。ヴァラッロでも、当初は、現在の第六堂には祭壇だけが置かれていた。そして祭壇下の大理石には、今も星型で示された降誕の場所を確認できる。また、ベツレヘムでは、聖洞穴の両側に一階に上がる階段があり、その右（南）側の階段の西にある空間に、プレゼピオ（B）やマギの祭壇（C）、円柱や螺旋柱（図49、52）があるが、ヴァラッロでもそうした建築構造と建築意匠はそっくり模造され、祭壇の両側に階段が付き、右（南）側の階段の西にある空間に、一五一四年当時は、「降誕」と部屋に入ろうとする「マギの礼拝」を結合した場面が表現されていた。さらに、ベツレヘムでは、右（南）側の階段を上った上堂への出口に半円形の階段が造られ、その左手側にキリストの割礼の祭壇が置かれているが（図51）、ヴァラッロでもそうした構造は模造されており、グロッタの右（南）側の階段を上った上階への出口に半円階段（図50-2）が造られ、その左手側に4〈キリストの神殿奉献〉（＝割礼）（現在の第八堂）の礼拝堂が置かれている。

ⓒ「シオン山」――シオン山は、聖地ではエルサレムのシオン門の南に位置している。そして、図56に見られるように、カイアファの館の南西に、永眠のマリア像を地下聖堂に配したドルミシオンと呼ばれるマリア永眠聖堂があり、その南側のフランシスコ会旧修道院に隣接した建物の上階にコエナクルム（最後の晩餐の部屋）、そしてその東隣に聖霊降臨の部屋があった。さらに、コエナクルムの下階は、キリストが弟子の足を洗った所と伝えられている（図56）。ヴァラッロでは、「シオン山」の総体は、エルサレム（カルヴァリオ）の東に設置されていた（図55、58参照）。そして、ドルミシオンに相当する堂内が円形の26〈聖母が晩年を過ごし死を迎えた礼拝堂〉（＝旧聖堂の最初の核）が置かれ、堂内にはガウデンツィオに帰されるマリア永眠像（図59-1、59-2）（現在は新聖堂のスクローロにある）とそれを取り囲む弟子たちの木彫像が配されていた。また、26の礼拝堂の東には、5〈最後の晩餐〉の礼拝堂を配し、同じ堂内の祭壇に〈キリストによる弟子の洗足〉のミステーロを表現していた。さらに、

その東隣には、△24〈聖霊降臨〉の礼拝堂も建造される予定であった。従って、「シオン山」においても、方角は別にして、礼拝堂の配列は聖地のシオン山の主要な聖蹟やモニュメントの位置関係、並びに建築的特徴を再現するように工夫されていたと言える。

ⓓⓘⓙⓚⓛ「ゲツセマニ」、「ガリラヤ」、「オリーヴ山」、「ガリラヤとオリーヴ山の間の谷」、「ヨシャファトの谷」――聖地のゲツセマニやガリラヤ山、オリーヴ山、ヨシャファトの谷と、それらに対応するヴァラッロの礼拝堂群との関係については、三節においてすでに確認したので、ここでは、そうしたキリストゆかりの土地どうしの位置関係についてのみ言及しておこう。それらの土地は、聖地ではエルサレムの東側の城壁外に展開しているが、ヴァラッロでは「エルサレム」の西側と北側を囲むように配されていた。しかし、ヴァラッロの西側と北側を、エルサレムの東の方角と仮定すれば、キリストや聖母マリアにゆかりがある聖蹟どうしの位置関係は、聖地のそれを反映させていたと言える。

図77　ヨシャファトの谷　聖母の墓の室内

さらに、ヴァラッロのかつての「ヨシャファトの谷」に孤立して現存している27〈聖母の墓〉の礼拝堂（図76）も、聖地の対応する墓と酷似している。聖地の聖母の墓は、一四世紀後半以降フランシスコ会が所有していたが、一七世紀に彼らから奪取されて以来今日に至るまで、カトリック教徒には接近を許されていない聖所となっている。[2] この墓はユダヤ式に倣って狭く、正面右側に小さな入口があり、堂内には亡骸を横たえる石の台が置かれているが（図77）、ヴァラッロのそれも手本と同様に小さく、正面右側に小さな入口が開けられ、堂内には亡骸を横たえる石製の台が置かれてい

図78　ヴァラッロ　第46堂〈聖母の墓〉の室内

る（図78）。

ⓔ「エルサレム」（苦しみの道？）――ミステーリの内容上、当然エルサレム旧市街か、旧市街の苦しみの道上で生じた事件と考えて「エルサレム」内にまとめた、△⑩〈アンナスの館でのキリスト〉や△⑪〈ピラトの官邸でのキリスト〉、⑫〈十字架の下に倒れるキリスト〉、①〈聖母の休息〉の礼拝堂は、聖地ではどこに位置付けられているのであろうか。アンナスの館は、エルサレムでは都の南西（アルメニア人地区）のシオン門のすぐ近くに見出される。しかしヴァラッロでは、これに対応する礼拝堂は、上述のように具現されることはなかった。また、ピラトの官邸は、カイーミの時代には、すでにそれをエルサレム市街の北東の地区にあったアントニア要塞跡に同定することが定着していた。そしてそれは、現在の苦しみの道（ヴィア・ドロローザ）の第一留あたりに確定される。従って、カイーミがもしこの官邸を当初からヴァラッロに設置しようとしたのであれば、中央ゾーンの西側の「エルサレム」と、「ゲツセマニ」や「ヨシャファトの谷」との間のどこかに見出されるはずである。しかし、実際には、三節で見たように、⑪の礼拝堂は、「エルサレム」のゾーンからかなり離れた北側の当時の門（現在の補助門）の近くに建造されていた。次いで、十字架の下に倒れた場所は、当然苦しみの道上のどこかに同定されなければならないが、一五、一六世紀には、エルサレムでは現在の苦しみの道の一四の留（スタチオ）（これらのうち三留が転倒に充てられている）はまだ確定されてはいなかった。しかし、一五世紀に巡礼を行ったマリ

アーノ・ダ・シエナ（一四三一年に巡礼）やギョーム・ウェイ（一四五八、一四六二年に巡礼）らの巡礼記には、キレネのシモンが十字架を負うよう命じられる前に、イエスが十字架の下に倒れた所が挙げられており、[3]そこがヴァラッロの12の礼拝堂と対応する所と言えるかもしれない。そしてその場所は、シモンが十字架を負う所（現在の第五留）より前と言うことであれば、現在の慟哭の聖母マリア教会（イエスと聖母マリアが出会った地点、現在の第四留）の近くにある、キリストが最初に転倒した所と想定されている第三留辺りに同定できるかもしれない。しかし、ヴァラッロの12の礼拝堂は、エルサレムの苦しみの道の第三留付近の聖蹟を想定して建造されたものであったとしても、17〈キリストの墓〉の西側に置かれるべきところが、17の礼拝堂の北に当たるかなり離れた所に置かれている。従って、11の礼拝堂と同様に、聖地のキリストゆかりの聖蹟と密接な関係にあるその他の礼拝堂群と同じ構想の下で配されたものとは考えられない。さらに、十字架を負ったキリストと出会った後に、カルヴァリオへ向かう途上で休息した聖母を表現している1〈聖母の休息〉の礼拝堂に対応する聖蹟は、エルサレムには見出されない。そしてヴァラッロにおいても、1の礼拝堂は「エルサレム」のゾーンにではなく、登山路上に配されている。従って、これらの「エルサレム」内の礼拝堂群は、著者によれば、その他の礼拝堂群とは別のコンセプトのもとに挿入されたものに違いない。

ところで、ヴァラッロには、そもそも「苦しみの道行き」、ないしは「十字架の道行き」は設定されていたのであろうか。ガッローニは、ヴァラッロの「代用エルサレム」上に苦しみの道行きがあったと考えた（図61）。そしてそれを、現在の補助門の脇にあったピラトの官邸から、黒い聖堂の12〈十字架の下に倒れるキリスト〉の礼拝堂、次いで25〈天使による聖母への死のお告げ〉の礼拝堂（ガッローニはこれを〈聖母の慟哭〉の礼拝堂と誤解）、さらに13〈聖衣を剝がれカルヴァリオへ送られるキリスト〉の礼拝堂を経て〈カルヴァリオ（山）〉へ至るものであったとした。[4] このガッローニの説は、次いでペッローネに受け入れられたが（図62）、デビアッジは、さまざまな根拠から、ヴァラッロでは苦しみの道行きはカイーミによっても後任者によっても決して着手されなかったばかりか構想すらなされなかったと論駁した。[5] 確かに、デビアッジが言うように、ピラトの官邸は一五一四年には存在しておらず（建造予定）、一五四三―五〇年頃と推測されている最古の景観図（図69）にも確認されない。そして、セサッリの一五六六年の案内書で初めて未完として語られる。従って、その着工は一五四三―五〇年よりも後であるだけでなく、一五六六年に近い時期、すなわちカイーミが没してから半世紀以上も後になってなされたものであった。また、⑬〈聖衣を剝がれカルヴァリオに送られるキリスト〉のミステーロは、カイーミの死後にガウデンツィオが部屋を二分して設置したものであったから、〈カルヴァリオ（山）〉の下の礼拝堂には、当初は〈聖体塗油石〉のミステーロしか配されていなかった。さらに、ガッローニが〈慟哭の聖母〉の礼拝堂と見做した礼拝堂は、一度としてそのようなミステーロを受け入れたことはなく、最初から〈天使による聖母への死のお告げ〉のミステーロを表現していた。従って著者も、カイーミの構想には苦しみの道行きは含まれていなかったと考える。しかし、黒い聖堂はすでに一五〇一年には建造されて堂内に〈十字架の下に倒れるキリスト〉のミステーロが表現されていたことや、カイーミの没後にガウデンツィオが⑬の礼拝堂を建造したこと、さらに、時代は下るとはいえ、ピラトの官邸が現在の補助門の近くに建造された以上、カイーミの後任の誰かが、かなり早い時期に、地形模倣というコンセプトには基づかない「苦しみの道行き」、ないしは「十字架の道行き」の挿入を試みようとしていたようには思われる。そしてそれは、エルサレムにおいてではなく、第二章で概観したように、西欧のアルプス以北で一五世紀後半頃から流布し始めていたキリストの受難に対する特殊な諸信仰の実践形態の影響下で行われたことであったと考えられる。それはまた、サン・ヴィヴァルドの巡礼施設に途中から挿入

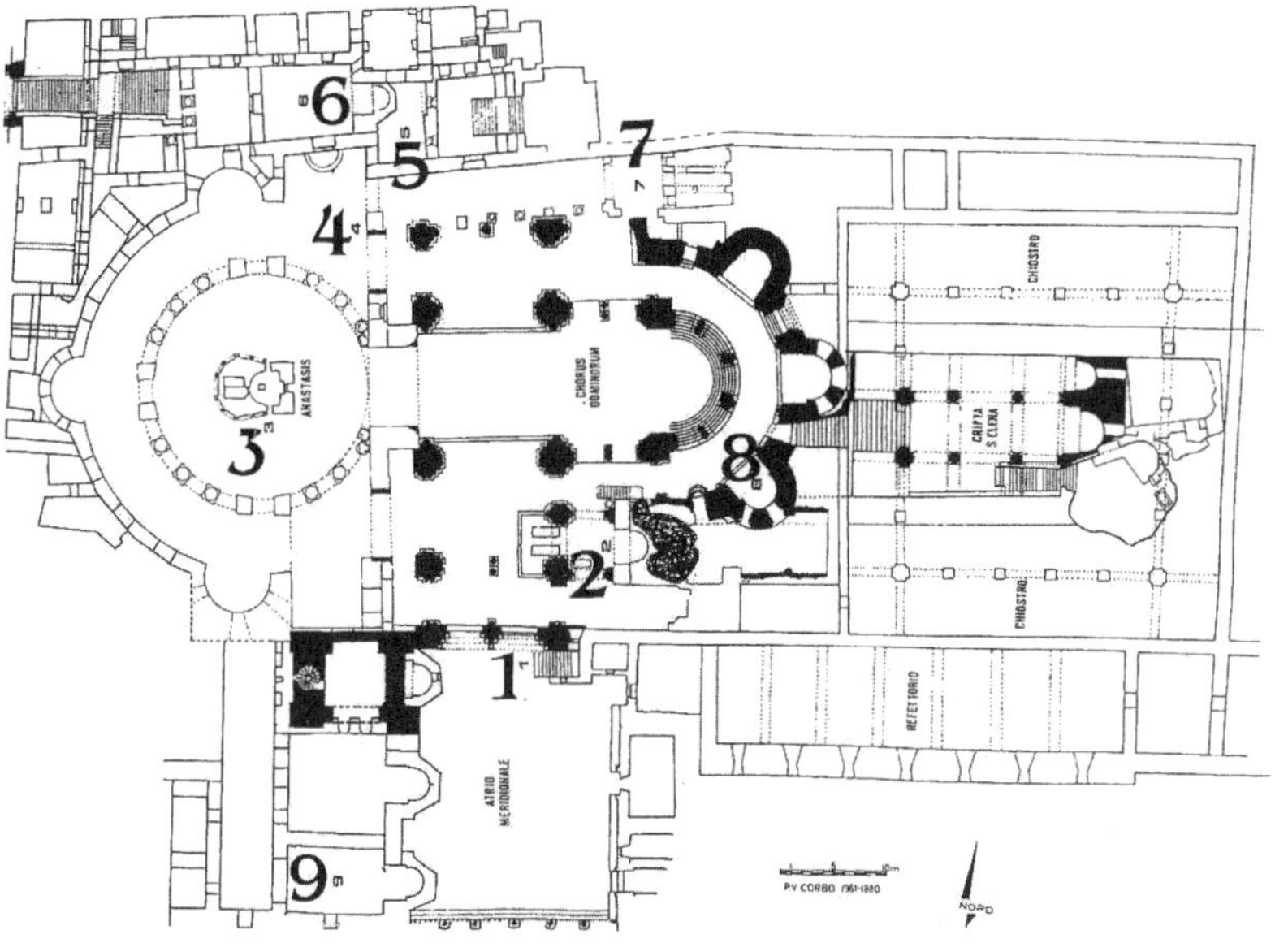

図79　十字軍時代のエルサレムの聖墳墓記念聖堂の平面図（P. V. Corboによる、1981年）
1. フランキ（聖ヨハネと敬虔な婦人たち、あるいは慟哭の聖母）の礼拝堂を抜けて聖堂内に入るための階段、2. アダムの礼拝堂、上階はカルヴァリオの礼拝堂、3. 聖墳墓の祠堂、4. マグダラのマリアの祭壇、5. マグダラのマリアの礼拝堂、6. 聖母に出現するキリストの礼拝堂、7. キリストの獄屋の礼拝堂、8. 荊冠の礼拝堂、9. 聖小ヤコブの礼拝堂

された十字架の道行きにも当てはまる。但し、後者においては、十字架の道行きの留は地形模倣的に挿入され、現存しているのに対し、ヴァラッロでは地形模倣とは無関係に挿入されかけていた一種の十字架の道行きは、アレッシによる再整備計画（一五六五―六九年）によって中断され、その後も再開されることはなかった。そして同道を構成していた礼拝堂は、献堂名を変えられるか取り壊されるかしてしまったと考えられる。

ⓕⓖⓗ「カルヴァリオ」、「カルヴァリオ付近」、「キリストの墓」、「キリストの墓付近」――イエスの時代、彼が磔刑に処せられたカルヴァリオ（ゴルゴタ）は城壁の外にあったが、ローマ時代に城壁の位置が変わったことで、必然的に城壁内に取り込まれるに至った。そこは現在、聖墳墓記念聖

堂内（図79）の入口のすぐ右（北西）側辺りに同定される。ここにはカルヴァリオと呼ばれる二階構造の建物（矩形プラン）が立っており、上階にはキリストの磔刑の礼拝堂、また一階にはアダムの亡骸が置かれた礼拝堂が設置されている（図64）。そして、かつての第二の入口（戸外からカルヴァリオへ至るための貴人用の入口）のアトリウムであり、一四世紀以降フランシスコ会士と関係があった所には、フランク人礼拝堂（聖ヨハネと敬虔な婦人たち、あるいは慟哭の聖母の礼拝堂とも呼ばれる）が設置されている。(6) また、同聖堂の入口から堂内に入り、わずかに直進した所（カルヴァリオのすぐ西隣）には聖体塗油石が置かれ、信者の崇敬を集めている。次いで、カルヴァリオから一五メートルほど離れた同じく西側に、聖墳墓の祠堂が立っている。この祠堂は、破壊と再建が繰り返されたことで何度か外形を変えたが、一〇〇九年の再建後は馬蹄形プランになっていた（一六世紀後半には外観は再び変えられる）。そして堂内は、天使の間と呼ばれる前室と、低くて狭い入口をくぐった先にある墓室（図66）とに分けられていた（その構造は現在も変わっていない）。さらに、この聖墳墓の北側にマグダラのマリアの祭壇と同聖母の礼拝堂、そして、後者の北西に隣接して聖母に出現するキリストの礼拝堂（現在のフランシスコ会士の祈禱席）があった。ちなみに、聖母へのキリストの出現のエピソードは福音書には語られていないが、古くから伝統的にこの礼拝堂で記念されていた。(7)

ヴァラッロでは、「カルヴァリオ」とその付近、並びに「キリストの墓」とその付近は、一五一四年当時も現在も、「エルサレム」に当たる整備された高い中央ゾーンに配されている（図40、58）。まず、4〈磔刑〉の礼拝堂は、「シオン山」の総体のほぼ北西の位置に、既述のように、岩を土台として高く建造されていた。そして、その南側の階段の下に、エルサレムのフランク人礼拝堂に相当する15〈卒倒の聖母〉の小礼拝堂があり、反対の北側の階段下に13〈聖衣を剝がれカルヴァリオへ送られるキリスト〉と16〈聖体塗油石〉の礼拝堂があった。次いで、カルヴァリオから、エルサレムにおけるのと同じ距離（一五メートル）だけ西に離れたところに、17〈キリストの墓〉の礼拝堂が設置されている。そして、ヴァラッロにおいても、同堂は前室と墓室の狭い二つの部屋から成っている（図65）。さらに、〈キリストの墓〉の礼拝堂の北側には、同様に、19〈マグダラのマリア〉の礼拝堂と、その近く（北側）に18〈聖母に出現するキリスト〉の礼拝堂があった。以上のように、ヴァラッロの中央ゾーンの主要な礼拝堂群は、所与の土地の条件による多少の歪みはあるにしても、エルサレムの聖墳墓記念聖堂内のキリストゆかりの聖蹟のそれぞれを方角的にもほぼ忠実に再現していた。しかし、こうした忠実な模造建築群のなかにあって、唯一、13〈聖衣を剥がれカルヴァリオへ送られるキリスト〉の礼拝堂だけは、これの手本といえる聖蹟を見出すことはできない。従って、13の礼拝堂もカイーミの構想にはなかった礼拝堂と考えられる。

五　フラ・ベルナルディーノ・カイーミの「代用エルサレム」
――結びにかえて

四節で、一五一四年当時の礼拝堂群をそれらと対応するパレスティナのキリストゆかりの聖蹟の場所やそこに建造されている建造物と比較した結果、「エルサレム」内にまとめた礼拝堂群（10、11、12、1の礼拝堂）と「カルヴァリオ付近」に位置する13の礼拝堂を除くすべての礼拝堂に、聖地の地形模倣的配列か建築の構造的模造のいずれか、もしくは両要素の模倣が認められた。従って一五一四年の最古の案内書に挙げられた礼拝堂群のうち、10、11、12、1、13の礼拝堂を除く礼拝堂群がカイーミの構想に基づく最初期の礼拝堂と考えられる。そして、それら五堂を除く礼拝堂の設置場所の同定結果に基づいて、カイーミが構想した「代用エルサレム」の配列

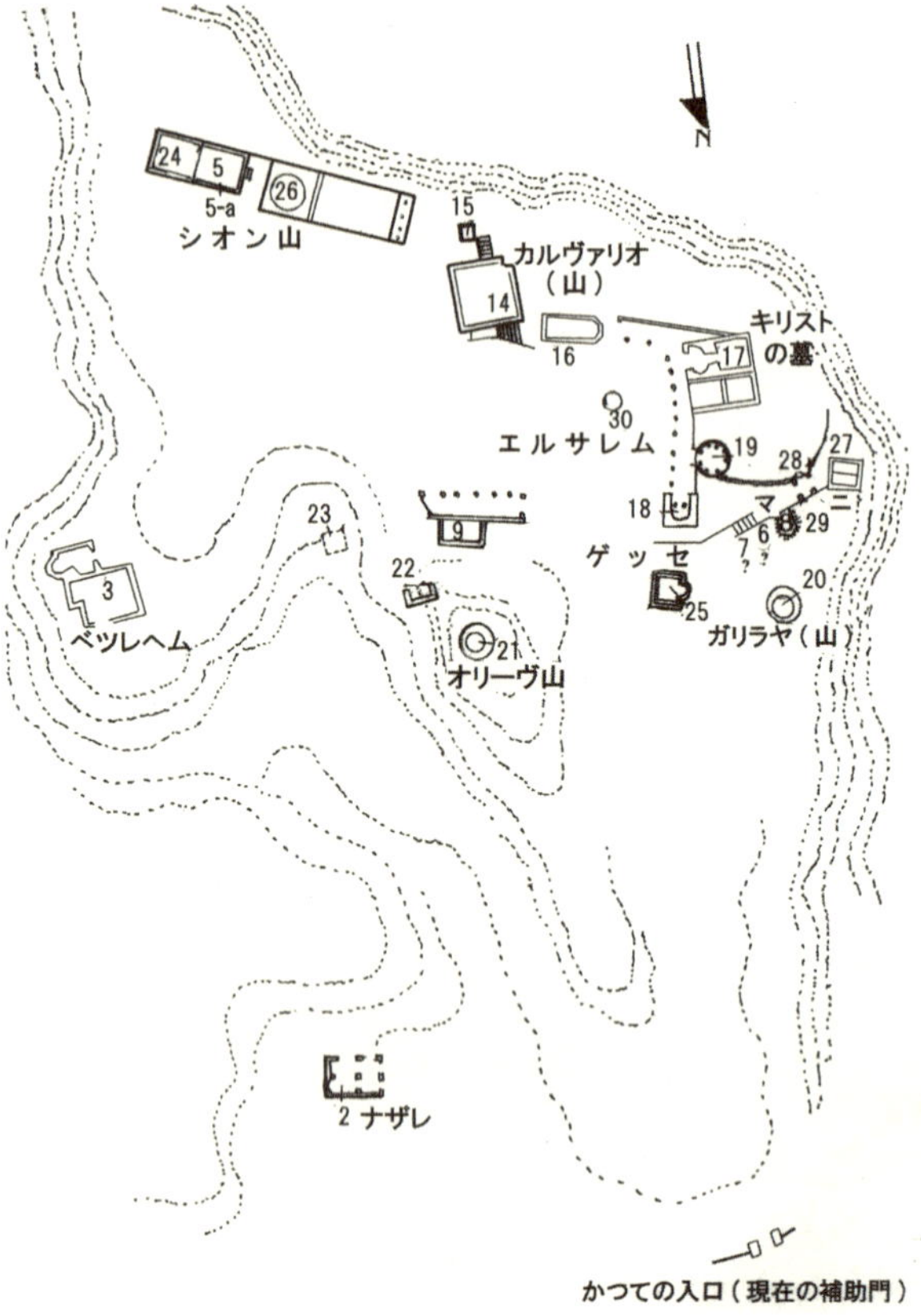

図80　B.カイーミが構想したヴァラッロの「エルサレム」（推定）

を平面図上に復元してみれば図80のようになるであろう。

同図に拠れば、一五世紀末年から一六世紀初めにかけては、「ナザレ」と「ベツレヘム」、「エルサレム」は現在と同じ位置に置かれていた。そして聖地では、旧市街から見て東側に展開しているゲッセマニやガリラヤ山、オリーヴ山と、旧市街から見て南西に位置するシオン山は、ヴァラッロでは前者が「エルサレム」の西から北側を囲むように配され、後者は「エルサレム」のほぼ東に設定されていた。つまり、カイーミの「代用エルサレム」は方角的には必ずしもモデルに忠実ではなかったし、マムルーク朝時代のエルサレム市街をそっくり模造するものでもなかった。しかし、土地の事情が許す限りは、キリストゆかりの土地相互の位置関係を方角的にも忠実に模倣し、それができない場合には、一つのキリストゆかりの土地内での聖蹟どうしの位置関係や、そこにある建築的モニュメントの構造は可能な限り忠実に模倣、模造していた。また、カイーミが構想した「キリストゆかりの聖蹟」は、エルサレムには存在しない7〈ゲツセマニの園で眠り込む七人の弟子〉の礼拝堂以外は、いずれもフランシスコ会士の案内で巡礼者が訪れ、当時の巡礼記にも必ず挙げられているような聖蹟であり、全免償や七年の部分免償の対象にもなっていた。(1) さらに、彼の「代用エルサレム」を構成する礼拝堂のなかには、同会のエルサレムにおける最初の拠点であり修道院があったシオン山（図57）に関係する礼拝堂や、一四世紀以降同会が専有してミサを挙げていた聖墳墓記念聖堂の入口の右側にあるフランク人礼拝堂（図79）に対応する礼拝堂（＝15〈卒倒の聖母〉）、また、同会の祈禱席があって、同会士によって昼夜ミサが挙げられている同記念聖堂内の聖母に出現するキリストの礼拝堂に対応する礼拝堂（＝18〈聖母に出現するキリスト〉）も洩れなく含まれており、聖地の番人であったフランシスコ会との密接な関係も窺わせている。

このように、カイーミの「代用エルサレム」の礼拝堂の配列では、何よりもキリストと聖母マリアに関係する聖なる「トポス」が最優先されており、事件が発生した順序は顧みられてはいなかった。従って、もし、出来事の発生順にミステーリを辿ろうとすれば、巡礼者は山上を行ったり来たりしなければならなかったはずである。それが、後に、カイーミのコンセプトを理解しない建築家や宗教家の目に、礼拝堂の配列と堂内のミステーリ場面の順序が雑然としていて秩序がないと映り、彼らによって礼拝堂が事件の発生順に整然と配されるよう改造される主な理由であった。しかし、カイーミのねらいは、後代の建築家や宗教家の考えとは異なる所にあった。当時はルターによる宗教改革の狼煙はまだアルプス以北に上げられておらず、「代用エルサレム」建造の主な理由は、後代の「サクロ・モンテ」についてしばしば指摘されるようなプロテスタントの伝播の阻止やカトリックの信仰の再教化にはなく、何よりもキリスト教徒の巡礼者に対するトルコ人の威嚇と迫害にあった。また、カイーミが最も重要と考えて最初に建造した幾つかの礼拝堂が示しているように、それは、元来、西欧における長いエルサレムの模造建築の系譜に連なるものであったと考えられる。最初に建造された礼拝堂とは、山上の土地やそこに既に建造されていた最初の複数の建造物などのカイーミへの正式な譲渡に関する記録（一四九三年）に挙げられている、a.〈キリストの墓〉（とそれに隣接する隠修所）とb.〈十字架の下〉（subtus Crucem）、そしてc.〈昇天〉の三堂である。これらのうち、〈十字架の下〉の礼拝堂は、一五一四年の案内書には存在していないため、それを〈ヨシャファトの谷〉にある27〈聖母の墓〉と見做す説（ガッローニ）[2]と、16〈聖体塗油石〉の礼拝堂と見做す説（デビアッジ、ジェンティーレ）[3]が生じたが、アレッシの『ミステーリの書』の記述から推論を重ねた前者の説には明らかに無理がある。そこで、ここでは、〈subtus Crucem〉のCrucemを「カルヴァリオ（山）」に建てられた十字架と考え、その下にある礼拝堂、すなわち16〈聖体塗油石〉の礼拝堂と同定した後者の説に従えば、カイーミが山上に最初に設定して建造したのは、〈キリストの墓〉と〈聖体塗油石〉、〈昇天〉の場所の三堂だったことになる。しかし、〈subtus Crucem〉という以上、十字架を設置した「カルヴァリオ（山）」の場所も、この時には当然確定されていたはずであり、それらに加えることができよう。以上の四つのキリストゆかりの聖蹟は、〈昇天〉の場所を除けば、第二章で見たほぼ同時期に遡るゲルリッツの複合体の構成要素と一致する。また、〈キリストの墓〉と〈カルヴァリオ（山）〉の場所を中心として、その他の若干の場所が加わる複合体の例であれば、ブリュージュやトロワ（一六世紀初め）など、多くの西欧の町にも存在していた。従って、イタリアのヴァラッロの例だけが特異なわけではなく、複合的「代用エルサレム」はヨーロッパ的な傾向であったと言うことができる。そしてそれらは、エルサレムの聖墳墓とカルヴァリオ（山）、とりわけ聖墳墓の単体の模造建築によってエルサレムを代用させていた、西欧における長い聖地模造の系譜上に位置付けられるものであり、それから発展したものであったと考えられる。

とはいえ、カイーミの「代用エルサレム」は、聖墳墓とカルヴァリオ（山）を基礎としながらも、「ナザレ」から「ベツレヘム」、「エルサレム」、「エルサレム近郊」までのイエスの生涯に関係する殆どすべての重要な聖蹟を、地形的にもできる限り忠実に、最も原初的なつつましい建造物による組織的な複合施設として西欧において初めて提示したものであった。そして、その規模も、その他の西欧諸国（特にアルプス以北）の同時期の複合体の規模をはるかに越えるものであった。他の国々にはないカイーミの代用施設のこうした独創性の理由は、一つには、創設者が一三世紀前半よりすでに聖地にあってキリストゆかりの聖蹟を守り、巡礼者の案内や保護の任に当たっていたフランシスコ会に属する神父であったことに求められるであろう。アルプス以北の「代用エルサレム」が、聖地巡礼の経験があったとはいえ、殆どが俗人によって建造されていたのに対し、ヴァラッロのそれは、パレスティナを熟知していた修道会に属し、自身も幾度か聖地を訪れた経験をもつ修道士によって構想されたものであったからである。さらに、いま一つの理由としては、デビアッジが言うように(4)、イタリア・ルネサンスの新しい感性を挙げることができよう。カイーミの施設は、過去の史料や記録、遺構に注意を払って写実を追究する厳格な精神性を示すものであり、中世の象徴主義からは隔たった新しい感性によってしか具現されえないものであった。ヴァラッロの「代用エルサレム」とは、これら二つの要素が歴史上でクロスしたごく短い期間に誕生した稀有の施設であったと言える。対抗宗教改革以降の「サクロ・モンテ」や、バロック期にアルプス以北を中心に隆盛する「カルヴァリオ山」の複合体が、聖地パレスティナに関係しながらも、もはや「トポス」を核とする地形模倣とは無縁な、一連の「留」による行列的複合体となって再登場することを考えれば、カイーミの「代用エルサレム」は、サン・ヴィヴァルドのそれとともに、ルネサンス期にのみ存在しえた極めて稀少な「写実的エルサレム」であったと言えよう。

注

はじめに

（1）ラテン語の銘文全体は、“MAGNIFICIUS DNS MILANUS / SCARROGNINUS HOC SEPLCHR / CŬ FABRICA SIBI CONTIGUA / CHRISTO POSUIT MCCCCLXXXXI / DIE SEPTIMO OCTOBRIS R-P / FRATER BERNERDINUS CAI/ M / DE MIO OR MI DE OBS / SACRA HUI’ MOTIS EXCO / GITAVIT LOCA UT HIC HIREM / VIDEAT QUI PAGRARE NEQT”。なおイタリア語訳は、“Il magnifico signore Milano Scarognini questo Sepolcro con le febbriche ad esso contigue a Cristo pose nel 1491 il giorno 7 ottobre. Il R. P. frate Bernardino Caimi di Milano dell’Ordine dei Minori dell’Osservanza ideò i Sacri Luoghi di questo Monte, perché qui veda Gerusalemme chi in pellegrinaggio non può andare.”（S. S. Perrone, *Guida al Sacro Monte di Varallo*, 1995, p. 80.）、邦訳は「偉大なるミラノ・スカロニーニ氏が、このキリストの墓並びにそれに連なる建造物を一四九一年一〇月七日に建て、巡礼に赴けない者がこの山でエルサレムを体験できるように、ミラノのフランシスコ会オブセルヴァント派のベルナルディーノ・カイーミ師が、ここにキリストゆかりの聖蹟を構想した。」

（2）注一の（3）参照。

一

（1）A. Durio, ‘Il Santuario di Varallo secondo uno sconosciuto cimelio bibliografico del 1514’, in *Bollettino Storico per la Provincia di Novara*, 1926, Fasc. II , pp. 117-139.

（2）‘capitulo’は、ラテン語の‘capitulum’（後期ラテン語では、一冊の本や著作物を分割している主要な部分の一つを意味したほか、各聖務日課における詩篇の後の短い読誦を指す教会用語）から派生したと考えられる言葉である。一五一四年の案内書では、‘capitulo’という用語は、サブタイトル（Capituli de passione…）中や、各八行詩の番号の列挙において用いられている他、詩中で三回（Capitulo XII, Capitulo XXVI, Capitulo XXXII中）用いられており、明らかに実際の「礼拝堂」を意味しているが、その意味は、語源の‘capitulum’がもつ上述の二つの意味に由来する含意を帯びて拡大されている。すなわちそれは、案内書のテキストとその著述の性格、並びに順路に沿った巡礼的、典礼的行為のなかでの聖典の朗読をも暗に意味している。さらにP・G・ロンゴによれば、この案内書の場合には、以上のような意味を超えた「語られているエピソードの表現」という、より独創的な意味もある（P. G. Longo, “‘Hi Loco visitando”: temi e forme del pellegrinaggio ai Misteri del Monte de Varalle nella Guida del 1514’, in *Questi sono li Misteri che sono sopra el Monte de Varalle*, nota 24, Borgosesia, 1987, p. 119）。本章では、以上のような多義的な言葉を総括できる適切な訳語を見出せないため、原発音に近いカタカナ表記で示した。

（3）‘mistero’という用語にはさまざまな意味がある。一五一四年の案内書と初期の山上のコンテクストにおいては、①キリストと聖母マリアの生涯のエピソードの図像的表現、②黙想と信仰の対象として受け入れられたキリストの生涯のエピソード、③そうしたエピソードの物質的証拠、すなわち、そうしたエピソードが展開された場所、を意味している。さらに、この言葉が一五世紀以降に帯びるようになった④聖劇（Sacra Rappresentazione）も意味していよう（Longo, *Ibid.*, nota 24, p. 119. ; La voce di ‘Mistero’, in *Grande dizionario della lingua italiana*, Torino, 1978, Vol. X, p. 572）。ラテン語‘misteria’は、日本では「玄義」と訳されるのが通例であるが、ヴァラッロの場合には以上のような多くの意味が包含されているため、あえて原発音に近いカタカナ表記とした。

（4）A. M. Brizio, “Configrazione del Sacro Monte di Varallo nel 1514”, in *Bollettino della Società piemontese di Archeologia e di Belle Arti*, Anni Ⅷ-XI, 1954-57, pp. 1-6.

（5）idem., ‘La più antica veduta del Sacro Monte di Varallo’, in *Bollettino della Società Piemontese di Archeologia e Belle Arti*, Anni Ⅷ-XI, 1954-57, pp. 3-5.

（6）以下のカタログが刊行された。*Mostra di Gadenzio Ferrari*, Vercelli, Museo Borgogna, Milano, 1956.

（7）M. L. G. Perer, ‘Martino Bassi. Il Sacro Monte di Varallo e S. Maria presso S. Celso’, in *Arte Lombarda*, IX, pp. 21-57, 1964.

（8）G. Testori, *Il gran teatro montano : saggi su Gaudenzio Ferrari*, Milano, 1965. ; A. M. Brizio, ‘Il Sacro Monte di Varallo : Gaudenzio e Lotto’, in *Bollettino della Società Piemontese di Archeologia e Belle Arti*, XIX, 1965, pp. 35-42.

(9) A. Trovati, 'Il Beato Bernardino Caimi ha veramente riprodotto al Sacro Monte di Varallo i Luoghi Santi della Palestina?', in *Sacro Monte di Varallo*, 1963, marzo, pp. 8-11, luglio, pp. 10-15, agosto, pp. 8-11.

(10) G. Alessi, *Libro dei Misteri, Progetto di pianificazione urbanistica, architettonica e figurativa del Sacro Monte di Varallo in Valsesia* (*1565-1569*), Prefazione di A. M. Brizio, Commento critico di S. S. Perrone, 2 volumi, Bologna, 1974.

(11) M. L. G. Perer, 'Gli studi sulle origini del Sacro Monte di Varallo e sulla personalità di Bernardino Caimi', in *Arte, religione, comunità nell'Italia rinascimentale e barocca*, Atti del convegno di studi sul Santuario della Beata Vergine dei Miracoli di Saronno, Azzate (Varese), 2000, pp. 95-119.

(12) C. Debiaggi, 'La primitiva cappella dell'Annunciazione al Sacro Monte di Varallo', in *Arte lombarda*, 40, 1974, pp.175-178. ; idem., 'La cappella 〈subtus Crucem〉 al Sacro Monte di Varallo', in *Bollettino Storico per la Provincia di Novara*, LXVI, 1975, pp.72-80. ; idem., 'Sulla presunta Via Dolorosa al Sacro Monte di Varallo', in *Bollettino Storico per la Provincia di Novara*, LXVII, 1, 1976, pp. 67-75. ; idem., 'Sulla data di fondazione del Sacro Monte di Varallo', in *Bollettino Storico per la Provincia di Novara*, LXVIII, 2, 1977, pp.152-160. ; idem., 'Le cappelle dell'Ascensione dell'Apparizione di Gesù ai discepoli e l'originaria topografia del Sacro Monte di Varallo', in *Bollettino storico per la Provincia di Novara*, luglio-dicembre, 1978, pp. 56-81. ; idem., *A cinque secoli dalla fondazione del Sacro Monte di Varallo-Problemi e ricerche*, Varallo, 1980.

(13) A. Bossi, 'Un mistero attorno alla Sacra Orma', in *Il Sacro Monte di Varallo,* marzo, 1978, no. pag..

(14) idem., 'I Vangeli apocrifi e il Sacro Monte', in *Il Sacro Monte di Varallo*, dicembre, 1979, no. pag..

(15) P. G. Longo, 'Alle origini del Sacro Monte di Varallo: la proposta religiosa di Bernardino Caimi', in *Novarien*,14, 1984, pp.19-98. ; idem, 'Alle origini del Sacro Monte di Varallo. I 'luoghi', le 'immagini' e i 'percorsi' di un sistema di memoria', in *Il Sacro Monte di Varallo*, 1991, 8 e 1992, 1.

(16) G. Gentile, 'Evocazione topografica, composizione di luogo e tipologia dei Sacri Monti', in Aa.Vv., *Sacri Monti. Devozione, arte e cultura della Controriforma*, Milano, 1992, pp.89-110.

(17) S. S. Perrone, 'La 《Gerusalemme delle origini nella secolare vicenda edificatoria del Sacro Monte di Varallo', in *Ibid.*, pp. 27-58.

（18）idem., 'I《Misterij》architettonici di Galeazzo Alessi al Sacro Monte di Varallo', e idem., 'Le pianificazioni del Sacro Monte di Varallo', in G. Alessi, *Libro dei Misteri*, 1974, pp. 28, 63-64.

（19）G. Gentile, 'Da Bernardino Caimi a Gaudenzio Ferrari. Immaginario e regia del Sacro Monte', in *da Valle Sicida. L'immagine e l'immaginario al Sacro Monte di Varallo*, periodico annuale, Società Valsesia di Cultura, Anno VII, n. 1 / 1996, pp. 207-287.

二

（1）A cura di S. S. Perrone, *Questi sono li Misteri che sono sopra el Monte de Varalle* (*in una "Guida" poetica del 1514*), Borgosesia, 1987.；著者が平成一五年度に博士論文を提出した後、大野陽子『ヴァラッロのサクロ・モンテ――北イタリアの巡礼地の生成と変貌』（三元社、二〇〇八年）が刊行され、巻末に「付録」として同案内書の邦訳が掲載された。

三

（1）しかしカイーミには一四八八年に起草した『信仰箇条からなる四旬節説教』（*Quadragesimale de Articulis Fidei*）の手稿（ms. I. 3. 17, Bib. Civica di Como）が存在している。なお、カイーミの「代用エルサレム」の表現方法を、同手稿に見られるキリストの生涯や受難の玄義についての解説技法との関係からイコノロジー的に考察したものに、P. G. Longo, 'Alle origini del Sacro Monte di Varallo : la proposta religiosa di Bernardino Caimi', in *Novarien*, 14, 1984, pp. 19-98や、水野千依「ヴァラッロのサクロ・モンテ創設期におけるベルナルディーノ・カイーミの構想――〈場の記憶〉と〈心の巡礼〉」（京都造形芸術大学紀要〔GENESIS〕第九号、二〇〇五年、一九六―二一五頁）などがある。

（2）一五四四年頃に建造された現在の第三堂（〈マリアの聖エリサベツ訪問〉）には、当初、堂内に〈受胎告知〉のミステーロが表現されていた。詳細はS. S. Perrone, *Guida al Sacro Monte di Varallo*, Torino, 1995, p. 38を参照。

（3）現在の第四堂は、ノヴァーラ司教カルロ・バスカペの指示で、一六〇三年から一六〇八年までの間に壁面を造って礼拝堂とされたもので、元来は拱廊であった。詳細は、C. Debiaggi, 'La primitiva cappella dell'Annunciazione al Sacro Monte di Varallo', in *Arte lombarda*, 40, 1974, pp. 175-178を参照。

（4）*Ibid.*, pp. 175-178.

（5）現在の第六堂は一五世紀末にカイーミの指揮下で建造されもので、当時そこには祭壇だけが配されていた。ガウデンツィオの聖母マリア、聖ヨセフ、幼児（現在の幼児像は一八五二年に補われたもの）像が加えられたのは一五二〇年頃のこと（Perrone, *Guida al* …, *op. cit.*, p. 41）。

（6）一五一四年当時の[3]〈キリストの降誕〉（＝現在の第七堂）の礼拝堂は、一五一四年より後に、「ベツレヘム」の総体が再整備された際、ガウデンツィオの聖母マリア、聖ヨセフ、そして彼らに近い二人の羊飼いのテラコッタ像が加えられ、〈羊飼いの礼拝〉の礼拝堂とされた（Perrone, *Ibid.*, p. 41）。

（7）キエーザ・ヴェッキア（現在の巡礼宿付近にあった旧聖堂）の背後にあった最初の〈最後の晩餐〉の礼拝堂（一五世紀の最後の一〇年間に建造）内の古い一五世紀の木彫群は、一七七六年に建造された同名の礼拝堂（第二〇堂）に移されて今日に伝わっている。

（8）C. Debiaggi, 'Le cappelle dell'Ascensione dell'Apparizione di Gesù ai discepoli e l'originaria topografia del Sacro Monte di Varallo', in *Bollettino Storico per la Provincia di Novara*, luglio-dicembre, p. 81において、デビアッジも著者と同じ考えを示している。

（9）P. Galloni, *Sacro Monte di Varallo. Origine e svolgimento delle Opere d'Arte*, Varallo, 1914, pp. 19-20.

（10）Debiaggi, 'Le cappelle dell'Ascensione …', *op. cit.*, p. 67.

（11）現在の第二〇堂は、カーサ・パレッラ（S）の拱廊が一七七六年に建造された時、その一階に内蔵される形で設置されたものである。しかしPerrone, *Guida al*…, *op. cit.*, p. 55は、当初の〈園での祈り〉の礼拝堂は、現在のタボル山の斜面に当たるゲツセマニのゾーンの坂の上に立っており、入口には岩を削って造った短い階段が付けられていたとしている。

（12）G. Alessi, *Libro dei Misteri. Progetto di pianificazione urbanistica, architettonica e figurativa del Sacro Monte di Varallo in Valsesia*（*1565-1569*）, Bologna, 1974, Vol. II, fol. 258 e Vol. I, pp. 68-69, pianta n. 5.

（13）Perrone, *Guida al*…, *op. cit.*, p. 56は、当初の礼拝堂は第二一堂と同様に現在のタボル山の斜面に当たるゲツセマニのゾーンに建てられていたとしている。

（14）Debiaggi, 'Le cappelle dell'Ascensione …', *op. cit.*, p. 67.

（15）〈ゲツセマニの園で眠り込む七人の弟子〉の聖蹟は聖地には存在しておらず、聖地の巡礼記等にも言及されていない。しかし、サン・ヴィヴァルドの初期の「代用エルサレム」に関係するレオ一〇世の返書（一五一六年）には、同じように、〈主が八人の弟子を残した所〉の礼拝堂が列挙されている。但し、それが具現されたか否かは定かではない（G. Vannini, F. Cardini, 'San Vivaldo in Valdelsa : problemi topografici ed interpretazioni simboliche di una《Gerusalemme》cinquecentesca in Toscana', in *Atti del convegno di San Vivaldo, Religiosità e società in Valdelsa nel basso medioevo*, Firenze, 1980, p. 48.

（16）Perrone, *Guida al*…, *op. cit.*, p. 41を参照。

（17）Galloni, *Sacro Monte*…, *op. cit.*, p. 26.

（18）*Ibid.*, pp. 26-28.

（19）G. B. Fassola, *La nuova Gerusalemme o sia il Santo Sepolcro di Varallo*, 1671, p. 22.

（20）Perrone, *Guida al*…, *op. cit.*, p. 75.

（21）*Ibid.*, p.75.

（22）C. Debiaggi, 'Sulla presunta Via Dolorosa al Sacro Monte di Varallo', in *Bollettino storico per la Provincia di Novara*, LXVII, pp. 74-75.

（23）Perrone, *Guida al*…, *op. cit.*, p. 78-79.

（24）Galloni, *Sacro Monte*…, *op. cit.*, p. 12.

（25）Debiaggi, 'Sulla presunta …', *op. cit.*, p. 75.

（26）S. S. Perrone, 'La《Gerusalemme》delle origini nella secolare vicenda edificatoria del Sacro Monte di Varallo', in Aa.Vv., *Sacri Monti. Devozione, arte e cultura della Controriforma*, Milano, 1992, nota 24, pp. 54-55.

（27）Galloni, *Sacro Monte*…, *op. cit.*, pp. 17-19.

（28）*Ibid.*, p. 194.

（29）Debiaggi, 'Le cappelle dell'Ascensione…', *op. cit.*, p. 62.

（30）Galloni, *Sacro Monte*..., *op. cit.*, pp. 191-192.

（31） その一人がPerrone, ‘La《Gerusalemme》delle origini…’, *op. cit.*, nota 32, p. 56.

（32） Galloni, *Sacro Monte…, op. cit.*, p. 33.

（33） Perrone, ‘La《Gerusalemme》delle origini…’, *op. cit.*, nota 23, p. 54.

四

（1） A. Trovati, ‘Il Beato Bernardino Caimi ha veramente riprodotto al Sacro Monte di Varallo i Luoghi Santi della Palestina? ’, in *Sacro Monte di Varallo*, Anno 39, marzo, 1963, pp. 8-11.

（2） *Ibid.*, agosto, 1963, p. 9.

（3） A. Teetaert de Zedelgen, ‘Aperçu historique sur la dévotion au chemin de la croix ’, in *Collectanea Franciscana*, 19, 1949, p. 106. なお、この場所は、一四世紀に、「転倒した場所」ではなく「休息した場所」として挙げられている所と一致しているように思われる（Fra Niccolò da Poggibonsi, *Libro d'Oltramare*（*1346-1350*）, Gerusalemme, 1945, p. XLVII, P. L, Nota 14, p. 57, Capitolo XCIII）。

（4） P. Galloni, *Sacro Monte di Varallo. Origine e svolgimento delle Opere d'Arte*, Varallo, 1914, pp. 26-35.

（5） C. Debiaggi, ‘Sulla presunta Via dolorosa al Sacro Monte di Varallo’, in *Bollettino storico per la Provincia di Novara,* LXVII, 1, pp. 65-75.

（6） R. Pacciani, ‘Cappella del Calvario’, in Aa.Vv., *Gli abitanti immobili di San Vivaldo. Il Monte Sacro della Toscana*, 1987, p. 123.

（7） D. Baldi, *Guida di Terra Santa*, Gerusalemme, 1973, p. 60.

五

（1） Fra Niccolò da Poggibonsi, *Libro d'Oltramare*（*1346-1350*）, Gerusalemme, 1945, pp. XLVI-XLVIIIに掲げられているキリストゆかりの聖蹟ごとの免償の一覧参照。

（2） P. Galloni, *Sacro Monte di Varallo. Origine e svolgimento delle Opere d'Arte,* Varallo, 1914, pp. 11-15.

（3） C. Debiaggi, ‘La cappella《subtus Crucem》al Sacro Monte di Varallo’, in *Bollettino storico per la Provincia di Novara,*

LXVI, 1975, pp.72-80. ; G. Gentile, 'Da Bernardino Caimi a Gaudenzio Ferrari. Immaginario e regia del Sacro Monte', in *da Valle Sicida . L'immagine e l'immaginario al Sacro Monte di Varallo,* periodico annuale, Società Valsesia di Cultura, Anno VII, n. 1 / 1996, p. 244.

（4） C. Debiaggi, *A cinque secoli dalla fondazione del Sacro Monte di Varallo. Problemi e ricerche*, Varallo, 1980, pp. 29-30.

第四章　トスカーナ管区サン・ヴィヴァルドのサクロ・モンテ

——フラ・トンマーゾ・ダ・フィレンツェの「代用エルサレム」

はじめに

フィレンツェからきたとされる隠者集団（Fratres de Cruce de Normandia）の存在が早くも一一八五年に史料に確認されている、フィレンツェ県モンタイオーネ市近郊の隠者の森サン・ヴィヴァルドにあるサクロ・モンテ（図81）は、中部イタリアに建造された唯一の巡礼施設である。「サン・ヴィヴァルド」とは、土地の名称であると同時に隠者の名前でもあり、土地としてはモンタイオーネのカンポレーナの「ボスコ・トンド」（円形の森）と呼ばれていた隠棲地を指す。また隠者の名前としては、フランシスコ会の聖人伝が、サン・ジミニャーノ出身の第三会士で、師であり友人でもあったサン・ジミニャーノ出身の福者バルトロが一三〇〇年一二月一二日に没したのを機にボスコ・トンドに引き籠もって隠者として過ごしたと伝えるこの森の名祖「聖ヴィヴァルド」[1]を指している。しかし、実際には、彼が移り住んだとされる一三〇〇年よりも前から、「サン・ヴィヴァルドの地（ロクス）」、ないしは「サン・ヴィヴァルドの教会（エクレシア）」という名称が史料に確認されており、ある不祥の隠者についての伝説が、同会第三会士の伝説として翻案された可能性は否定できない。なお、同地とフランシスコ会との関係は、モンタイオーネからのボスコ・トンド提供の申し出を、同会が一四九七年に正式に受け入れ、「サン・ヴィヴァルド」という名称の下にトスカーナ管区の四二番目の定着地としたことに始まる。従って、隠者聖ヴィヴァルドに対する信仰が、フランシスコ会の同地への定着以前に始まっていたことは明らかである。

　このような土地に建造されたサクロ・モンテでは、森の北側にフランシスコ会の聖堂と附属修道院が、また、少し離れた南側の起伏のある土地にさまざまな大きさの独立した礼拝堂が一見雑然と配されている。そして修道院を除くそれらの建造物の室内や外壁に設けられた小礼拝堂では、若干の場面を例外として、キリストの生涯や

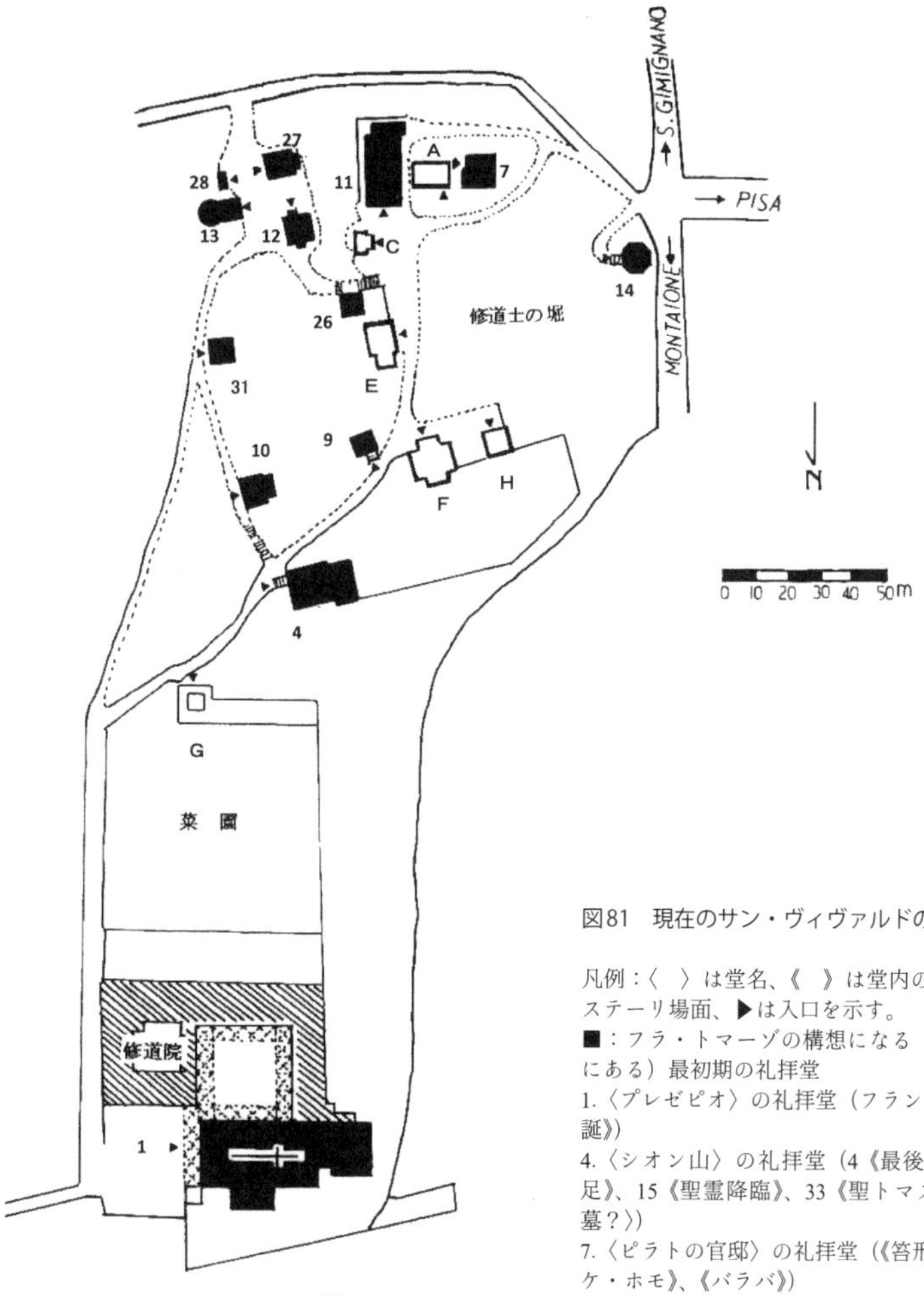

図81　現在のサン・ヴィヴァルドのサクロ・モンテ

凡例：〈　〉は堂名、《　》は堂内のテラコッタによるミステーリ場面、▶は入口を示す。

■：フラ・トマーゾの構想になる（=レオ10世の返書中にある）最初期の礼拝堂

1.〈プレゼピオ〉の礼拝堂（フランシスコ会聖堂内、《降誕》）

4.〈シオン山〉の礼拝堂（4《最後の晩餐》、《弟子の洗足》、15《聖霊降臨》、33《聖トマス》、34〈ダヴィデの墓？〉）

7.〈ピラトの官邸〉の礼拝堂（《笞刑》、《茨の冠》、《エッケ・ホモ》、《バラバ》）

9.〈アンナスの家〉の礼拝堂（《アンナスの前のキリスト》）

10.〈カイアファの家〉の礼拝堂（《大祭司カイアファの前のキリスト》、《ユダヤ人による嘲笑》）

11.〈慟哭の聖母マリア〉の礼拝堂（《慟哭の聖母マリア》）

12.〈カルヴァリオ山〉の礼拝堂（《磔刑》、《スタバト・マーテル》、〈アダムの墓？〉）

13.〈主の墓〉の礼拝堂（《墓に横たわるキリスト》）

14.〈（キリストの）昇天〉の礼拝堂（《（キリストの）昇天》）

26.〈聖ウェロニカ〉の礼拝堂（《聖ウェロニカ》）

27.〈キリストの獄屋〉の礼拝堂（《祈りのキリスト？》）

28.〈ノリ・メ・タンゲレ（復活）〉の礼拝堂（《ノリ・メ・タンゲレ》）

31.〈聖ヤコブ〉の礼拝堂（《聖小ヤコブ》）

□：後代に付加されたか、献堂名を変えたと思われる礼拝堂

A.〈十字架の道行き〉の礼拝堂（《十字架の道行き》、《キリストを十字架につけろと叫ぶ群衆》）

C.〈（エルサレムの）敬虔な婦人たち〉の礼拝堂（《婦人たちを慰めるキリスト》）

E.〈パリサイ人シモン〉の礼拝堂（《パリサイ人シモン》）

F.〈受胎告知〉の礼拝堂（《受胎告知》）

G.〈サマリアの井戸〉の礼拝堂（《サマリアの井戸》（現在はクリーヴランド美術館蔵））

H.〈エジプトへの逃避〉の礼拝堂（《エジプトへの逃避》）

受難に関係する、一つもしくは複数のミステーリ場面が、多くは彩色テラコッタのレリーフと壁画によって、また幾つかの場合には独立した単身ないしは群像彫刻によって表現され、壁面か床に直に設置されて、巡礼者の祈禱用の簡素な祭壇が形づくられている。同施設の歴史は、イタリアのサクロ・モンテ群の中でも、ヴァラッロの壮麗な巡礼施設に次いで古く、一六世紀初頭に遡る。そして北側の聖堂と修道院は、同院の初代修道院長フラ・ケルビーノ・コンツィ・ダ・フィレンツェが指揮して真っ先に着工し、南側の礼拝堂群は、後任の修道院長フラ・トンマーゾ・ダ・フィレンツェ（?―一五三四年）が構想して、北側の建物とほぼ同時期に着工したとされる。

後者のトンマーゾは、一五〇〇年以前のいずれかの時期にクレタ島のカネアの修道院長を務めたことがあり、聖地巡礼の経験や、ヴァラッロの施設の創設者であるフラ・ベルナルディーノ・カイーミとの接触も推測されている修道士である。そしてヴァラッロでカイーミが「代用エルサレム」を着工した時と同様に、聖地での巡礼体験と同じような体験の機会を巡礼者に提供できる代用聖地の建造を意図して、それらの礼拝堂を構想したとされる。従って今日では北イタリアのサクロ・モンテ群とともに同国の「サクロ・モンテ」の一例とされてはいるものの、この施設もまた、元来は「代用エルサレム」として構想されたものであったと考えられる。イタリアのサクロ・モンテの殆どがピエモンテ州やロンバルディア州のアルプス南麓に建造されているのに対し、サン・ヴィヴァルドの施設だけが中部イタリアのトスカーナ州に建造されているのも、それが本来は、西欧の至る所に建造され、「サクロ・モンテ」よりもはるかに古い歴史をもつ、聖地エルサレムの模造建築ないしは代用エルサレムの系譜に連なるものであったことを示していよう。

第三章では、ヴァラッロの初期の施設の外観を平面図上で復元し、それが西欧における聖地模造の長い歴史から発展したものであったことを示した。本章の目的も、初期の施設が代用聖地の後尾を飾る完成体とも言えるものであったことを示すことにある。サン・ヴィヴァルドでは、初期の礼拝堂の配列は今も比較的よく留められてはいるが、それでも後代に多少の礼拝堂の付加と献堂名の変更を経験している。従って手順としては、まず、諸史料や先行研究、現地踏査の結果を参考にしながら、付加されたり変更されたりした礼拝堂をそれと同定し、それらを取り除くか元に戻すかして、具現された当初の礼拝堂とそれらの設置場所を確定することになろう。次いで、確定された当初の礼拝堂と設置場所をパレスティナのそれぞれ対応するキリストゆかりの聖蹟と比較し、サン・ヴィヴァルドの初期の施設の聖地模造の程度や方法を視覚的に示してみたい。

一　レオ一〇世の返書と先行研究の問題

サン・ヴィヴァルドには、現在、復元されたG堂（〈サマリアの井戸〉の礼拝堂）と聖堂を含め、数にして一九の独立した建造物（修道院は除く）が立っている。しかし、森の中の最初期の礼拝堂について言及した最古の基本的史料であり、上述のフラ・トンマーゾをそれらの礼拝堂の構想者として明示してもいる教皇レオ一〇世の有名な返書（＝勅書）[1]（章末付録参照）には、合計三四の「キリストゆかりの聖蹟」が列挙されている。この書簡は、トンマーゾとサン・ヴィヴァルドに住む他の修道士から、同地を訪れキリストゆかりの聖蹟で祈りを捧げた者への免償の付与を求められた教皇が一五一六年に与えた返書で、ボローニャからローマへの帰途、病床にあった弟ジュリアーノ・デ・メディチを見舞うために立ち寄ったフィレンツェで発行されたものである。発行者は枢機卿にしてサンタ・マリア・イン・ポルティコ教会主任助祭ベルナルド、起草者は一五一六年にそのベルナルドの秘書を務めた人文主義者カミッロ・パレオッティであった。同返書には、構想者がトンマーゾであることの他に、施設が建造途上にあることや、すでに多くの巡礼者が訪れていること、さらに例外日に女性に聖域を開放することや、例外日以外に聖域に侵入した女性を破門に処すことなどが記されているが、いずれが建造済みで、いずれが建造中であるかについては一切言及されていない。なかでも重要なのは、三四の「キリストゆかりの聖蹟」で主禱文と天使祝詞を唱えた者に、巡礼の度毎に「聖蹟」(loci)に応じて教皇から七年と一年の二種類の免償が与えられるという記述である。そして、七年の免償の対象として以下の主要な一六の聖蹟が、また、一年の免償の対象として次位の一八の聖蹟が列挙されている(原文には番号が付されていないため、便宜上列挙順に番号をふった。本章のキリストゆかりの聖蹟名の前に付けられた番号はそれらの番号に一致)。

❶七年の免償対象のキリストゆかりの聖蹟

1. プレゼピオの聖堂、2. 神殿、3. 四十日山、4. キリストが弟子たちと最後の晩餐をとったシオン山の聖堂、5. キリストが祈ったヨシャファトの谷の洞窟、6. キリストの捕縛の聖堂、7. ピラトの官邸、8. ヘロデの家、9. アンナスの家、10. カイアファの家、11. 慟哭の聖母マリアの礼拝堂、12. カルヴァリオ山、13. 主の墓、14. 昇天の礼拝堂、15. 聖霊降臨の礼拝堂と16. 聖母の墓の聖堂

❷一年の免償対象のキリストゆかりの聖蹟

17. 聖母マリアの休息の場所、18. キリストが使徒たちに祈りを教えた所、19. 来るべき世の終末について語った所、20. 使徒たちが使徒信条を作成した所、21. キリストがガリラヤで弟子たちに出現した所(=ガリラヤの人々)、22. 主がエルサレムのために泣いた所、23. 主が八人の弟子を残した所、24. 主がその他の三人の弟子を残して祈りに行った所、25. 聖アンナの家、26. 聖ウェロニカの家、27. カルヴァリオ山付近

のキリストの獄屋の礼拝堂、28．復活の礼拝堂、29．聖なる十字架が発見された聖ヘレナの岩穴もしくは礼拝堂、30．主が三人のマリアに出現した聖堂、31．聖ヤコブが斬首された聖堂、32．聖母マリアの小祈禱所、33．聖トマスの礼拝堂と34．ダヴィデの墓

以上の二種類の「キリストゆかりの聖蹟」群は、ベツレヘムと四十日山を除き、いずれも現在のエルサレム旧市街（苦しみの道行きか聖墳墓記念聖堂に関係）か、市壁に近い丘や谷（オリーヴ山、ゲツセマニ、ヨシャファトの谷、シオン山）の史跡から選ばれており、❶のグループは神学的、聖書的根拠に基づく聖蹟、❷のそれは民衆的な伝承や信仰に基づく聖蹟に一致している。そして、それらに対する二種類の免償の付与法も、聖地におけるキリストゆかりの聖蹟と免償（全免償と部分免償）との関係にほぼ一致している。(2) また、フランシスコ会との関係から見れば、受難に関係する聖蹟や、同会の最初の修道院があったシオン山と同山を追われてからの拠点である笞打教会（修道院）付近の場所が含まれており、フランシスコ会的なキリストの生涯の解釈、ないしはフランチェスコによるキリストの「まねび」の特殊な解釈を提示したものとも解される。従って、レオ一〇世の返書中の「聖蹟」とそれぞれに対する免償は、おそらくトンマーゾらによる請願書中に提示されていたものであり、(3) 彼の構想そのものを鸚鵡返しに繰り返したものに違いない。

以上のように考えて、同地に現存する礼拝堂や堂内のミステーリ場面を見直してみると、返書（＝フラ・トンマーゾの構想）中の三四のキリストゆかりの聖蹟のいずれかに該当するものもあれば、いずれにも該当しない礼拝堂があることに気付く。従って、いずれにも該当しない礼拝堂については、当然、後代に付加されたか献堂名が変更された可能性を考えざるをえない。

サン・ヴィヴァルドの巡礼施設に関する紹介や研究は、一九世紀末頃から、フランシスコ会士自身、とりわけ同地の修道院長をしていたF・ギラルディ神父によって開始され、手稿群の一部が案内書を兼ねた普及書に挿入されたり、論文で取り上げられたりしていた。例えば、彼には、フランシスコ会第三会士の隠者聖ヴィヴァルド（実際には福者）に関する幾つかの論考[4]は別にして、サン・ヴィヴァルド全体の案内書である『トスカーナのサン・ヴィヴァルド』（*San Vivaldo in Toscana*, 1895）や『巡礼地サン・ヴィヴァルド案内』（*Guida al Santuario di S. Vivaldo*, 1936）といった著書の他、「サン・ヴィヴァルドの聖堂と礼拝堂群」（*La chiesa e le cappelle di S. Vivaldo*, 1908）や「サン・ヴィヴァルドとその参考文献」（S. Vivaldo e la sua bibliografia, 1909）、さらに、上述のレオ一〇世の勅書の全文を紹介した「サン・ヴィヴァルドの礼拝堂群について――レオ一〇世の史料」（"Sulle cappelle di S. Vivaldo. Un documento di Leone X", 1921）などの論考がある。[5] ギラルディに次いでは、D・ネーリが、西欧における聖墳墓の模造建築の研究の一環として、「トスカーナにおけるサン・ヴィヴァルドの「新しいエルサレム」」（" "LA NUOVA GERUSALEMME" di San Vivaldo in Toscana", 1940/1941）と題する論考を発表し[6]、本格的なサン・ヴィヴァルド研究に先鞭をつけた。その後は、二〇世紀後半、ことに第4四半期頃から、紀元二〇〇〇年の大聖年を目途としたと思われるさまざまな分野からの本格的なアプローチがなされて、サン・ヴィヴァルドの初期の施設に関する研究は長足の進展をみたが、なかでもフラ・トンマーゾが構想した礼拝堂群の配列や、その後の変遷についての厳密な研究[7]は注目に値する。とりわけフィレンツェ大学のG・ヴァンニーニ氏が、「ヴァルデルサのサン・ヴィヴァルド――トスカーナにおける一六世紀の「エルサレム」の地形学的問題と象徴的解釈」（"San Vivaldo in Valdelsa: problemi topografici ed interpretazioni simboliche di un《Gerusalemme》cinquecentesca in Toscana", 1980, F・カルディーニ氏との共著）と「消えたサン・ヴィヴァルドの探究のために」（"Alla ricerca della San Vivaldo scomparsa", 1989）という二論考において行った当初の礼拝堂群の配列の平面図上での復元は、それらが、一五世紀頃のエルサレムとその周辺に存在していたカトリックの主要聖堂や、伝統的にキリストや聖母マリアにゆかりがあるとされて信仰を集めていた聖蹟のそれぞれの位置関係を忠実に再現していたことを明らかにした。この明瞭な事実については議論の余地はまったくない。しかし、同氏の研究を含むこれまでの研究は、復元にあたって多くの史料を渉猟し、また見出しながら、既述のレオ一〇世の勅書や司教訪問の記録、また、フランシスコ会士の諸記録の一部である『報告書』(*Relazione*, ms., I. 380. B, cc. 447-471）と『備忘録』(*Memorie*, ms., VII. G. 201）の両手稿、並びに現存する建築群や彫刻、壁画などの第一次資料といった最重要史料の一部の記述と一平面図（二節の史料⑤）にのみ基づいて考察してきたため、幾つかの礼拝堂については同定の問題も残している。

二　検討史料群と同定問題の再検討

二―一　紹介済みの史料と新たな検討史料

さて、残された同定問題を解決して施設の当初の外観や変遷過程を正確に把握するには、言うまでもなく、フランシスコ会トスカーナ管区古文書館などに収蔵されているサン・ヴィヴァルド関連のすべての手稿の洗い直しと現地での第一次資料の再見、そしてそれらの関係史・資料の総合的な照合が必要である。また、その際特に、これまで検討材料としては取り上げられてこなかった平面図や各礼拝堂のパトロンに関する記述とその変遷、並びに各礼拝堂の入口の上に掛けられているパトロンの紋章などに注意を払う必要もあろう。このような考えに基づいて以上の作業を行ったところ、特に留意した後者の事柄が未解決問題の解明に役立つことがわかった。そこで、まずは見出された手稿群を列挙した後、未紹介の史料をレオ一〇世の返書を含む紹介済みの史料に加えて年代順に表に整理し、同定問題を検討していきたい（以下随時表2参照）。

トスカーナ管区の全修道院に関する史料や文献を収蔵している上述の古文書館に見出されたサン・ヴィヴァルド関連の手稿は以下の通りである。[1]

一．'Relazione del Convento di S. Vivaldo', in *Relazione dei Conventi Osservanti della Provincia Toscana secc. XVII-XVIII*, ms., coll. I. 380. B, cc. 447-471.

二．*Memorie del Convento di S. Vivaldo dal 1686 al 1903*, 2 vol. originali, ms..

1° volume-*Relazione del Convento di S. Vivaldo cavato da un Libro manoscritto di Fra Dionisio Pulinari dei minori Osservanti dall'origine al 1865*, la parte più antica, ms., coll. VII. G. 201.

2° volume-*Memorie del Convento di S. Vivaldo dall'anno 1866-fino all'anno 1912*, ms., coll. VII. G. 204.

三．三部構成のタイトルのない手稿本（ms., coll. 435. I. 435）

1．*Memorie*の第一巻の写本、2．*Memorie*の第二巻の写本、3．P. Felice Innocenti, *Ricordi l'Eremitico Convento di S. Vivaldo in Toscana e le sue Cappelle*, 31 gennaio 1930.

四．P. Felice Innocenti, 'S. Vivaldo', in *Memorie di Conventi della Provincia Minoritica Toscana di Bonaventura*, ms., coll. 414. I. 414, 1929, pp. 677-976.

五．*Memorie del Convento di San Vivaldo dal 1906 al 1926*, terzo libro, 1 volume, ms., mancante di collocazione.

六．*Memorie del Convento di San Vivaldo dal 1926 al 1951*,1 volume, ms., mancante di collocazione.

七．*Cronaca del Convento di San Vivaldo*, 1952-1979, ms., coll. I. 430.

八．P. Felice Innocenti, 'N. 49 Convento di S. Vivaldo', *I Conventi francescani in Toscana*, ms., mancante collocazione, 1919, pp. 315-333.

九．P. Felice Innocenti, *San Vivaldo in Toscana*, 1925, 1 volume, ms., coll. I. 430.

一〇．Fra Antonio Tognocchi da Terrinca, *Theatrum etrusco-minoriticum*, Florentiae, 5 volumi e un volume di indice, ms., 1682, I. 383 / D. 4.

一一．*Regestrum Antiquum*, Atti della Provincia ab an. 1523 ad an. 1567, ms., I / Seg. v. A-1.

なお、同館にはこれらの他に、刊行されたF・ゴンザーガ師の『フランシスコ会の起源』（*De origine seraphicae religionis*, Venetiis, MDCIII（初版は一五八七年）, p. 285）も収蔵されているが、礼拝堂数が明らかではなく、ここでは取り上げなかった。

続いて、紹介済みの史料に未紹介の史料を加えてそれらを年代順に整理していけば、礼拝堂群に言及した最古の史料は、既述のように、一五一六年のレオ一〇世の返書である。同返書には、いずれが建造済みで、いずれが建造途上、建造予定であるかについて一切言及はない。……………………①

史料①の後は、一五七六年に司教ジョヴァンニ・カステッリが行ったサン・ヴィヴァルドへの司教訪問の記録にまで降らなければならない。同史料には、「…前略…彩色テラコッタ像を伴った二二の礼拝堂…下略…」[2]とあるため、礼拝堂数は二二（独立した建物を指していると思われる。「プレゼピオ」を含むと二三になる）であったと考えられ、当初の礼拝堂数とあまり変わっていないと推測される。[3]……………………②

『備忘録』“ミステーリ”⑧ f.13r-f14v 1685-1688年頃	『備忘録』“修復”⑨ f.62v-f.65r 1883年	『修道院』⑩ pp. 319-333 1919年	『ヴィヴァルド』⑪ pp.331-456 1925年	現在の礼拝堂⑫ 2001年
礼拝堂／パトロン	礼拝堂／パトロン	礼拝堂	礼拝堂	礼拝堂／紋章
(聖堂内)	(聖堂内)	(聖堂内)	(聖堂内)	(聖堂内)
	XI-Gelli→修道女	15ª	3	
XI-Mannelli→Religione	Ⅲ-Mannelli	2ª	6	現存-Mannelli家
解体			解体	
IX-Fei→Bara	(存在)	17ª	解体	
I-Rossi→Pitti	Ⅶ-Pitti→Masi	9ª	9	現存-なし
XⅢ-解体			解体	
VⅡ-Bardi da Vernio→Religione	ⅨBardi→Biondi	5ª	7	現存-Bardi家
VI-Religione	XⅦ-Religione	17ª	8	現存-なし
Ⅲ-Federighi	I-Federighi→Firinesi→Michelozzi	18ª	14	現存-Michelozzi家
Ⅷ-Lambardi	XⅡ-Lambardi→Religione	12ª	13	現存-Lambardi家
XVI-Bardi Magalotti	XⅣ-Bardi→Ciulli,Morelli	13ª	15	現存-Bardi Magalotti家
XⅡ-Pitti	X-Renucci→Casalini	19ª	17	現存-Pitti家
(存在)	(存在)	(存在)	(存在)	現存（4参照）
解体			解体	
解体			解体	
XX-Peccorini→Valtangoli	(?)	(?)	解体	
VⅡ-Bardi Magalotti	XV-Bardi Magalotti→Tavanti→Religione	11ª	12	現存-Bardi Magalotti家
V-Religione→Gelli				現存-Gelli家
XV-Gaddi→Pitti	XⅢ-Gaddhi→Gennai	14ª	16	現存-Gaddi家
XⅧ-Sanmartini	XⅣ-Sanmartini→Religione	16ª	18	現存-なし
(存在)	(存在)	(存在)	(存在)	現存（4参照）
解体			解体	痕跡あり（4参照）
15	14～15	14～15	13	13
Ⅱ-Bandini	VI Biondi→Simoncini	10ª	10	現存-なし
IV-Neri	V-Nerli	8ª	11	現存-Ner(l)i家
XⅣ-Figlinesi	(D-?)	(D-?)	解体	
番号外-Ricasoli	IV-Ricasoli→Raù	6ª	5	現存-Ricasoli家
XXV-Marchi	II-Malchi→Mannaioni→Attilio	3ª	1	現存-Mannaioni家
X-Gaetani	XⅧ-Gaetani→Religione	1ª	4	洗濯場から復元-なし
番号外-Severi			解体	
	Ⅷ-Desideri	4ª	2	現存-なし
22	20～22	20～22	19	19

〈凡例〉O. F. M.:フランシスコ会、Religione：聖ステファノ騎士団、(□□～存在)：記述はないが当時存在していたことが明らかな礼拝堂、(□□-?)：記述がない上、当時存在していたかどうか不確かな礼拝堂、*：列挙順に便宜上ローマ数字を補った手稿、→：パトロンの変遷

表2　サン・ヴィヴァルドの礼拝堂群、並びに各礼拝堂のパトロンの変遷

<table>
<tr><td colspan="3" rowspan="2">フラ・トマーゾの構想＝レオ10世の返書に
列挙されているキリストゆかりの聖蹟
(Luoghi santi) ①
1516年</td><td>＊『報告書』③
f. 462r
17世紀前半</td><td>＊『報告書』④
f. 466r-f. 466v
17世紀前半</td><td>『報告書』⑤
f.468v-f.469v
17世紀前半</td></tr>
<tr><td>礼拝堂／パトロン</td><td>礼拝堂／パトロン</td><td>礼拝堂</td></tr>
<tr><td colspan="3">1. プレゼピオの聖堂（O. F. M. 聖堂内のe.「降誕」）</td><td>（聖堂内）</td><td>（聖堂内）</td><td>（聖堂内）</td></tr>
<tr><td colspan="3">2. 神殿</td><td></td><td></td><td></td></tr>
<tr><td colspan="3">3. 四十日山</td><td></td><td></td><td>Q</td></tr>
<tr><td colspan="3">4. 最後の晩餐をとったシオン山の聖堂</td><td>IX-Mannelli</td><td>X-Mannelli</td><td>B</td></tr>
<tr><td colspan="3">5. キリストが祈ったヨシャファトの谷の洞窟</td><td>XI ? -Filicaia</td><td>XI-Filicaia</td><td>（?）</td></tr>
<tr><td colspan="3">6. キリスト捕縛の聖堂</td><td>XIII-Fei</td><td>XII-Fei</td><td>C</td></tr>
<tr><td colspan="3">7. ピラトの官邸</td><td>I-Rossi-Pitti</td><td>I-Rossi</td><td>F</td></tr>
<tr><td colspan="3">8. ヘロデの家</td><td>XV-Segni</td><td>XIV-Segni</td><td>G</td></tr>
<tr><td colspan="3">9. アンナスの家</td><td>XX-Bardi</td><td>XIX-Bardi</td><td>D</td></tr>
<tr><td colspan="3">10. カイアファの家</td><td>（存在）</td><td>（存在）</td><td>E</td></tr>
<tr><td colspan="3">11. 慟哭の聖母の礼拝堂</td><td>III-Federighi</td><td>III-Federighi</td><td>T</td></tr>
<tr><td colspan="3">12. カルヴァリオ山</td><td>VII-Lambardi</td><td>VII-Lambardi</td><td>L</td></tr>
<tr><td colspan="3">13. 主の墓</td><td>XⅧ-Bardi Magalotti</td><td>XⅦ-Bardi Magalotti</td><td>M</td></tr>
<tr><td colspan="3">14. 昇天の礼拝堂</td><td>XIV-Pitti</td><td>X Ⅲ -Pitti</td><td>V</td></tr>
<tr><td colspan="3">15. 聖霊降臨の礼拝堂（4の一部）</td><td>（存在）</td><td>（存在）</td><td>Z</td></tr>
<tr><td colspan="3">16. 聖母の墓の聖堂</td><td>X-Malevolti</td><td>（?）</td><td>X</td></tr>
<tr><td colspan="3">17. 聖母の休息の場所</td><td></td><td></td><td></td></tr>
<tr><td colspan="3">18. キリストが使徒に祈りを教えた所</td><td></td><td></td><td></td></tr>
<tr><td colspan="3">19. 来るべき世の終末について語った所</td><td>（?）</td><td>（?）</td><td>（?）</td></tr>
<tr><td colspan="3">20. 使徒が信徒信条を作成した所</td><td></td><td></td><td></td></tr>
<tr><td colspan="3">21. キリストがガリラヤで弟子に現われた所</td><td></td><td></td><td></td></tr>
<tr><td colspan="3">22. 主がエルサレムのために泣いた所</td><td></td><td></td><td></td></tr>
<tr><td colspan="3">23. 主が八人の弟子を残した所</td><td>Ⅻ?</td><td></td><td></td></tr>
<tr><td colspan="3">24. 主がその他の三人の弟子を残して祈りに行った所</td><td>XX Ⅲ -Pecorini→Val□□</td><td>（存在）</td><td>Y</td></tr>
<tr><td colspan="3">25 .聖アンナの家</td><td></td><td></td><td></td></tr>
<tr><td colspan="3">26. 聖ウェロニカの家</td><td>VI-Bardi Magalotti</td><td>VI-Bardi Magalotti</td><td>K</td></tr>
<tr><td colspan="3">27. カルヴァリオ付近のキリストの獄屋の礼拝堂</td><td>V-Religione</td><td>V Ⅲ -Religione</td><td></td></tr>
<tr><td colspan="3">28. 復活の礼拝堂</td><td>N-Ghaddi</td><td>XV-Gaddi</td><td>N</td></tr>
<tr><td colspan="3">29. 聖ヘレナの洞穴、あるいは礼拝堂</td><td></td><td></td><td></td></tr>
<tr><td colspan="3">30. 主が三人のマリアに現われた聖堂</td><td></td><td></td><td></td></tr>
<tr><td colspan="3">31. 聖ヤコブが斬首された聖堂</td><td>XIX-Sanmartini</td><td>X Ⅷ -Sanmartini</td><td>P</td></tr>
<tr><td colspan="3">32. 聖母マリアの小祈禱所</td><td></td><td></td><td></td></tr>
<tr><td colspan="3">33. 聖トマスの礼拝堂（4の一部）</td><td>（存在）</td><td>（存在）</td><td>V</td></tr>
<tr><td colspan="3">34. ダヴィデの墓（4の一部）</td><td>（?）</td><td>（?）</td><td>（?）</td></tr>
<tr><td colspan="3">記録当時に存在していた最初期の建物の数（1を含む）</td><td>18 ～ 20</td><td>17 ～ 19</td><td>17 ～ 19</td></tr>
<tr><td rowspan="9">遅れて建造された礼拝堂／献堂名を変えたと推測される礼拝堂</td><td rowspan="5">最初期の構想に連なる礼拝堂</td><td>A. 十字架の道行き</td><td>II-Bardi</td><td>II-Bandini</td><td>H</td></tr>
<tr><td>B. 聖母との出会い</td><td></td><td></td><td>I</td></tr>
<tr><td>C. 敬虔な婦人たち</td><td>IV-Nerli</td><td>IV-Nerli</td><td></td></tr>
<tr><td>D. 聖母に現れたキリスト</td><td>XIV-Religione</td><td>X VI -Religione</td><td>O</td></tr>
<tr><td>E. パリサイ人シモン</td><td>XXI-Ricasoli</td><td>XX-Ricasoli</td><td>（?）</td></tr>
<tr><td rowspan="4">次段階の礼拝堂</td><td>F. 受胎告知の礼拝堂</td><td>（?）</td><td>XXI-Malchi</td><td>R</td></tr>
<tr><td>G. サマリアの井戸</td><td>VIII-Gaetani</td><td>IX-Gaetani</td><td>A</td></tr>
<tr><td>H. 聖エリサベツ</td><td>（?）</td><td>XX II -Severi</td><td>S</td></tr>
<tr><td>I. エジプトへの逃避</td><td></td><td></td><td></td></tr>
<tr><td colspan="3">記録当時に存在していた建物全体の数（1を含む）</td><td>23 ～ 27</td><td>24 ～ 26</td><td>23 ～ 26</td></tr>
</table>

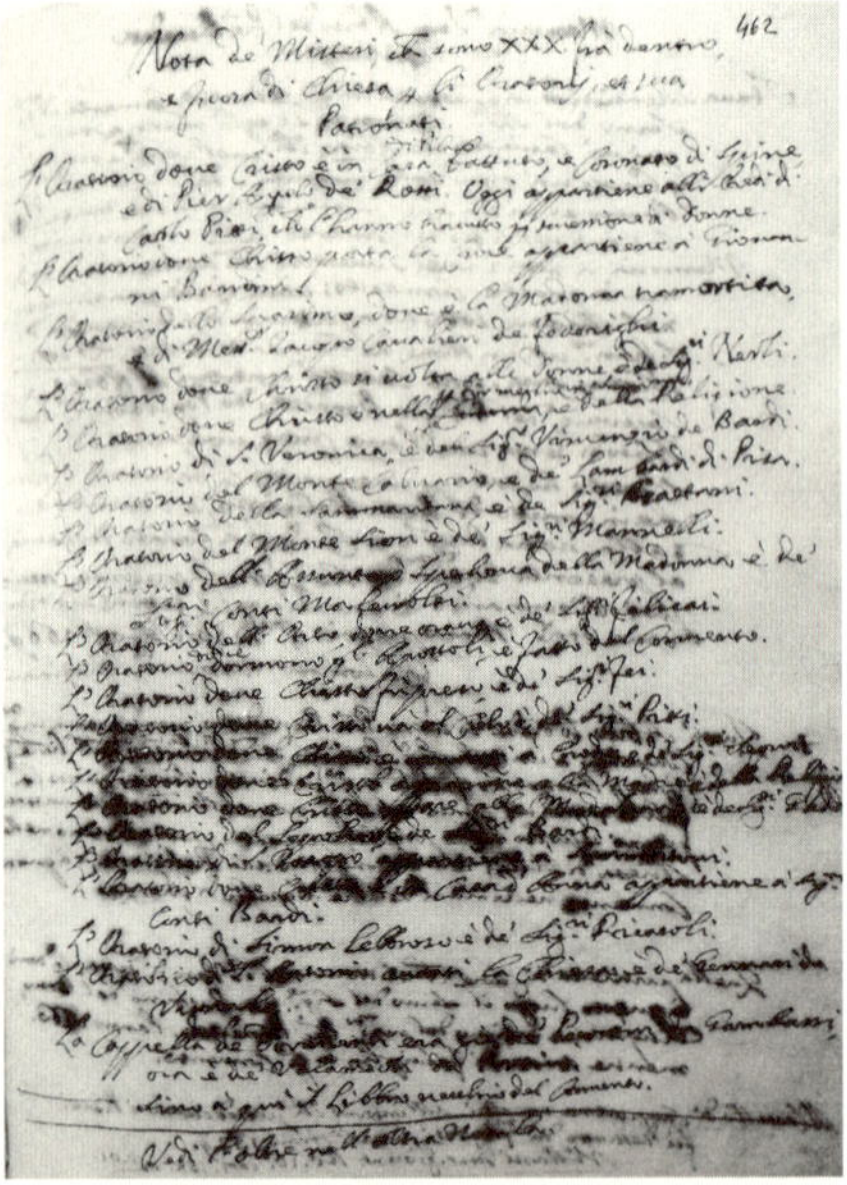

図82　史料③『報告書』(*Relazione*) フォリオ462r. の「覚書」

次に挙げられるのは、手稿本『報告書』(*Relazione*, ms., I. 380. cc. 447-471) のフォリオ462r. の「覚書」(Nota de' Misteri, che sono XXX fra dentro, e fuori di chiesa per li oratorij, per suoi Patronati)(図82)と、フォリオ466r.-466v. の「報告」(Relazione del Convento di S. Vivaldo) の二つの未紹介史料であり、前者には同じタイトルの下に戸外の礼拝堂が二三堂(「プレゼピオ」を含まない)、フランシスコ会の聖堂内の礼拝堂が一堂列挙され、後者には戸外の礼拝堂が二二堂、聖堂内の礼拝堂が九堂挙げられている。執筆年代の記載はないが、他の史料群と比較検討すると、以下で検討する⑤とほぼ同時期か、若干先行するものと推測される。いずれにも堂名に番号が付されていないため、便宜上、列挙順にローマ数字を補い史料①の一覧と照合させた。また、両史料には幸いパトロン名も併記されているため、対応する礼拝堂の番号の後にそれらを掲げた。その結果、前者には独立した建物が二三―二七堂(「プレゼピオ」を含む)あり、最初期の礼拝堂はそれらのうち一八～二〇堂あったと推測された。一方、後者には、独立した建物が二四―二六堂、最初期のものが一七―一九堂あったと推測される。……………………各③、④

次の史料は、ヴァンニーニ氏らが紹介(一九八〇年)して以来、[4] しばしば引用されている平面図(図83)で、後述する一七世紀後半の史料⑧では「解体」ないしは「倒壊」(disfatta)とされている幾つかの礼拝堂を含んでい

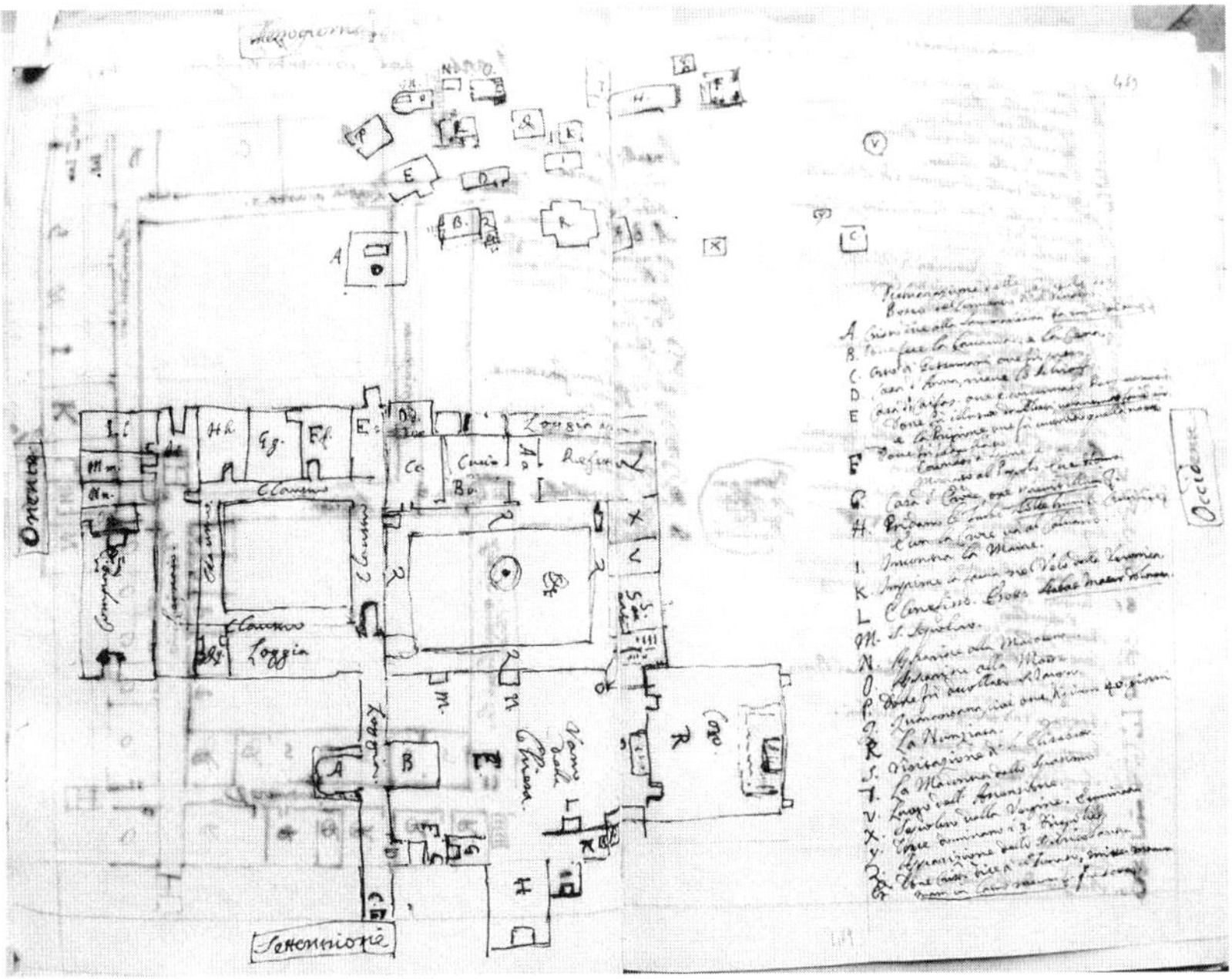

図83　史料⑤『報告書』(*Relazione*)，フォリオ468v.，469r. の平面図と列挙されている礼拝堂名

(A) Cristo dice alla samaritana Da mihi bibere □（＝G. サマリアの井戸）
(B) dove fece la Lavanda e la Cena（＝4. シオン山の聖堂）
(C) Orto di Getsemani ove fu preso（＝6. キリスト捕縛の聖堂）
(D) Casa d' Anna, riceve lo schiaffo（＝9. アンナスの家）
(E) Casa di Caifas, ove é condannato Reus est mortis, dove fu illuso da soldati e la Prigione, ove fu custodito quella notte（＝10. カイアファの家）
(F) Dove fu flagellato coronato di spine e mostrato al Popolo, Ecce Homo（＝7. ピラトの官邸）
(G) Casa d'Erode, ove sprevit illum □（＝8. ヘロデの家）
(H) Gridano le Turbe Tolle hunc □ Crucifige □ e con la croce va al Calvario（＝A. 十字架の道行き）
(I) Incontra la Madre（＝B. 聖母との出会い）
(K) Imprime la faccia nel Velo della Veronica（＝26. 聖ウェロニカの家）
(L) E crucifisso. E sotto Stabat Mater dolorosa（＝12. カルヴァリオ山）
(M) S. Sepolcro（＝13. 主の墓）
(N) Apparisce alla Maddalena（＝28. 復活の礼拝堂）
(O) Apparisce alla Madre（＝D. 聖母に現われたキリスト）
(P) Dove fu decollato S. Iacopo（＝31. 聖ヤコブが斬首された聖堂）
(Q) Quarantena, cioé ove digiuno 40 giorni（＝3. 四十日山）
(R) La Nunziata（＝F. 受胎告知）
(S) Visitazione di S. Elisabetta（＝H. 聖エリサベツ）
(T) La Madonna dello Spasimo（＝11. 慟哭の聖母マリアの礼拝堂）
(V) Luogo dell' Ascensione（＝14. 昇天の礼拝堂）
(X) Sepolcro della Vergine, E rovina（＝16. 聖母の墓の聖堂）
(Y) Dove dorminano i 3 Discepoli（＝24. 三人の弟子を残して祈りに行った所）
(Z) Apparizione dello Spirito Santo（＝15. 聖霊降臨の礼拝堂）
(V) Dove Cristo dice a S. Tomaso, mitte manum tuam in latus meum □. □. e sotto □（＝33. 聖トマスの礼拝堂）

ることから、一七世紀前半頃に作成されたと推測されるものである。上述の手稿本『報告書』のフォリオ468v.、469r.の両面を使って描かれたこの施設全体の平面図では、聖堂と修道院は下方に大きく示され、森の中の礼拝堂はそれぞれにアルファベットを付して上方に小さく示されている。また、フォリオ469r.の右側には各礼拝堂の解説がアルファベット順に記されているが、パトロン名の併記はない。なお、同図には、トンマーゾの構想には含まれていない礼拝堂が明らかに加わっており、それらを含めると、独立した建物は二三―二六堂（「プレゼピオ」を含む）、最初期の礼拝堂数は一七―一九堂となる。

⑤

次に挙げられるのは、同じ『報告書』のフォリオ467r.に見られる囲み線と文字による礼拝堂の概説図（図84）と、フォリオ470v.の文字による礼拝堂名の明記がないごく粗い平面図（図85）で、いずれも未紹介史料である。前者は一見でたらめに書き込まれたように見えながら、判読すると部分的には正しい礼拝堂群の位置関係を示していることがわかり、史料①に付した通し番号や、返書中にはない礼拝堂に付したアルファベットの中から該当するものを付していくと、同平面図上にはない聖堂の「プレゼピオ」のそれを含め、二二の独立した礼拝堂を数えることができる。それらのうち、最初期の礼拝堂は一五堂となる。また、後者の平面図には、斜線によって消去された礼拝堂を除くと一九の独立した建物が見られ、特徴のあるいくつかの形態を手懸りに他の諸史料と照合することで、個々の建物について、図85に示したような同定が可能である（数字やアルファベットは他の史料と共通）。従って、同図が作成された当時の独立した建物は二〇堂（「プレゼピオ」を含む）、最初期のそれは一三堂になる。

各⑥、⑦

続いて取り上げたのは、平面図はないものの、パトロン名の併記があることから、史料⑤の平面図とともにしばしば引用されてきた『備忘録』（*Memorie*, ms., VII. G. 201）中の「ミステーリに関する覚書」（Nota de Misteri）（フォリ

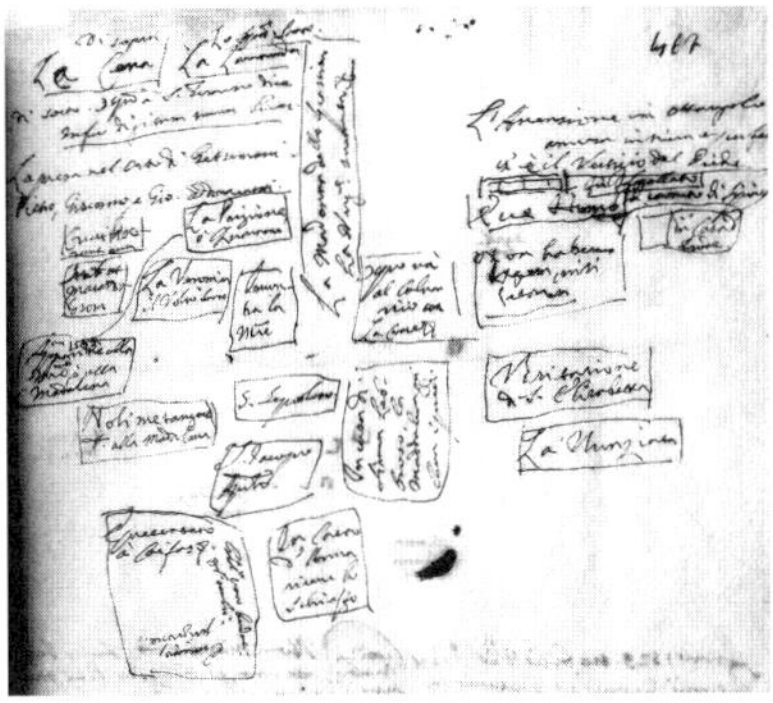

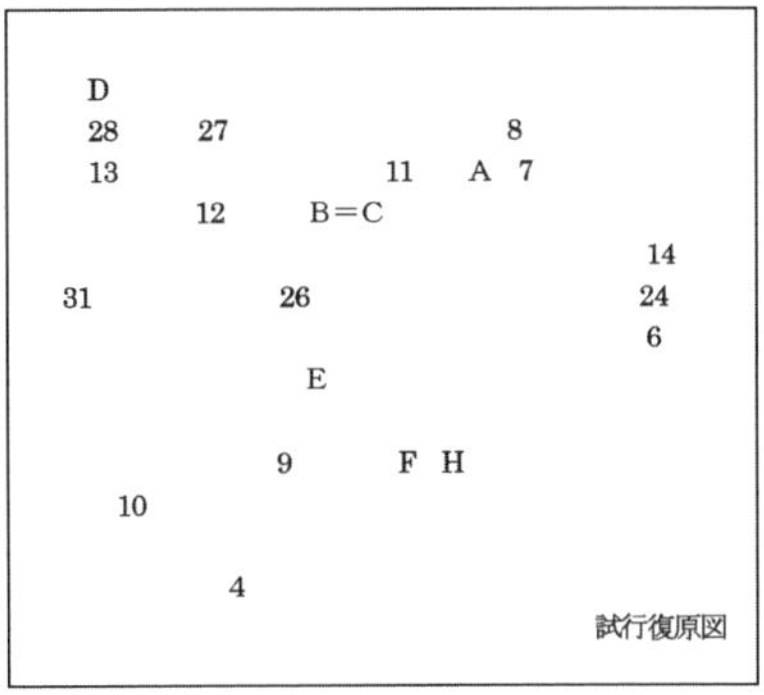

di sopra　Lo S. Santo
(4)　La Cena　La Lavanda
di sotto Xsto à S. Tommaso dice
Infer digitum tuum huc
(6) La presa nel Orto di Getsemani
(24) Pietro. Giacomo e Gio.a Dormentati

La madonna dello Spasimo
La Vergine svenuta (11)

(14) L'Ascensione in ottangolo
ancora insieme e perfetto
v'é il Vestigio del Piede

(7) fu fragellato
Ecce Homo fu coronato d'Spine

in Casa di
Erode (8)

Crucifixi
sunt cum
Stabat
Mater dolo
rosa (12)

La Prigione o
Quarantena (27)

La Veronica
il Volto Santo
(26)

Incontro
La M re
(B)

Xsto va
al Calvario
con
la Croce (A)

Non habemus
regem, nisi
Caesarem

(D) Con 1563
Apparisce alla
Md^{e}, o alla
Maddalena

S. Sepolcro
(13)

(F) In Casa di
Simon Lebbroso,
La Maddalena
gli lava i piedi

Visitazione di
S. Elisabetta (H)

Noli me tangere alla
Maddalena (28)

S. Iacopo
Apostolo (31)

La Nunziata (E)

(10) E presentato Caifas↑
Gli sono bendati
gli occhi →
E messo in prigione↓

In casa
D'Anna riceve
lo schiaffo (9)

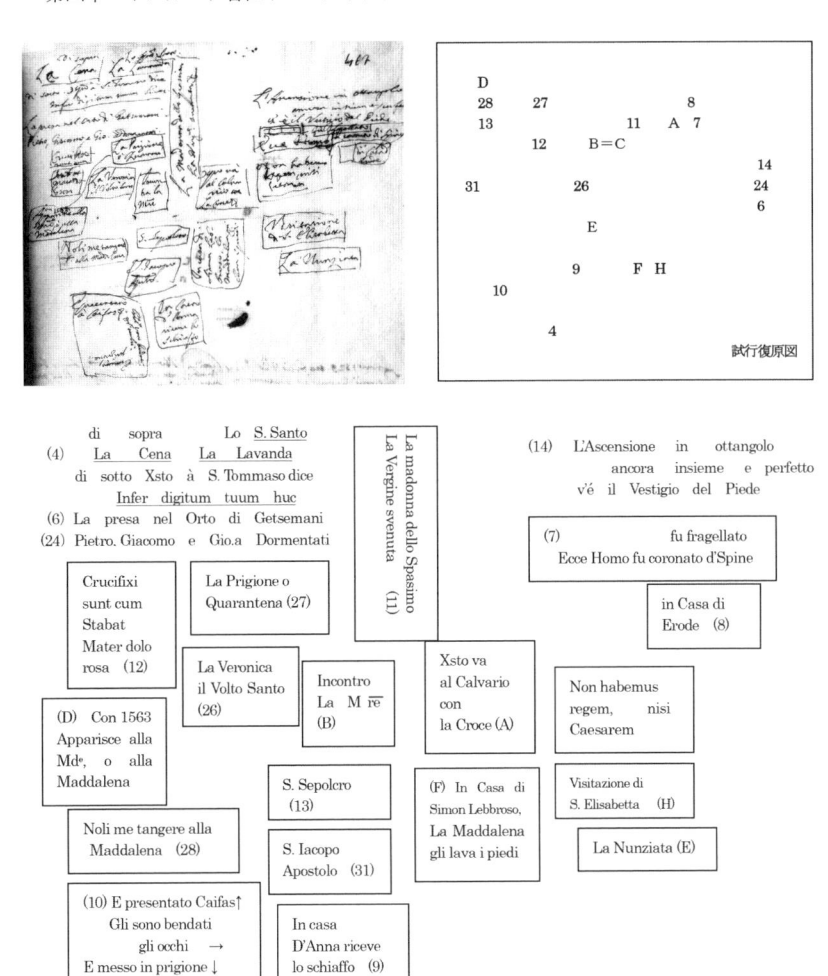

図84　史料⑥『報告書』(*Relazione*) フォリオ467r.に概略で示された礼拝堂群

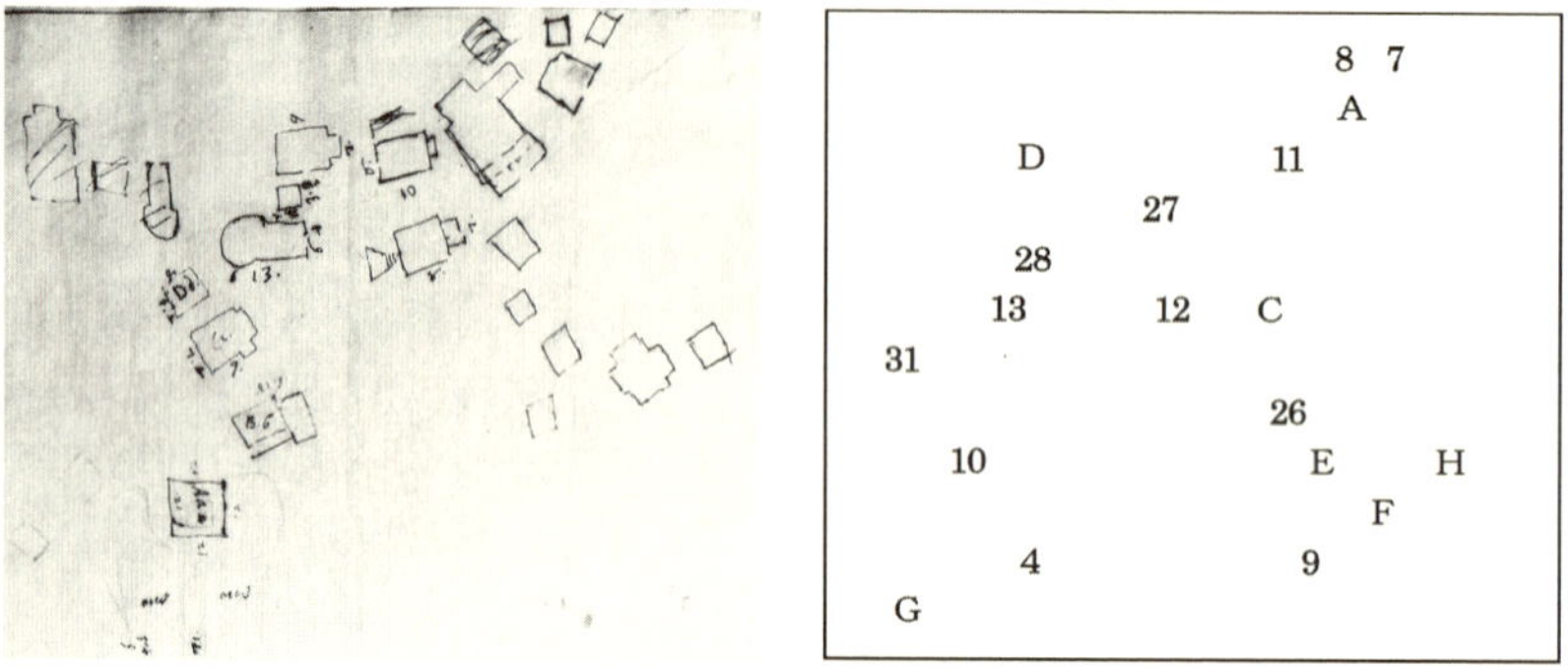

図85　史料⑦『報告書』（*Relazione*）フォリオ470v.の平面図
推測される礼拝堂名：(G) サマリアの井戸、(4) シオン山の聖堂、(10) カイアファの家、(31) 聖ヤコブが斬首された聖堂、(13) 主の墓、(28) 復活の礼拝堂、(D) 聖母に現われたキリスト、(27) キリストの獄屋、(12) カルヴァリオ山、(11) 慟哭の聖母マリアの礼拝堂、(A) 十字架の道行き、(8) ヘロデの家、(7) ピラトの官邸、(C) 敬虔な婦人たち、(26) 聖ウェロニカの家、(E) パリサイ人シモン、(9) アンナスの家、(F) 受胎告知、(H) 聖エリサベツ

オ13r.-14v.)（図86）で、一六八五年から一六八八年までの間に作成されたと考えられている史料である。[5] 列挙されている礼拝堂とそれぞれのパトロンを、史料①の礼拝堂群と照合すると表2のようになる。なお、同史料には解体された建物についての記載もあり、併せて書き込んだ。その結果、独立した建物は二二堂（「プレゼピオ」を含む）、最初期の建物は一五堂確認された。…………⑧

次には、同じ『備忘録』中のフォリオ62v.-65r.にかけて記されている一八三三年の「修復」（Restauri）記録（パトロン名も含む）を取り上げた。同記録と、史料①の礼拝堂群とを照らし合わせていくと表2のようになり、独立した建物は二〇―二二堂（「プレゼピオ」を含む）、最初期のそれは一四―一五堂であったことが推測される。…………⑨

最後に挙げるのは、二〇世紀初めの未紹介の二つの史料（いずれにも平面図はない）である。一つは、一九一九年にF・インノチェンティ神父によって書かれた手稿『トスカーナのフランシスコ会修道院』（*I conventi francescani in Toscana*, ms., 整理番号欠）中の三一五頁から三三三頁にかけて記されたサン・ヴィヴァルドの修道院に関する記録である。同様な照合作業を行うと、独立した建物は

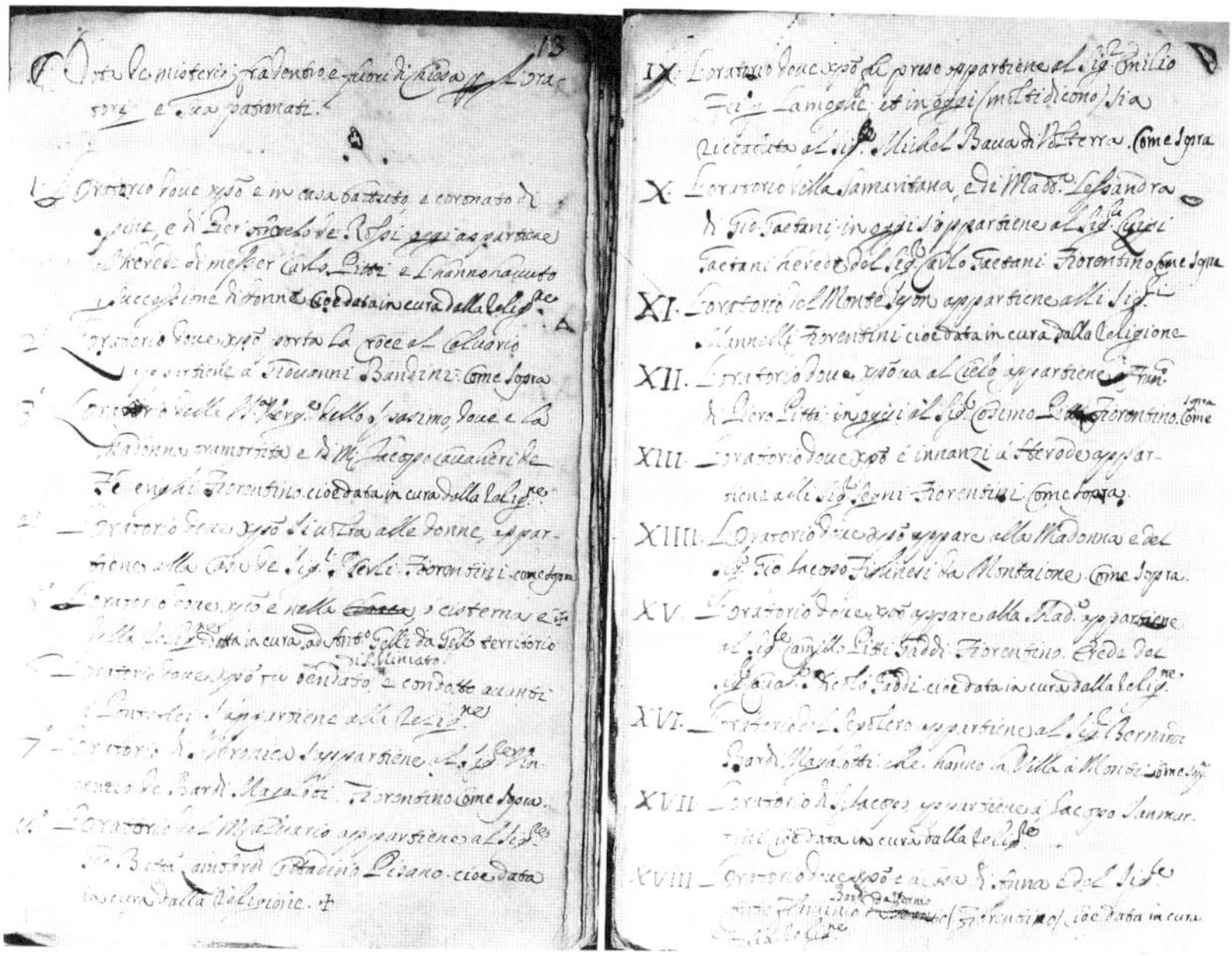

図86　史料⑧『備忘録』（*Memorie*）フォリオ13r., 13v.の「ミステーリに関する覚書」（以下14v.まで続く）

二〇―二二堂（「プレゼピオ」を含む）、最初期の建物は一四―一五堂となる。…………⑩

もう一つの史料は、同じくインノチェンティ神父によって一九二五年に書かれた手稿『サン・ヴィヴァルドの修道院と礼拝堂』（*Convento e cappelle di San Vivaldo*, ms., 430. I. 430）の第三部、特に三三一頁から四五六頁にかけて記されている礼拝堂群の記録である。これについても同様に照らし合わせていくと表2のようになり、独立した礼拝堂は一九堂（「プレゼピオ」を含む）、最初期のものは一三堂となる。…………⑪

なお、現在、礼拝堂の入口の上部に現存しているパトロンの紋章と、現地に存在している建物について触れておくと、紋章を掲げている礼拝堂は合計一二堂で、それぞれ4．マンネッリ家、9．バルディ・ダ・ヴェルニオ家(?)、11．ミケロッツィ家、12．ランバルディ家、13．バルディ・マガロッティ家、14．ピッティ家、26．バルディ・マガロッティ家、27．ジェッリ家（図90）、28．ガッディ家、C・ネ（ル）リ家、E・マンナイオーニ家、F・リカゾーリ家のものと識別される（数字は各礼拝堂の番号と一致）。ちなみに、これらのパトロンは殆どが貴族で、なかでもフィレンツェの貴族が最も多い。(6) また、現存する建物は、既述のように合計一九堂（「プレゼピオ」を含む）、トンマーゾの構想に遡るものは一三堂である。返書中の三四のキリストゆかりの聖蹟のうちでは、現存しているのは、「プレゼピオ」を含めてもわずかに一五の聖蹟であり、半数に満たない。……⑫

さらにここで、独立した建物としては全体としてどのくらい建造され、それらのうちトンマーゾの構想になる最初期の建物は幾つであったかについて付言しておけば、表2からは、「プレゼピオ」（フランシスコ会聖堂内）のそれを含め、それぞれ二六（ないしは二七）堂と一九（ないしは二〇）堂であったことが確信される。しかし、先に紹介したいずれの史料や平面図にも言及されてはいないものの、現在、〈主の墓〉の礼拝堂の前室に配されている古様の聖ヘレナ像は、かつては29．〈聖ヘレナの洞窟あるいは礼拝堂〉の場所が存在していたことを推測させる。また、同じ前室で香油壷を手にしているマグダラのマリアと思しきテラコッタ像（ヘレナ像の制作者と同一人の手になると思われる）も、30．〈主が三人のマリアに現われた聖堂〉の聖蹟があったことを示唆しているように思われる。さらに、32．〈聖母マリアの小祈禱所〉の礼拝堂は、主道を折れて10．〈カイアファの家〉の礼拝堂に向かう細い上り階段の突端あたりに考古学的手懸りが見出されている。(7) また、2．〈神殿〉の礼拝堂は、その重要さにも拘わらず一切言及されていないことから、三節で見るように、初期に献堂名が変えられた可能性が考えられる。これらの不確実な四堂を、建造されたことが確かな一九（ないしは二〇）堂に加えれば、フラ・トンマーゾの構想になる三四のキリストゆかりの聖蹟のうち、二三（ないしは二四）の聖蹟くらいは具現されていたと推測される。三四の聖蹟がすべて建造されたことを証する史料は見出されていないが、かりにすべて具現されていたとしても、例えば〈シオン山〉の礼拝堂が単一の建物の中に四つのキリストゆかりの聖蹟（4、15、33、34）を含んでいるように、オリーヴ山に関係する一連の聖蹟などにおいても、土地の狭隘さを考えれば、同様な工夫がなされた可能性があり、独立した建物の数が三〇を超えていたとはまず考えられない。また、一五七六年の司教訪問記録中の礼拝堂が〈プレゼピオ〉の礼拝堂を含め二三堂であり、レオ一〇世の返書（一五一六年）からわずか六〇年の間に数多く傷んで解体されたとは考えにくいため、かりに訪問記録中の二三堂すべてがトンマーゾの構想になるものであったとしても、具現された彼による全礼拝堂数は二三を大きく上回るものではなかったはずである。さらに、一五七六年の時点ですでに彼の構想にはない建物が幾つか含まれていた可能性もあることを考えれば、その数はなおさら二三に近いということになろう。

二―二　同定問題の再検討

以上、抽出した史料群を、史料①に挙げられた三四の「聖蹟」と照合しながら表に整理してきたが、次に、そのデータから、これまで曖昧にされてきた幾つかの問題について解明を試みたい。幾つかの問題には、まず、二〇世紀半ばまで、第二七堂が〈砂漠のなかのキリスト〉（すなわち〈四十日山〉）、ないしは〈獄屋のキリスト〉、あるいは〈御苦禱のキリスト〉と根拠もなく呼ばれてきたにも拘わらず、近年の研究が資料⑤の平面図に信を置きすぎ、図中のQ堂を解説通りに〈四十日山〉と見做して失われた礼拝堂群のなかに含めたままにしている3.〈四十日山〉と27.〈キリストの獄屋〉、並びにD.〈聖母に現われたキリスト〉の三堂をめぐる確定の問題がある。次いで、28.〈復活〉の礼拝堂と現在の〈ノリ・メ・タンゲレ〉のそれとの同一視の問題[8]、第三にはB.〈聖母とエリサベツの出会い〉の礼拝堂とC.〈敬虔な婦人たち〉のそれの同一視の問題[9]、そして、最後にH.〈聖エリサベツ〉の礼拝堂とI．〈エジプトへの逃避〉のそれの同一視の問題[10]がある。

最初の問題は、史料⑤の平面図でQの礼拝堂が〈四十日山〉と同定されていることに起因している。3〈四十日山〉の礼拝堂は、史料⑤とほぼ同時期と思われる史料③や④、また、やや後の史料⑧には挙げられておらず、史料⑨以降に再び登場している。一方、27〈キリストの獄屋〉の礼拝堂は、〈四十日山〉のそれとちょうど反対に、史料③、④、⑧で言及されている。従って、二つのキリストゆかりの聖蹟は、どちらか一つであった可能性がある。このことを示しているのが、史料⑥の概説図（図84）中の記述「27. La Prigione o Quarantena」（〈獄屋あるいは四十日山〉）である。両堂は一七世紀前半頃から混同されていたのである。しかし、サン・ヴィヴァルドのカルヴァリオ広場のその他の礼拝堂群が、エルサレムの聖墳墓記念聖堂内（図79）のそれぞれ対応する聖蹟に従って忠実に配されていることを考えるならば、〈四十日山〉（伝説的にエリコの北西に位置する山と同一視される）がQの位置に置かれたとはまず考えられない。これに対し、〈キリストの獄屋〉であれば、エルサレムでは同名の礼拝堂はカルヴァリオの北北東に位置しており、ほぼ手本に一致していると言うことができる。Q堂が何であったかを決定するもう一つの決め手は、入口の上に掛けられている紋章である。これは陽刻された文字から判るように、明らかにジェッリ家（図90）のものであり、表2から同家が管理していた礼拝堂を探すと、史料⑧より〈キリストの獄屋〉のそれであったことが判明する。交互に二つの聖蹟名が充てられてきたこの礼拝堂は、さらに堂内のキリスト像の特徴の曖昧さのために5．〈キリストが祈ったヨシャファトの谷の洞窟〉とも混同されてきたが[11]、オリーヴ山付近にあるべき礼拝堂がカルヴァリオ広場に置かれたとはやはり考えがたく、後者の呼称は短絡的な誤解と見做すことができる。以上のような理由から、カルヴァリオ広場の一角を占める礼拝堂は、27．〈キリストの獄屋〉のそれであったと結論づけられる。次に、現存の第二七堂を現存しないD．〈聖母に現われたキリスト〉の礼拝堂であったと見做す見解[12]については、まず表2の史料⑧で両堂が明らかに別々に列挙されていることから、また、D堂のパトロンがフィリネージ家であるのに対し、第二七堂の方はジェッリ家であることからも反論できる。さらにD堂が確実に存在したことは、③、④、⑤のいずれの史料にも挙げられている上、史料⑪中では「解体」と明記されていることからも明らかである。その他、史料⑥、⑦の平面図（図84、85）でもそれを同定することは容易であり、⑥の概略図に至っては、同堂の建造年代と思しき「con 1563」という数字まで添えられている。従って、D堂と二七の礼拝堂は、それぞれ別の独立した礼拝堂であったと結論される。

第二の問題については、それを解決する決定的証拠はない。しかし、レオ一〇世の返書中に、28.〈復活〉の場所以外に〈ノリ・メ・タンゲレ〉に該当しそうなものがない上、返書以外のすべての史料や平面図中に〈ノリ・メ・タンゲレ〉の礼拝堂の存在が確認されることから、同堂が返書中の〈復活〉の礼拝堂であることはほぼまちがいない。おそらく、〈復活〉よりは、堂内の二体のテラコッタ像をより具体的に表現する〈ノリ・メ・タンゲレ〉の呼称の方が好まれて一般に使用されていたのに違いない。いま一つの可能性として、13.〈主の墓〉の礼拝堂の天使の間と呼ばれる前室を指していることも考えられるが、三人のマリアに天使が現われる場面を表現するには前室は手狭である。従ってやはり、〈復活〉という表現をもって〈ノリ・メ・タンゲレ〉、もしくは〈マグダラのマリア〉の礼拝堂を指していたと考えたい。

第三のB堂とC堂の同一視は、単一の礼拝堂に二つの呼称が使われたことを推測させるべく、B.〈聖母との出会い〉の礼拝堂が史料⑤と⑥にのみ挙げられているのに対し、C.〈敬虔な婦人たち〉のそれは⑤、⑥以外のすべての史料に言及されていることや、史料⑥の概説図（図84）中のB堂の位置が、現在のC堂の位置にほぼ一致していることから証明されよう。

最後のH堂とI堂の同一視の問題は、H.〈聖エリサベツ〉の礼拝堂が言及されなくなった時点から、I.〈エジプトへの逃避〉の礼拝堂名が現われていることや、史料⑤の平面図中のH堂の位置が、現在のI堂の位置にほぼ一致していることから容易に解決される。

三　フラ・トンマーゾ・ダ・フィレンツェの地形模倣的「代用エルサレム」

同定問題が解決したところで、次に、二節の結果を基に改めてフラ・トンマーゾの構想になる以下の「聖蹟」と、マムルーク朝末期のエルサレムのそれぞれ対応する「キリストゆかりの聖蹟」とを比較し、両者がどのような関係にあるかを図示してみよう。

検討対象は、現存する1、4（15、33、34を含む）、7、9、10、11、12、13、14、26、27、28、31の聖蹟に、上述の史料群からかつての存在とおおよその位置が確定される6、8、16、24、並びに存在したことだけが確認される5、19、23、献堂名を変えたと推測される2、[1] 史料にはないが手懸りが確認されている32[2]を加えた合計二五の「聖蹟」である。比較対照である一五世紀後半のエルサレムのキリストゆかりの聖蹟については、Y・ヤディンによる十字軍時代の市街の地図（図87）を含む考古学的研究成果[3]やフランシスコ会士による現地の案内書、[4] 巡礼記の記述、[5] ヴァンニーニ氏らの考察[6]などが参考になる。なお、図88はエルサレムにおける三四のキリストゆかりの聖蹟を示したものであり、図89は、エルサレムにおけるそれらの配置図に以下に検討する二五の聖蹟のサン・ヴィヴァルドにおける配置図を重ね合わせたもので、[7] サン・ヴィヴァルドに架空のエルサレムの市壁を設定した状態を示している。併せて参照されたい（以下の文中の方位は、サン・ヴィヴァルドにおける実際の地理的方位ではな

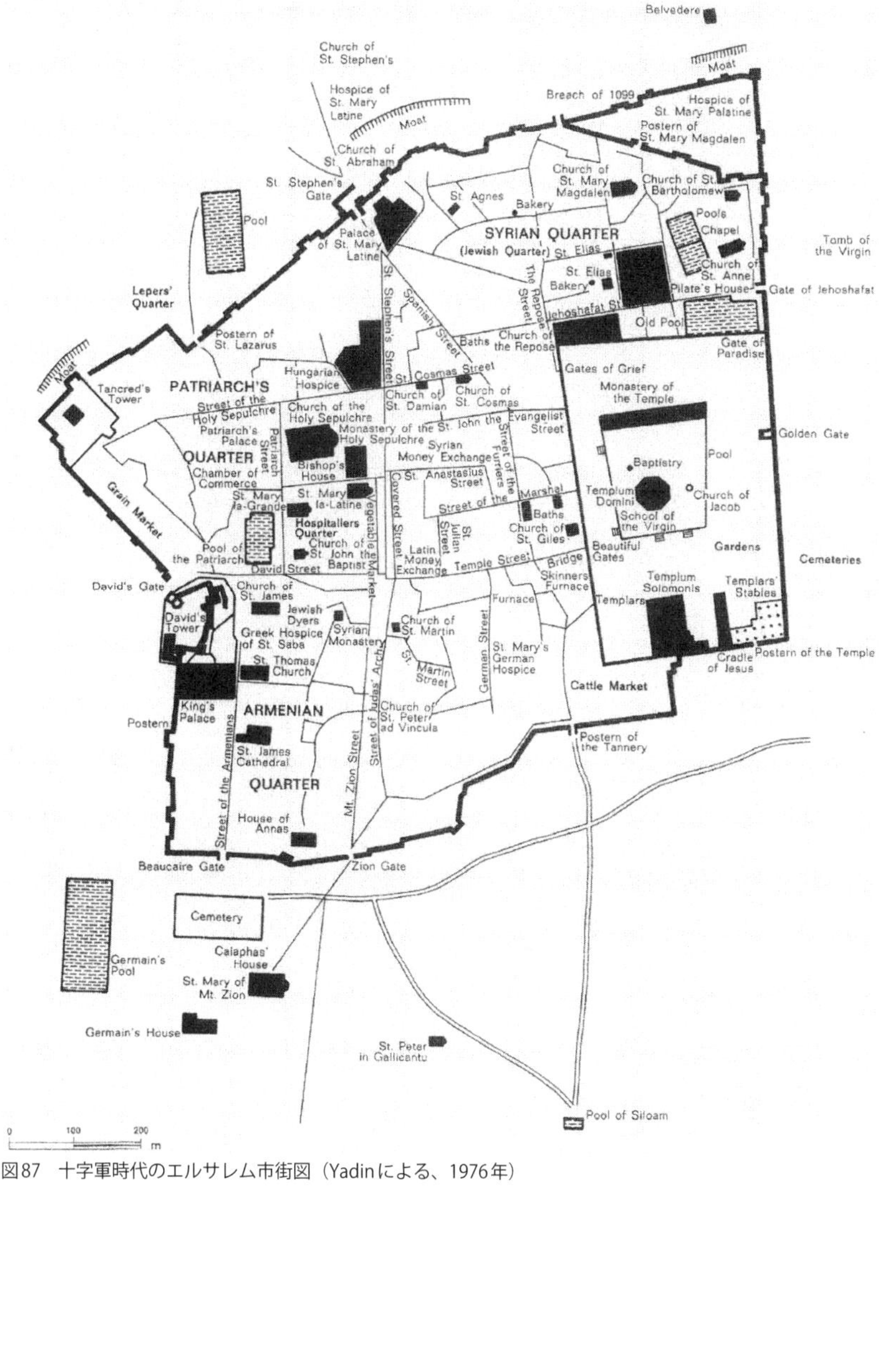

図87　十字軍時代のエルサレム市街図（Yadinによる、1976年）

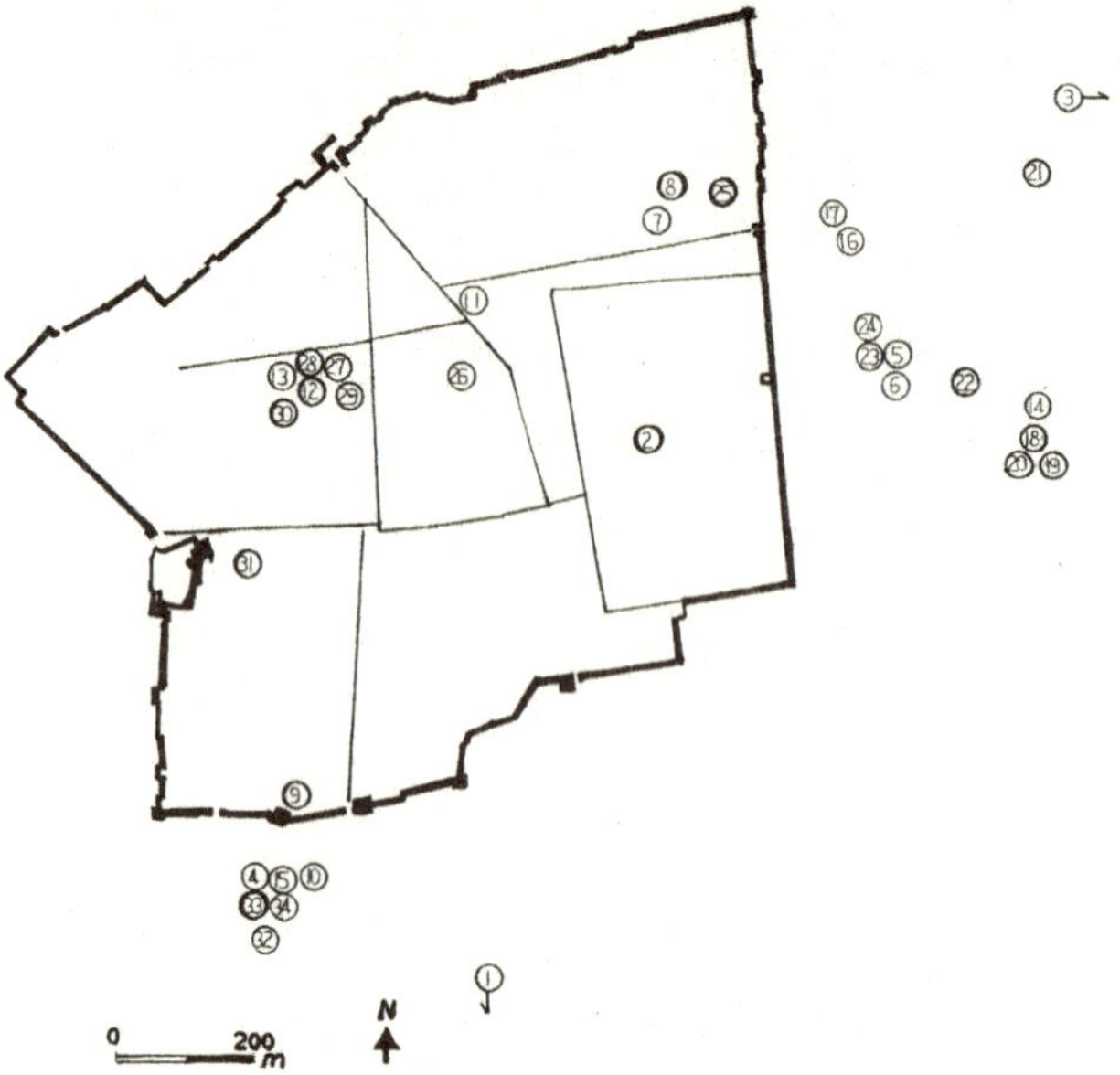

図88　エルサレムにおける34のキリストゆかりの聖蹟（場所）

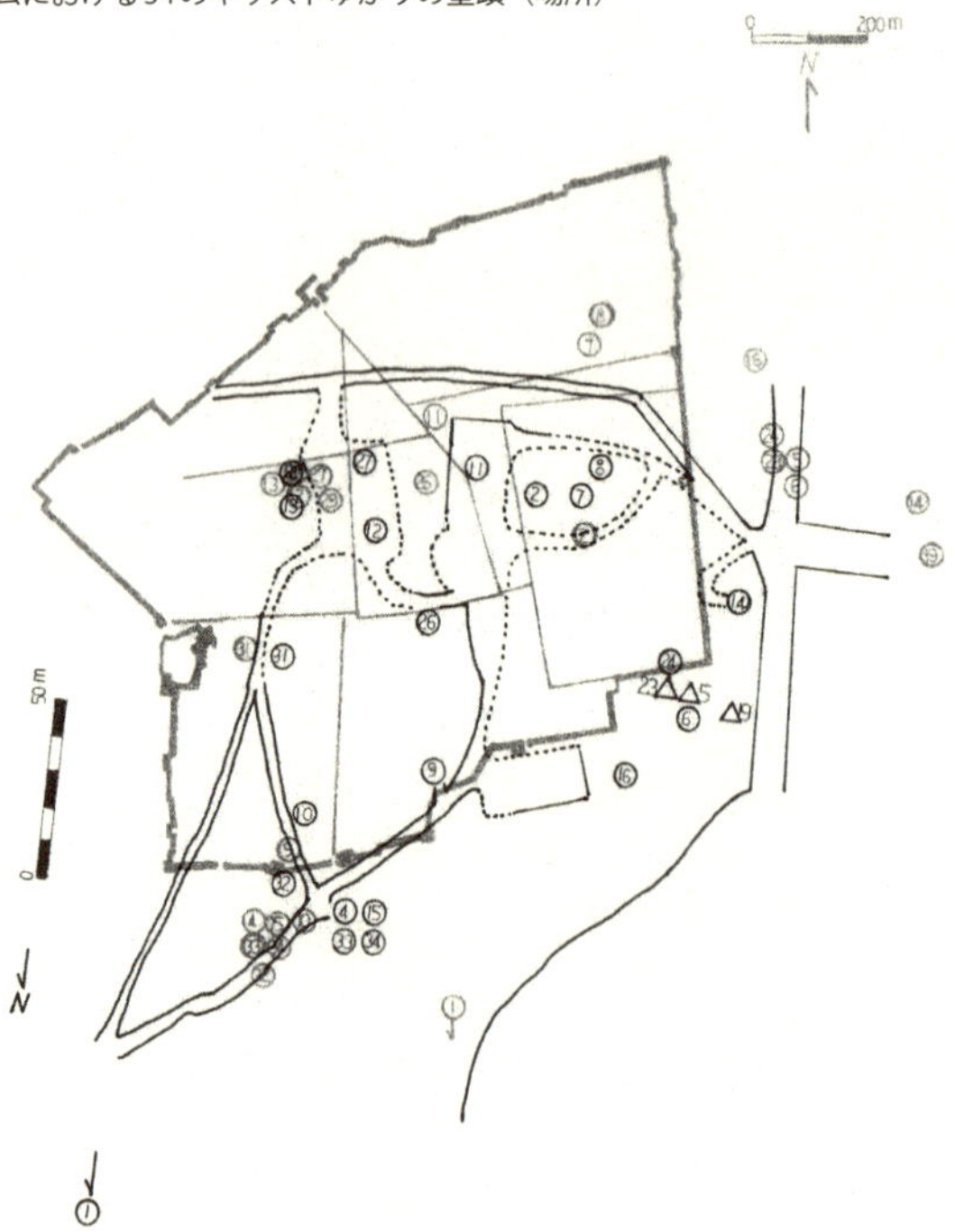

図89　サン・ヴィヴァルドにおける最初期の25のキリストゆかりの聖蹟（場所）の位置（濃線）と、それらに対応するエルサレムの25の聖蹟の位置（薄線）の照合図

図91　〈プレゼピオ〉の礼拝堂　フランシスコ会聖堂内　15世紀末-16世紀初め　施釉テラコッタ　デッラ・ロッビア工房？

図90　サン・ヴィヴァルド　27.〈キリストの獄屋〉のジェッリ家紋章

く、設定した「架空のエルサレム」の地理的方位（図の上方が北）に拠っている[8]。

ⓐ1.〈プレゼピオ〉の聖堂

この聖蹟をフランシスコ会の聖堂内にある「降誕」の礼拝堂（図91）と見做すことに異論はない。そしてこの聖蹟には、エルサレムの南に位置するベツレヘムの降誕聖堂が対応していると考えられる。サン・ヴィヴァルドでも、「降誕」の出来事は架空の町の南側に配されている。ただし、現在、聖堂の入口に最も近い右側の礼拝堂内に配されている《プレゼピオ》は、一六世紀には、史料⑤の平面図の次の頁（フォリオ469v.）に記されている修道院と聖堂の各部屋についての解説によれば、聖堂内のKの位置に配されていた。

ⓑ2.〈神殿〉

現存していないこの聖蹟の設置場所については複数の異なった見解が提出されたが[9]、史料は同聖蹟については何も語っていないため、それらの中に正しい見解があるのか、あるいはそもそも建造されなかったのかを確定することはできない。しかし著者は、現在のA.〈十字架の道行き〉の礼拝堂の横長のファサード（図92、94）や、同ファサードの四本の付け柱、また、それらの付け柱で区切られた三壁面のうち、両端の狭い壁面に設けられた扉とその上に載るアーチ型の窓といった諸特徴が、アヴィヨナによるヘロデ時代の神殿の模型中に見られるニカノル門やバル・コクバ貨幣に陽刻された同門

図93　ニカノル門を刻んだバル・コクバの硬貨

図92　サン・ヴィヴァルド　森の中の礼拝堂群
右より7.〈ピラトの官邸〉、A.〈十字架の道行き〉、11〈慟哭の聖母マリア＞、12.〈カルヴァリオ山〉、C.〈敬虔な婦人たち〉、26.〈聖ウェロニカ〉の礼拝堂

(図93)と相似していることに注目し、[10] トンマーゾの時代にはもはやヘロデの神殿は存在していなかったという明らかな事実にも拘わらず、貨幣などを通して神殿の図像が伝えられた可能性は十分にあると考えられることから、2.〈神殿〉の礼拝堂はA堂にとって代わられたとする仮説に与したい。それは、また、サン・ヴィヴァルドのA堂の位置とエルサレムにおける神殿の位置がほぼ一致することからも推測される。

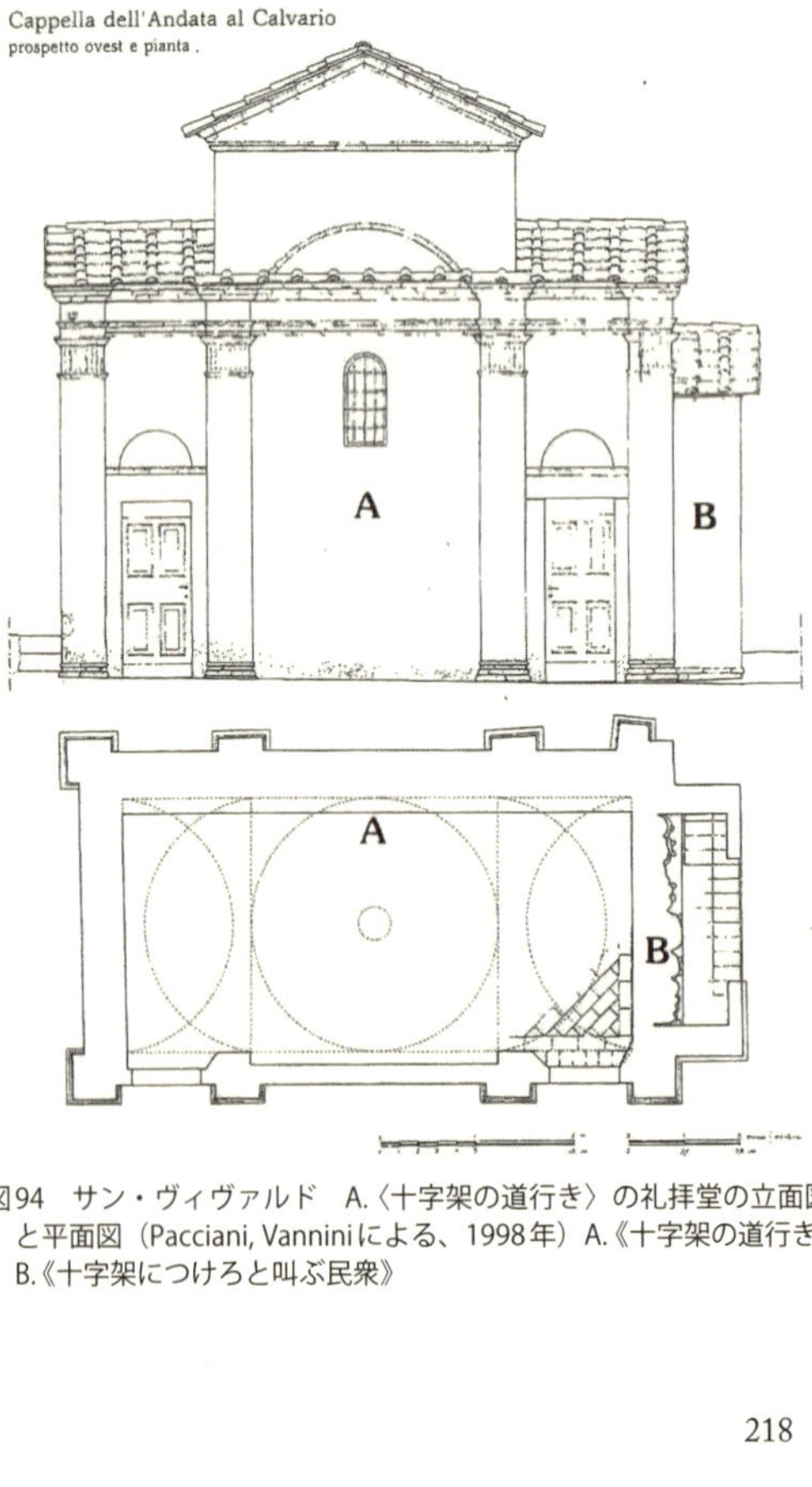

図94　サン・ヴィヴァルド　A.〈十字架の道行き〉の礼拝堂の立面図と平面図（Pacciani, Vanniniによる、1998年）A.《十字架の道行き》、B.《十字架につけろと叫ぶ民衆》

ⓒ4.〈キリストが最後の晩餐をとったシオン山〉の聖堂／15.〈聖霊降臨〉の礼拝堂／33.〈聖トマス〉の礼拝堂／34.〈ダヴィデの墓〉

エルサレムでは、最後の晩餐の部屋並びに聖霊降臨の部屋とされている聖蹟は、市外の南西の丘（いわゆるシオン山）にあるコエナクルム（晩餐の部屋）と呼ばれる二階部屋がそれに相当し、階下にはダヴィデの墓もある（図56）。ビザンティン時代のバジリカの廃墟跡に十字軍が建てた「シオンの聖堂」、ないしは「マリアの聖堂」は、一三三五年にはフランシスコ会が所有し、階上のコエナクルムは現在のようなゴシック風の部屋に改装された（図96）。サン・ヴィヴァルドでも、聖地における同総体の位置や各部屋の位置関係に倣って、架空の都の南西の市外に複合体（図95、98）を配し、4.〈最後の晩餐〉（図97）と15.〈聖霊降臨〉（図99）の聖蹟を階上に、そして、33.〈聖トマスの不信〉と34.〈ダヴィデの墓〉[11]の聖蹟を階下に位置付けているほか、〈最後の晩餐〉の部屋に至ってはゴシック風の建築様式まで模倣している。

ⓓ5.〈キリストが祈ったヨシャファトの谷の洞窟〉

エルサレムのキドロンの谷（図102）やヨシャファトの谷、ゲツセマニに当たるサン・ヴィヴァルドの「修道士の堀」と呼ばれる峡谷やその周辺一体（図103）は、時の経過の中で破壊を被った区域であり[12]、この聖蹟も史料⑧で「解体」されたものとして列挙されている。同所は、三点の平面図のいずれにも示されてはいないが、オリーヴ山上の6.〈キリストの捕縛〉の聖蹟のごく近くにあったはずであり、エルサレムの「御苦禱の洞窟」と呼ばれる聖蹟に相当していると考えられる。[13]

ⓔ6.〈キリストの捕縛〉の聖堂

この聖蹟は、表2より、少なくとも一九一九年までは存在していたことが明らかである。また、位置的には、

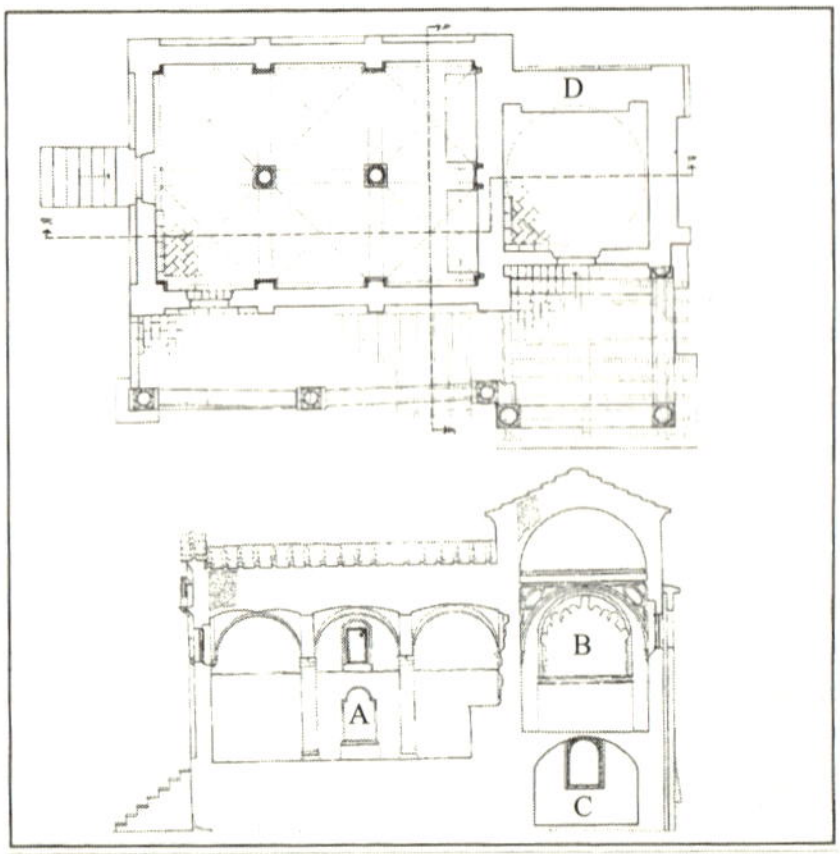

図98　サン・ヴィヴァルド　4.〈シオン山〉の総体の平面図と断面図（Pacciani, Vanniniによる、1998年）A. コエナクルム　B. 聖霊降臨、C. 聖トマス、D. ダヴィデの墓の礼拝堂

図99サン・ヴィヴァルド　15.〈聖霊降臨〉の礼拝堂（《聖霊降臨》）15世紀末-16世紀初め　ベネデット・ブリオーニ工房？　テラコッタ　著色

図95　サン・ヴィヴァルド　4.〈シオン山〉の礼拝堂

図96　エルサレム　シオン山上のコエナクルムの室内

図97　サン・ヴィヴァルド　4.〈シオン山〉の礼拝堂内のコエナクルム
右より《使徒たちの洗足》、《最後の晩餐》のレリーフ　テラコッタ　著色

史料⑤の平面図中に、第一四堂の南西の現在深い堀になっている所にあったことを確認できる。エルサレムでは、元来は現在の「御苦禱の洞窟」が「裏切りの洞窟」と呼ばれ、主がユダに裏切られて捕えられた聖蹟とされていたが、十字軍以降はこの洞窟は主が最後の御苦禱をささげた聖蹟と信じられるようになった[14]。そして、主がユダの裏切りで捕えられた聖蹟は、そこから「石を投げてとどく」（ルカ22・41）距離だけ戻った、現在ゲツセマニ聖堂が立っている辺りと考えられる（図100）。御苦禱の洞窟とゲツセマニ聖堂の距離は、いずれにしても九〇メートルしか離れておらず、サン・ヴィヴァルドでも5と6の場所は隣接していたと考えられる。

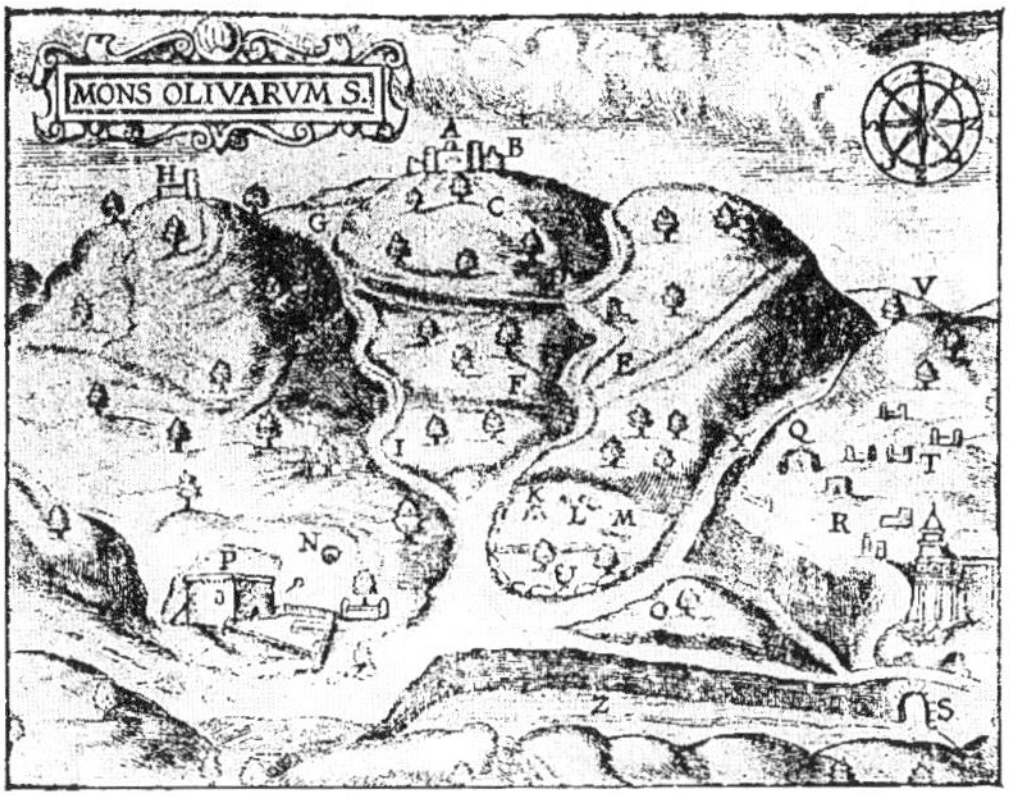

図100　エルサレム　オリーヴ山（J. Zuallart, 1587もしくは1604年）
A. キリスト昇天の聖蹟、B. エジプトの聖マリアの墓、D. キリストが主の祈りを捧げた所、F. キリストがエルサレムのために泣いた所、G. 天使が聖母マリアに棕櫚を渡した所、H. キリストが使徒たちに現われたガリレア、I. 聖母マリアが聖トマスに腰帯を渡した所、L. キリストが捕えられた園、N. キリストが主に祈った洞窟、P. 聖母マリアの墓の聖堂、R. 主の兄弟聖ヤコブがその近くに突き落とされて殉教したアブサロムの墓、Z. ソロモンが後に聖なる十字架となる木の橋をキドロンの急流に架けた所

ⓕ7．〈ピラトの官邸〉

エルサレムでは、一三世紀に入ると、シオン山とカルヴァリオとの間を南北に結ぶ十字架の道行きは放棄され、町を東西に走る「苦しみの道行き」の長い伝統が始まった。イエスの時代に実際にピラトが投宿していた場所の問題は別にして[15]、トンマーゾの時代には、アントニア要塞のピラトの官邸の敷石の庭で審問が行われたとする見解が定着しており、そこが苦しみの道行きの出発点とされていた（図101）。サン・ヴィヴァルドでも〈ピラトの官邸〉（図103）は架空の獅子門の近く（市内）に配されている。そして、堂内には《笞刑》と《荊冠》の場面（図104）が、

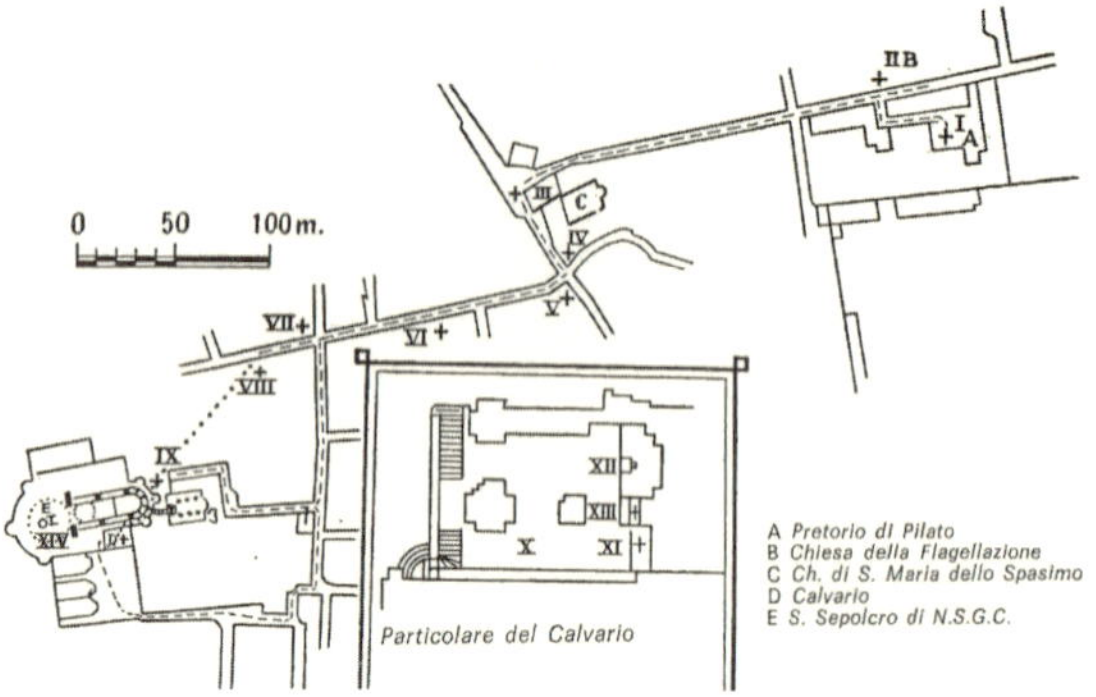

図101　エルサレムの「苦しみの道行き」の平面図（D. Baldi, 1973年）
A. ピラトの官邸、B. むち打聖堂（修道院）、C. 慟哭の聖母マリア聖堂、D. カルヴァリオ、E. 主の墓、第I留. 死刑宣告所、第II留. 十字架を負いたもう、第III留. 最初に倒れたもう、第IV留. 母マリアに会いたもう、第V留. キレネのシモンが主に代わって十字架を負う、第VI留. 聖ウェロニカの家、第VII留. 二度目に倒れたもう、第VIII留. エルサレムの娘たちに語りかけたもう、第IX留. 三度目に倒れたもう、第X留. 聖衣剝奪、第XI留. 十字架につけられたもう、第XII留. 十字架上に息たえたもう、第XIII留. 十字架降下、第XIV留. 埋葬

また、隣接する北東の小部屋には《エッケ・ホモ》の場面がいずれもレリーフで表現されている。さらにかつては、《エッケ・ホモ》の場面の下にある狭小な空間にバラバ像も配されていた。

ⓖ8．〈ヘロデの家〉

エルサレムでは、ヘロデの家はピラトの官邸からあまり離れておらず、伝統的には苦しみの道行きの北側のかつてのベゼタ地区に位置付けられている。[16] サン・ヴィヴァルドには同名の聖蹟は現存していないが、史料群より一七世紀前半頃までは存在していたことが確認される。また史料⑤、⑥、⑦の平面図からはピラトの官邸の北西にあり、聖都における位置にほぼ従っていたことが確認される。なお、調査によって同堂の考古学的手懸りも見出されている。[17]

ⓗ9．〈アンナスの家〉

エルサレムでは、アンナスの家はアルメニア人地区のシオン門のすぐ西側にあり、現在は大天使聖堂と呼ばれている（図87）。サン・ヴィヴァルドでは、同聖蹟は土地の事情のために完全には手本と一致せず、架空のシオン門の北東に位置してはいるが、その相違は許容範囲内にある。堂内には《アンナスの前のキリスト》の場面（図105）がレリーフで表現されている。

図103　サン・ヴィヴァルド　26.〈聖ウェロニカ〉の礼拝堂から見た小広場と「修道士の堀」
右より、7.〈ピラトの官邸〉 A.〈十字架の道行き〉 11.〈慟哭の聖母マリア〉、 C.〈敬虔な婦人たち〉の礼拝堂

図102　エルサレム　上空より見たかつての「ヘロデ神殿」付近とキドロンの谷

図105　サン・ヴィヴァルド　9.〈アンナスの前のキリスト〉の礼拝堂
《アンナスの前のキリスト》 テラコッタ　著色

図104サン・ヴィヴァルド　7.〈ピラトの官邸〉の礼拝堂
右より《荊冠》《笞刑》 マルコ・デッラ・ロッビア工房？ テラコッタ　著色

ⓘ10．〈カイアファの家〉

エルサレムでは、シオン門外のコエナクルムにごく近いサン・サルヴァトーレ聖堂（アルメニア派カトリック教会）がそれに当たっているが（図87）、サン・ヴィヴァルドでは架空の市内に収められており、聖地のそれに比べ若干北に寄っている。しかし、その位置は許容範囲内にある。堂内には、《カイアファの前のキリスト》と《ユダヤ人による嘲笑》の場面がいずれもレリーフで表現されている。

ⓙ11．〈慟哭の聖母マリア〉の礼拝堂

エルサレムでは、同名の聖堂はアルメニア派カトリック教会に属し、現在の苦しみの道行きの第三留に隣接して建っている（図101）。サン・ヴィヴァルドでも同聖蹟は聖都における手本の位置とほぼ一致する所に配されている。そして堂内の祭壇上には卒倒した聖母を中心とした美しい群像が配されている。

ⓚ12．〈カルヴァリオ山〉

エルサレムでは、カルヴァリオは聖墳墓記念聖堂内の入口の右側（東）に、聖堂の床面より約五メートル高くして設置されている。一一・四五×九・二五平方メートルの広さのその空間は二分され（図64）、キリストが息絶えた時に起こったとされる地震による地割れの跡が施されている。また階下にはアダムの礼拝堂が配され、カルヴァリオへのかつての第二の入口の南側（聖堂外）にはフランク人礼拝堂（＝慟哭の聖母ないしは聖ヨハネと敬虔な婦人たちの礼拝堂）がある（図79）。このフランク人礼拝堂は、第二の入口を塞ぎ、その入口の南側にあったアトリウムに造られたもので、第三章でも述べたように、長い間フランシスコ会が所有してミサを挙げていた所である。サン・ヴィヴァルド（図106、107、110）でも、〈カルヴァリオ山〉の礼拝堂（堂内には磔刑のミステーロ（図108）が表現されている）は、地割れの跡を含め、エルサレムの手本の特徴や構造を比較的よく模造しており、それは階下の〈アダ

図107　サン・ヴィヴァルド　カルヴァリオの小広場
右より12.〈カルヴァリオ山〉 27.〈キリストの獄屋〉 13.〈主の墓〉の礼拝堂

図106　サン・ヴィヴァルド　12.〈カルヴァリオ山〉の礼拝堂

図109　サン・ヴィヴァルド　12.〈カルヴァリオ山〉の礼拝堂内《スタバト・マーテル》 テラコッタ　著色

図108　サン・ヴィヴァルド　12.〈カルヴァリオ山〉の礼拝堂内 《磔刑》 テラコッタ　著色

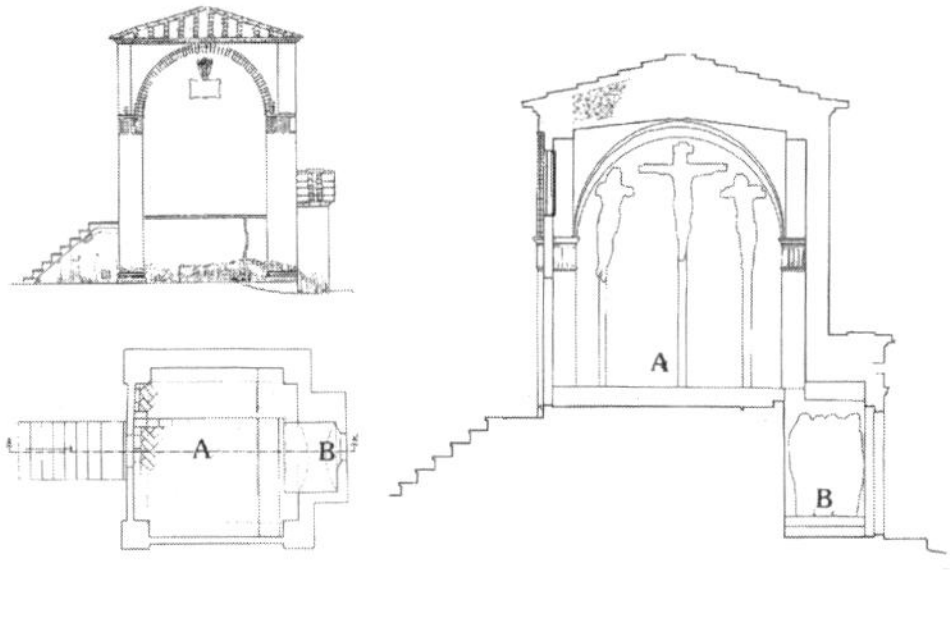

図110　サン・ヴィヴァルド　12.〈カルヴァリオ山〉の礼拝堂の側面図、平面図および断面図（Pacciani, Vannini, 1998年） A.《磔刑》 B.《スタバト・マーテル》

ムの墓〉の空間や、フランク人礼拝堂に相当する〈スタバト・マーテル〉の小礼拝堂（図109）の存在にまで及んでいる。[18]

① 13．〈主の墓〉

エルサレムでは、聖墳墓の祠堂も言うまでもなく聖墳墓記念聖堂内にある（図79）。一連の長い変形の歴史をもつこの礼拝堂は、なかでもフランシスコ会士ボニファチオ・ダ・ラグーザが一五五五年に行った改築によってその外観を完全に変えられた。サン・ヴィヴァルドの礼拝堂（図111、112）は、その変形を被る前の祠堂（図34）の貴重な模造例の一つであり、堂内もエルサレムの手本に倣って前室と墓室に分けられている（図66、113）。架空のエルサレムにおける配置も、聖地の手本の位置にほぼ完全に一致している。[19]

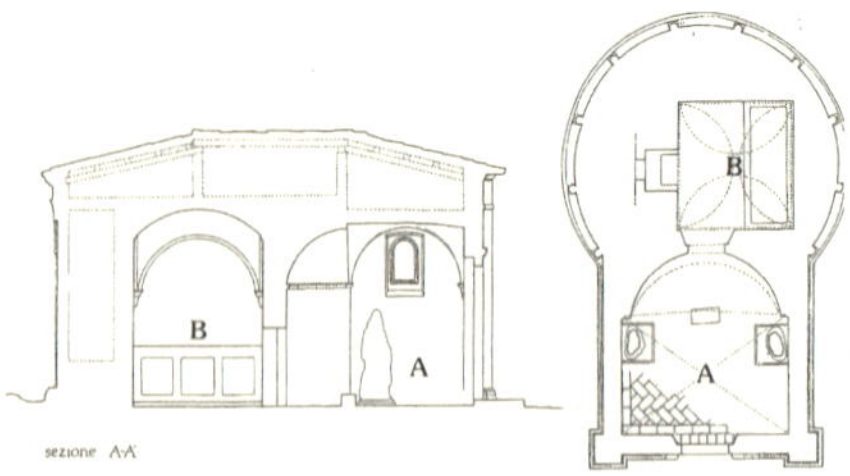

図111　サン・ヴィヴァルド　13.〈キリストの墓〉の側面図と平面図（Pacciani, Vannini, 1998年）A. 前室（天使の間）B. 墓室

図112　サン・ヴィヴァルド　13.〈主の墓〉の礼拝堂

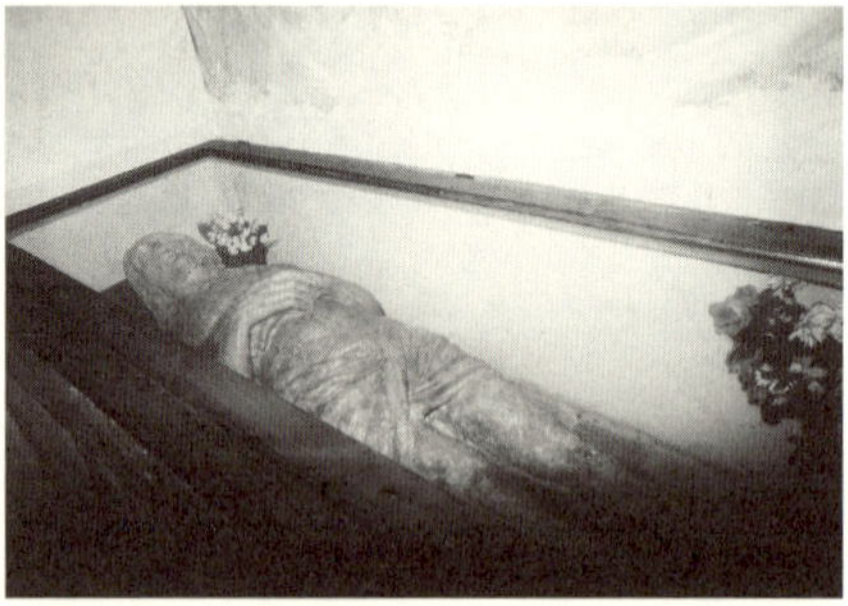
図113　サン・ヴィヴァルド　13.〈主の墓〉の礼拝堂墓室

ⓜ14.〈昇天〉の礼拝堂

エルサレムでは、昇天の礼拝堂は、十字軍時代に遡る八角形プランとイスラム起源のクーポラをもつモスクとしてオリーヴ山上に建っている（図100、114）。サン・ヴィヴァルドでも同名の礼拝堂（図115、116）はエルサレムの手本に忠実に従った八角形プランと外壁の付け柱をもっているが、土地の狭隘さのために架空の金門の南東の方角に設置されており、エルサレムに比べ市壁に接近し過ぎている。とはいえ、手本とほぼ同方向に配されていることは明らかである。

ⓝ16.〈聖母の墓〉の聖堂

エルサレムでは、この聖堂は獅子門（＝聖ステファノ門、ヨシャファト門）からヨシャファトの谷へ向けて下った

図114　エルサレム　オリーヴ山上の〈昇天〉の礼拝堂

図115　サン・ヴィヴァルド　14.〈昇天〉の礼拝堂

図116　サン・ヴィヴァルド　14.〈昇天〉の礼拝堂内
《昇天》　15世紀末-16世紀始め　テラコッタ　着色

ところにある（図100）。サン・ヴィヴァルドには同堂は現存していないが、史料⑤にはX堂（＝聖エリサベツの礼拝堂）の西側にそれを確認できる。従って、この礼拝堂は、位置的には手本にあまり忠実ではなかったと言える。

ⓞ19.〈来るべき世の終末について語った所〉

サン・ヴィヴァルドでは、同所は、史料⑧に「解体」とあることから、建造されたことは確実ながら位置を確認することができない場所の一つである。マタイ（マタイ24・3）によれば、イエスが受難週の最後の幾日間かを過ごし、弟子たちの質問に対し来るべき世の終末の出来事と主の来臨について詳説したのはオリーヴ山上においてのことである。サン・ヴィヴァルドでも、手本に準じていたとすれば、14.〈昇天〉の礼拝堂や、エレオナ（主の祈り）教会に当たる18.〈キリストが使徒たちに祈りを教えた所〉の礼拝堂などの比較的近くに配されていたに違いない。

ⓟ23.〈主が八人の弟子を残した所〉／24.〈主がその他の三人の弟子を残して祈りに行った所〉

最後の晩餐の後、イエスはゲツセマニの園に弟子たちを連れて行き、まずは八人の弟子を、そして少し進んだ所に今度は三人の弟子を残して、自分はさらに少し離れた所で神に祈りを捧げたとされる（マルコ14、32・36）。しかし、エルサレムには、眠る弟子たちの聖蹟とされる「三人の弟子の岩」（御苦禱のバジリカの前庭の右側にある）しか存在していない。[20] サン・ヴィヴァルドでも、23の聖蹟は、史料③に挙げられているものが唯一それに当たる可能性がある以外はまったく言及されていない。[21] 一方、24の聖蹟は表2の史料⑧までは確実に存在しており、一九二五年の手稿に至って「解体」とされている。位置的には、史料⑤の平面図から14〈昇天〉の礼拝堂の南西に配されていたことが分かるが（図100）、エルサレムでは「眠る弟子たちの聖蹟」は昇天聖堂の北西に位置しているため、方角は手本と異なっていると言える。しかし、23、24の位置は接近していたはずであり、5、6の聖蹟にも近い所にあったはずである。[22]

ⓠ26.〈聖ヴェロニカの家〉

エルサレムでは、この家は疑いなくカルヴァリオの北東の現在同名の聖堂が立っている所に相当している。サン・ヴィヴァルドでは同家はカルヴァリオの南東にあり、方角としては東西を結ぶ線を中心としてエルサレムのそれと反対方向にある。しかし上り坂に階段を設けるなど、細部に模造の工夫を見せている。

ⓡ27.〈キリストの獄屋〉の礼拝堂

この聖蹟は、エルサレムの聖墳墓記念聖堂内では有名であり、カルヴァリオの北北東に位置している（図79）。二節二項で〈キリストの獄屋〉と同定したサン・ヴィヴァルドの礼拝堂も、カルヴァリオのほぼ北側に位置している。

ⓢ28.〈復活〉の礼拝堂

この曖昧な名称が現在の〈ノリ・メ・タンゲレ〉の礼拝堂を指していることは、既に二節で考察した。エルサレムでは、マグダラのマリアの礼拝堂は聖墳墓記念聖堂内の聖墳墓の祠堂の北に位置している（図79）。サン・ヴィヴァルドでも同堂は〈主の墓〉の礼拝堂の真北に位置しており、図89でも完全に一致している。

ⓣ31.〈聖ヤコブが斬首された聖堂〉

エルサレムでは聖ヤコブの聖堂はよく知られており、町の南西のアルメニア人地区に属している（図87）。サン・ヴィヴァルドでも同堂は手本の位置とほぼ同じ位置に配されており、疑念の余地はまったくない。(23)

ⓤ32.〈聖母マリアの小祈禱所〉

この名称がマリアが永眠した家を指すならば、エルサレムでは一四九〇年に倒壊したコエナクルムの南西にあった礼拝堂がそれに当たる。サン・ヴィヴァルドには同名の礼拝堂は現存していないが、〈カイアファの家〉の礼拝堂に向かう上り階段の左手に考古学的手懸りが見出されている。ちなみに、〈マリアが晩年を過し死を迎えた所〉の礼拝堂はヴァラッロにも初期から存在していた。

以上、レオ一〇世の返書に挙げられている三四の聖蹟のうち二五の聖蹟について、エルサレムのそれぞれ対応する聖蹟との照合を行った結果、フラ・トンマーゾの「代用エルサレム」は、地形的にかなり忠実に当時のエルサレムの主要なキリストゆかりの聖蹟の位置や方角を模倣していたことが確認された。また、それだけではなく、2、4（15、33、34を含む）、13、14の聖蹟に至っては、建造物の外観や構造の特徴まで巧みに模造しており、舞台美術的にもオリジナルの聖地を可能な限り忠実に再現しようとしていたことが推察される。

トンマーゾの「代用エルサレム」は、前章で見たヴァラッロのそれより規模が小さい上、美術的価値も高くはない。しかし、施設を構成している礼拝堂や堂内のミステーリ場面の内容は、両施設とも酷似している。また、同定を試みた二五の聖蹟のなかでいずれが最初に建造されたかは判らないものの、それらには、第二章でみた一五世紀の西欧諸国の複合的「エルサレム」の殆どに見られた〈聖墳墓〉や〈カルヴァリオ〉の礼拝堂はもちろんのこと、〈オリーヴ山〉（サン・ヴィヴァルドではおそらく〈昇天〉の礼拝堂がこれに相当）や〈ヨシャファトの谷〉（サン・ヴィヴァルドでは「修道士の堀」がこれに相当)、〈聖母の墓〉(サン・ヴィヴァルドでは建造されたが現存しない)も含まれていた。従って、サン・ヴィヴァルドの「代用エルサレム」も、ヴァラッロのそれと同様に、一五世紀の西欧におけるエルサレム模造の「複合化」ないしは模造対象の「複数化」の傾向のなかで誕生したことは否定しえない。もし、ヴァラッロとサン・ヴィヴァルドの「代用エルサレム」と、その他の西欧諸国、とりわけアルプス以北の国々の同時代のそれらとの間に相違を見出すとすれば、第三章で述べたように、それはやはり一つには、創設者が聖地のキリストゆかりの聖蹟の監視と西欧からの巡礼者の案内と保護を任されていたフランシスコ会に属する神父であったことが挙げられよう。また、いま一つには、両施設がイタリア・ルネサンスの新しい感性である厳格な写実の精神の下に誕生したものであったことが挙げられよう。そして二つの施設のうちでは、トンマーゾの「代用エルサレム」の方が、地形模倣や建造物の構造的模造という点で、カイーミのそれ以上に忠実で厳密であり、究極の模造体であったと言える。

四　地形模倣的「代用エルサレム」から「サクロ・モンテ」へ
——結びにかえて

最後に、後代に付加されるか献堂名を変えられた礼拝堂を同定し、サン・ヴィヴァルドの施設にどのような変化があったのかを見てみよう。

レオ一〇世の返書中の三四のキリストゆかりの聖蹟のうち、少なくとも二五の聖蹟がサン・ヴィヴァルドの地に具現され、地形模倣的に配されていたことは既に示したが、その他の聖蹟は果たしてこの地で形をとったのであろうか。[1] それを明らかにしてくれる史料は見出されていない。しかし、同地ではいずれにしてもおそらくは一六世紀のうちから、レオ一〇世の返書にはない、従ってフラ・トマーゾの構想には拠らない幾つかの礼拝堂が、先行の建造物群に加わるか、新しい献堂名をもって先行の礼拝堂にとって代わるようになったと考えられる。返書にない礼拝堂とは、A．〈十字架の道行き〉、B．〈聖母との出会い〉、C．〈敬虔な婦人たち〉、D．〈聖母に現れたキリスト〉、E．〈パリサイ人シモン〉、F．〈受胎告知〉、G．〈サマリアの井戸〉、H．〈聖エリサベツ〉、I．〈エジプトへの逃避〉の礼拝堂群である。これらのうち、B．〈聖母との出会い〉とC．〈敬虔な婦人たち〉が同一異名の礼拝堂であったこと、並びにI．〈エジプトへの逃避〉の礼拝堂がH．〈聖エリサベツ〉のそれにとって代わった礼拝堂であることは二節で明らかにした。また、A．〈十字架の道行き〉の礼拝堂が2．〈神殿〉の場所にとって代わった礼拝堂である可能性は、三節で指摘した。従って、新たに加えられた建物は、数としてはC（＝B）、D、E、F、G、H（↓I）の合計六堂であった。

　後代に名前を登場させた八堂（B堂とC堂は同一と見做す）のうち、A．〈十字架の道行き〉とC．〈敬虔な婦人たち（＝B．〈聖母との出会い〉）〉の礼拝堂は、献堂名から容易に想像されるように、現在のエルサレムにおける苦しみの道行き[2]の留の番号で言えば、前者がおそらくは第二留（十字架を負うイエス）[3]に、また後者が第四留（聖母との出会い）か第八留（エルサレムの婦人たちに語りかけるイエス）に相当しており、苦しみの道行きに関係していることはほぼ間違いない。また、D．〈聖母に現れたキリスト〉（現存してはいないが、史料⑥、⑦の平面図中に位置を確認できる）とE．〈パリサイ人シモン〉の礼拝堂の位置は、三節で行ったのと同様な照合作業を行うと、いずれもエルサレム旧市街の同名の聖蹟とほぼ一致していることが確認される。これらに対し、F．〈受胎告知〉やG．〈サマリアの井戸〉、H．〈聖エリサベツ〉、I．〈エジプトへの逃避〉は、献堂名から判断する限り、受難より前にエルサレム外で起こったキリストの生涯に関係する出来事に献堂されたものと推測される。そして実際、図89のように架空のエルサレムの市壁を重ねると、それらはいずれも市壁外に配され、しかも聖蹟が記念されている土地相互の位置関係に応じて配されても、キリストの生涯の出来事の発生順に配されてもいないのが確認される。

以上のことから、A．〈十字架の道行き〉とC．〈敬虔な婦人たち〉（＝B．〈聖母との出会い〉）の礼拝堂は、おそらくは第二章でみたアルプス以北で生じた初期の一種の十字架の道行きの諸信仰の影響下に、サン・ヴィヴァルドの苦しみの道行き上に既にあった幾つかの礼拝堂に、同道行きをより完璧にするために補われたものと推測される。そしてそれらは、ヴァラッロにおいて創設者カイーミが没した直後から付加され始めた苦しみの道行きとは異なり、トンマーゾの地形模倣的「代用エルサレム」という構想を補いこそすれ変更させるようなものではなく、比較的早い時期に別の献堂名が付けられていた先行の礼拝堂にとって代わったか、新たに加わったものと思われる。また、D．〈聖母に現れたキリスト〉とE．〈パリサイ人シモン〉の礼拝堂のうち、D堂は、平面図⑥に添えられている年代の「1563」が建造年を示すものであるとすれば、これもまたトンマーゾの「代用エルサレム」を補うために早い時期に付加されたものと推測される。一方、E堂は、エルサレムにおける同家の位置が、町の北東にあるサンタ・マリア・マッダレーナ聖堂付近（キリスト教徒には接近できなかった地域）ではなく、敬虔な婦人たちの家の近くと見做されるようになるのがやっと一五世紀末であるため[4]、D堂よりは後に付加されたものであるかも知れない。しかし史料③から既に名前を登場させているので、このE堂についても、著者はまだ当初の構想に連なる補足的なものであったと考えたい。

これらの礼拝堂に対し、F．〈受胎告知〉やG．〈サマリアの井戸〉、H．〈聖エリサベツ〉、I．〈エジプトへの逃避〉の礼拝堂は、トンマーゾの構想とは無関係にキリストの生涯に関る事件を補完するために加えられたものと考えられる。すなわちそこには、巡礼の順序には配慮していない聖地の縮小模造的代用巡礼地（＝代用エルサレム）から、キリストやマリア、聖人の生涯を信徒が理解し易いように出来事の生じた順に整然と配すか、公認された祈禱や信心との関係で一定数の礼拝堂を一定の順序で配する、より典礼的で象徴的ないしは普遍的巡礼施設「サクロ・モンテ」への変更を意図するプログラムの存在が示唆されているように思われる。但し、その移行は中世的な象徴性への回帰を意味するものではなく、前者と同様に現実化された「地上のエルサレム」であることは言うまでもない。さらに、G．〈サマリアの井戸〉の礼拝堂を除き、F．〈受胎告知〉、H．〈聖エリサベツ〉、I．〈エジプトへの逃避〉の礼拝堂のうち、史料に確実に登場するのが、F、H堂は史料④から、I堂は（H堂に代わって）史料⑨からであることも、対抗宗教改革との関係を裏付けているように思われる。とはいえ、サン・ヴィヴァルドでは、対抗宗教改革の最中にヴァラッロの「代用エルサレム」において実行されたような大幅な改造が行われることはなかったし、(5) 一九世紀後半以降傷んで失われたものはあっても、新たに礼拝堂が付加されることもなかった。それゆえトンマーゾが構想した「代用エルサレム」の面影は、これまで見てきたように比較的よく留められているのである。

サン・ヴィヴァルドとヴァラッロの施設が創設者の没後に辿った運命は、以上のように大きく異なっていたが、両施設がその他の西欧諸国（とりわけアルプス以北）の類似の複合体と同様に、殆ど同時かわずかに遅れて再現的な代用の聖地として建造されたことは疑いない。また、創設者の没後に両施設に加えられようとした「苦しみの道行き」ないしは「十字架の道行き」の要素が、アルプス以北で一五世紀に発生したキリストの受難に対する特殊な諸信仰に源をもつ、初期の十字架の道行きの信心形態に影響を受けていたこともおそらくはまちがいない。従って、イタリアの両施設をアルプス以北の同時代の複合化した「代用エルサレム」と別個に扱うことは、イタリアの「代用エルサレム」や「サクロ・モンテ」群についての真の理解を誤らせることになるに違いない。三節の末尾でも述べたように、イタリアの両施設がアルプス以北の一五世紀の複合体に比べ、模造対象の数や模倣、模造範囲の広さにおいてはるかに多く、また大きかったことはもちろん事実である。しかし、このような相違ないしは特徴は、そうした施設すべてを「西欧の一五世紀におけるエルサレムの複合的模造建築」とでも括った上で、個々の国々の施設の差異や特徴として述べるべきことであり、イタリアの一部の研究者が依然として主張しているように、最初からイタリアとアルプス以北の国々の施設とを別物と見做し、別に扱うべきものとすることには通じていない。

第一章においてイタリアにおけるサクロ・モンテ研究の問題点、ないしは二つの異なった立場を提示してから、第二章、第三章、そして本章における諸考察を経て、ようやく第一章の問題点に対する著者の回答や立場を示し終えた。終章では、対抗宗教改革期以降に相次いで建造された「サクロ・モンテ」を中心に、代用巡礼施設のその後の展開を概観することにしよう。

注

はじめに

（1）依然としてヴェールに包まれている聖ヴィヴァルド（実際には一九〇八年に列福された福者）や同地については以下を参照。F. Ghilardi, ‘Pel sesto centenario della morte di S. Vivaldo’, in *Miscellanea Storica della Valdelsa*, anno XI, 1903, pp. 38-46. ; idem, ‘S. Vivaldo eremita di Camporena e il suo culto’, in *Miscellanea Storica della Valdelsa*, anno XIV, 1906, pp. 10-117.; idem, ‘Vivaldo eremita del Terz’ Ordine di San Francesco’, in *Archivum Francisanum Historicum*, Tomus I, 1908, pp. 521-535. ; idem, ‘S. Vivaldo e la sua iconografia’, in *Archivum Franciscanum Historicum*, Tomus IX,

1916, pp. 42-50. ; L. Wadding, in *Annales Minorum*, Lugduni Romae, 1625-1654, 15, 1933, p. 192. ; S. Isolani, 'Quando morì l'eremita S. Vivaldo?', in *Miscellanea Storica Valdelsa*, anno LI, 1943, pp. 46-48. ; S. Gensini, 'La《Gerusalemme》di San Vivaldo tra agiografia e storia', in Aa. Vv., *Sacri Monti, devozione, arte e cultura della Controriforma*, Milano, 1992, pp. 65-85.; A. Innocenti, *San Vivaldo Stricchi, eremita terziario* francescano 1260-1320, s.l., 1995.; A. M. Amonaci, *Conventi toscani dell'Osservanza francescana*, Milano, 1997, pp. 194-205.

（2）本章においても、第三章同様に、「mistero」という用語は原発音に近いカタカナ表記で示した。「mistero」の意味については、第三章の注一の（3）参照。

（3）低い煉瓦の台座をおいて床面に直に配されているのは、第一三堂前室の聖ヘレナ像と香油壷をもったマグダラのマリアと思しき女性像、そして第二七堂の祈りのキリスト（?）像の三体。これらは、本来それらが属していた礼拝堂が倒壊ないしは解体されたために現在の礼拝堂に移された可能性がある。A. Paolucci, *Guida di San Vivaldo*, Poggibonsi, 1976, 聖ヘレナ像については一八頁；Cardini, Vannini, *op. cit.*, pp. 50-51.; G. F. Piccaluga, 'Le immagini di San Vivaldo', in Aa.Vv., *Gli abitanti immobili di San Vivaldo. il Monte Sacro della Toscana*, Firenze, 1987, p. 28.

（4）Fra Cherubino Conzi da Firenzeは、フランシスコ会が一五〇〇年五月一日に正式にサン・ヴィヴァルドを所有（一四九七年の管区会議後問題が生じ、所有までには数年を要した）して修道院を設立した時の初代修道院長。修道院（一四九九—一五〇〇年の間に着工）と聖堂（一五〇一年着工）の建造を指揮。Fra D. Pulinari, *Cronache dei Frati Minori della Provincia di Toscana*, Arezzo, 1913, pp. 492-493.

（5）Fra Tommaso da Firenze（?-1534）は、一五〇六年よりも前に、コンツィの後任としてサン・ヴィヴァルドの修道院長となり、南側の森に聖地の「キリストのゆかりの聖蹟」を再現する一連の礼拝堂の建造に着手（一五〇九年頃の史料に既に建造されたキリストゆかりの聖蹟の礼拝堂についての記述がある）したとされる。以下の文献によれば、彼は一五〇〇年以前のいずれかの時期にクレタ島のカネアの修道院長を務めたことがあり、聖地巡礼の経験もあったと推測される他、一四八六—一四九三年までの間にヴァラッロの巡礼施設の創設者カイーミと接触したことも推測される。その後はフィレンツェのサン・サルヴァトーレ・アル・モンテやサン・ヴィヴァルドの修道院長等を歴任した。*Regestrum Antiquum ab An. 1523 ad An. 1567*, Atti della Provincia, ms. Reg. I. 1 / Seg. v.

A-1. ; A. Tognocchi da Terrinca, *Genealogicum et honorificum Theatrum etrusco minoriticum*, Florentiae, ms., 1682, p. 856. ; Pulinari, *op. cit.*, p. 89, pp. 101-102, p. 144, p. 467. ; G. Vannini, F. Cardini, 'San Vivaldo in Valdelsa : problemi topografici ed interpretazioni simboliche di una《Gerusalemme》cinquecentesca in Toscana', in *Religiosità e Società in Valdelsa nel basso medioevo*, Atti del Convegno di San Vivaldo, Firenze, 1980, pp. 24-25. ; R. Pacciani, G. Vannini, *La 'Gerusalemme' di S. Vivaldo in Valdelsa*, Comune di Montaione, 1998.

一

（1）かつてはサン・ヴィヴァルドの修道院附属図書館に収蔵されていたものの、現在は行方がわからなくなっているレオ一〇世の返書（勅書）の内容については、同図書館にそれがまだ存在していた頃に修道院長をしていたF・ギラルディが論考（F. Ghirardi, 'Vivaldo eremita del Terz' Ordine di San Francesco', in *Archivum Franciscanum Historicum*, Tomus I, 1908, pp. 531-533. ; idem, 'Sulle cappelle di S. Vivaldo. Un documento di Leone X', in *Miscellanea Storica della Valdelsa*, anno XIX, 1921, pp. 1-26）上で紹介した全文によって確認できる。参考のために再掲した章末の付録参照。

（2）Fra Niccolò da Poggibonsi, *Libro d'Oltramare*（*1345-1350*）, Gerusalemme, 1945, "Introduzione" 中の、B. Bagatti 神父が作成した一四世紀から一五世紀前半にかけての巡礼記に記された各「聖蹟」（場所）の免償の一覧表（pp. XLVI-L）が比較の参考になる。

（3）Ghilardi, 'Vivaldo eremita……', *op. cit.*, p. 527.

（4）「はじめに」の注（1）参照。

（5）F. Ghilardi, *San Vivaldo in Toscana*, Firenze, 1895. ; idem, 'La chiesa e le cappelle di S.Vivaldo', in *Miscellanea storica della Valdelsa*, anno XVI, 1908, pp. 31-55. ; idem, 'S. Vivaldo e la sua bibliografia', in *Miscellanea storica della Valdelsa*, anno XVII, 1909, pp. 90-122. ; idem, *Guida al Santuario di S.Vivaldo*, Castelfiorentino, 1936 がある。その他、「はじめに」の注（1）と注一の（1）参照。

（6）D. Neri, 'La Nuova Gerusalemme di San Vivaldo in Toscana', in *Miscellanea storica della Valdelsa*, anni 48-49, 1940 / 1941, pp. 79-95.

（7） 初期の礼拝堂群の配置やその後の変遷についての主な研究は以下の通りである。 D. Neri, '12. La "Nuova Gerusalemme" di San Vivaldo in Toscana', in *Il S. Sepolcro riprodotto in Occidente,* Gerusalemme, 1971, pp. 94-139.; G. Vannini, F. Cardini, 'San Vivaldo in Valdelsa : problemi topografici ed interpretazioni simboliche di un《Gerusalemme》cinquecentesca in Toscana', in *Religiosità e Società in Valdelsa nel basso medioevo*, Atti del convegno di San Vivaldo, Firenze, 1980, pp. 11-74. ; F. Cardini, 'Le scorciatoie dell'indulgenza', in *Archeologia Viva*, I, 1982, pp. 27-31. ; idem, 'La Gerusalemme di San Vivaldo. Un caso archeologico palestinese in Toscana', in *Archeologia Viva*, I, 1982, 6, pp. 32-39. ; G. Vannini, 'Alla ricerca della San Vivaldo scomparsa', in Aa. Vv., *Gli abitanti immmobili di San Vivaldo. il Monte Sacro della Toscana*, Firenze, 1989, pp. 39-47. ; F. Cardini, 'Gerusalemme in Valdelsa', in *Atlante*, IV, 1987, pp. 120-129. ; G. Vannini, 'Una Gerusalemme ricostruita sui poggi toscani', in *Jesus*, IX, 1987, pp. 16-19. ; idem, 'San Vivaldo e la sua Documentazione materiale', in *La《Gerusalemme》di San Vivaldo e i Sacri Monti in Europa*, Atti del Convegno Internazionale, Pisa, 1989, pp. 241-270. ; R. Pacciani, G. Vannini, La 'Gerusalemme' di S. Vivaldo in *Valdelsa*, Comune di Montaione, 1988, pp. 27-70.

二

（1） トスカーナ管区古文書館蔵の史料群の閲覧や写真撮影にあたっては、司書官のV. D. Boddi神父と史料整理官のB. di Minno氏に格別の御高配を賜った。特にBoddi神父にはフランシスコ会史に関して貴重な御教示を賜った他、手稿群の判読についても御教示を賜った。

（2） ヴォルテッラの司教館附属古文書館蔵の同司教訪問記録については直接閲覧する機会を得なかったが、同史料を調査したフィレンツェ大学歴史・地理学科のG. Vannini教授が全文の書き写しを快く御提供下さったので、その一部を掲げておく。

' Conventus Sancti Vivaldi

Deinceps visitavit ecclesiam et sacristiam conventus sancti Vivaldi in quo commorantur continue ad minus 12 fratres Ordinis Minorum de Observantia quorum sex aut octo sunt in sacerdotio costitui.

…中略…

Coemeterium non habet ostium, et muri minantur ruinam. Sacristia est commode referta paramentis, et omnibus necessariis. Extra ecclesiam in nemore adsunt 22 Cappellae cum figuris et imaginibus terrae coctae depictae, in quibus omnibus continetur Misterium Passionis Domini Nostri Jesu Christi. Inter has cappellas adest una quae nuncupatur Oratorium Beatae Mariae Virginis dello Spasimo, et in ea quotidie celebratur, et qualibet prima dominica mensis fratres processionaliter incedunt ad dictam cappellam quae ab ecclesia distat per 200 passus. …下略…（傍線は著者）'

〈邦訳〉

「サン・ヴィヴァルドの修道院

　続いて司教は、サン・ヴィヴァルドの修道院の聖堂と聖具室を視察した。サン・ヴィヴァルドには、オブセルヴァント派の小さき兄弟会士が一二人ほどの少人数で間断なく滞在している。彼らのうち六人ないし八人は司祭職にある。

…中略…

墓地には入口はなく、崩れた壁が聳え立っている。聖具室は、いずれも欠かすことができない聖具一式で適切に満たされている。聖堂の外には、森の中に、彩色テラコッタ像や画像を伴った二二の礼拝堂が隣接するように存在しており、それらの礼拝堂内にはいずれも、我らの主イエス・キリストの受難のミステーロが保持されている。これらの礼拝堂の一つに、恵まれたる卒倒の聖処女マリアのオラトリオと呼ばれる礼拝堂があり、そこでは毎日ミサが執り行われている。また、月の最初の日曜日には、修道士らは、どのような方法によってであれ、聖堂から二〇〇歩離れたその卒倒の聖母の礼拝堂まで列をなして歩いていくのである。

…下略…」

（3）G. Vannini, 'S. Vivaldo e la sua Documentazione materiale', in Aa. Vv., *La《Gerusalemme》di San Vivaldo e i Sacri Monti in Europa,* atti del convegno internazionale, Pisa, 1989, pp. 243-244.

（4）管見の限り、G. Vannini, F. Cardini, 'San Vivaldo in Valdelsa : problemi topografici ed interparetazioni simboliche di una《Gerusalemme》cinquecentesca in Toscana', in Aa.Vv., *Religiosità e Società in Valdelsa nel basso medioevo,* atti del convegno di San Vivaldo, Firenze, 1980, pp. 243-244に、'Mappa Relazione'として引用されているのが最初である。

（5）*Ibid.*, p. 29では、同'Nota'はG・B・ストラデッラ神父（サン・ヴィヴァルドの一六八五―一六八七年の修道院長）が一六八五年に作成したものと推測されているが、三部からなる手稿本（coll. 435, I. 435）の第一部の副題（La parte più antica fu scritta dal padre Giovan Francesco da Villafranca che fu Vicario di S. Vivaldo negli anni 1686 e 1687）や、インノチェンティ神父の『トスカーナのサン・ヴィヴァルド』（ms., 1925, coll. I. 430）の三〇七頁では、起草者はG・フランチェスコ・ダ・ヴィッラフランカ神父（サン・ヴィヴァルドの一六八六―一六八七年の副修道院長、*Memorie*, vol. I の最古の部分の執筆者）と同一視されている。しかもインノチェンティ神父は、同じ頁で、同'Nota'をフランチェスコ・ダ・ヴィッラフランカ神父による古記録の写しと推測。

（6）史料に記されている戸外や聖堂内の礼拝堂のパトロンについては、すべての一族について社会的階層を明らかにすることはできなかった。しかし彼らは、フィレンツェやピサ、モンタイオーネ、ヴォルテッラ、ジェッロ、ヴィニャーレ、ボスコ・トンド、イアーノ、ルッカ、パラージョ、ポルティコ、カステルフィオレンティーノ、カステルファルフィ、ガヴィニャーラ、カッパンノーリなどの一族であって、中でもフィレンツェの一族が最も多く、ほとんどが貴族（ロッシ家、フェデリーギ家、ネルリ家、ガエターニ家、マンネッリ家、ピッティ家、セーニ家、バルディ・ダ・ヴェルニオ家、バルディ・マガロッティ家、アラマンニ家、ガッディ家、リカゾーリ家、ミケロッツィ家）であった。また、第四堂（カルヴァリオ山）のパトロンであったピエトロ・ランバルディもピサの貴族かつ聖堂参事会員であり、他の都市の一族についても、おそらくは貴族階級に属する人士が多かったと推測される。なお現在、礼拝堂はフィレンツェ建造物保護局（Soprintendenza ai Beni Architettonici di Firenze）によって管理されている。フィレンツェの一族についてはE. Gamurrini, *Istoria genealogica delle Famiglie Nobile Toscane, et Umbre*, Firenze, 1668-1685.; G. M. Mecatti, *Storia genealogica della Nobilità, e cittadinanza di Firenze*, Tomo I, Napoli MDCCLV. ; R. Ciabani con la collaborazione di B. Elliker, *Le famiglie di Firenze*, Vol. 1-4, Firenze, c. 1992などがある程度参考になる。ピサのランバルディ家は、B. Casini, *I "Cittadinari" del Comune di Pisa, sec. XVI-XIX*, Massa, 1986, p. 106, p. 186. ; B. Casini, *Il《Priorista》e i《Libri d'Oro》del Comune di Pisa*, Firenze, 1986, p. 97に挙げられている同名の一族がそれと思われるが、決定的決め手はない。以上の文献についてはピサ大学史学科のProf. R. Bizzocchi、Prof. F. Angiorini両氏に御教示頂いた。

（7）Vannini, 'S. Vivaldo e la sua…', *op. cit.*, p. 261.

（8）Vannini, Cardini, *op. cit.*, p. 150は、28〈復活〉の礼拝堂が、13〈主の墓〉の礼拝堂の前室、すなわち天使の礼拝堂を指しているのでなければ、現在の〈ノリ・メ・タンゲレ〉のそれを指していると推測。また、G. Vannini, 'Alla ricerca della San Vivaldo scomparsa', in Aa.Vv., *Gli abitanti immobili di San Vivaldo. Il Monte Sacro della Toscana*, Firenze, 1988, p. 44の解説も、史料⑤の平面図中のN堂、すなわち現在の〈ノリ・メ・タンゲレ〉の礼拝堂を28.〈復活〉のそれと同一視。

（9）Vannini, 'Alla ricerca…', *op. cit.*, p. 43, Nota 11は、〈聖母との出会い〉の礼拝堂が、〈パリサイ人シモン〉か、失われた25.〈聖アンナの家〉、もしくは〈聖母に現われたキリスト〉であった可能性を指摘。一方、同一書中でありながら、R. Pacciani, 'Cappella delle Pie donne', *Gli abitanti…op. cit.*, p. 110は、史料⑤の平面図では〈聖ウェロニカ〉の礼拝堂と〈敬虔な婦人たち〉のそれが逆転しているとして、〈聖母との出会い〉の礼拝堂を現在の〈敬虔な婦人たち〉のそれと同一視。

（10）Vannini, 'Alla ricerca…', *Gli abitanti…op. cit.*, p. 43, Nota. 11は、〈聖エリサベツ〉の礼拝堂が〈エジプトへの逃避〉のそれに献堂名を変えたと指摘。また、Pacciani, 'Cappella della Fuga in Egitto', in *Gli abitanti…op. cit.*, p. 150も、〈聖エリサベツ〉の礼拝堂から〈エジプトへの逃避〉のそれへ献堂名を変えたという前提で、聖地のそれぞれの聖蹟と照合している。

（11）第二七堂を5.〈キリストが祈ったヨシャファトの谷の洞窟〉と見做しているのは、F. Ghilardi, *San Vivaldo in Toscana*, Firenze, 1895, p. 131. ; M. Cioni, *La Valdelsa*, 1911, p. 254. ; F. Ghilardi, *Guida al Santuario di S. Vivaldo*, Castelfiorentino, p. 44. ; L. Civilini, *Guida al Sacro Monte di San Vivaldo*, s.l., 1987, pp. 15-16。

（12）Vannini, 'Alla ricerca…', *op. cit.*, p. 44の図中。; Pacciani, 'Cappella del Carcere di Cristo', *Gli abitanti …op. cit.*, Firenze, 1987, p. 130. ; Vannini, 'S. Vivaldo e la sua…', *op. cit*, p. 257の図中。; Pacciani, Vannini, *Gli abitanti…op. cit.*, p. 63の図中。

三

（1）本節の2.〈神殿〉参照。

（2）本節の32.〈聖母マリアの小祈禱所〉参照。

（3）Y. Yadin, *Jerusalem Revealed, Archaeology in the holy city 1968-1974*, Jerusalem, 1976. 和書としては、J・フィネガ

ン著／三笠宮崇仁、赤司道雄、中澤治樹訳『古代文化の光——ユダヤ教とクリスト教の考古学的背景』（増補版）（岩波書店、一九六六年、二六六—三二〇頁）、関谷定夫著『図説　新約聖書の考古学——イエスの生涯と聖地パレスチナ』（講談社、一九八一年）などを参照。

（4）P. E. Horn, *Ichnographiae Locorum et Monumentorum Veterum Terrae Sanctae*, Romae, 1902. ; P. D. Baldi, *Guida di Terra Santa*, Gerusalemme, 1953. ; idem, *Guida di Terra Santa*, Gerusalemme, 1973.; A cura di B. Rossi, *La Terra Santa*, Bologna, 1979.

（5）G. Vannini, F. Cardini, 'San Vivaldo in Valdelsa : problemi topografici ed interpretazioni simboliche di una《Gerusalemme》cinquecentesca in Toscana', in *Religiosità e Società in Valdelsa nel basso medioevo*, Atti del convegno di San Vivaldo, Firenze, 1980, pp. 63-70, Nota 65に掲げられている、四世紀から一六世紀初頭までの主要な二七の巡礼記の一覧（内容の簡略な解説付）参照。また、「キリストゆかりの聖蹟」に関するさまざまな巡礼記の記述を纏めたP. D. Baldi, *Enchiridion Locorum Sanctorum*, Documenta S. Evangelii Loca Respicienti, Jerusalem, 1935や、古い巡礼記に語られている「キリストゆかりの聖蹟」について研究したM. Halbwachs, *La topographie légendaire des Évangiles en Terre Sainte*, Paris, 1971など。

（6）Vannini, Cardini, *op. cit.*, pp. 35-53. ; G. Vannini, 'Alla ricerca della San Vivaldo scomparsa', in Aa. Vv., *Gli abitanti immobili di San Vivaldo. Il Monte Sacro della Toscana*, Firenze, 1988, pp. 39-47. ; R. Pacciani, G. Vannini, La 'Gerusalemme' di San Vivaldo in Valdelsa, Comune di Montaione, pp. 27-52.

（7）両図の重なりが最大になるように、サン・ヴィヴァルドの配置図を六、七度時計回りに回転させて重ねた。

（8）Vannini, Cardini, *op. cit.*, pp. 28-29は、エルサレムの「北」はサン・ヴィヴァルドではおおよそ「東」に当たると述べ、同論中の平面図でも、また後年の論考や著作中でも、同じ主張に従って図面を作成している。しかし史料⑤の平面図に記載されているように、また、F. Fontane e P. Sorrenti, *Sacri Monti. Note architettonico-urbanistiche*, Varallo, 1980, pp. 43-47の平面図でもそうであるように、エルサレムの「北」はサン・ヴィヴァルドのほぼ「南」に当たっているため、ここでは後者に従って南北を逆転させて重ねた。

（9）すなわち、同所をフランシスコ会の聖堂と同一視する見解（F. Ghilardi, 'Sulle cappelle di S. Vivaldo. Un documento di Leone X, in *Miscellanea Storica della Valdelsa*, anno XIX, 1921, p. 7. ; P. L. Civilini, *San Vivaldo una*

Gerusalemme in Toscana, Guida artistica e monumentale, Bologna, s. d, p. 2）や、第七堂、A堂、第一一堂がつくるラインから北側の現在小広場と崖になっている空間にあったと推測するもの（Vannini, Cardini, *op. cit.*, p.36）、また早い段階で加えられたA堂が2.〈神殿〉の礼拝堂の後身である可能性を示唆するもの（Vannini, 'Alla ricerca…', *op. cit.*, pp. 41-42）がある。

（10）これに対しパッチャーニは、A堂のファサードとローマ時代のエッケ・ホモ・アーチ（エルサレムのピラトの官邸の一部が用いられていると信じられていた）との関係について示唆。さらに彼は、同礼拝堂の正面図に見られる諸特徴（付け柱や、中央のスパンと両側面のスパンの配分、堅固な楯式構造、柱頭など）に着目し、一六世紀初頭のブラマンテ派による某聖堂のためのギリシア十字プランの設計図（アンブロジアーナ図書館、F. 251, inf., f. 55r）との相似についても指摘（Pacciani, 'Cappella dell'Andata al Calvario', *Gli abitanti...op. cit.*, pp. 84-85. ; idem, 'L'architettura delle cappelle di S. Vivaldo : Rapporti stilistici e iconografici', in Aa. Vv., *La《Gerusalemme》di San Vivaldo e i Sacri Monti in Europa*, Atti del convegno internazionale, Pisa, 1989, pp. 323-325.）。

（11）Neri, '12. La "Nuova Gerusalemme" di San Vivaldo in Toscana, in idem., *Il Santo Sepolcro riprodotto in Occidente*, Gerusalemme, 1971, p. 108は、「修道士の堀」へ下る菜園の斜面にあった可能性を指摘したが、Vannini, 'San Vivaldo e la sua Documentazione materiale', *La Gerusalemme...op. cit.*, *p. 267*は、シオン山の複合的礼拝堂（第四堂）の現在は充填されている空所をそれと同定。

（12）Neri, '12. La "Nuova Gerusalemme"…', *op. cit.*, p. 105. また、同地の土地の事情の悪さやしばしば生じた崖崩れ、地震、それらに伴う修復については、*Memorie*, ms., coll. VII. G. 201中の1624、1649、1687、1718、1835年の修復記録や、F. Ghilardi, *San Vivaldo in Toscana*, Firenze, 1895, pp. 96-103. ; Vannini, 'San Vivaldo e la sua…', *op. cit.*, p. 247, pp. 265-226を参照。

（13）関谷、前掲書、一五八頁。

（14）同上、一五四—一五五頁。

（15）ピラトの審問は、上市にあったヘロデの宮殿で行われたとする説や、テオドシウス（五三〇年）やプラツェンツァの無名の巡礼者の既述に従って、聖ソフィア教会の近く（西壁の近く）で行われたとする説があるが、一六世紀にはアントニア要塞のピラトの官邸で行われたとする伝承が定着。

（16）Baldi, *Guida…, op. cit.*（1953）, p. 76. ; Vannini, Cardini, *op. cit.*, pp. 40-41.

（17）Vannini, 'San Vivaldo e la sua …', *op. cit.*, pp. 261-262.

（18）〈アダムの墓〉があった可能性は、A. Paolucci, *Guida di San Vivaldo*, Poggibonsi, 1976, p. 17. ; Vannini, 'Alla ricerca …', *op. cit.*, p. 43, Nota 15が指摘。また、〈カルヴァリオ山〉の礼拝堂の北側に付いている階段については、西側（かつてのパトロンのランバルディ家の紋章が掛かっている）にあった可能性も指摘されている（Vannini, Cardini, *op. cit.*, p. 44.）。

（19）現在、同堂にはランターン（越し屋根）は見られないが、一九六〇年代の修復時にかつては上方にエルサレムの聖墳墓のそれと同じようなランターンがついていたことが明らかにされた（Vannini, 'S. Vivaldo e la sua…', *op. cit.*, p. 267.）。

（20）例えばニッコロ・ダ・ポッジボンシ（一三四七年）やシモーネ・シーゴリ、ジョルジョ・グッチ（一三八四年）らの巡礼記にも、三人の弟子を残した所に相当する'Dove lasciò i apostoli'の記述しか見出せない。Niccolò da Poggibonsi, *Libro d'Oltramare*（*1345-1350*）, Gerusalemme, 1945, p. 50. ; S. Sigoli, 'Viaggio al Monte Sinai', in *Pellegrini Scrittori Viaggiatori toscani del Trecento in Terrasanta*, a cura di A. Lanza e M. Troncarelli, Firenze, 1990, p. 156. ; G. Gucci, 'Viaggio ai Luoghi Santi', in *Ibid.*, p. 290.

（21）史料③（フォリオ462 r.）には「眠る使徒たち」に関係する聖蹟が二堂列挙されている。すなわち、"XII, dove dormono gli Apostoli é fatto dal convento"と"XXIII, La cappella de Dormienti era già de' Peccolini da Gambassi, ora é de' Val□□□□ da Portico"で、これらの記述だけではいずれがレオ一〇世の返書中の23に当たり、いずれが24に当たるのか判断しかねたが、XXIIIのパトロン名より推察して、XIIを23、XXIIIを24と対応させた。このXII堂が23.〈主が八人の弟子を残した所〉に当たるとすれば、同堂はパトロンによってではなく、修道院によって建造されたと推察される。

（22）Vannini, 'Alla ricerca…', *op. cit.*, p. 43, Nota 12は、失われた「聖蹟」のうち、例えば5と23、17／21／22、18／19／20、30と32、2と25などは、シオン山の複合的礼拝堂におけると同様に、単一の建物内にまとめて配されたか、単に小祭壇を設けるだけで済まされた可能性を指摘。

（23）Neri, '12. La "Nuova Gerusalemme"…', *op. cit.*, p. 101は、堂内のレリーフの聖ヤコブ像がヘロデによって斬首さ

れた聖小ヤコブを想起させないことから、フラ・トンマーゾがサン・ヴィヴァルドを去った後に、彼の構想を理解しない人物が、レリーフを欠いていた本堂にイアーノ教区の守護聖人像を制作させた可能性を指摘。

四

（1）二節一項の末尾参照。

（2）今日カトリック教会によって設定されているエルサレムの「苦しみの道行き」または「十字架の道行き」は、イエスの審問の場所と想定されるアル・オマリエ・スクールから聖墳墓記念聖堂までの約五〇〇メートルの行程で、途中一四ヶ所が立ち止まって祈りを捧げる「留」に指定されている。この名称の起源は明確ではないが、聖ヒエロニムスの記述や四世紀のボルドーの巡礼の巡礼記などには、既に「御受難の道」に対する言及が見られる。現在のルートは、五世紀から七世紀までの御受難の道や、八世紀から一二世紀までの十字架の道行きのルートとは異なり、一二世紀末におけるアントニア要塞の遺跡の発見を契機に次第に採用されるようになったものである。また、現在の一四留の名称（九留は聖書的根拠に基づくが、残りの五留（三、四、六、七、九）は古い民衆的伝承に基づく）は、一六世紀中頃から巡礼の記録に出現し始めている。

　西欧における「苦しみの道行き」もしくは「十字架の道行き」に対する信仰の歴史は古く、巡礼の開始とともに始まり、聖地信仰と密接に関係して展開されるが、それが具体的な宗教的施設を伴って展開され始めるのは一五世紀初め頃のことである。その後はフランシスコ会士がこうした表現をヨーロッパの至る所に普及させた。なお、「留」の数が一四に確定されるのは一七世紀末かもっと後のことであり、それまでは同道はさまざまな数の留によって建造されていた。詳しくはE. Battaglia, *La Via dolorosa a Gerusalemme*, Firenze, 1910. ; La voce di 'Via Crucis', *Enciclopedia italiana di Scienze, Lettere ed Arti*, Vol. 35, Roma, 1950, p. 282. ; G. Casagrande, 'Una devozione popolare : la Via Crucis', in Aa. Vv., *Francescanesimo e Società cittadina: l'esempio di Perugia*, Perugia, 1979, pp. 265-287. 関谷定夫著『図説　新約聖書の考古学』（講談社、二三四―二四四頁）および本書第二章参照。

（3）この礼拝堂が〈聖母との出会い〉であれば第四留、今日そう呼ばれているように〈（エルサレムの）敬虔な婦人たち〉であれば第八留に相当。苦しみの道行き上では、〈聖ウェロニカ〉の礼拝堂（エルサレムでは第六留に相当）よりも前にあり、しかも〈慟哭の聖母マリア〉の礼拝堂に隣接しているため、エルサレムとの関係から判断すれば第四留（〈聖母との出会い〉）と考える方が妥当である。しかし、史料⑤の平面図に基づいて第二六堂とC堂が献堂名を交換した可能性も指摘されており（Pacciani, ‘Cappella delle Pie donne’, in Aa. Vv., *Gli abitanti immobili di San Vivaldo. Il Monte Sacro della Toscana*, Firenze, 1988, p. 110）、断定にはさらに検討が必要。

（４） Pacciani, ‘Cappella di Simone Fariseo’, *Gli abitanti…, op. cit.*, p. 113.

（５） 例えばP. Galloni, *Sacro Monte di* Varallo. *Origine e Svolgimento delle Opere d’Arte*, Varallo, 1914, pp. 278-300.; S. S. Perrone, ‘Il Sacro Monte. La Nuova Gerusalemme montana’, in Aa.Vv., *Monumenti di Fede e di Arte in Varallo,* 5° Centenario di Fondazione del Sacro Monte, Borgosesia, 1984. 特にpp. 151-164などを参照。

【付録】助祭枢機卿ベルナルド・ドヴィツィ・ダ・ビッビエーナが一五一六年二月一九日に発行した教皇レオ一〇世の返書

〈ラテン語原文〉

Universis et singulis presentes litteras inspecturis Bernardus miseratione divina sanctae Marie in porticu Sanctae Romane Ecclesie diaconus Cardinalis salutem in domino sempiternam. Universitati vestre notum facimus et attestamur per presentes quod, cum infra clausuram silve ‘loci sancti Vivaldi’ quam plurime Ecclesuncule sive Capelle ad instar locorum humanitatis Cristi Terre sancte per fratrem Thomam de Florentia dicti loci guardianum et prefatorum locorum inventorem ac fratres in dicto loco habitantes constructe fuerint et continue construantur, et ad discta loca visitanda fidelium turme ex devotione attracte continue fere concurrunt ; proinde frater Thomas guardianus et fratres prediscti Santissimo nostro humiliter supplicant, ut omnibus singula infrascripta loca visitantibus, et saltem semel dicendo dominicam orationem cum angelica salutatione in qualibet Capella pro conservatione suae sanctitatis et sancte Romane Ecclesie totiens quotiens illas visitaverint, Septem annos vere indulgentie sua sanctitas concedere dignaretur. Nomina autem Ecclesiarum et locorum predictorum sunt hec, videlicet:

> Ecclesia presepii ; Templum Domini ; Locus Quarantane ; Ecclesia Montis Sion, ubi Christus coenam fecit cum suis discipulis ; Caverna in Valle Josaphat, ubi Christus oravit ; Ecclesia, ubi fuit captus ; Domus Pilati ; Domus Herodis ; Domus Anne ; Domus Caiphe ; Capella sancte Marie de Spasmo ; Mons Calvario ; Sepulcrum Domini ; Capella Ascensionis ; Capella Spiritus Sancti et Ecclesia sepulcri beate Virginis.

Institerunt insuper Guardianus et fratres predisсti prefato Sanctissimo domino nostro, ut visitantibus infrascripta loca et dicentibus Paternoster et Avemaria unum annum de Indulgentia concedere eadem sua sanctitas misericorditer dignaretur. Nomina vero secunda dictorum locorum ista sunt :

> Locus, ubi pausabat Virgo Maria; Ubi Christus docuit apostolos orare; Ubi Judicium venturum predixit; Ubi simbulum ediderunt apostoli ; Ubi Christus discipulis in Galilea apparuit ; Ubi flevit super Jerusalem ; Ubi reliquit octo discipulos ; Ubi reliquit alios tres discipulos quando ivit orando ; Domus sancte Anne ; Domus sancte Veronice ; Capella carceris Christi prope montem Calvarie; Capella Resurrenctionis ; Spelunca sive Capella sancte Elene, ubi inventa fuit sancta Crux; Ecclesia, ubi apparuit tribus Mariis ; Ecclesia, ubi fuit decollatus sanctus Jacobus ; Cella beate Virginis ; Capella sancti Thome et Sepulcrum David.

Et insuper cum fratres in dicto loco sancti Vivaldi causa visitationis supradictorum locorum a mulieribus infestentur, eidem Sanctissimo domino nostro supplicaverunt ad maiorem quietem et solitudinem fratrum in dicto loco pro tempore habitantium, ut sub pena excomunicationis late sententiae ipso facto quo contrafactum fuerit incurrenda, sua sanctitas interdicere vellet, ut nulla mulier infra septa silve praefati loci visitationis causa, aliquo modo seu aliqua licentia ab aliquo ex eisdem fratribus directe vel indirette obtenta, ingredi presumat, quam quidem nemo eorundem fratrum sub eadem sententia directe vel indirecte dictas mulieres intromittere aut ingredi audeant, infrascriptis tamen solemnitatibus dumtaxat exceptis.

Videlicet:

Feria sexta Majoris Ebdomade, Et solemnitate resurrectionis cum duobus sequentibus diebus, In solemnitate Pentecostes cum duobus diebus immediate sequentibus, In festo assumptionis Beate Virginis ; In festo Sancti Francisci, et in festo Sancti Vivaldi, videlicet prima maii.

Et casu quo aliqua vel alique mulieres, exceptis supradictis diebus, in dictis diebus scienter intraverint, aut aliquis frater quam mulieres dicte excomunicationis sententia innodentur, a qua absolvi non possint, nisi ab Episcopo Volterrano in cuius diocesi prefatus locus Sancti Vivaldi situs exsistit, vel ab eius Vicario in spiritualibus generali. Que omnia et singula sic per dictos fratres, ut premittitur, petita, idem Sanctissimus dominus noster gratiose fratribus concessit, eademque firmiter observari voluit et mandavit.

In quorum omnium et singulorum fidem et testimonium presentis fieri fecimus et manu propria subscripsimus et nostri quo in talibus utimur apprensione sigilli fecimus communiri et per infrascriptum segretarium nostrum subscribi.

Datum Florentie in palatio nostre residentie. Anno a Nativitate Domini millesimo quingentesimo sextodecimo, die vero XIX februarii, pontificatus prelibati Sanctissimi domini nostri Leonis divina Providentia pp. anno tertio.

Ita est.
B. Cardinalis Sancte Marie in Porticu manu propria subscripsi
Camillus Palaeotus.

〈邦　訳〉

神の御慈悲により、聖なるローマ教会のサンタ・マリア・イン・ポルティコ教会の助祭枢機卿ベルナルド*は、主の内における永遠の救いを祝福しつつ、全体および個々の事柄を検証するため本状を送ります。私は本状を通じて貴殿ら全員に、「サン・ヴィヴァルドの地」の森の禁域下に、キリストがこの世で過ごした場所と聖地を模した多くの聖堂や礼拝堂が建造され、（現在もなお）建造され続けており、それらは、この地の修道院長であるこれらの聖蹟の建造者でもあるトンマーゾ・ダ・フィレンツェ師と、その地に住む修道士たちによって建造されたものであって、大勢の信徒が篤い信仰心によって前述の場所をひっきりなしに訪れていること、それ故、トンマーゾ修道院長と前述の修道士たちは、下記のそれぞれの場所を訪問した場合はいつでも、また、いかなる礼拝堂においてであれ、少なくとも一度「主禱文」と「天使祝詞」を唱え、聖下と聖なるローマ教会が保たれるよう祈った場合には、七年間の免償が認められるよう、聖下に恭しく嘆願していることを通知し、また証言しもします。すでに指摘した聖堂と聖蹟の名称は以下の通りです。すなわち、

プレゼピオの聖堂、主の神殿、四十日山礼拝堂、キリストが弟子たちと最後の晩餐をとったシオン山の聖堂、キリストが祈ったヨシャファトの谷の洞窟、キリスト捕縛の聖堂、ピラトの官邸、ヘロデの家、アンナスの家、カイアファの家、慟哭の聖母マリアの礼拝堂、カルヴァリオ山、主の墓、昇天の礼拝堂、聖霊降臨の礼拝堂と聖母の墓の聖堂

先に挙げた我らの教皇聖下が一年間の免償を認めることを強く主張しました。その聖蹟の名称は次の通りです。さらに、修道院長と上述の兄弟修道士たちは、同時に、下記の聖蹟を訪問して主禱文と天使祝詞を唱える者に、

聖母マリアの休息の場所、キリストが使徒たちに祈りを教えた所、来るべき世の終末について語った所、使徒たちが使徒信条を宣言した所、キリストがガリラヤで弟子たちに出現した所、主がエルサレムのために泣いた所、主が八人の弟子を残した所、主がその他の三人の弟子を残して祈りに行った所、聖アンナの家、聖ウェロニカの家、カルヴァリオ山付近のキリストの獄屋の礼拝堂、復活の礼拝堂、聖なる十字架が発見され

た聖ヘレナの岩穴もしくは礼拝堂、主が三人のマリアに出現した聖堂、聖ヤコブが斬首された聖堂、聖母マリアの小祈禱所、聖トマスの礼拝堂とダヴィデの墓

また、上記のサン・ヴィヴァルドの聖堂では、修道士たちは、前述の聖蹟を訪れる女性たちに悩まされ、そこに住む修道士たちの平静と独居が妨げられることを懸念して、違反する者には破門の刑罰が与えられるよう、また、女性がこうした森の囲い地に何らかの方法によって直接、間接に修道士から許可を得て入ることが出来ると思い込んだり、同様に、そうした女性が直接、間接に入ったりすることを禁止するよう、我らの教皇聖下に嘆願しました。但し、厳密には下記の祭日は除かれています。すなわち、

聖週間の第六日目（聖金曜日）、復活祭並びにその後の二日、聖霊降臨祭並びにその直後の二日、聖処女マリア被昇天祭、聖フランシスコ祭、聖ヴィヴァルド祭（五月一日）

もし、一人ないしは複数の女性が、上記以外の日が禁止されていることを知りながら、上記の日以外に禁域に入った場合や、修道士がこれらの女性と同様に破門の刑罰を受けた場合には、前述のサン・ヴィヴァルドの教会の教区であるヴォルテッラ教区の司教かその霊的代理者しか、破門を解除することができないよう願います。これらの事柄はそれぞれ、また全体として、上記の修道士たちが願ったことであり、同時に、我らの教皇聖下が畏れ多くも修道士たちにお認めになられ、固く守るよう望まれるとともに、命じられた事柄でもあります。

私は全体および個々の事柄を保証し証言するため本状を作成させ、自筆で署名しました。また、私はこのような場合に使用する印を押すことで確かなものとするとともに、下記に署名する私の書記官によっても署名されるようにしました。

本状はフィレンツェにおいて私の館で出されました。西暦一五一六年二月一九日、前述のレオ教皇聖下の三年目の教皇位において。

以上の通りです。

サンタ・マリア・イン・ポルティコ教会の枢機卿B（ベルナルド）が自ら署名しました。

カミッロ・パレオッティ**

注

* ベルナルドはベルナルド・ドヴィツィ・ダ・ビッビエーナ（一四七〇―一五二〇）。一五一三年、教皇レオ一〇世によって枢機卿に任命され、翌一五一四年にはサンタ・マリア・イン・ポルティコ教会助祭となった。レオ一〇世の友人にして協力者。

** カミッロ・パレオッティは一四八二生まれ一五一七年没の人文主義者。一五一六年に枢機卿ベルナルド・ドヴィツィ・ダ・ビッビエーナの秘書を務めた。

第五章　形態の変遷から見たイタリアのサクロ・モンテとその他の巡礼施設の展開

はじめに

一五世紀末から一六世紀初めまでの間に、現在のヴァラッロとサン・ヴィヴァルドに「代用エルサレム」が着工されて以来、イタリアには半世紀以上もの間それらに類する施設が建造されることはなかった。しかし、約二〇年に及んだトレント公会議（一五四五―六三年）[1]が終わると、少し後には北西部のアルプス南麓地域に、初めは改造され始めたヴァラッロの施設の主題や形態を手本として、また、定着した祈りや信心との関係で一定数の礼拝堂をロザリオのように行列的に配する方法によって、「サクロ・モンテ」が次々と建造されるに至った。それらの北イタリアにおける布陣は、アルプス山脈の峰にほぼ平行しており、まるでアルプス以北のプロテスタンティズムに対する公会議派の一種の要塞のように見える[2]（図117）。

一　サクロ・モンテ隆盛の背景

一六世紀後半以降の以上のような多数のサクロ・モンテ建造の動きには、レパント海戦（一五七一年）におけるキリスト教徒軍のトルコ軍に対する勝利や、カトリック内部の自発的な改革、更新運動であるカトリック改革、[1]トレント公会議後の芸術観の変化、また、プロテスタンティズムが盛んなアルプス以北と境を接するという北イタリアの特殊な地理的、社会的事情などが複雑に絡み合って作用していたが、[2]なかでも建造の直接的な推進力となったと言えるのは、後に列聖（一六一〇年）されたカルロ・ボッロメーオ（一五三八―八四年）の黙想への関心やサクロ・モンテへの関与であった。彼は、イタリア北西部アローナの貴族の出身で、叔父のジョヴァンニ・アン

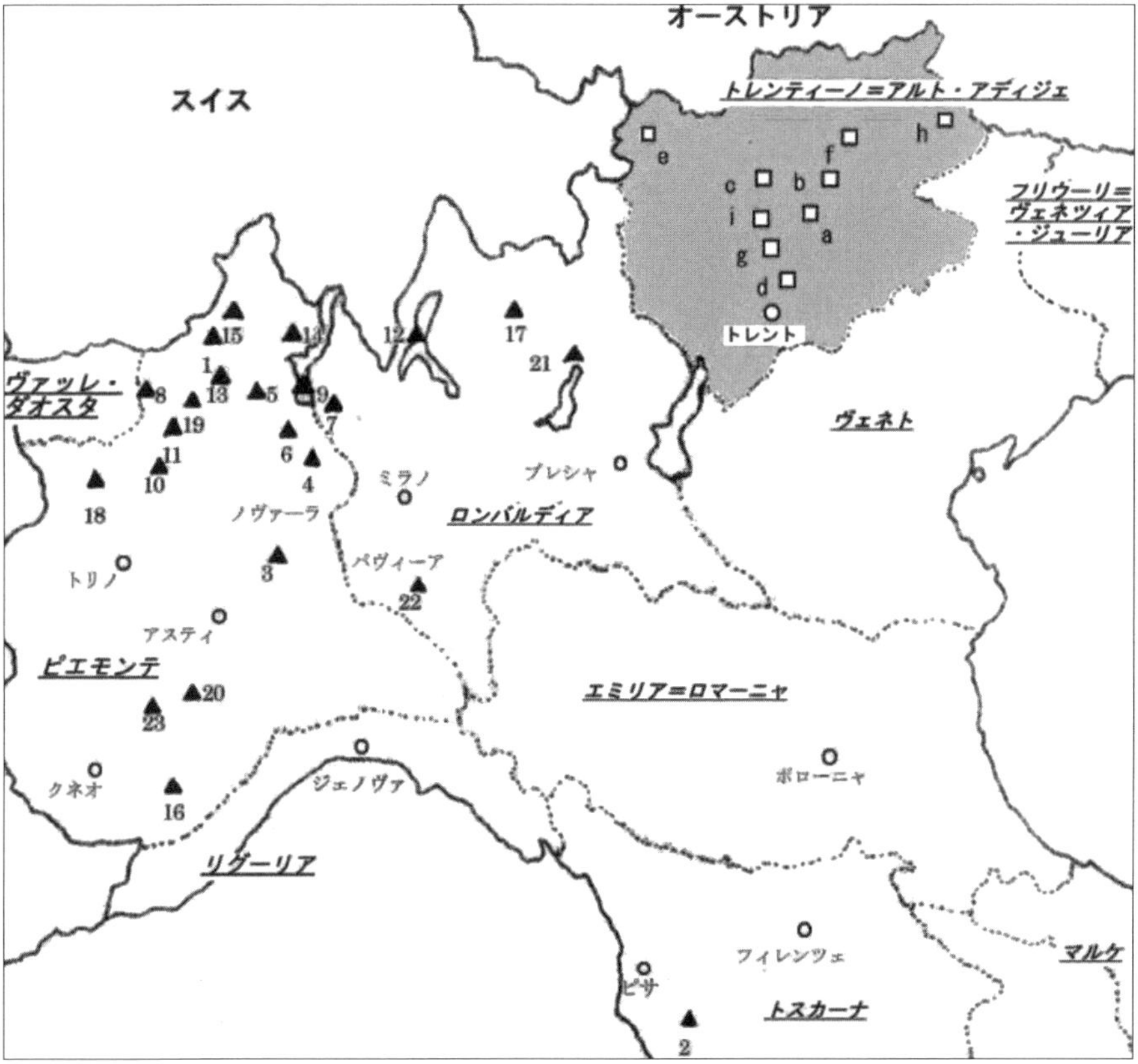

図117　イタリアのサクロ・モンテとカルヴァリオ山等の分布図

凡例　▲：サクロ・モンテ　□：カルヴァリオ山　*斜字*：州名

所在地（着工順）
〈サクロ・モンテ〉
1. ヴァラッロ　2. モンタイオーネ　3. クレア　4. ガッリアーテ　5. オルタ　6. マッセラーノ　7. ヴァレーゼ　8. カンピリア・チェルヴォ　9. アローナ　10. グラーリア　11. オローパ　12. オッスッチョ　13. モントリゴーネ　14. グィッファ　15. ドモドッソラ　16. ヴィーコフォルテ　17. ソンドゥリオ　18. ヴァルペルガ・カナヴェーゼ　19. コッジョラ　20. モンガルディーノ　21. チェルヴェーノ　22. トッリチェッラ・ヴェルツァーテ　23. モンタ

〈カルヴァリオ山〉
a. ボルツァーノ　b. カステルロット　c. ナッレスープリッシアーノ　d. サロルノ　e. スルデルノ　f. サン・ロレンツォ　g. カルダーロ　h. プラート・アッラ・ドラーヴァ　i. アッピアーノ

ジェロ・メディチがピウス四世として教皇の座につくと、ローマに招かれ、まだ司祭ですらなかったにもかかわらず枢機卿に任命されて、対抗宗教改革に取り組むローマ教会の活動に積極的に参加した。一五六二年に兄フェデリゴの急死によって生地に戻ってからも、司祭、司教、次いでミラノ大司教を歴任し、管轄地域の司教訪問を重ねながら公会議の信条の流布に努めるとともに、巡礼地の実現や、ローマ教会と信徒間の建設的関係を作り出すのに適した事業を奨励したのである。(3)

「サクロ・モンテ」は、こうしたローマ教会と聖カルロ・ボッロメーオ、並びに彼の後継者となる高位聖職者たちの対抗宗教改革的取り組みのなかで建造されたものであり、建造に際しては彼らから多大な影響と規制を受けていた。それはローマ教会がサクロ・モンテをアルプス以北のカトリック教徒をも含む信徒の信仰の再教化のための道具にしようとしたためである。その影響は、まずは、聖地のキリストゆかりの聖蹟やその位置関係の再現に主眼を置いた既存の「代用エルサレム」の形態と堂内の聖なる場面（ミステーリ）の表現が、公会議や聖カルロを始めとする高位聖職者たちの宗教建築・美術に対する規定に基づく形態に改造され、次いで、新設予定の施設にはこれらの規定の遵守が固く義務付けられたことに端的に示されている。つまり、堂内の玄義の場面には、美しさよりも迫真性によって信仰心を掻き立てることや、イメージから官能性を排除すること、また聖なる場のコンヴェニエンツァ（適切さ）とデコールム（品格）や、聖書の描写の正確さが要求、義務づけられたのである。(4)(5)そして同時に、それらの場面が展開されている礼拝堂には、聖書や聖典がキリストや聖母マリアについて、また、聖人伝が聖者について語る受難や生涯の経過に忠実な物語的、教理教授的な順序を考慮した配列が要求された。

こうして礼拝堂群は、山上に密集して配されるにしろ、新しい主題（ロザリオの玄義や十字架の道行き）に適するようにロザリオの珠状に間隔を空けて山上か斜面に配されるにしろ、あるいは両者の混合型で配されるにしろ、聖地巡礼の経験がない者でも行程に従って一巡すれば聖伝の内容をクロノロジー的に容易に理解でき、何度でも訪れて黙想したり祈りを捧げたりしながら信仰を深くすることができるような一方通行式の形態をとることになった。同じことは、礼拝堂の配列が外観上は環状に見える施設についても言える。

本章では、まず、ヴァラッロとサン・ヴィヴァルドの代用エルサレムのその後の変容について述べた後、トレント公会議後に出現したサクロ・モンテ群、並びにそれらに類似したカルヴァリオ（山）の展開を、主要な主題（C）ごとに、建造地や建造時期（A）、構成（B）、創設者（E）、礼拝堂の配列（＝形態）（D）などに留意しながら辿ってみたい。また特に、現地踏査と、提供された幾つかの未公開の図面によって把握できたそれぞれの複合体の礼拝堂群の配列、すなわち形態について、未だ先行研究によってはなされていない類型の特定を試みたい。

「サクロ・モンテ」（聖山）が一般に山や丘に建造された複合的建造物であることはその名称から容易に想像されるが、個々の施設の主題や礼拝堂の設置場所、配列法は実に多彩である。しかし、形態を決定する礼拝堂の設置場所や配列、あるいは主題（キリストや諸聖人の受難や生涯といった数が不定の物語的なものであるのか、数が確定されている祈りや信心であるのか）に着目すれば、以下のような幾つかのタイプに分類できるように思われる。例えば、まず、①礼拝堂が山上に展開され、「代用エルサレム」の名残を留めているために順序を考慮していないタイプ（山上聖地再現型とする）と、同じく山上や斜面上に展開されてはいるが、順序を考慮し、物語の展開に沿って一方通行で行程が構成されているタイプ、すなわち物語の連続によって形態が支えられているタイプ（それぞれ山上、斜面上ストーリー型とする）が挙げられる。次いで、②ヴァレーゼのサクロ・モンテに倣って、礼拝堂が山上か山の斜面、あるいは平地に間隔を空けて一定数、一方通行で行列的に配されているタイプ（それぞれ山上、斜面上、平地上行列型とするが、山上か平地上の場合にはさらに一方通行型だけでなく環状型も識別される）、さらに、③屋外に展開されながら一定数の礼拝堂が一方通行で集中してコンパクトに配されているタイプ（山上集中環状型、山上集中馬蹄型などとする）、④聖堂内の複数の礼拝室として構成されるタイプ（堂内内包型とする）である。二節では、以上の著者による試みの類型名を用いながら、トレント公会議以降のサクロ・モンテの多様な展開を、続いて三節では南チロルのカルヴァリオ山の展開の様子をみていきたい（以下、適宜表3、表4参照）。

二　トレント公会議後の巡礼施設――「サクロ・モンテ」の諸類型と展開

二―一　ヴァラッロとサン・ヴィヴァルドの「代用エルサレム」の変容

ヴァラッロでは、創設者のベルナルディーノ・カイーミが没すると、間もなく、西欧生まれの初期の一種の十字架の道行きの信仰の影響で、同道を構成するための幾つかの礼拝堂（同構想はその後放棄された）と、それとは別に、聖地模倣とは無関係な霊的巡礼を象徴するような礼拝堂が付加された。しかし、この「代用エルサレム」が本格的な改造の季節を迎えるのは一六世紀も半ば以降のことであった。それは、まず、世俗の建築家ガレアッツォ・アレッシによる施設全体の「理想都市」的再整備計画（一五六五―六九年）から始まった。そして、既存の礼拝堂は、キリストの生涯のなかでも最も劇的なエピソードである「受難」と「復活」の論理的な解釈に従って図面上に再配置された。続いて、同じく世俗の建築家マルティーノ・バッシも再構想に関与したが、この施設の運命に根本的かつ重要な影響を及ぼしたのは、一五七〇年から死を迎える一五八四年までの間に何度か同地を訪れ、黙想の手段としてそれを利用していた既述の聖カルロであった。彼は、イエズス会の創立者の一人であったイグナティウス・デ・ロヨラの著作である『霊操』やその他の会派の霊的著作に導かれて黙想業を行っており、ヴァラッロの施設を、信徒を黙想へ導くためのキリスト中心的な恒久施設にしようと考えたのである。それは一種の「表現された説教」、「統制可能な手堅い聖なる劇場」[1]であったが、その構想は、カルロの病死により、彼が生前に置いた布石とも言える二人のノヴァーラ司教チェーザレ・スペチャーノとカルロ・バスカペに受け継がれることになった。彼らは、具体化に際し、「聖像の適切さ」を規定したミラノで最初の管区会議（一五六五年）や、「すべての宗教建築の建造に関する司教の権限」を規定した第四回管区会議の決定、また、「自らの方針と指示によって、イエス・キリストの受難の聖像（イマージニ）や玄義が福音書の物語の真実に従って慎重に制作、表現、また配列されるように配慮する」権限をノヴァーラ司教に与えた教皇シクストゥス五世の勅書の権威を利用した。例えば、スペチャーノは、一五八五年のヴァラッロ訪問時に上述の管区会議の規定を伝え、キリストのすべての玄義を整然と配列するよう注意を与えた。また、後任のバスカペも、着任当初から教区の宗教施設の再組織化とヴァラッロの施設の組織的な改造に専心した。そして、一五九三年の最初のヴァラッロ訪問時に、早くも山上の高所部分の玄義を補完して連続させ、それらを利用可能な敷地内に意図的に整列させる再整備計画を立てた。その後も彼は、現場の責任者に、自らが承認した施設全体にわたるプロジェクトの遵守とそれに従った忠実な実現を、訪問や手紙によって指示し続けた。こうした厳格な監視の下で、カイーミの「代用エルサレム」はほとんど面影を留めないほどに改造され、物語的で教理教授的な礼拝堂の配列をもった「サクロ・モンテ」へ変形されていった。今日のヴァラッロのサクロ・モンテの外観（図40、表3-1、以下、表3の枝番号は表冒頭の数字に対応）は、このバスカペによる改造が基礎になっている[2]。このような改造を被った同施設は、従って、類型的には山上聖地再現型から山上ストーリー型へ移行したと言えよう。

サン・ヴィヴァルドの「代用エルサレム」にも、創設者のフラ・トンマーゾ・ダ・フィレンツェの没後に改

〈凡例〉＊：未見、S. M.：サクロ・モンテ、F. M. O.：フランシスコ会オプセルヴァント派修道士、F. M. Cap.：カプチン会修道士、K：カルヴァリオ（山）

B　構成・現状・規模	C　主題（未完のものは当初予定された主題）	D　礼拝堂の配列（＝形態）（名称は著者による）	E　創設、設計あるいは建造推進者
45礼拝堂	聖地（エルサレム）の模造→キリストの生涯	山上聖地再現型→山上ストーリー型	ベルナルディーノ・カイーミ・ディ・ミラーノ（F.M.O.）
20（独立の建物としては18）礼拝堂、聖母マリアと福者に献堂された聖堂、フランシスコ会修道院	聖地（エルサレム）の模造（＋キリストの生涯）	山上聖地再現型	フラ・トマーゾ・ディ・フィレンツェ（F.M.O.）
23礼拝堂、5オラトリオ、聖母被昇天に献堂された聖堂、フランシスコ会修道院	聖エウセビオスのエピソード、マリアの生涯	斜面上行列型＋ストーリー型	コンスタンティーノ・マッシーノ（ラテラーノ司教座聖堂参事会員、クレアの当時の修道院長）
20礼拝堂、聖ニコラウス聖堂、カプチン会修道院、導入部の拱門、給水場、聖フランチェスコの聖柱	聖フランチェスコの生涯（キリストの生涯のまねび）	山上ストーリー型	クレート・ダ・カステルレット（F.M.Cap.）
堂内内包の10礼拝堂、聖ペテロ聖堂、（堂守の住居）	ロザリオの三玄義	聖堂内包型	ガッリアーテの司祭フランチェスコ・クアリオッティ
崩壊寸前の5礼拝堂と聖十字架（山頂、後補か？）、栄光の聖母に献じられた聖堂	聖フランチェスコとマリアの生涯（未完）	斜面上行列型（推測）	パオロ・ダ・トレヴィリオ（F.M.O.）
14礼拝堂、1オラトリオ、3拱門、3給水場、1グロッタ、聖母戴冠の巡礼聖堂、ロミテ・アンブロジアーナ修道院、受胎告知聖堂、鐘楼、博物館	ロザリオの三玄義	斜面上行列型（ヴァレーセ型）	ジョヴァンバッティスタ・アグッジャーニ（F.M.Cap.）
3礼拝堂、サン・カルロ聖堂、聖カルロの巨大な銅像、旧カプチン会修道院、聖カルロの旧宿泊所、旧神学校	聖カルロの生涯（キリストの生涯のまねび）（未完）	斜面上行列型（但し、緩やかな斜面）	マルコ・アウレリオ・グラッタローラ（ミラーノ司教区の奉献修道会神父）、ミラーノ大司教F.ボッロメーオ（聖カルロの甥）
ロレートの聖母に献じられた聖堂、同聖堂内包の4礼拝堂、聖カルロ聖堂、崩壊寸前の6礼拝堂、宿泊所	新しいエルサレム、キリストの生涯	斜面上行列型＋聖堂内包型	アンドレーア・ニコラオ・ヴェロッティ（教区主任司祭）
19礼拝堂、旧聖堂、新聖堂、十字架の道行き、宿泊所、フィッリエ・ディ・マリア会、窯跡、墓所	聖母マリアの生涯、聖人・改悛者のエピソード	斜面上行列型	ジョヴァンニ・ステファノ・フェッレロ（時のヴェルチェッリの司教）
14礼拝堂、聖堂	ロザリオの三玄義	斜面上行列型（ヴァレーセ型）	ロレンツォ・セレナート・ティモテオ・スナイデル（フランシスコ会第三会士）
堂内内臓の6礼拝堂、聖母・聖アンナに献堂された聖堂、聖堂外壁の4（？）グロッタ、十字架の道、堂守の家屋	聖母マリアの生涯	聖堂内包型	ペストを免れたモントリゴーネの市民

表3　イタリアのサクロ・モンテおよびその他の複合的巡礼施設

〈サクロ・モンテ〉（着工順）

サクロ・モンテ（あるいはサンチュアリオ）名	行政上の位置（県）	州	S.M.建造以前の聖域の伝統的信仰対象	A　建造時期
1. サクロ・モンテ・ディ・ヴァラッロ	ヴァラッロ・セージア（ヴェルチェッリ）	ピエモンテ	なし	1480年代後半-後続の数世紀、19世紀初頭まで
2. サクロ・モンテ・ディ・サン・ヴィヴァルド	モンタイオオーネ（フィレンツェ）	トスカーナ	カンポレーナの聖母マリア、福者ヴィヴァルド	1497-1516年
3. サクロ・モンテ・ディ・クレア	セッラルンガ・ディ・クレア、ポンツァーノ・モンフェッラト（アレッサンドリア）	ピエモンテ	伝聖エウセビオス持参の聖母マリア／その立像	1589年頃から後続の数十年間、18世紀初頭まで
4. サクロ・モンテ・ディ・サン・フランチェスコ（あるいはオルタ）	オルタ・ディ・サン・ジュリオ（ノヴァーラ）	ピエモンテ	ミラの聖ニコラウス、悲しみの聖母（ピエタ）像	（構想は1583年-）1591-1795年
5. サンチュアリオ・デル・ヴァラッリーノ	ガッリアーテ（ノヴァーラ）	ピエモンテ	聖ペテロ聖堂の壁上に描かれた聖母子像	1591年より後-、1668年-、1671年、1748-1752年、1795-1798年、1838-1842年、20世紀まで
6. サクロ・モンテ・ディ・マッセラーノ	マッセラーノ（ビエッラ）	ピエモンテ	（聖バルバラ？）	1600-1602年、1668-1673年、未完
7. サクロ・モンテ・ディ・ヴァレーゼ	ヴァレーゼ（ヴァレーゼ）	ロンバルディア	山の聖母／その立像	1605-1699年、モーゼの未完の給水場は1817年着工
8. サクロ・モンテ・ディ・サン・カルロ	アローナ（ノヴァーラ）	ピエモンテ	なし（但し、古い宗教的中心地アローナでは、聖カルロの生地として、その生誕に纏わる謎めいた光の降下に対する信仰が培われていた）	1614年-、未完
9. サクロ・モンテ・ディ・グラーリア	グラーリア（ビエッラ）	ピエモンテ	ロレートの聖母／その立像	1615（16）年-、未完
10. サクロ・モンテ・ディ・オローパ	ビエッラ（ビエッラ）	ピエモンテ	伝聖エウセビオス持参の黒い聖母／その立像	1620-18世紀
11. サクロ・モンテ・ディ・オッスッチョ	オッスッチョ（コモ）	ロンバルディア	救済の聖母／その座像と画像（太古には農業神ケレスに対する信仰も推測されている）	1623-1635年、1663-1685年
12. サンチュアリオ・ディ・サン・タンナ、もしくはサンタ・マリア・デッレ・グラーツィエ	モントリゴーネ（ヴェルチェッリ）	ピエモンテ	聖アンナと恩寵の聖母マリア	1631年より後、サクロ・ペルコルソは1753-1770年建造

〈凡例〉＊：未見、S. M.：サクロ・モンテ、F. M. O.：フランシスコ会オブセルヴァント派修道士、F. M. Cap.：カプチン会修道士、K：カルヴァリオ（山）

B　構成・現状・規模	C　主題（未完のものは当初予定された主題）	D　礼拝堂の配列（＝形態）（名称は著者による）	E　創設、設計あるいは建造推進者
3礼拝堂、聖三位一体に献堂された聖堂、十字架の道の拱廊、旧三位一体会隠修士の家（現在は小礼拝堂）	三位一体の玄義（未完）→ロザリオの玄義（未完）	斜面上行列型（推定）	不詳（三位一体会の修道士か？）
5礼拝堂、洗礼者聖ヨハネに献じられた聖堂、鐘楼、宿泊所（旧寄宿学校）、墓地、給水場	洗礼者聖ヨハネの生涯（キリストの生涯のまねび？）＋陰修士・改悛者のエピソード	山上ストーリー型（推測）＋斜面上行列型	不詳
独立した12礼拝堂、聖堂内包の3礼拝堂、聖なる磔刑のキリストに献堂された聖堂、ロレートの聖家、恩寵の聖母の祈禱所、旧カプチン会修道院跡、城跡、ロズミーニ会	十字架の道行き＋「昇天のキリスト」	斜面上行列型＋山上ストーリー型	ジョアキーノ・ダ・カッサーノ・アンドレーア・ダ・リョ（いずれもF.M.Cap.）
8礼拝堂、5聖柱、教区聖堂の壁面の1玄義、巡礼聖堂、旧シトー会修道院、霊的修業の施設	ロザリオの三玄義	山上行列（片道）型	ドメニコ・トゥルッキ（時のモンドヴィの司教）
4礼拝堂、巡礼聖堂	ロザリオの三玄義（未完）	山上行列（片道）型	司祭長ジョヴァンニ・ヴァッティスタ・セルトーリと兄弟で司祭のフランチェスコ・サヴェリオ
13礼拝堂、ベルモンテの聖母に献堂された聖堂、フランシスコ派修道院、聖母マリアの聖道、宿泊所	十字架の道行き	山上行列（循環）型	ミケランジェロ・ダ・モンティリオ（F.M.O.）
独立した1礼拝堂、堂内内包の4礼拝堂、雪の聖母に献堂された聖堂、隠者の庵	ロザリオ（喜びの玄義のみ）	聖堂内包型	コッジョラの市民
導入部の4礼拝堂、環状の13小礼拝堂、堂内内包の1礼拝堂、聖アントニウス聖堂、堂主の家屋	十字架の道行き	山上集中環状型	ジュセッペ・タリアーノ・ディ・モンタ（時のアスティの司祭）
聖堂に後年付加された聖所内に配された14礼拝堂、トゥールの聖マルティヌスに献じられた聖堂	十字架の道行き	聖堂内包型（教区聖堂に接する巡礼聖堂内）	ピエトロ・ペロッティ（時のチェルヴェーノの教区主任司祭）
14小礼拝堂、聖十字架に献堂された新聖堂、聖母マリアに献堂された旧小聖堂、聖なる階段	十字架の道行き	山上集中馬蹄型	フィリッポ・モンターニャ（時の礼拝堂付き司祭）
14礼拝堂、聖堂、後代に建造された「オリーヴ山での祈り」のグロッタ、戦没者のモニュメント	十字架の道行き	山上行列（片道）型	時のモンタの教区理事会（小教区主任司祭モスカを長としていた）

サクロ・モンテ（あるいはサンチュアリオ）名	行政上の位置（県）	州	S.M.建造以前の聖域の伝統的信仰対象	A　建造時期
13. サクロ・モンテ・ディ・グィッファ	グィッファ（ノヴァーラ）	ピエモンテ	聖三位一体／その画像	1647年-、1659年、1703年、1752年、1761年、19世紀初頭まで、未完
14. サクロ・モンテ・ディ・サン・ジョヴァンニ（あるいはダンドルノ）	カンピリア・チェルヴォ（ビエッラ）	ピエモンテ	洗礼者聖ヨハネ／伝羊飼発見の同聖人の立像	1654年-、1750年頃まで、未完
15. サクロ・モンテ・カルヴァリオ（あるいはディ・ドモドッソラ）	ドモドッソラ（ノヴァーラ）	ピエモンテ	(cf.現在のS.M.はノヴァーラ司教が所有、居住していた城の跡地に建造された)	1656年-、18世紀、19世紀初頭まで
16. サンチュアリオ・ディ・ヴィーコフォルテ	ヴィーコフォルテ（クネオ）	ピエモンテ	ピローニの聖母／その画像	1682年より後-18世紀末、20世紀初め
17. サクロ・モンテ・ディ・ソンドゥリオ	ソンドゥリオ（ソンドゥリオ県）	ロンバルディア	聖母マリア（932年頃司祭長に出現）	1713年より前-18世紀の最初の数十年間
18. サクロ・モンテ・ディ・ベルモンテ	ヴァルペルガ・カナヴェーゼ（トリノ）	ピエモンテ	ベルモンテの聖母／その壁画	1712年、19世紀、20世紀初頭まで
19. サンチュアリオ・デッラ・マドンナ・デッラ・ネーヴェ（デル・カヴァッレロ）	コッジョラ（ビエッラ）	ピエモンテ	雪の聖母／その立像	18世紀最初の数十年間
20. サクロ・モンテ・ディ・サン・タントニオ・ダ・パドヴァ	モンガルディーノ（アスティ県）	ピエモンテ	パドヴァの聖アントニウス	1739年頃-
21. サンチュアリオ・デッラ・ヴィーア・クルーチス	チェルヴェーノ（ブレーシャ）	ロンバルディア	トゥールの聖マルティヌス	1752-1764年、および1869年
22. サンチュアリオ・デッラ・パッシオーネ（＝デッラ・クローチェ）	トッリチェッラ・ヴェルツァーテ（パヴィーア）	ロンバルディア	聖母マリア	1764-1781年（聖堂は1770年に完成）
23. サクロ・モンテ・ディ・モンタ	モンタ（クネオ県）	ピエモンテ	使徒ヤコブ、フィリッポ	1887-19世紀末、（聖墳墓は1742年より前に建造）

〈凡例〉＊：未見、S. M.：サクロ・モンテ、F. M. O.：フランシスコ会オブセルヴァント派修道士、F. M. Cap.：カプチン会修道士、K：カルヴァリオ（山）

B　形態・現状・規模	C　主題（未完のものは当初予定された主題）	D　礼拝堂の配列（名称は著者による）	E　創設、設計、あるいは建造推進者
7堂、三本の十字架（〈磔刑〉）、聖墳墓聖堂、復活の泉	十字架の道行き（7留型）	斜面上行列型	フランツ・フォン・ゼイボルツドルフ（F. M. Cap.）
7礼拝堂、三本の十字架（〈磔刑〉）、皇帝ヨーゼフを記念する泉	十字架の道行き（7留型）	斜面上行列型	チロル地方の貴族クラウス家（オットー・モーリツ、ヨハン・ゲオルグ）
2堂、2聖柱（5堂）	ロザリオの苦しみの玄義？	斜面上行列型	
7つの小礼拝堂、1本の十字架（〈磔刑〉）、聖墳墓の礼拝堂、泉の礼拝堂	十字架の道行き（7留型）	斜面上行列型	隊長のフランツ・ヤコブ・カンピ・フォン・ハイリゲンベルクと最初の妻
4聖柱、三本の十字架（〈磔刑〉）、聖墳墓の礼拝堂	十字架の道行き（7留型？）	斜面上行列型	
①　　　？ ②4堂（当初は8→14堂）	①十字架の道行き（7留型） ②十字架の道行き（14留型）	①（山の麓と頂上に設置） ②平地上行列（片道）型	貴族のフィリップ・ヤコブ・フォン・エゲラーとその娘
7堂、三本の十字架（〈磔刑〉）、〈ピエタ〉の礼拝堂、聖墳墓聖堂	十字架の道行き（7留型）	斜面上行列型（緩やかな斜面）	貴族の聖職者シュテファン・イグナツ・セップ・フォン・セッペンブルク、ヨーゼフ・フォン・ウンターリヒター
4堂、教区聖堂の壁面に設置された三本の十字架（〈磔刑〉）、教区聖堂	十字架の道行き	斜面上行列型	
9堂（当初は7堂）、聖墳墓聖堂	十字架の道行き（7留型）	斜面上行列型	F. M. Cap. ？

表4　イタリアのカルヴァリオ山

〈カルヴァリオ山〉（着工順）

行政上の位置（県）	州	カルヴァリオ建造以前の聖域の伝統的信仰対象	A　建造時期
a. ボルツァーノ（ボルツァーノ）	トレンティーノ・アルト・アディジェ	—	1680年頃-
b.　カステルロット（ボルツァーノ）	トレンティーノ・アルト・アディジェ	(cf. 現在のS. M. は取り壊された中世の城塞のなかに建造された)	1675-1696年、18世紀、20世紀初頭まで
c.　ナッレス〜プリッシアーノ（ボルツァーノ）	トレンティーノ・アルト・アディジェ	—	17世紀末
d. サロルノ（ボルツァーノ）	トレンティーノ・アルト・アディジェ	—	1718-1719年頃
e.　スルデルノ（ボルツァーノ）	トレンティーノ・アルト・アディジェ	—	1728年頃？
f. サン・ロレンツォ・ディ・ゼバート（ボルツァーノ）	トレンティーノ・アルト・アディジェ	①　— ②　—	①1697年 ②1700年頃-？
g. カルダーロ（ボルツァーノ）	トレンティーノ・アルト・アディジェ	—	17世紀末
h. プラート・アッラ・ドラーヴァ（ボルツァーノ）	トレンティーノ・アルト・アヂジェ	水の守護聖人聖ニコラ	1700年頃
i. アッピアーノ（ボルツァーノ）	トレンティーノ・アルト・アディジェ	—	1716年、1835年

変の手が加えられたが、それは改造というより付加的なものであった。そして、その付加は大きくは二期（正確な年代は不詳）において行われていた。最初の付加では〈十字架の道行き〉や〈聖母との出会い〉、〈敬虔な婦人たち〉、〈聖母に現われたキリスト〉、〈パリサイ人シモン〉の礼拝堂が加えられたが、この付加は、トンマーゾ没後の比較的早い段階（一六世紀内）でアルプス以北に始まる萌芽期の十字架の道行き信心の影響下に行われたと考えられる。続いて、それらより遅れて、今度は〈受胎告知〉や〈サマリアの井戸〉、〈聖エリサベツ〉、〈エジプトへの逃避〉の礼拝堂が加えられたが、この付加は聖地模倣とは無関係に行われているため、おそらくはトンマーゾの構想を理解しない後代の発案者が、バスカペによる改造後のヴァラッロの施設に倣ってサン・ヴィヴァルドの施設を改造するために行ったものと推測される。いずれにしても、同地では初期の形態を消し去るような改造はなされなかったため（図81、表3-2）、類型的には山上聖地再現型を留めていると言える。(3)

二―二　改造中のヴァラッロの「代用エルサレム」の影響下に建造されたサクロ・モンテ群

聖カルロからバスカペに至る高位聖職者によるヴァラッロの施設の改造は、初期の「代用エルサレム」の形態を、明確な導線に沿って配された礼拝堂内で玄義が連続的に語られる形態へと完全に変えてしまったが、この新しい形態は、表現上の特殊な要求や構成の都合に合わせることが容易であったため、ヴァラッロの施設の改造中や改造後に建造された幾つかのサクロ・モンテではそれが手本とされた。

修道院長コンスタンティーノ・マッシーノと同僚のラテラーノ司教座聖堂参事会員が、現在のアレッサンドリア県セッラルンガ・ディ・クレアとポンツァーノ・モンフェッラートとの境に位置する聖母被昇天に献じられた巡礼聖堂（サンチュアリオ）の西側の森に一五八九年頃に建造させた巡礼施設はその一例である。それは、「ヴァラッロの山が主の玄義を表現している多くの礼拝堂に囲まれているのと同じように、クレアの山は…中略…天の女王の玄義が表現されている礼拝堂に囲まれている」(4)と評されていることからも首肯される。マッシーノは、当初、「ロザリオの玄義」を表現する一五の礼拝堂を配する予定であったが、実際には七堂（現在の第一、二、四、五、八、一九、二三堂）しか具現されなかった。次いで一五九八年には、ヴァラッロの施設を凌ごうとして、修道院長のトンマーゾ・ピオラートと彫刻家ジョヴァンニ・タバケッティによって「マリアの全生涯を完全に表現する」四〇堂からなる新プロジェクトが提案され、一七世紀に入ると丘の尾根に沿って一八の礼拝堂と一七の隠者の小礼拝堂が

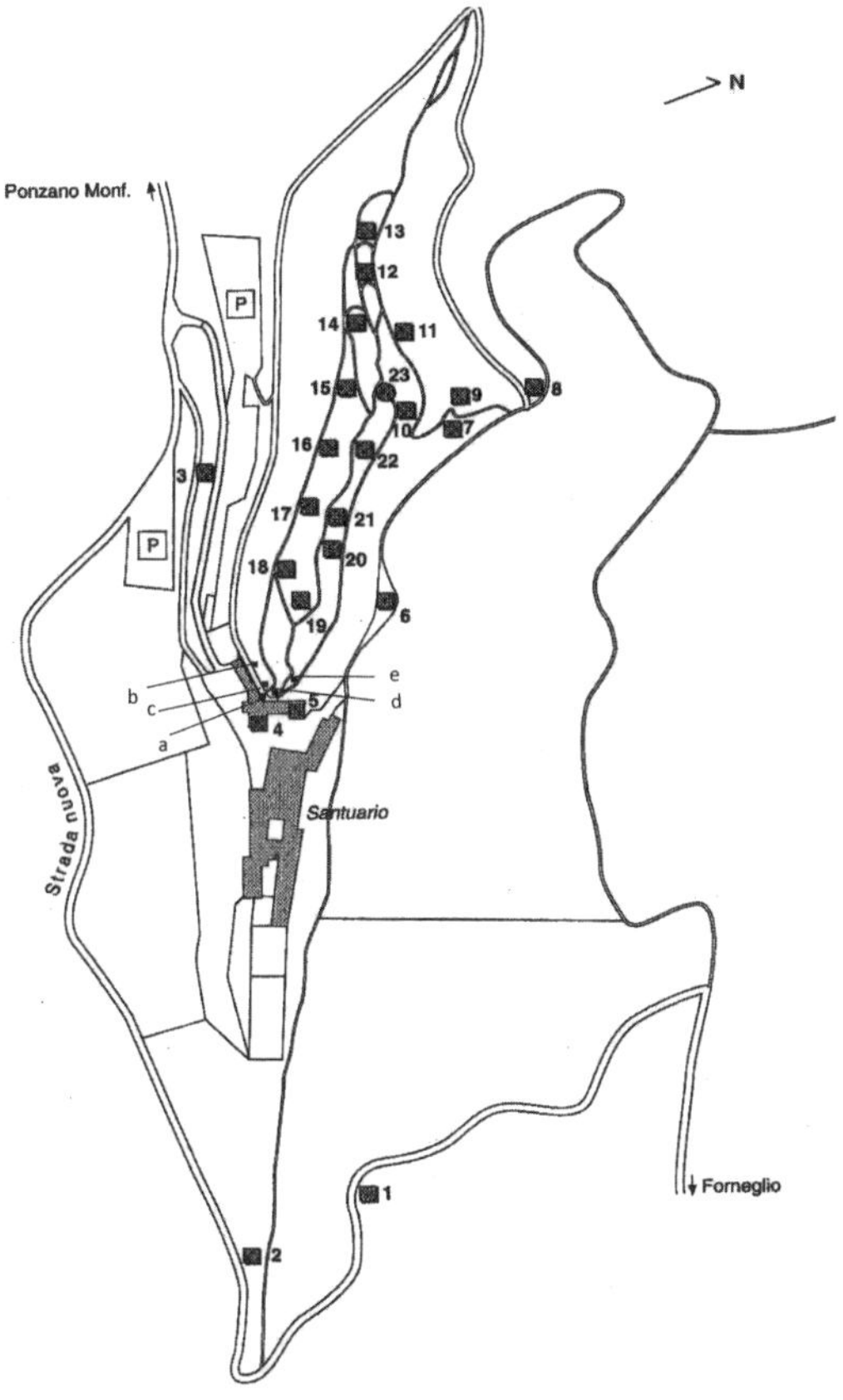

図118　クレア　現在のクレアのサクロ・モンテ（＝サンチュアリオ・ディ・クレア）の礼拝堂群とその配列

1. 聖エウセビウスの殉教／2. 聖エウセビウスの休息／3. 予示された聖母マリア（かつてのアダムとエヴァ）／4. 聖アンナの懐胎／5. マリアの誕生／6. マリアの神詣／7. 聖母マリアの結婚／8. 受胎告知／9. マリアのエリサベツ訪問／10. キリストの誕生／11. キリストの神殿奉献／12. 博士たちとの神学論争／13. オリーヴ山での祈り／14. 笞刑／15. 荊冠／16. 十字架を負う／17. カナの婚宴／18. 磔刑／19. イエスの復活／20. イエスの昇天／21. 聖霊降臨／22. マリアの昇天／23. マリアの戴冠

a. 聖ルカの小礼拝堂／b. 聖フランチェスコの小礼拝堂／c. 聖ロクスの小礼拝堂／d. 慟哭の聖母の小礼拝堂／e. 聖アレッシオの小礼拝堂

図119　南側から見たクレアのサクロ・モンテ

連続的に配された。一九世紀にはさらに、「ロザリオの玄義」に関係する新しい礼拝堂も挿入されたが、礼拝堂が四〇堂を越えることはなかった。現在の巡礼の行程は、時代の変遷のなかで主題的にも幾度か変更を被った二三の礼拝堂（ヴェルチェッリの司教聖エウセビウスの生涯や旧約聖書、聖書外典のエピソード、並びに喜びの玄義、苦しみの玄義、栄えの玄義などが主題）と、聖堂へ戻る途中に置かれた五つの小祈禱堂によって構成されている[5]（図118、119、120、表3-3）。以上の経過に鑑みれば、クレアのサクロ・モンテは、山上行列型と山上ストーリー型の混合型と言えよう。

オルタの町（現在のノヴァーラ県）が一五八三年にサン・ニコラオ山上に建造を思い立ってから、ようやく一五九一年になってノヴァーラのカプチン会修道院長アミーコ・カノッピオの財政支援によって着工されたサクロ・モンテは、カプチン会士クレート・ダ・カステルレット・ティチーノが構想したものである。同所では、湖に突き出た岬の斜面にキリストのまねびを鍵として螺旋状に配された三六の礼拝堂によってアッシジの聖フランチェスコの生涯が物語られている。しかし、このサクロ・モンテの存在も、同地でよく知られ活動してもいたヴァラッロの修道院のオブセルヴァント派修道士の関与なしには考えられないものであり、ある意味でヴァラッロの改造中の施設の投影体として物語的形態を採用し、キリストの生涯をフランチェスコのそれに置き換えて展開したものであった。さらに、建築的に見ても、同所の建造物は、アレッシがヴァラッロの施設の再整備のために建造した若干の建造物や多くの設計図面を通して近代化され、堂内も、ヴァラッロの影響で巡礼者の空間と玄義の場面（図123）が木製の格子で隔てられた。もっとも、ヴァラッロでは改造後も聖地に対する地形的示唆が多少は残されたが、オルタでは、同聖人にゆかりのある聖蹟に対する地形的示唆は礼拝堂内でことごとく完結されており、形態上には少しも表われていない（図121、122）。オルタのサクロ・モンテに対するヴァラッロの施設の影響は、ヴァラッロで大幅な改造計画を実施することになるバスカペが、オルタにおいても一五九三年から関与し、クレートの計画を検証してその修正を要求したことに大きく関係している。バスカペは、表現すべき場面について指示しただけでなく[6]、優れた美術家を推挙したり画家が描いた関連素描の点検を行ったりして、堂内で語られるエピソードが聖典やフランシスコ会の典拠の記述と矛盾しないように留意した。このように彼は、オルタにおいても、物語の明瞭さやエピソードの正確な連続性、礼拝堂間の移動のしやすさを重要と考え、自らその有効性を確かめたのである。後任の枢機卿タヴェルナ（一六一七年）やヴォルピ（一六二九年）も、彼の教えに従ってこの山の作業を厳しく規制したが、一七世紀半ばには、ヴァラッロの手本の他に、当時建造中であったヴァレーゼのサクロ・モンテ（一七世紀初めに着工）が建築的手本として採用され、聖道にはバロック的華やかさ

図120　クレア　第23堂〈マリアの戴冠〉（彫刻：グリエルモ・カッチャあまいはタバケッティ兄弟、16世紀末）

図121　現在のオルタ（あるいはサン・フランチェスコ）のサクロ・モンテの礼拝堂群とその配列
1. フランチェスコの誕生／2. サン・ダミアーノ教会で磔刑像が聖フランチェスコに語りかける／3. アッシジの司教に財産を擲つ聖フランチェスコ／4. ミサを聞く聖フランチェスコ／5. 最初の従者の着衣式／6. 最初の弟子を説教に送り出す聖フランチェスコ／7. 教皇インノケンテイウス三世によるフランシスコ会会則の承認／8. 火のついた山車の上で弟子に出現する聖フランチェスコ／9. 聖キアラの着衣式／10. 誘惑に打ち勝つ聖フランチェスコ／11. イエスからポルツィウンコラについて免償の特権を受けるス聖フランチェスコ／12. フランシスコ会会則を承認するイエス／1. アッシジの通りを裸で歩く聖フランチェスコ／14. エジプトのスルタンの前の聖フランチェスコ／15. ラ・ヴェルナ山上で聖痕を受ける聖フランチェスコ／16. 死ぬ前にラ・ヴェルナからアッシジに戻る聖フランチェスコ／17. 聖フランチェスコの死／18. 聖フランチェスコの墓前の教皇ニコロ三世と司教、並びに書記官／19. 聖フランチェスコの墓での奇跡／20. 聖フランチェスコの列聖
A. 入口／B. 泉／C. 聖フランチェスコの聖像柱／D. 聖堂／E. 井戸

が付加された。現在の施設は（図121、122、123、表3-4）、〈聖フランチェスコの誕生〉（第一堂）から〈列聖〉（第二〇堂）までの二〇堂から成っており、[7] 類型的には山上ストーリー型に分類できよう。

ミラノのサンタ・マリア・デッリ・アンジェリ修道院からやって来て、マッセラーノの古いサン・テオネスコ聖堂（一五〇七年まで町の教区教会）に隣接して建造された修道院（一五九二年完成）に定着したフランシスコ会オブセルヴァント派の修道士たちは、ヴァラッロやオルタ、ロカルノ（スイス）などに建造されていたサクロ・モンテのような、ロザリオの玄義か聖堂の歴史を表現する礼拝堂を設置したいと考えていた。そして、マッセラーノの丘の頂上がこの種の事業に最適であるのにすぐに気付いた。彼らのなかでも進取の気風に富むパオロ・ダ・トレヴィリオ神父は、すでに一五九八年にサンタ・バルバラの丘を掘って、そこに〈キリストの墓〉を模した地下礼拝堂を建造させていたが、彼のイニシアティブは、女公爵クラウディア・フェッレロ・フィエスキの賛同を得、彼女の資金援助で、マッセラーノのサクロ・モンテがヴェルチェッリの建築家の設計に基づいて本格的に着工された。パオロ神父は、隠棲所に隣接する小聖堂から始め、

図122　現在のオルタのサクロ・モンテの礼拝堂群

図123　オルタのサクロ・モンテの第17堂〈聖フランチェスコの死〉の堂内（彫刻：ディオニジ・ブッソラ、1698年より前、壁画：カルロ・フランチェスコ、ジュセッペ・ヌヴォローネ、1698年より前）

次いで、聖フランチェスコと聖母マリアの生涯のエピソードを表現する一七の連続する礼拝堂を建て、最後に地下礼拝堂の上に栄光の聖母に献じられた広い礼拝堂（現在のマドンナ・デッリ・アンジェリないしはポルツィウンコラ聖堂）を建造して締め括るはずであった。しかし、町の枢密議会と修道士（とりわけパオロ神父）との間に、すでに建造されていた聖堂（一六〇〇年着工、一六〇二年完成）と三棟の礼拝堂の所有権をめぐって不和が生じ、作業はたちまち中断されて二度と再開されることはなかった。(8) 同地のサクロ・モンテについては、未完に終わった上、参考にできる構想図等も伝わっておらず、類型の確定は困難である。しかし、一七棟の礼拝堂を連続して配する予定であったということや、実際に踏査して実見した倒壊寸前の遺構とからは、完成していれば、山上もしくは斜面上ストーリー型のようになっていたのではないかと思われる（表3-6）。

二―三　定着した祈りや信心に則した規則的な礼拝堂の配列をもったサクロ・モンテ

二―三―一　ヴァレーゼ型（＝行列型）サクロ・モンテの登場

改造後のヴァラッロのサクロ・モンテでは玄義の連続が巡礼コースや形態を成立させていたが、カトリック改革期には、公認された祈りや信心に関係する一定数の玄義が巡礼コースや形態を構成するサクロ・モンテが登場する。聖母マリアの玄義の環が行程の装置となっているヴァレーゼのロザリオの複合体がそれで、一定の間隔を空けて山上か山の斜面に玄義を配するこのヴァレーゼの方法が、以後のほとんどのサクロ・モンテの基本型となる。

カトリック改革期のサクロ・モンテの主要な主題の一つとなった「ロザリオの玄義」は、一二世紀に詩篇の朗読の代用として修道院のなかで開始され、一四世紀にカルトジオ会士によって各一〇回の天使祝詞の前にそれぞれ一回の主禱文が挿入された後、一五六九年に教皇ピウス五世によって正式に認可された一五〇回のマリア賛辞の反復的祈りと密接に関わっている。一回の祈りは主禱文(パードレ・ノストロ)一回、天使祝詞(アヴェ・マリア)一〇回、そして栄唱(グローリア)一回で構成され、この祈りを一五回繰り返す間にキリストとマリアの生涯についての黙想が完了される。一五回の各祈りにおいては、キリスト伝とマリア伝から取られた一五の場面が黙想される。これらの場面は、「喜びの玄義」の受胎告知、御訪問、降誕、奉献、神殿でのキリストの発見、「苦しみの玄義」のゲツセマニの祈り、笞刑、荊冠、ゴルゴタ（カルヴァリオ）への道、磔刑、そして「栄えの玄義」の復活、昇天、聖霊降臨、被昇天、聖母の戴冠の計一五端から成っている(9)。

すでに崇敬を集めていたヴァレーゼの聖母マリアの山のつづら折りの道に、このロザリオの玄義を主題とした一四の礼拝堂（第一五堂は山上の既存の巡礼聖堂を利用）を行列的に配することを最初に提起したのは、カスベーノのカプチン会修道院の神父ジャンバッティスタ・アグッジャーリ・ダ・モンツァであった。優れた説教師であり、

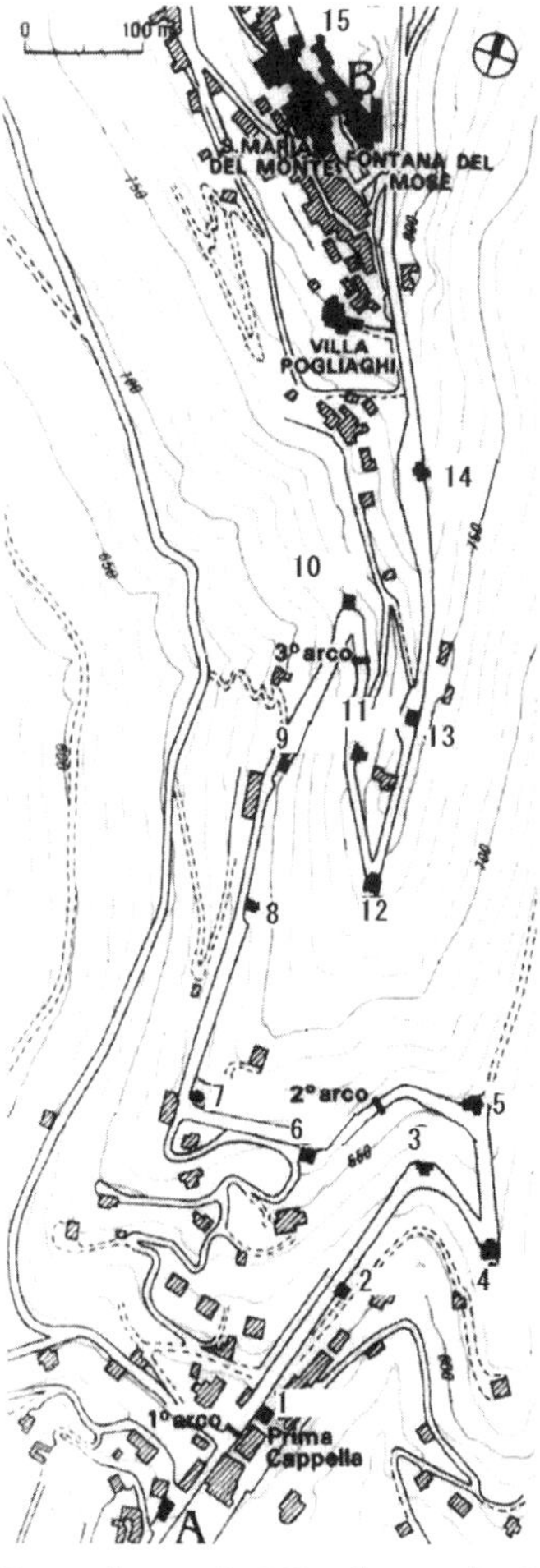

図124　ヴァレーゼ　現在のヴァレーゼのサクロ・モンテの礼拝堂群とその配列
第一門：1. 受胎告知／2. 御訪問／3. キリストの誕生／4. キリストの神殿奉献／5. 博士たちとの神学問答
第二門：6. オリーヴ山での祈り／7. 嘲笑／8. 荊冠／9. 十字架を負う／10. 磔刑
第三門：11. キリストの復活／12. キリストの昇天／13. 聖霊降臨／14. 聖母被昇天
A. 無原罪の御宿りの祈禱堂／B. 聖堂（＝15. 聖母の戴冠）

図125　ヴァレーゼのサクロ・モンテ

また、山上の禁域に定着していた聖アンブロシウス教団の修道女の告解師でもあった彼は、礼拝堂の奉納を願う同教団の一人の修道女や、遠方から訪れる多くの信仰篤い巡礼者に示唆されてこの事業を思いつき、ヴァレーゼ出身の建築家ジュセッペ・ベルナスコーネを起用して礼拝堂の設計と建造に当たらせた。そして、一六〇五年の最初の礼拝堂の着工以来、ヴァレーゼとその周辺の住民の協力によって、約八〇年の間に、三基の勝利門（ロザリオの「喜びの玄義」の門、聖カルロの「苦しみの玄義」の門、聖アンブロシウスの「栄光の玄義」の門）によって区切られ、並外れた建築的統一性を示す一連の礼拝堂が完成された（図124、125、表3-7）。また、各礼拝堂内にも、北イタリアのバロック美術を代表するディオニジ・ブッソラやクリストフォロ・プレスティナーリ、フランチェスコ・シルヴァといった優れた彫刻家や、カルロ・フランチェスコ・ヌボローネやチェッキ兄弟、モラッツォーネなどの画家によって、ロザリオの各玄義（図126）が華麗に表現された。こうして、この施設は、作業の終了とともにロンバルディアの重要な聖母マリアの巡礼地の一つとなった。[10] このヴァレーゼのサクロ・モンテの類型は、既述の通り、斜面上行列型（もしくはヴァレーゼ型）の祖型であり、主題が異なる以後の多くのサクロ・モンテによってもその型が踏襲された。

ヴァレーゼの礼拝堂群の行列的配列は、次いで、ミラノ大司教フェデリコ・ボッロメーオが列聖された叔父のカルロ・ボッロメーオを称えるために企図した、アローナのサクロ・モンテ計画において敷衍される。このアローナのサクロ・モンテは、当初は、建造計画の監督（おそらくは構想者でもあった）に任命された奉献修道会神父マルコ・アウレリオ・グラッタローラが、教皇パオロ五世への書簡（一六一四年）のなかで報告しているように、「山全体に正確な距離を空けて互いに隔てて配された貴い五〇の礼拝堂において、聖カルロの全生涯と奇跡を記念する山」[11]として構想されていた。しかし、この計画は間もなく、1．聖カルロの活動的生涯に献じられ上り坂に配された一五の礼拝堂のゾーンと、2．《人々を祝福する聖カルロ》の巨大な大理石像と楕円形の聖堂のゾーン、そして3．聖カル

図126　ヴァレーゼのサクロ・モンテの第10堂〈磔刑〉の堂内（彫刻：ディオニジ・ブッソラ、17世紀中頃、壁画：アントニオ・ブスカ、1668年）

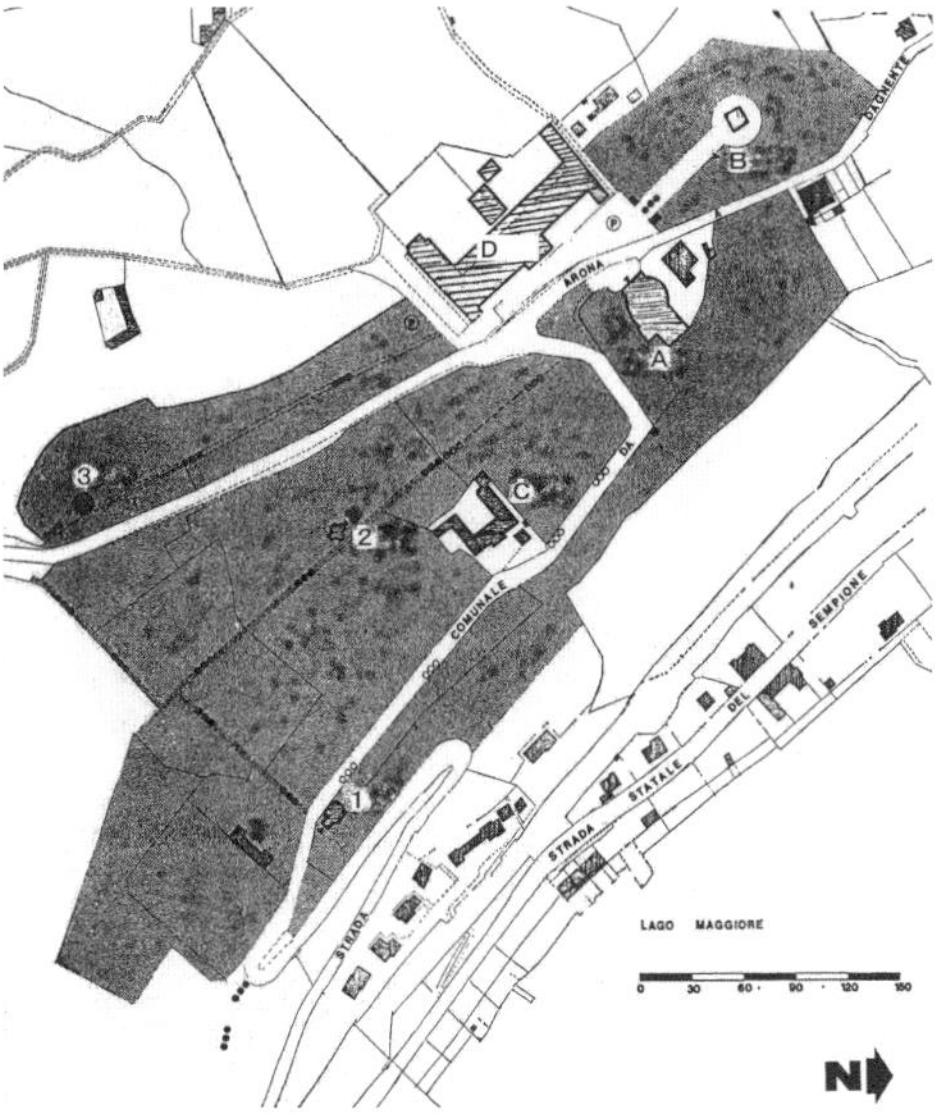

図127　アローナ　現在のアローナ（あるいは聖カルロ）のサクロ・モンテの礼拝堂群とその配列
1. 聖カルロの誕生／2. かつての第7堂／3. 奉献修道会創設の礼拝堂
A. サン・カルロ聖堂／B. 聖カルロの巨大な青銅像／C. かつての宿泊所／D. かつての神学校

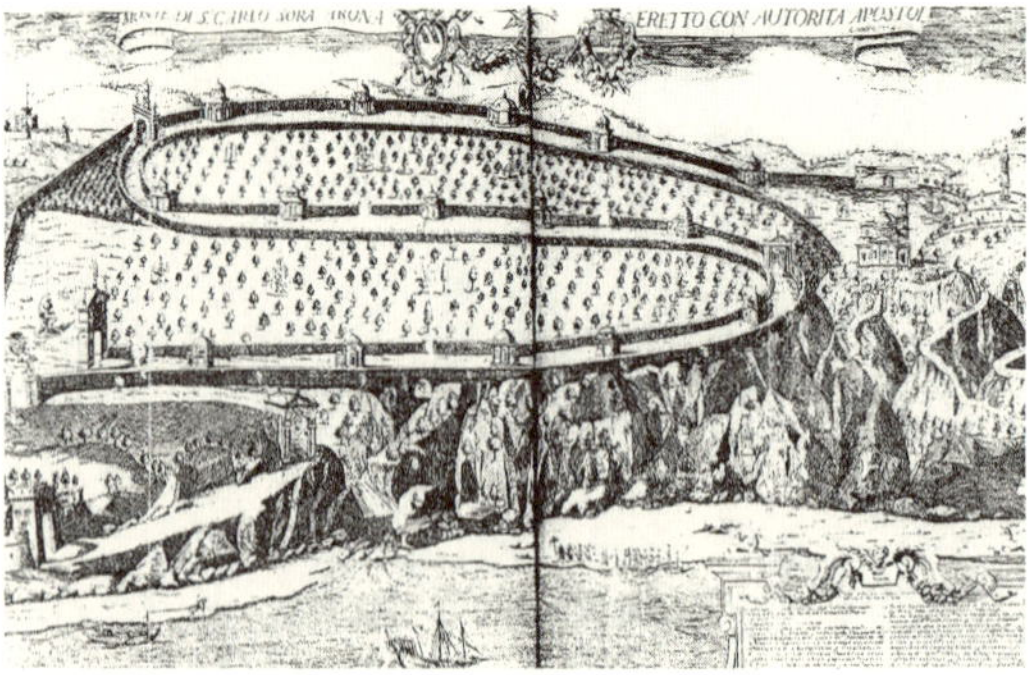

図128　アローナのサクロ・モンテの構想図（1622年頃）
この有名な版画には誤って「1714」年の年記が刻まれているが、実際は1622年頃に遡る版画の複製。初期のプロジェクトに関係する版画類は、推進者のグラッタローラを介して伝播した。

ロの黙想的生涯に献じられ隠修地と呼ばれた山に配された別の一五の礼拝堂のゾーンから成るものに変更され、礼拝堂は三〇堂に縮小されてしまった(12)。アローナの施設には、ヴァレーゼのそれとは異なり、定着した祈りのモチーフはなかったが、礼拝堂は山の側面と尾根上に曲線的に展開されている巡礼コース（図127、表3-8）に間隔を空けて配され、その行程も三基の勝利門によって区切られるはずであった（図128）。ここでは、ヴァラッロやオルタの影響は、犠牲的奉仕を行って栄光の冠を戴いた聖カルロの模範的生涯という主題の内容に限られ、その形態にまでは及ばなかったのである。従って、類型的には斜面上行列型に分類しておきたい。ところで、グラッタローラのこのような計画は、一六一五年に彼自身が世を去ったことで当初から問題を抱えていた。また、一六三一年には発案者のフェデリコ・ボッロメーオが、さらに一六三三年には設計図の具現を委嘱されていたチェラーノが相次いで他界したことや、一六三〇年におけるペストの蔓延と飢饉、三十年戦争といった社会的、政治的状況も災いして、プロジェクトの続行はさらに困難になった。そして、アローナがサヴォイア家の領土となり、それに伴う諸問題が生じるなかで、サクロ・モンテ計画は急速にその建造理由を失い、やがて全面的に放棄されるに至った。それでも一六四二年にはすでに七堂が完成されており、五堂が建造中であった。しかし、現存しているのは、それらのうち崩壊寸前の三堂（第一堂、第七堂、第一一堂）と広場に立って湖を見下ろしている青銅製の巨大な聖カルロ像のみである。

コモ湖畔の町オッスッチョにあるサクロ・モンテ（図129、130、表3-11）も、ヴァレーゼ型、すなわち斜面上ロザリオ型を踏襲した施設の一つである。この総体は、ローマ時代に異教の神殿があったとされる高所にすでに一六世紀前半には存在していた救援の聖母の巡礼聖堂へ通じる約一キロメートルの上り坂に、フランシスコ派第三会士のティモテオ・スナイデルを推進者として一七世紀に建造されたものである。ロザリオの玄義の行列的形態は、ここでも、つづら折の道に配された一四の礼拝堂と聖堂内の大祭壇上に配された一五番目の《聖母の戴冠》の群像によって構成されている。また、堂内には、スイスのティチーノ州出身のアゴスティーノ・シルヴァやその息子のフランチェスコなどによる等身大の群像と、コモ出身のジョヴァンニ・パオロ・レッキやティチーノ州出身のフランチェスコ・インノチェンツォ・トッリアーニなどによる壁画によって各玄義の場面が表現されている。

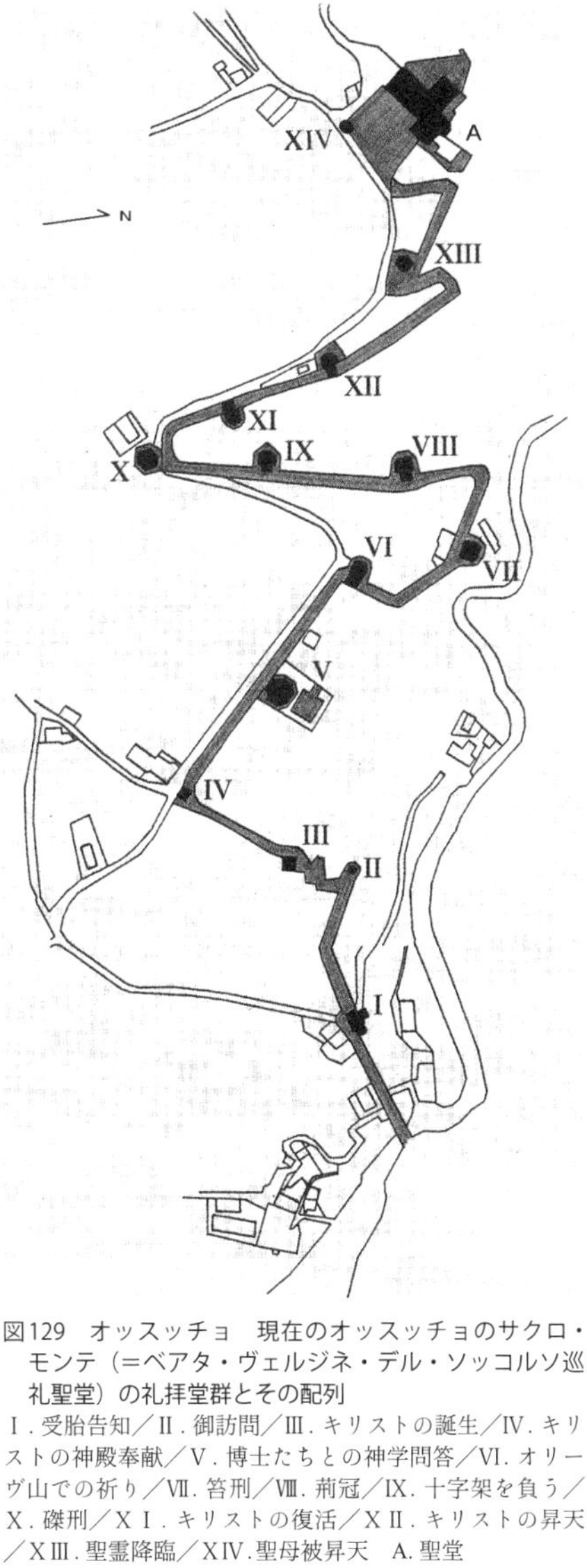

図129　オッスッチョ　現在のオッスッチョのサクロ・モンテ（＝ベアタ・ヴェルジネ・デル・ソッコルソ巡礼聖堂）の礼拝堂群とその配列
Ⅰ. 受胎告知／Ⅱ. 御訪問／Ⅲ. キリストの誕生／Ⅳ. キリストの神殿奉献／Ⅴ. 博士たちとの神学問答／Ⅵ. オリーヴ山での祈り／Ⅶ. 笞刑／Ⅷ. 荊冠／Ⅸ. 十字架を負う／Ⅹ. 磔刑／ＸⅠ. キリストの復活／ＸⅡ. キリストの昇天／ＸⅢ. 聖霊降臨／ＸⅣ. 聖母被昇天　A. 聖堂

図130　オッスッチョのサクロ・モンテ　第9堂〈十字架を負う〉の外観

このように、オッスッチョの施設はまさに、ヴァレーゼの華麗なバロック的施設のミニチュアと言えるものになっている。(13)

ロザリオの玄義に献堂された礼拝堂群は、ソンドゥリオでは、ヴァレリアーナ通りに沿って、市街のカントーネ地区からサッセッラにある懐胎を告知される聖母マリアの巡礼聖堂までの間に配されている。この総体は、一八世紀の最初の数十年間に、ソンドゥリオの司祭長であったジョヴァンニ・バッティスタ・セルトーリと、彼の兄弟で司教座聖堂参事会員であり、また、サッセッラの巡礼聖堂の司祭でもあったフランチェスコ・サヴェリオの発案で、ロザリオの三玄義を表現する一五の礼拝堂を建てる予定で着工されたものである。しかし、セルトーリ兄弟は、聖堂参事会が管理する聖堂の再建や鐘楼の建造に専心しなければならなくなり、実際には六堂しか具現されなかった。そしてそれらのうち今日まで現存しているのは、一七一三年頃には完成されていた〈受胎告知〉の礼拝堂（通称マドンナ・デッラ・ロッカ）と個人所有の納屋に内包された礼拝堂（主題は不詳）、ヴァレリアーナ通りの半壊した礼拝堂（主題は不詳）、そしてサッセッラの巡礼聖堂の近くにある〈聖霊降臨〉の礼拝堂（一七一三年頃）の四堂にすぎない。(14) しかし、この未完のサクロ・モンテが類型的にヴァレーゼ型に属していることは、目的地の聖堂へ向けて礼拝堂が間隔を空けてロザリオ状に配されていることから明らかである。類型の名称としては、斜面上ロザリオ型ではなく、平地上ロザリオ型とすべきであろう（表3－17）。

図131　ヴィーコフォルテ　現在のモンドヴィ―ヴィーコフォルテ間のロザリオの道行きの礼拝堂群とその配列（図面はComune di Vicoforteの土地測量士Pastrelli氏提供）
1. 受胎告知／2. 御訪問／3. キリストの誕生／4. キリストの神殿奉献／5. 博士たちとの神学問答／6. オリーヴ山での祈り／7. 笞刑／8. 荊冠／9. 十字架を負う／10. 磔刑／11. キリストの復活／12. キリストの昇天／13. 聖霊降臨／14. 聖母被昇天／15. 聖堂

クネオ県にも、ロザリオの三玄義を主題とした巡礼用の複合体が存在している。それは、モンドヴィの広場とヴィーコフォルテのピローニの聖母に献堂された有名な楕円形プランの巡礼聖堂とを結ぶ最短の道上に建造されたもので、独立した八つの礼拝堂と五つの聖柱（ピローニ）、そしてサンティ・ピエトロ・エ・パオロ聖堂の壁面（壁画）によって構成されている（図131）。また、一五番目の玄義は聖堂がこれを代用している。ヴィーコフォルテの巡礼聖堂の周囲の丘に礼拝堂を建造する許可はすでに一六〇六年に教皇から与えられていたが、具体的な構想がなされたのは一六八二年のことで、提唱者は当時司教を務めていたドメニコ・トゥルッキであった。そして、現在の第一堂の近くの〈マグダラのマリア〉の礼拝堂から始まり、フィメンガに達した後、巡礼聖堂の近くへ下る当時ディ・ボスキと呼ばれていた道上に礼拝堂を設置することが決定され、第一四堂から着工された。しかし、すべての礼拝堂や聖柱が短期間に完成されたわけではなく、断続的に行われた建造作業は、二〇世紀初めの最後の聖柱の完成をもってようやく終了した。[15] このクネオ県のロザリオの道行きは、著者

図132　ヴィーコフォルテ　ロザリオの道行きの第8留〈荊冠〉の聖柱と第9留〈十字架を負う〉の礼拝堂

の踏査によれば、斜面上というより、ソンドゥリオの場合と同様に、平地上行列型に分類するのが妥当である（図131、132、表3-16）。

二―三―二　「十字架の道行き」を主題としたサクロ・モンテ

カトリック改革に取り組む高位聖職者の強い影響を被った時期が過ぎると、サクロ・モンテはその最後の表明として次第に新たな特徴を示し始める。一七世紀後半から増え始める「十字架の道行き」の主題がそれである。

十字架の道行きの信心は、既に第二章で述べた通り、聖地パレスティナのキリストゆかりの聖蹟に対する伝統的信仰を基礎として、聖フランチェスコ以来の、キリストの人性、とりわけ地上での「受難」に中心をおく革新的な信仰の軌道上に次第に発展した信心形態である。そしてそれは、ドイツや低地地方で生じて流布したカルヴァリオ（ゴルゴタ）に向けての苦しみの移動やその途上での転倒、また、苦しみの留といったキリストの受難に対する特殊な諸信仰に直接の根をもつと考えられるものであった。この信心形態は、一五世紀から一七世紀にかけての発展過程には受難の場面や留の数が定まらず、さまざまなヴァリエーションを見せているが、一六八六年にインノケンティウス一一世が「聖地の管理にあたるフランシスコ会士による」実践形態に免償を許可してからは、今日のように一四留の形態が優勢となった。ちなみにイタリアでは、最初の一四留の複合体は、フィレンツェのサン・ミニアート門からサン・サルヴァトーレ・アル・モンテ聖堂（一四一五年にフランシスコ会の修道院が設置された）に至る斜面上と、ピストイアのジャケリーノの丘上（すでに一四〇八年にオブセルヴァント派が定着）にそれぞれ一六二八年と一六三〇年に建造された。

この後、同信仰は一七世紀後半にイタリアで非常に流布し、一八世紀前半には最盛期を迎えたが、こうした動きはサクロ・モンテにも多大な影響を与えた。そして、一七世紀後半のドモドッソラのサクロ・モンテを早い例として、一八世紀に建造された巡礼施設の多くが主題として十字架の道行きを取り上げるようになった。しかし、一八世紀の建造例には、彫刻と絵画によって室内装飾された礼拝堂を配して、過去の先例に劣らぬ規模の真のサクロ・モンテを形成したものは少なく、多くは簡素な小礼拝堂に絵画か浅浮彫りで玄義を表現する形式に甘んじている。また、フランシスコ会の改革派修道士レオナルド・ダ・ポルトマウリツィオが、一七三一年から一七五一年までの間に建造した五七二に及ぶ十字架の道行きの場合には、既存のサクロ・モンテや巡礼地などに小規模な十字架の道行きの複合体を付加する形がとられた。ちなみに、十字架の道行きの一四留は、基本的には①ピラトによって判決を受ける、②十字架を負う、③最初の転倒、④聖母に会う、⑤キレネ人シモンに助けられる、⑥ウェロニカ聖顔を拭う、⑦二度目の転倒、⑧エルサレムの女たちを慰める、⑨三度目の転倒、⑩衣を剝される、⑪十字架に釘でつけられる、⑫十字架上で息絶える、⑬十字架降下、⑭埋葬、によって構成される[16]。

この十字架の道行きの信心形態による具体的な建造例としては、まず、ドモドッソラのカプチン会修道院の二人の神父ジョアッキーノ・ダ・カッサーノとアンドレーア・ダ・リョが、一六五六年に同地で行った四旬節説教の折に推進し、オッソラの町が二人の仕事を受け継いで具現した上述のドモドッソラのサクロ・モンテ・カルヴァリオ（司教オデスカルキの希望による命名）が挙げられる。ロンバルディアにおけるこの早熟な例では、巡礼コースは、現在マドンナ・デッラ・ネーヴェ聖堂が立っている平地から始まり、一四一五年まではノヴァーラ教会の司教の本拠が置かれていたマッタレッラの丘上（二〇一四年以前には起源不詳の城があった）へと続いている（図

133、134）。そしてそのかつての「王宮の道」でもあるつづら折のコース上に、礼拝堂は、独立（第一―第一一、第一五堂）するか山上の聖堂に内包（第一二―第一四堂）される形で設置されている。このサクロ・モンテの類型は、従って、斜面上ロザリオ型と山上ロザリオ型の混合型であると言えよう（図133、表3-15）。ちなみに、キリストの復活と勝利の栄光を表現している第一五堂は、この構想の基礎にあった神学的意図とその昇華の点で欠かすことができなかったものであり、後に教皇クレメンス一二世が公布（一七三一年）した規則によって確定される一四留の十字架の道行きには、同玄義は含まれていない。(17)

それから約半世紀後、十字架の道行きの主題は、現在のトリノ県ヴァルペルガ・カナヴェーゼのベルモンテの聖母マリアの巡礼聖堂の南西に広がる山の尾根に、フランシスコ会オブセルヴァント派神父ミケランジェロ・

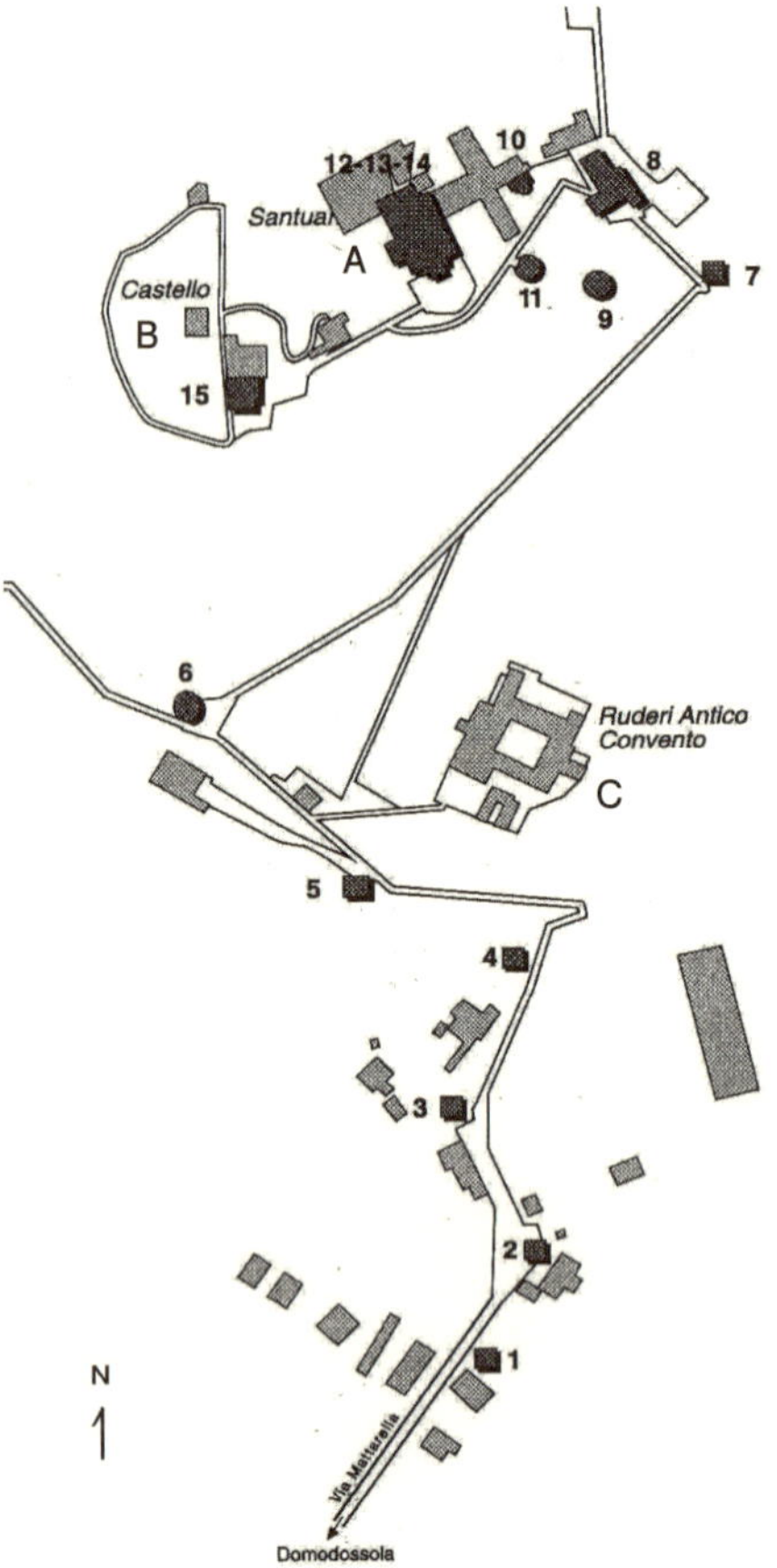

図133　ドモドッソラ　現在のドモドッソラ（あるいはカルヴァリオ）のサクロ・モンテの礼拝堂群とその配列

1. ピラトの前のキリスト／2. 十字架を負う／3. 一度目の転倒／4. 聖母との出会い／5. キレネ人シモン／6. ウェロニカ／7. 二度目の転倒／8. 敬虔な婦人たちとの出会い／9. 三度目の転倒／10. 聖衣剝奪／11. 磔刑／12. 死／13. 十字架降下／14. キリストの墓／15. 復活
A. 聖堂／B. 城跡／C. 修道院跡

ダ・モンティリオが不詳の建築家とともに一七一二年に着工したサクロ・モンテ（図135）において再び採り上げられた。同神父のサクロ・モンテ建造は、一七世紀初めに同地に定着したフランシスコ会士が行っていた聖堂の再建や礼拝堂の造営事業の一環として行われたものであった。建造においては、まず、巡礼コースの基準点である出発点と折り返し点が定められ、次いでそれら二点を通る楕円形の軌道上に最初の八堂が設置された。つまり、この複合体は、礼拝堂をロザリオ状に配するヴァレーゼ型を基礎にしながら、形態的には、巡礼聖堂の近くから出発して尾根上の各留を経て再びその近くへ戻る循環型、すなわち山上行列環状型を採用していた（表3-18）。建造作業は、その後、ミケランジェロ神父の他界によって四〇年間中断された後、一七五九年になってようやく再開された。さらに、一七八一年にも作業は再び中断されたが、この頃には総体は第一三堂を除きほぼ完成して

図134　ドモドッソラのサクロ・モンテ

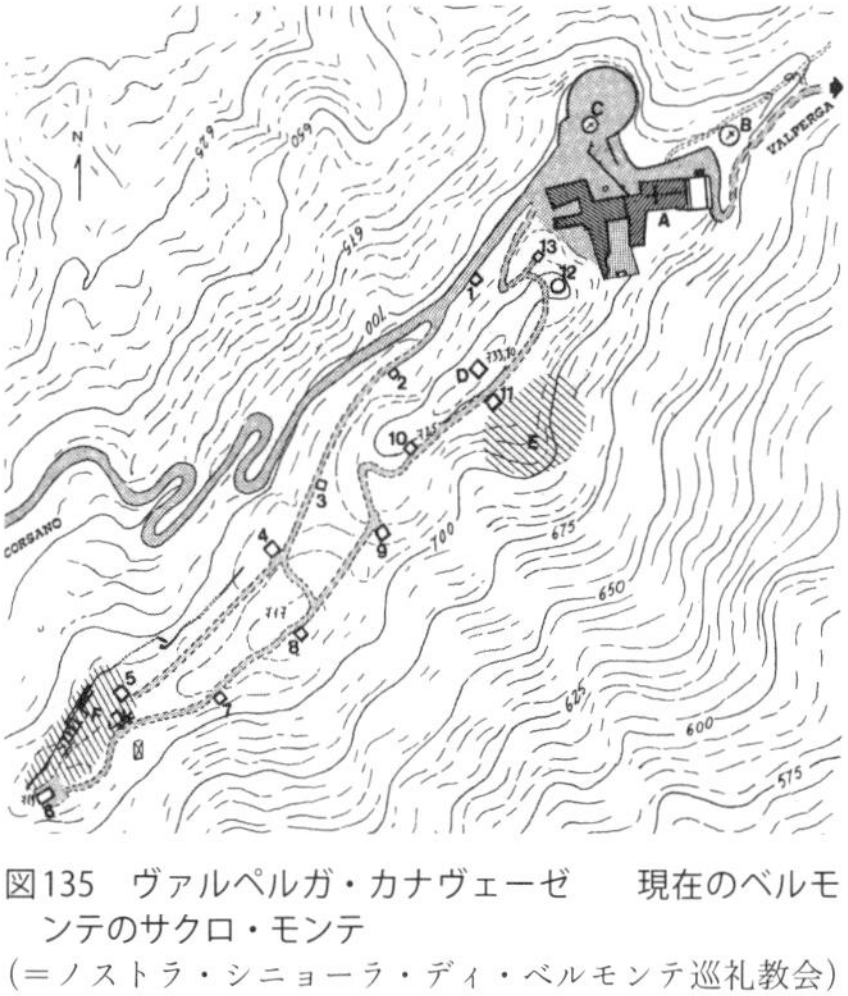

図135　ヴァルペルガ・カナヴェーゼ　現在のベルモンテのサクロ・モンテ
（＝ノストラ・シニョーラ・ディ・ベルモンテ巡礼教会）の礼拝堂群とその配列
1. ピラトの前のイエス／2. 死刑宣告／3. 一度目の転倒／4. 聖母との出会い／5. キレネ人シモン／6. ウェロニカ／7. 二度目の転倒／8. 敬虔な婦人たち／9. 三度目の転倒／10. 聖衣剥奪／11. 磔刑／12. 十字架上での死／13. 十字架降下／A. 聖堂　B. 修道士の墓地　C. ヴァルペルガ人の墓地

いた。ちなみに、ベルモンテの十字架の道行きの第一四堂（〈キリストの墓〉に当たる、現在は壁画だけが残る）は修道院の客室内に挿入されていた。(18)

アスティの南、数キロメートルの所に位置するモンガルディーノにも、十字架の道行きを主題とした構造的に興味深いサクロ・モンテ（図136、137）がある。この小施設は、頂上にサンタントニオ聖堂が立っている小高い丘の上に、アスティの司祭ジュセッペ・タリアーノ・ディ・モンタの発案で一七三九年頃に建造されたもので、頂上の聖堂内の小礼拝堂と、それより低い位置に同聖堂を環状に取り囲むように配された一三の小礼拝堂、並びに丘の麓の参道に左右対称に配された四堂から成っている。それらのうち、十字架の道行きを構成しているのは、聖堂内の一四番目の小礼拝堂と環状の一三の小礼拝堂であり、参道の四堂には、それらとは関係のない《受胎告

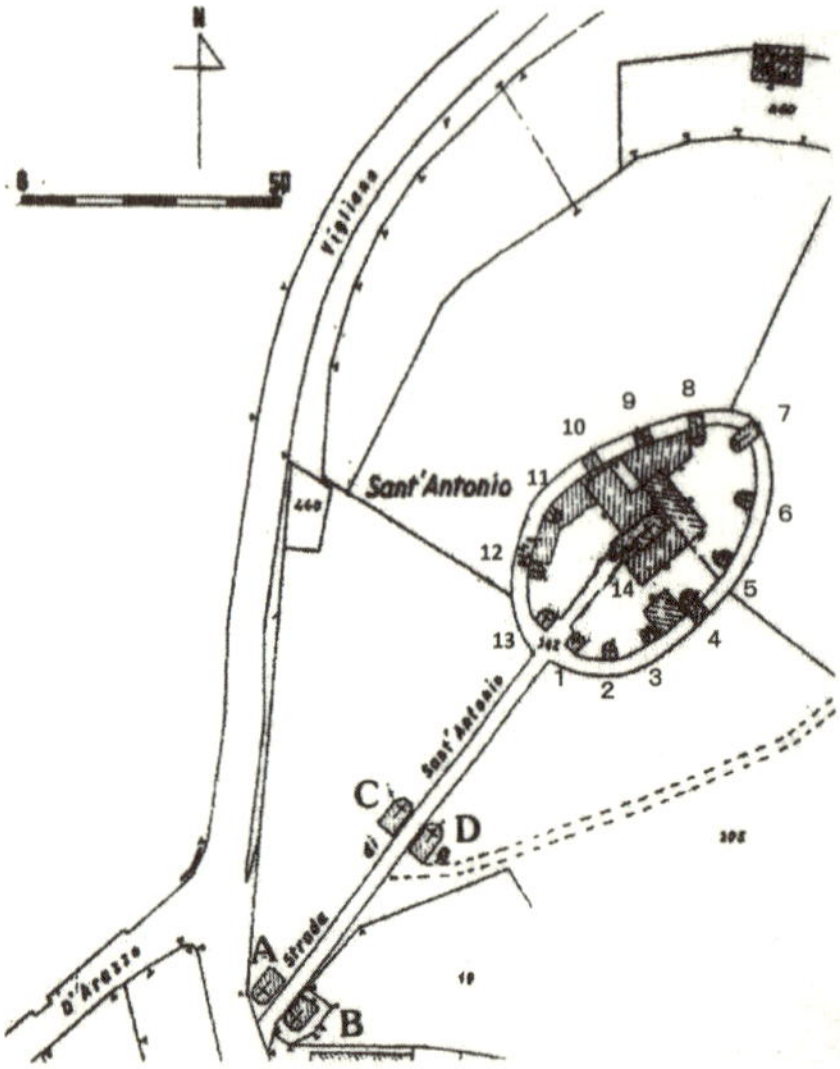

図136　モンガルディーノ　現在のサン・タントニオ・ダ・パドヴァのサクロ・モンテの礼拝堂群とその配列（図面はComune di Mongardino提供）
1. 死刑宣告／2. 十字架を負う／3. 一度目の転倒／4. 聖母との出会い／5. キレネ人シモン／6. ウェロニカ／7. 二度目の転倒／8. 敬虔な婦人たちとの出会い／9. 三度目の転倒／10. 聖衣剝奪／11. 十字架につけられる／12. 磔刑／13. 十字架降下／14. キリストの墓（聖堂内）
A. 受胎告知／B. キリストの誕生／C. 最後の晩餐／D. 園での祈り

図137　モンガルディーノ　サン・タントニオ・ダ・パドヴァのサクロ・モンテ

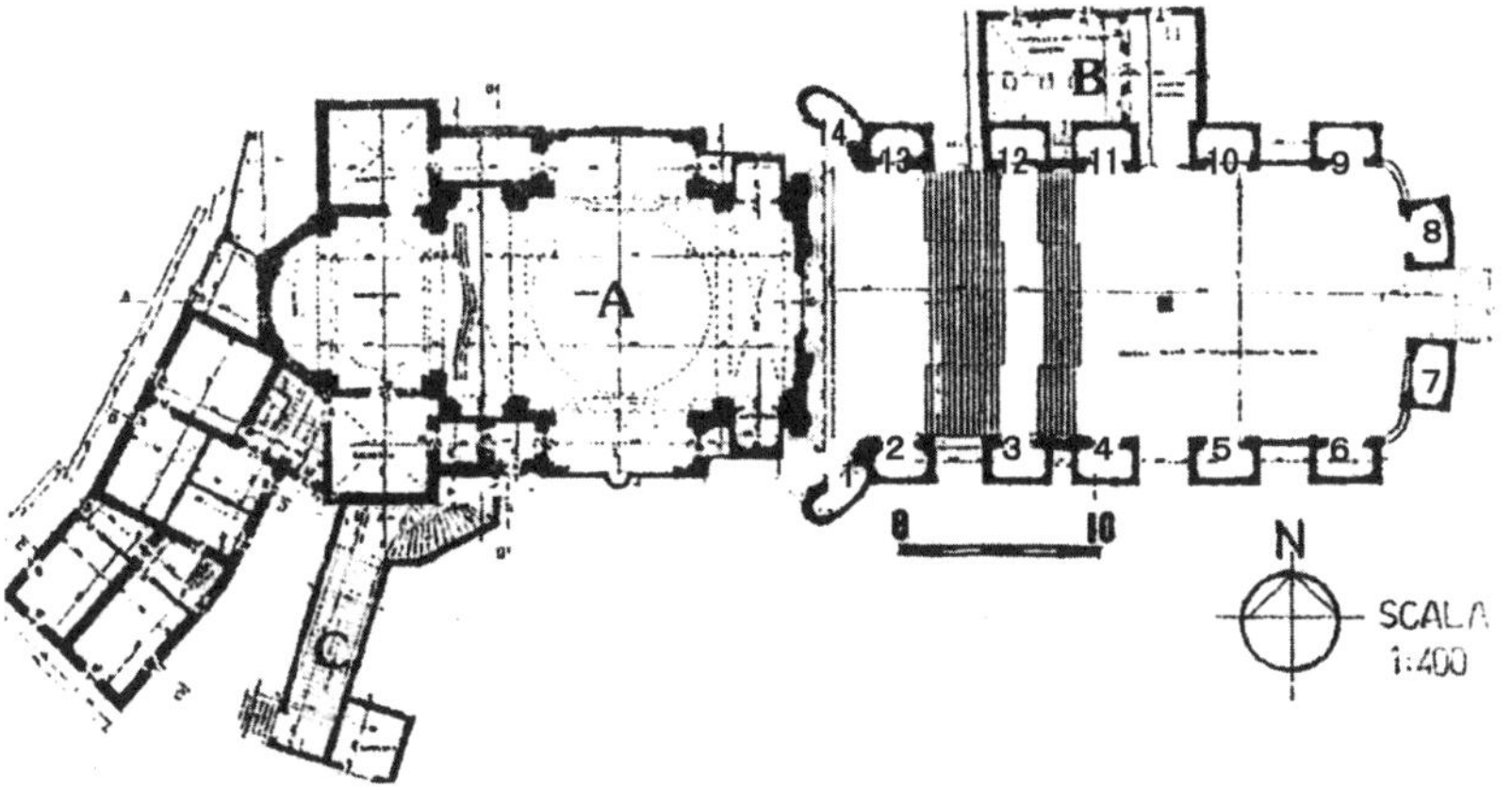

図138　トッリチェッラ・ヴェルツァーテ　現在のパッシオーネ巡礼聖堂の礼拝堂群とその配列
1. 死刑宣告（＝ピラトの前のキリスト）／2. 十字架を負う／3. 一度目の転倒／4. 聖母との出会い／5. キレネ人シモン／6. ウェロニカ／7. 二度目の転倒／8. 敬虔な婦人たちとの出会い／9. 三度目の転倒／10. 聖衣剝奪／11. 十字架につけられる／12. 磔刑／13. 十字架降下／14. 埋葬
A. 新聖堂／B. 旧聖堂／C. 聖なる階段

知》と《キリストの誕生》、《最後の晩餐》、《園での祈り》の場面が表現されている。従って、参道の四堂を別にすれば、この複合体は類型的には山上集中環状型に分類できよう（表3-20）。ちなみに、この小サクロ・モンテが他に例のないユニークな形態をしているのは、フランス軍の侵攻から村を守るために一七〇六年に丘の斜面に掘られた窟を再利用したためである。堂内に配されていた当初の小テラコッタ像のほとんどは、二〇世紀初めの修復時に石膏像や花崗岩製の像に置き換えられた。しかし、それらもまた現在は、無関心と雨水の浸潤によって無残な姿を曝している。(19)

パヴィーア県のトッリチェッラ・ヴェルツァーテの丘上にある複合体も、十字架の道行きを主題とした建造例の一つである（図138）。同地では、一七五三年から教区の司祭を務めていたフィリッポ・モンターニャによって、すでにサンタ・マリア聖堂（一五一四年には教区聖堂となる）が存在していたこの丘の上に、新しいパッシオーネ巡礼聖堂（サンチュアリオ・デッラ・パッシオーネ）と巡礼施設の建造が提案された。そして、住民と奇特な出資者の協力によって、まずは新聖堂が短期間（一七六四—一七七

図139　トッリチェッラ・ヴェルツァーテ　パッシオーネ巡礼聖堂と前庭の礼拝堂群

〇年）に具現された（図139）。次いで、聖堂前の広場に十字架の道行きの一四の礼拝堂が完成（一七六四―一七八一年）され、馬蹄形に配された礼拝堂内に等身大より幾分小さいテラコッタ像と壁画によって各留の場面も表現された。さらに、一八七六年には、聖堂参事会長フェルナンド・ペルシの下で、聖堂の南側に〈荊冠〉の礼拝堂とローマの聖なる階段（スカーラ・サンタ）に示唆された階段も建造された。[20] この施設については、モンガルディーノの例とも異なるその特徴的な形態から、山上集中馬蹄型という類型名をそれに充てたい（表3-22）。

イタリアのサクロ・モンテの大部分を擁するノヴァーラとヴェルチェッリ両県からかなり離れた、クネオ県モンタに建造された遅まきのサクロ・モンテでも、十字架の道行きが主題として採用された。モンタ南西のライオーネ川とカンネート川に挟まれた土地の崖の縁に沿って建てられたこの巡礼施設には、現在、使徒ヤコブに献じられた巡礼聖堂（ロマネスク後期に遡る）と六角形プランの同型の一三棟の礼拝堂、並びに、それらより約一世紀半も前にやや離れた場所に最初に建造された八角形プランの〈キリストの墓〉の礼拝堂、一九〇〇年祭用に建造された〈御苦禱の洞窟〉の礼拝堂、ロエーロの戦没者を記念するために一九五六年に建てられた十字架のモニュメントが存在している（図140、141）。一三の礼拝堂が、堂内に塑像を配したそれぞれ独立した建造物であるにも拘らず、「ピローニ」（聖柱ないしは聖龕）と呼ばれているのは、礼拝堂群に先行して存在していた、おそらくは正面に十字架の道行きのエピソードが描かれていた聖柱の名称がそのまま保持されたためと考えられる。聖柱群の最初の構想者は不詳であるが、傷んだ聖柱をモンタ出身の画家プラチド・モゼッロ設計の現在の礼拝堂に交換することを決めたのは、当時のモンタの司祭モスカを長とする教区理事会であり、それは一八八七年のことであった[21]。一三の礼拝堂は、聖ヤコブ聖堂から丘の中で最も高所（三六三メートル）にある〈キリストの墓〉の礼拝堂までの間に互いに間隔を空けて配されているので、この施設も形態的にはヴァレーゼ型に準じていると言えるが、斜面上に展開されているわけではないため、厳密には山上行列型に分類すべきであろう（表3–23）。

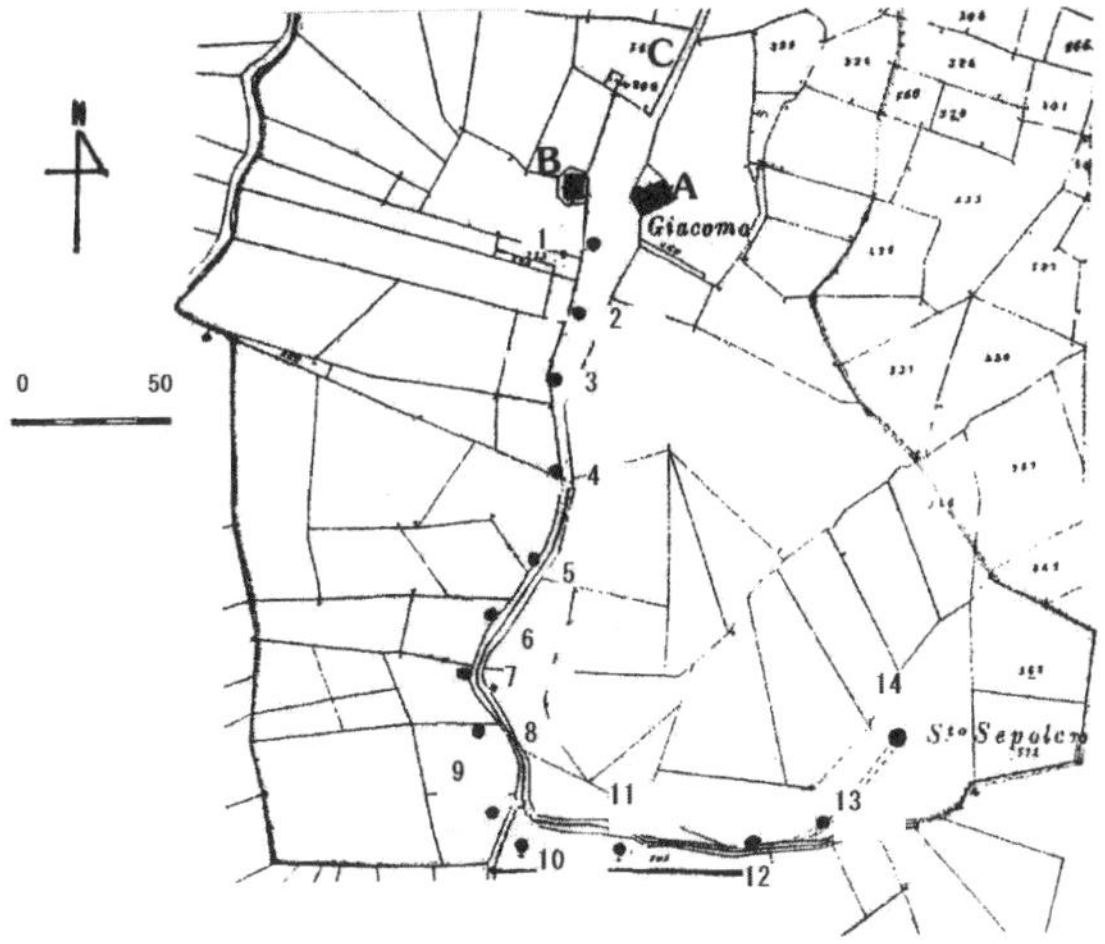

図140　モンタ　現在のモンタのサクロ・モンテ（サンチュアリオ・デイ・ピローニ）の礼拝堂群とその配列（図面は建築家Francesco Bevione氏提供）
1. 手を洗うピラト／2. 十字架を負う／3. 一度目の転倒／4. 聖母との出会い／5. キレネ人シモン／6. ウェロニカ／7. 二度目の転倒／8. 敬虔な婦人たちとの出会い／9. 三度目の転倒／10. 聖衣剥奪／11. 十字架につけられる／12. 磔刑／13. 十字架降下／14. キリストの墓／A. 聖堂／B. 御苦禱のグロッタ／C. 戦没者記念の十字架

図141　モンタ　モンタのサクロ・モンテの礼拝堂群

二―三―三　定着した祈りや信心には則さない礼拝堂の配列をもったサクロ・モンテ

サクロ・モンテのなかには、礼拝堂が規則的に並んでいても、定着した祈りや信心を主題としていないものも存在している。

ヴェルチェッリの司教聖エウセビウスが、エルサレムで見出して故国に持ち帰った三体の黒い聖母像（聖ルカが彫ったとされ、他の二体はクレアの巡礼聖堂とカリアリにある）のうちの一体をもって創設したとされる、ビエッラ県オローパの有名な黒い聖母の巡礼聖堂の周囲に建造されたサクロ・モンテ（図142）はその一例である。この施設は、ヴェルチェッリの司教であったステファノ・フェッレロが一六世紀末に聖所の広範な拡張と増築を計画した際一緒に構想（年代は不詳）し、後援者であったトリノのサヴォイア家から指名されたシトー会神父であり、また建築家でもあったフランチェスコ・コンティが、現在の聖堂とともに最初の一連の礼拝堂を設計して一六二〇年以降に具現したものである。オローパの総体は、当初（一六二〇年）は二〇棟の礼拝堂によって聖母マリアの生涯を表現する予定であったが、[22]現在は、聖域の西側の斜面にジグザグに配された聖母の生涯に関係する主要な一二堂（図143）と、ビエッラの町から巡礼聖堂へ至る道路沿いに配された諸聖人に関係する三堂、さらに聖域の周囲に散在する聖所の起源や諸聖人に関係する四堂によって構成されている。このようにオローパの礼拝堂群は、マリアの生涯だけではなく聖所の起源や聖人をも主題としている。また、礼拝堂内の彫刻と絵画による玄義の演出（図144）は、ヴァラッロにおけるような確固とした巡礼の構造にも、ヴァレーゼにおけるような定着した祈りの構成にも拠ってはいない。オローパでの黙想業を支えているのは、G・ジェンティーレによれば、[23]巡礼者の規則的な行列に他ならない。そこで、ここでは便宜上その他の型としておくが、聖域の西側の斜面に展開されている主要な礼拝堂群に限っては、斜面上ストーリー型に分類することが可能であろう（表3-10）。

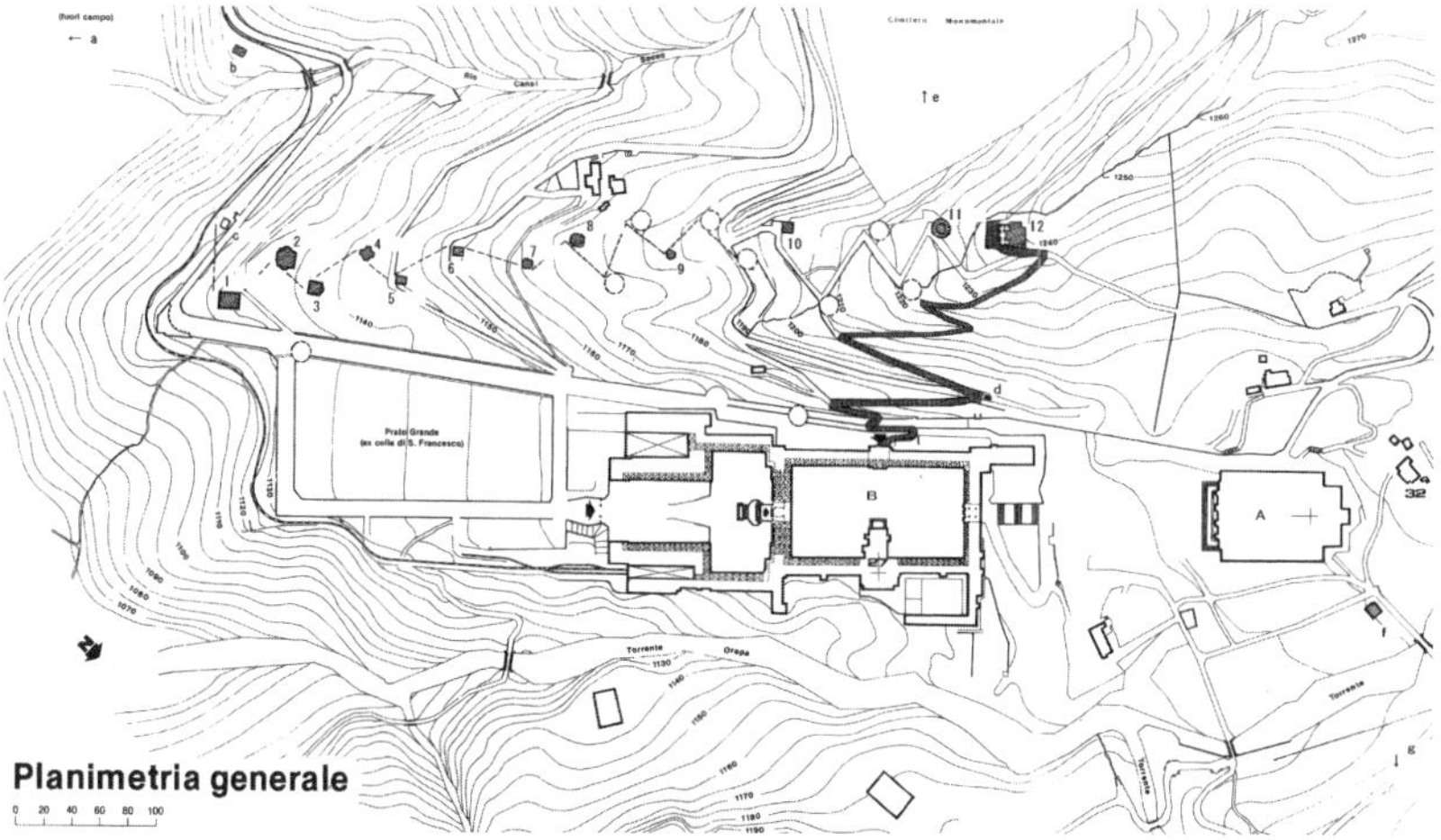

図142　現在のオローパ（ベアタ・ヴェルジネ巡礼聖堂）のサクロ・モンテの礼拝堂群とその配列
1. 無原罪の御宿り／2. マリアの誕生／3. マリアの神詣で／4. 神殿内のマリア／5. マリアの結婚／6. 受胎告知／7. 御訪問／8. キリストの誕生／9. マリアのお清め／10. カナの饗宴／11. 聖母被昇天／12. マリアの戴冠／a. 聖フェルモの礼拝堂／b. 聖ルカの礼拝堂／c. 黒い聖母像の移送／d. マグダラのマリアの礼拝堂／e. 聖ヨセフの礼拝堂／f. 聖ロクスの礼拝堂／g. 聖エウセビウスの礼拝堂／A. 旧聖堂／B. 新聖堂

ヴェルバニア湖畔に建造されたオルタやヴァレーゼ、アローナなどのサクロ・モンテ群に、一七世紀半ば頃、いま一つのサクロ・モンテが加わろうとしていた。グィッファのカルチャゴ山上に着工された施設がそれである（図145）。この施設は、既存の三位一体の小祈禱堂（オラトリオ）が一六世紀以前から巡礼者を集めていたために、多くのサクロ・モンテ群のなかで唯一三位一体の玄義へ献堂されたが、三位一体という抽象的なテーマを美術的に表現することは困難であったため、〈聖母の戴冠〉（一六四七年）と〈洗礼者聖ヨハネ〉（一六五九年）、〈アブラハム〉（一七〇三年）といった一貫性のない主題をもったわずかな礼拝堂が具現されただけで、建造作業は一八世紀半ば頃に完全に中断されてしまった。しかし、構想の全体的骨格を把握することは可能であり、礼拝堂は、ロンコ村から山上の聖堂までの坂道に沿って一五堂から二〇堂くらい配される予定であったと推測される。[24] 従って、祈りや信心が主題ではないものの、実現されていれば、類型的には斜面上ロザリオ型になっていたはずである（表3-13）。

一般にアンドルノと呼ばれているカンピリア・チェルヴォにも、麓のフォンターネ橋から山上の洗礼者聖ヨハネ巡礼聖堂までのつづら折の道と聖堂の周辺の土地を利用してサクロ・モンテが建造された（図146）。現在の聖堂は一六〇二年から一六〇五年までの間に着工されたが、サクロ・モンテの方は、この聖所の建造過程で言えば第二期（一六五四―一七〇六年）に、洗礼者聖ヨハネの生涯を主題として着工された。そして一六六一年頃迄には〈ザカリアへのお告げ〉と〈マリアのエリサベツ訪問〉（いずれも後に解体）、並びに〈聖ヨハネの誕生〉（後の経過は不詳）の礼拝堂が建造された。また、聖堂が拡張された第三期（一七三八―一七八一年）には、聖ヨハネの生涯の物

図143　オローパ　オローパのサクロ・モンテの礼拝堂群

図144　オローパのサクロ・モンテ　第12堂〈マリアの戴冠〉の堂内（彫刻：ジョヴァンニ・デンリーコと助手、1633-1639年）

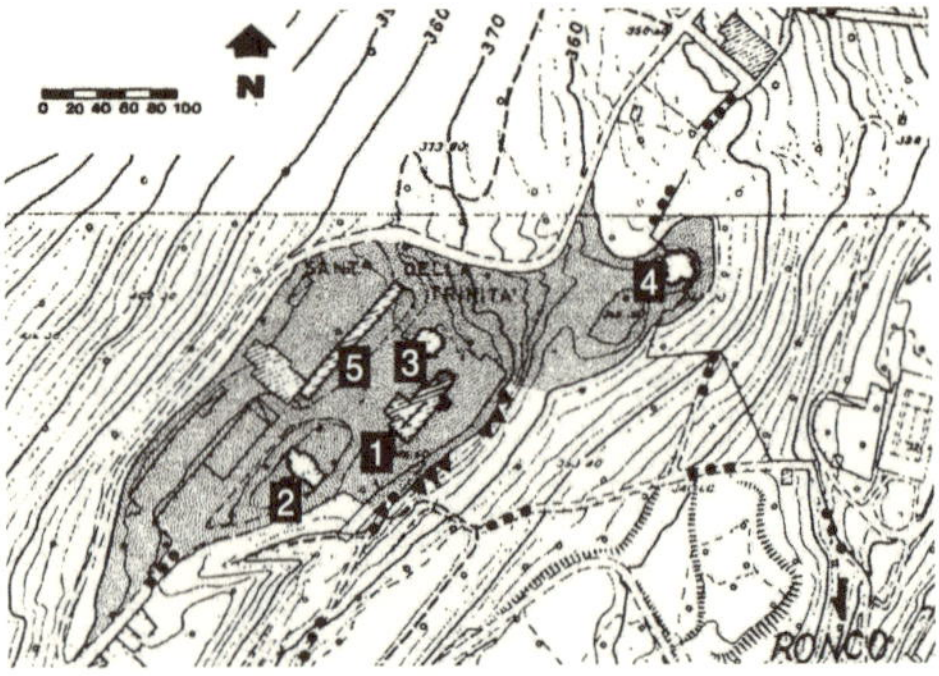

図145　グィッファ　現在のグィッファのサクロ・モンテ（＝サンティッシマ・トリニタ巡礼聖堂）の礼拝堂群とその配列
1. 聖堂／2. マリアの戴冠／3. 洗礼者聖ヨハネ／4. アブラハム／5. ヴィア・クルーチスの拱廊

語と直接には関係しない隠修士や悔悛者に献堂された五棟の礼拝堂（〈隠修士の聖アントニウスとパウルス〉、〈聖ヒエロニムス〉、〈ガザのヒラリオン〉、〈隠遁者のオヌフリウス〉、〈マグダラのマリア〉の礼拝堂）が山の斜面のつづら折の「礼拝堂の道」に建造され、それぞれの生涯に関係する場面が、テラコッタ像と壁画によって堂内に表現された。その他、記録には、洗礼者聖ヨハネに関係する〈無原罪の御宿り〉と〈聖ヨセフ〉の礼拝堂の存在も示唆されているが、現在は、山上の聖堂と礼拝堂の道上の傷んだ五堂が残るのみである。[25] 以上のように、同地では現存する礼拝堂数は少ないものの、建造されたこととその設置位置が記録からわかる礼拝堂から判断する限り、当初は山上ストーリー型と斜面上行列（但し定着した祈りや信心に則していない）型の混合型のサクロ・モンテが構想されていたと推測される（表3-14）。

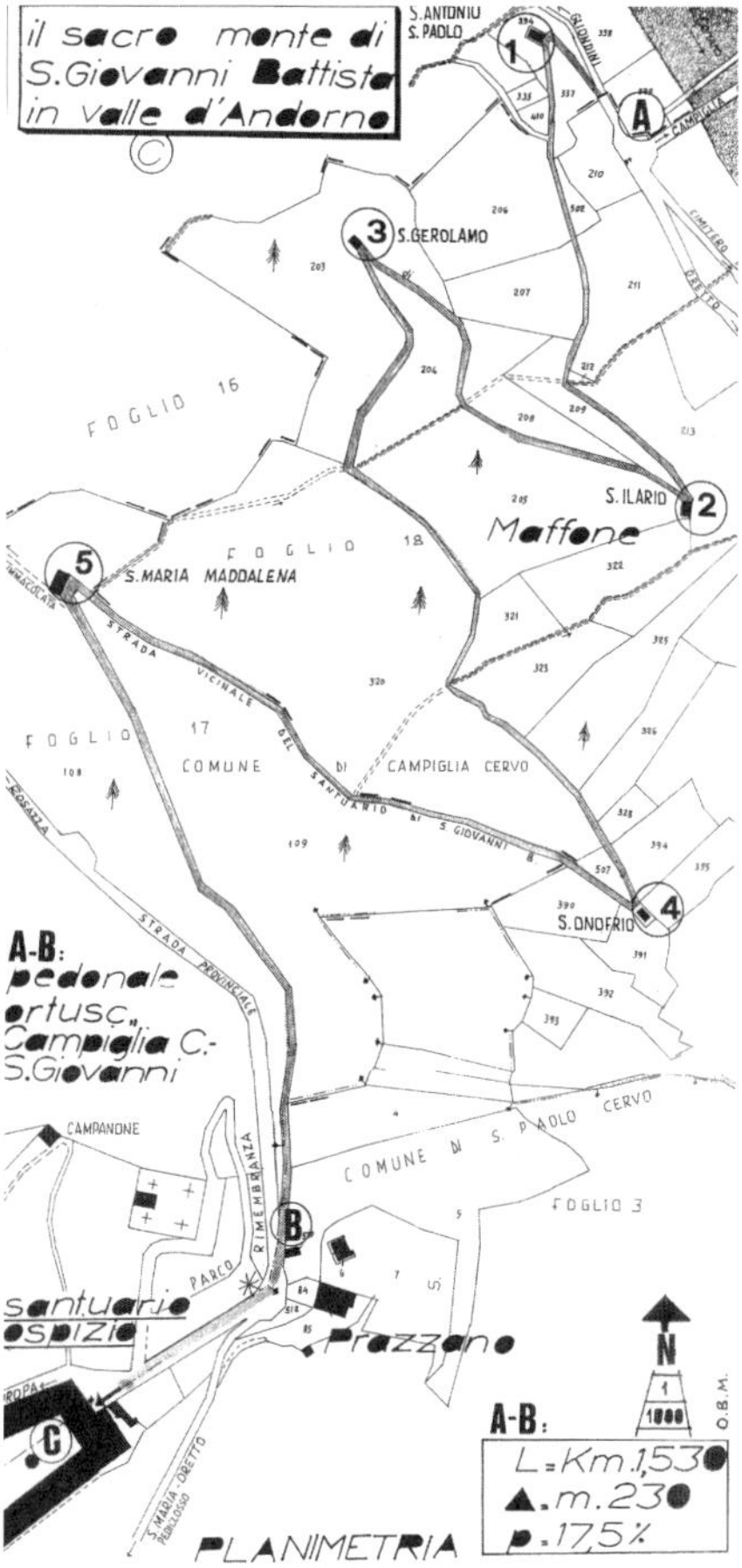

図146　カンピリア・チェルヴォ　現在のサン・ジョヴァンニ・ダンドルノのサクロ・モンテの礼拝堂群とその配列（図面はOrazio Boggio Marzet氏提供）
1. 隠修士の聖アントニウスと聖パウルス／2. ガザの聖ヒラリオン／3. 聖ヒエロニムス／4. 隠遁者の聖オヌフリウス／5. マグダラのマリア／A：登山口、B：不明、C：聖堂

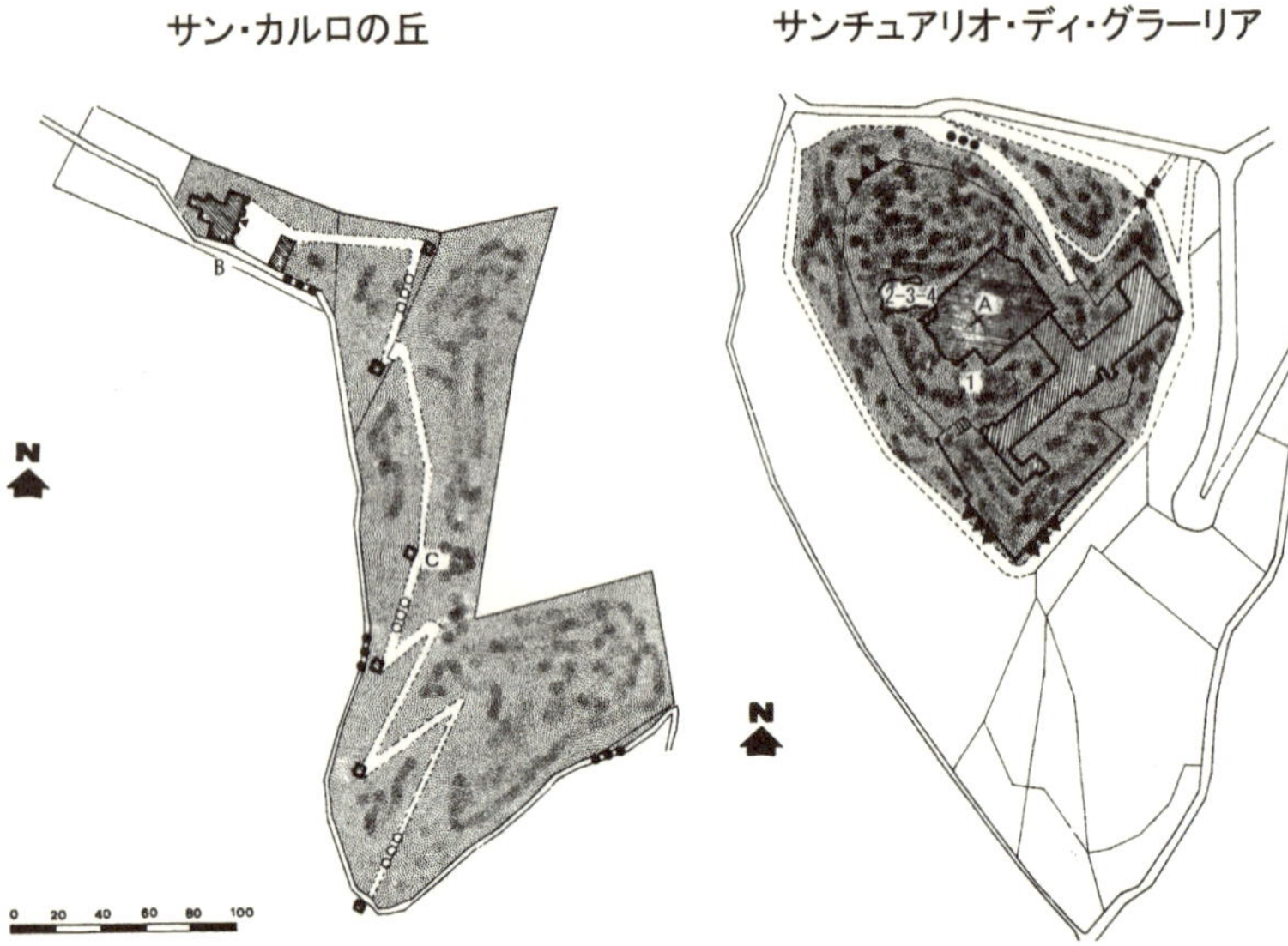

図147　グラーリア　現在のグラーリアのサクロ・モンテ（＝ベアタ・ヴェルジネ・ディ・ロレート巡礼聖堂）の礼拝堂群とその配列
1. キリストの誕生／2. マギの礼拝／3. キリストの割礼／4. キリストの神殿奉献／A. ロレートの聖母マリア聖堂／B. サン・カルロ聖堂／C. 半壊した礼拝堂群

二―三―四　公会議後の唯一の「代用エルサレム」ないしは「新しいエルサレム」型サクロ・モンテ

ヴァラッロの「代用エルサレム」が変容する過程で成熟した主題と形態のヴァリエーションには、特殊な場合を除けば、古い地形模倣的方法の残滓は認められない。そして、実際、聖地の聖なる風景の要約的で再現的なイメージは、西欧のいくつかの代用巡礼施設に反映されるとしても、イタリアではビエッラ県グラーリアに計画された「新しいエルサレム」（ヌオーヴァ・ジェルザレンメ）構想以外には見出されない。

グラーリアの幻の大サクロ・モンテは、聖地訪問の経験があったヴェルチェッリの司祭アンドレーア・ヴェロッティが構想したものであり、フランシスコ会が表立たなかったまれな例の一つである。しかし、それがカイーミの構想に啓発されていたことは疑いない。[26] ヴェロッティは、グラーリアへの赴任（一六二五年）と同時にサクロ・モンテを構想し、翌年には、具体的な計画案を起草しないまま住民の寄進と労働奉仕によって早くも着工した。計画案は一六二三年までには起草され、すでに着工されていた事業の意義と目的を示すためにミラノで印刷にかけられた。「新しいエルサレム」ないしは「グラーリアの聖カルロのパレスティナ」と題されたこの図面（図148）によれば、サクロ・モンテは当初は創世記からキリストの復活までのエピソードを表現する百棟の礼拝堂と聖堂によって構成される予定であった。しかし、ヴェロッティが一六二四年に世を去ると、この大事業を継続するだけの堅固な組織が欠けていたために、計画はたちまち暗礁に乗り上げた。そして後任の司祭によってごく一部が建造されただけで、計画は完全に放棄されてしまった。現存しているのは、聖堂に内包され、テラコッタの群像を擁する〈プレゼピオ〉と〈マギの礼拝〉、〈割礼〉、〈神殿奉献〉の各礼拝堂とロレートの聖家、そして、サン・カルロの丘の斜面に点在する倒壊寸前のわずかな礼拝堂だけである（図147）。彼の構想は、実現されていれば、東欧に後代建造されるわずかなカルヴァリオ山だけがそれに匹敵しうるような壮大なものになっていたはずであるだけに、その中断は惜みて余りある[27]。この未完のサクロ・モンテの形態は、構想時には、一六二二年頃起草された図面から判断する限り、山上・斜

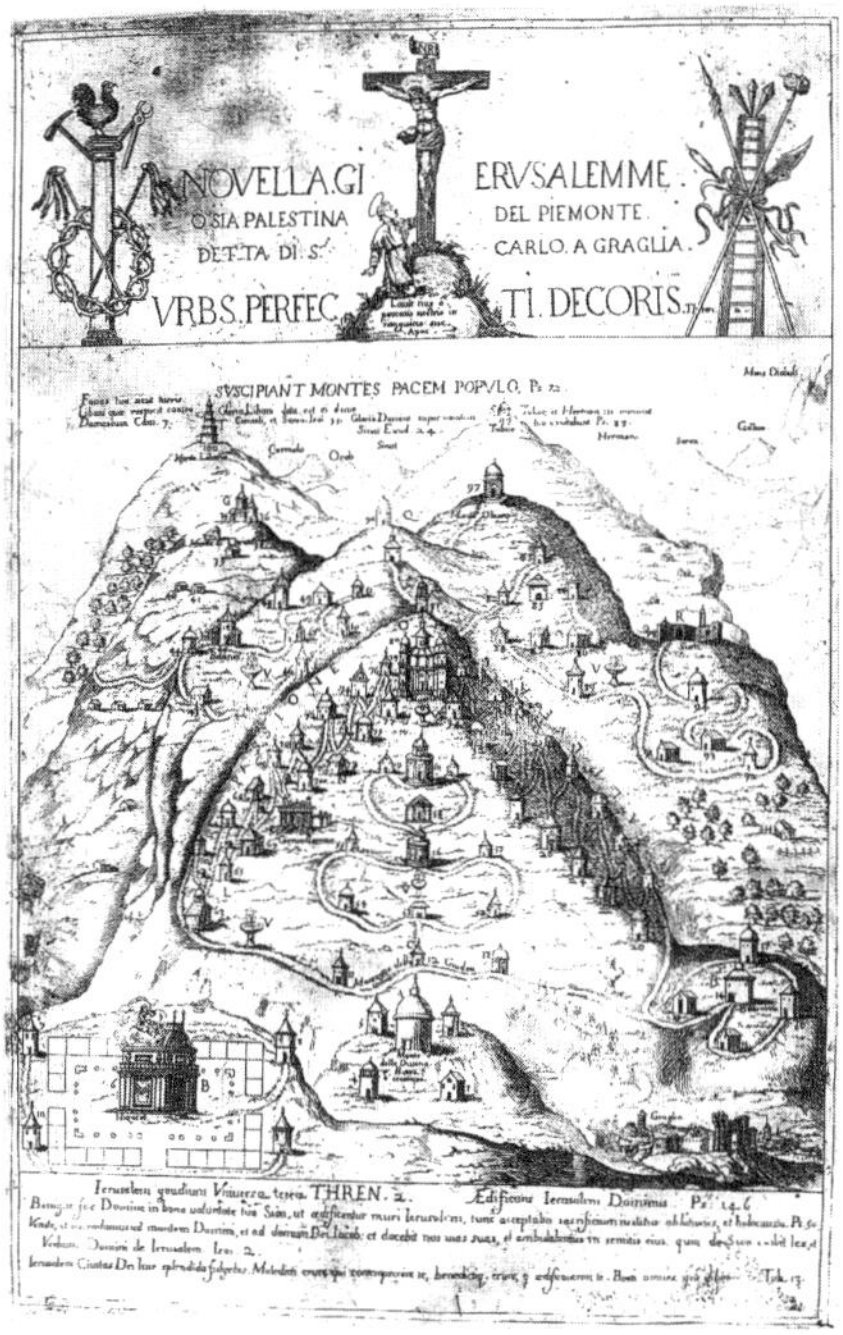

図148　アンドレーア・ヴェロッティによるグラーリアのサクロ・モンテ構想図（1622年頃）

面上ストーリー型と堂内内包型の混合型であったと推測されるが、現状は、堂内内包型と、玄義場面の特定など到底できない礼拝堂による斜面上ストーリー型の混合型に過ぎないものになっている（表3–9）。

二―三―五　堂内内包型サクロ・モンテ

イタリアのサクロ・モンテには、さらに、玄義の連続と巡礼聖堂との結合によるもう一つ別の形態も生まれた。この形態にあっては、サクロ・モンテはそれ自体でまとまっている巡礼聖堂に内包され、玄義の場面が隣接し合った一つの舞台になっている。また、この型には、平面的な広がりが節約されている分、強烈な演劇性と感情表現の集中が認められる。

その示唆的なプロトタイプは、ピエモンテ州やロンバルディア州のフランシスコ会オブセルヴァント派の諸聖堂内のトラメッツォに、一五世紀から一六世紀にかけて描かれたキリストの生涯や受難を主題とした壁画に求められようが、より特殊な意味では、ポー川流域の諸聖堂に設置された群像彫刻に求められる。例えば、ロンバルディアの湖水地方では、一五世紀末から一六世紀初めまでの間に側廊の端にある祭壇上に《降誕》と《キリストの墓》（あるいは《哀悼》）の二つの群像を受け入れたアローナの教区聖堂の例が想起される。また、サロンノの巡礼聖堂にアンドレーア・ダ・ミラーノが一五三〇年頃に制作した木彫による《哀悼》と《最後の晩餐》（図149）の群像や、ヴァレーゼのマドンナ・デル・モンテ聖堂に同じくアンドレーアが制作した《割礼》と《マギの礼拝》の優れた群像なども挙げられる。聖カルロがその造形表現に腐心したミラノのサント・セポルクロ聖堂の受難の群像（一五七七年）や、ミラノのカトリック改革的文化に忠実であったノヴァーラの洗礼堂の壁龕にかつて配されていた同じような主題の群像（現在はヴァラッロの絵画館蔵）も、このような伝統に遡るものである。さらに、ノーヴィ・リグーレのサンタ・マリア・マッダレーナ祈禱堂（オラトリオ）（図150）にも、キリストの受難を表現した群像彫刻が堂内に存在している。一つは、中央の祭壇上に置かれたほぼ等身大のテラコッタによる《哀悼》の群像（一六世紀後半）であり、いま一つは、それの上方の内陣の空間全体に配された同じくほぼ等身大の約二〇体の木彫による《カルヴァリオ》（図151）の群像（一六〇〇年頃）である。その他、《哀悼》の群像の背後の正面からは見えない狭小空間に、後代、群像による《キリストの誕生》の小場面も加えられたが、これは、《哀悼》や《カルヴァリオ》の場面に比べ質的にははるかに劣っている。(28)

図149　サロンノ　ベアタ・ヴェルジネ・デイ・ミラーコリ巡礼聖堂の《最後の晩餐》（彫刻：アンドレーア・ダ・ミラーノ）1530年頃

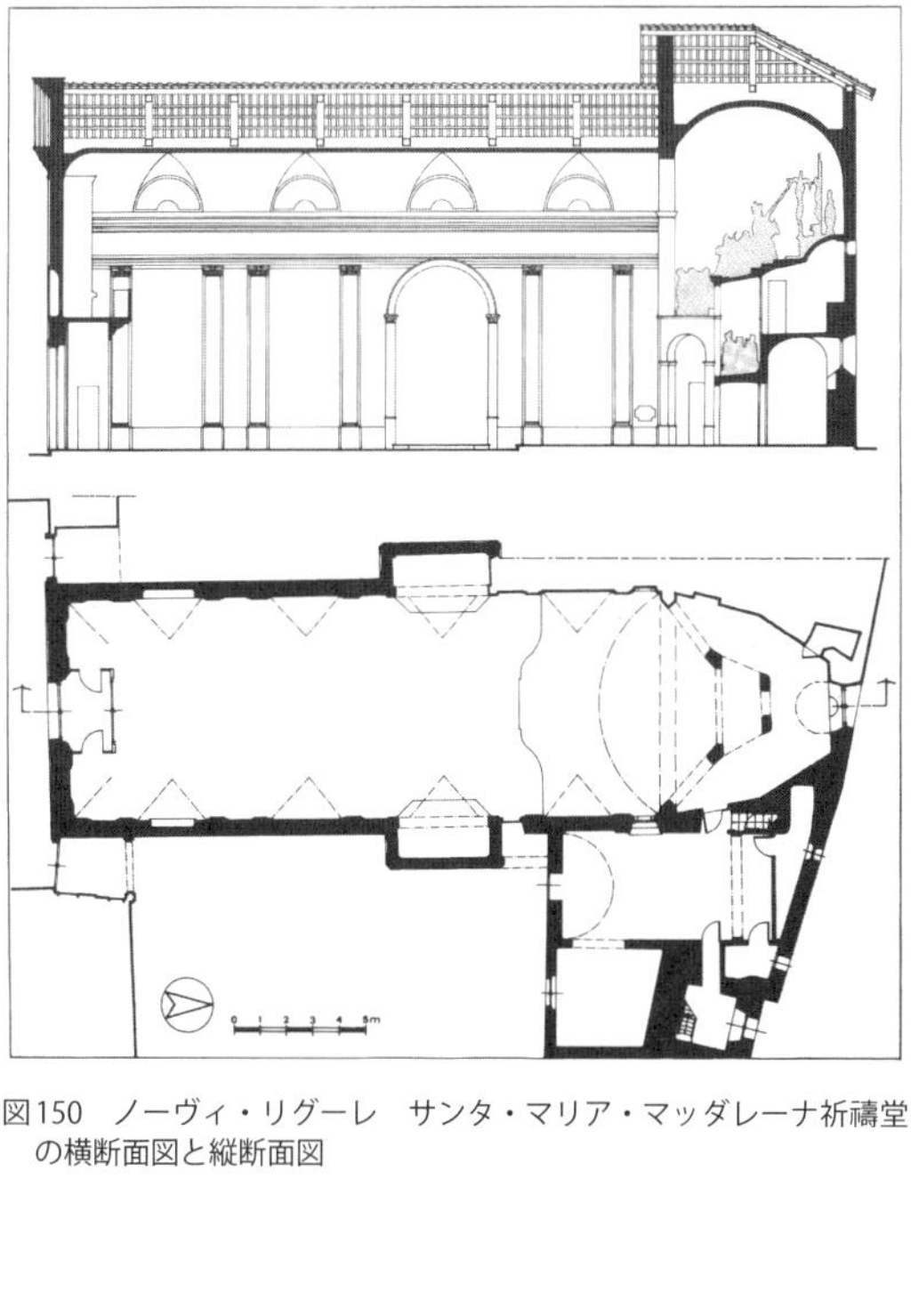

図150　ノーヴィ・リグーレ　サンタ・マリア・マッダレーナ祈禱堂の横断面図と縦断面図

図151　ノーヴィ・リグーレ　サンタ・マリア・マッダレーナ祈禱堂　内陣に設置された《カルヴァリオ》の群像　1600年頃

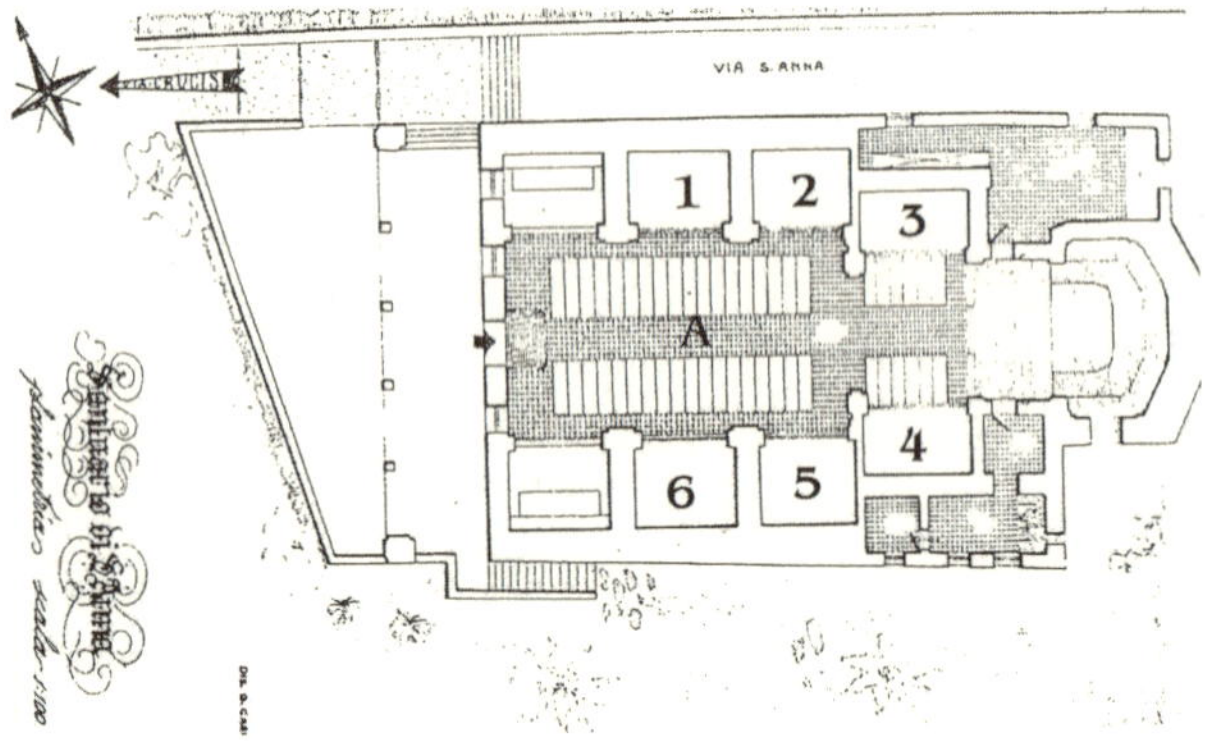

図152　モントリゴーネ　現在のサンタンナ（＝サンタンナ巡礼聖堂）のサクロ・モンテ
1. 聖母の誕生／2. マリアの結婚／3. 受胎告知／4. 御訪問／5. キリストの神殿奉献／6. 聖母の死／A. 聖堂

このような伝統を受け継いで、単一の信仰空間に設営されたサクロ・モンテには、まず、モントリゴーネの巡礼聖堂がある。一般に「聖アンナ（あるいは恩寵の聖母）のサンチュアリオ」と呼ばれているこの巡礼聖堂（図152）を中心に、そこに内包される形で玄義場面が彫刻によって表現されているサクロ・モンテ（図153）は、他の多くの例とは異なり、ペストの猛威（一六三〇年）からの守護に対する土地の住民の感謝という純粋な宗教心によって建造されたものであった。彼らは、ペスト発生の翌年、早くもノヴァーラ司教の承認を得て、モントリゴーネの丘上のかつての城跡に恩寵の聖母と聖ロクス、聖マルコに献じられた聖堂を建て、堂内に聖母の主要なエピソードを表現する群像を納めることにした。建造作業は順調に進み、着工から一七年目の一六四八年には堂内の六室のうち五室が完成した。続いて一六五八年頃までには、残りの一室とクーポラの聖母被昇天像、聖ロクス、並びに聖マルコ像も完成した。また、身廊の両側に三室ずつ配された礼拝堂にも、ジョヴァンニ・デンリーコ（一六四四年にモントリゴーネで没）や彼の弟子で共作者のジャコモ・フェッロ、並びにフェッロの兄弟のジョヴァンニとアントニオの迫真的なテラコッタ像による《聖母の誕生》（ないしは《聖アンナ》）、《聖母の結婚》（図154）、《受胎告知》、《マリアのエリサベツ訪問》、《マリアのお清め》、《聖母の死》の場面が表現された。さらにここでは、聖堂の基部の岩を刳り貫くようにして、外壁にも複数の小礼拝堂が造られ、それらの中にマグダラのマリア像や洗礼者聖ヨハネ像、また死せるキリスト像が納められた。その後一六六三年には、キリスト教的、悔悛的性格を強調するために、丘の斜面に聖

図153　モントリゴーネのサンタンナ巡礼聖堂

図154　モントリゴーネのサンタンナ巡礼聖堂内の《聖母の結婚》の礼拝堂（彫刻：ジョヴァンニ・フェッロ、ジャコモ・フェッロ他、?-1657年）

柱による十字架の道行きも着工されたが、完成したのは一七六三年のことであった[29]。

次いで挙げられるのは、ジョヴァンニ・デンリーコが生涯の末期に助手のフェッロ兄弟とともに制作に携わったガッリアーテの一八世紀の例である。ノヴァーラ県ガッリアーテの市街を抜け、かつて存在したヴルピアーテ村方面に進むと、町外れに、地元の人々から「ヴァラッリーノ（小ヴァラッロ）のサンチュアリオ」と呼ばれている巡礼聖堂（正式名称はサン・ピエトロ・イン・ヴルピアーテ教会）が姿を現わす。この聖所は、奇跡を起こすと信じられていた聖母マリアの壁画のお蔭で、一六世紀には重要な聖母マリアの巡礼地となっていた。そして、ガッリアーテの司祭フランチェスコ・クアリオッティの根気強い努力と住民の協力によって、堂内が楕円形の現在の聖堂（建築家ペッレグリーノ・ティバルディに帰される）が一五九一年に着工され（図155、156）、一五九三年には同地を訪問した司教バスカペにも承認された。「平野のサクロ・モンテ」を構成する礼拝堂群が身廊の両側にそれぞれ五室ずつ設置されたのは、聖堂の建造と同時期の一六世紀の最後の一〇年間のことであった。そして、各礼拝堂内には喜びの玄義の五端（南壁）（図157）と苦しみの玄義の五端（北壁）の場面が、壁画と等身大の群像によって一八世紀半ばまでにほぼ完全に表現された。一方、栄光の玄義の五端は、聖

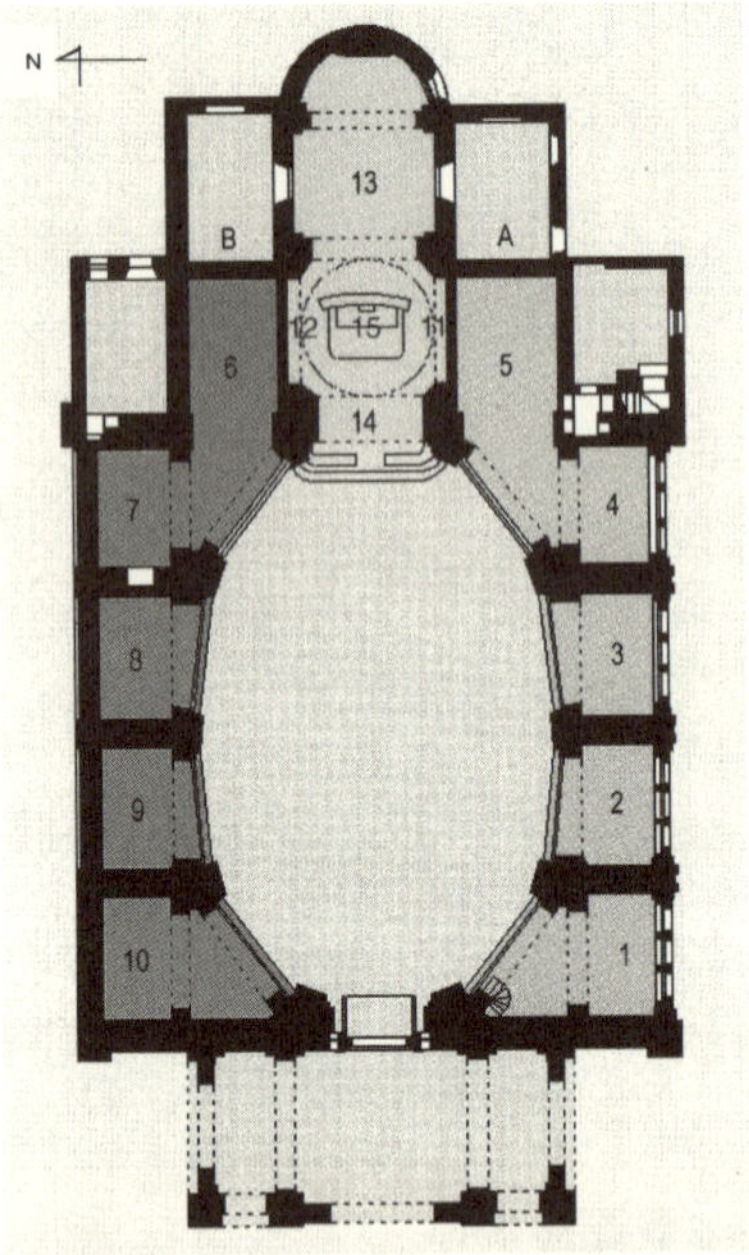

図155　ガッリアーテ　現在のヴァラッリーノ巡礼聖堂（＝サン・ピエトロ・イン・ヴルピアーテ聖堂）
1. 受胎告知／2. 御訪問／3. キリストの誕生／4. キリストの神殿奉献／5. 博士たちとの神学問答／6. オリーヴ山での祈り／7. 笞刑／8. 荊冠／9. 十字架を負う／10. 磔刑／11. キリストの復活（壁画）／12. キリストの昇天（壁画）／13. 聖霊降臨／14. 聖母被昇天／15. 聖母の戴冠／A, B：聖具室

堂の内陣に壁画のみによって表現された。制作に携わった彫刻家の中では、デンリーコの他にはディオニジ・ブッソラ（一六六九年頃同地で制作）が特筆される。また、画家としては、一八世紀半ばに制作に携わったヴァルセージア出身のロレンツォ・ペラチーノが挙げられる。[30] このサクロ・モンテは、平野にあるとはいえ、市街から人家が途絶えるヴルピアーノまでまっすぐに伸びた道路が聖なる上り坂の役割を果たし、聖堂に聖性を獲得させている。

図156　ガッリアーテ　サン・ピエトロ・イン・ヴルピアーテ聖堂内

図157　ガッリアーテ　サン・ピエトロ・イン・ヴルピアーテ聖堂　喜びの玄義のうち《降誕》（彫刻：グランツィオーゾ・ルスカ、1795-1796年／壁画：フランチェスコ・アントニオ・ビオンディ、アントニオ・ペローズィ、1795-1796年）

ビエッラ県セッセラ谷にある山村コッジョラから北北西の方角に約四〇分山道を歩いた所にあるカヴァッレロの雪の聖母の巡礼聖堂（図158）も、内包型サクロ・モンテの一例である。このバロック様式の聖堂は、半世紀前に起こった耳の不自由な羊飼いの少女への聖母の出現を記念して、住民の布施と奉仕によって一七世紀末までにほぼ完成されたものである。その後、一八世紀の最初の数十年間に、巡礼者の信仰心を高める目的で、ロザリオの喜びの玄義の

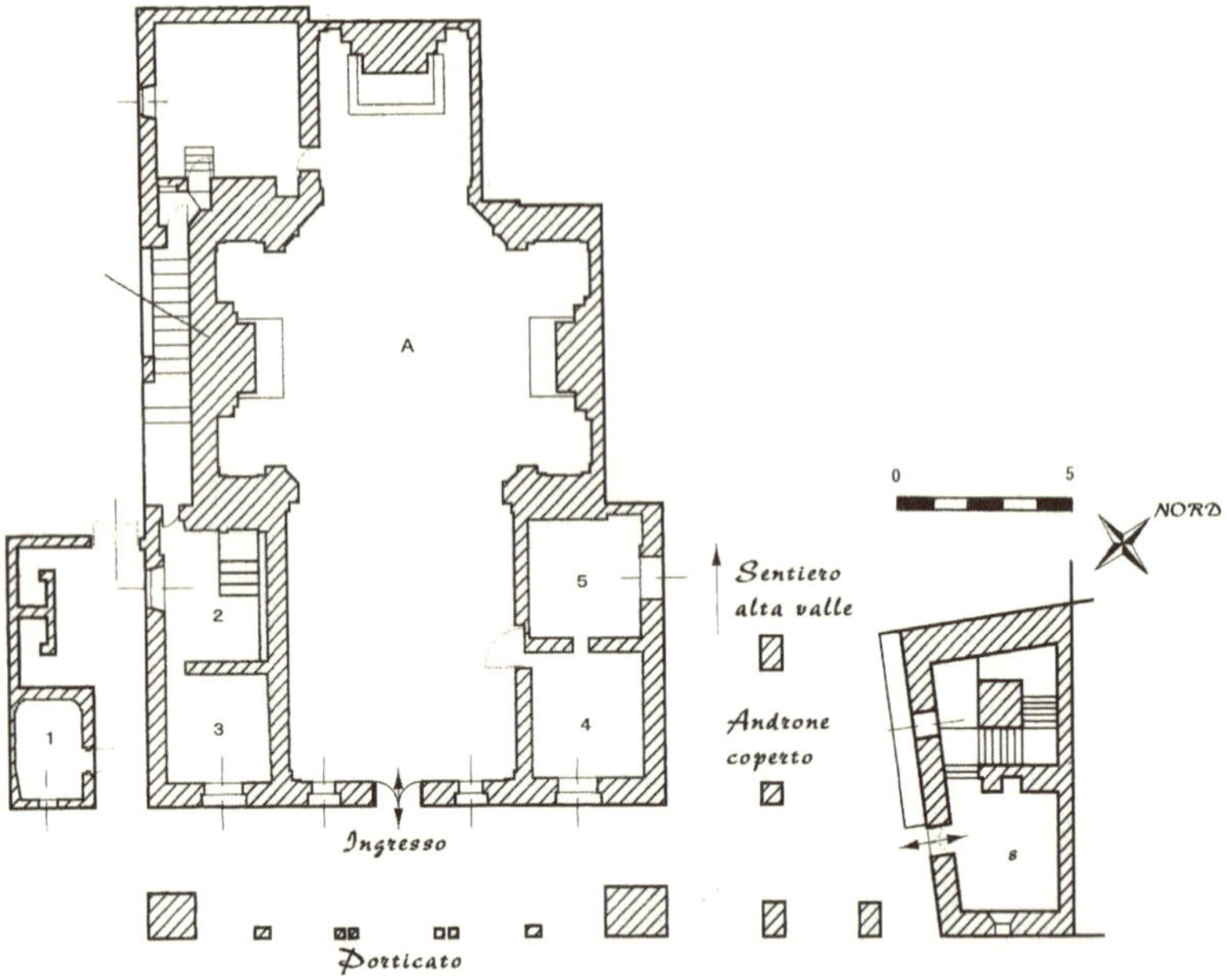

図158　コッジョラ　現在のマドンナ・デッラ・ネーヴェ巡礼聖堂
1. 受胎告知／2. 御訪問／3. キリストの誕生／4. キリストの神殿奉献／5. 博士たちとの神学問答／A. 聖堂

五端を表現する五堂（元来は三玄義を一五堂で表現するはずであった）が、コッジョラの住民によって、巡礼者の布施をもとに建造された（図159）。これら五堂のうち、四堂は聖堂内に、また一堂は屋外に独立して建てられ、各礼拝堂内には等身大の群像も配された。不詳の彫刻家による総計二九体の聖像は、木彫の三体以外はすべてテラコッタ製であり、覗き窓から見える部分だけが仕上げられている[31]。

最後に挙げるのは、サクロ・モンテの主要な舞台からわずかに離れたブレーシャ県のカモニカ谷のほぼ中央にある町チェルヴェーノの巡礼聖堂内に設営された、十字架の道行きを主題とするサクロ・モンテの例である（図160、161）。この聖堂は、同地の司祭であったピエトロ・ベロッティ（一六九二―一七三二年）が構想し、彼の没後は、後任のジョヴァンニ・グァレーニがチェルヴェーノやその他の村の住民の協力を得て一七五二年から一七六三年までの間に完成させたものである。サン・マルティーノ教区聖堂（東西方向に展開）の東側にそれと直交する恰好で接続されているため、入口は北側にあり、礼拝堂は南北方向に展開されている。入口から祭壇に向かって堂内の中央を走る階段はローマの聖なる階段（スカーラ・サンタ）を示唆するもので、両側に配された礼拝堂群を接続するとともに、礼拝の行程を秩序づける役割も果している。この十字架の道行きは、祭壇の北東にある礼拝堂（第一留）から始まり、東壁に沿って順に第七留まで下った後、今度は西壁に沿って順に階段を上り、最

図159　コッジョラ　マドンナ・デッラ・ネーヴェ巡礼聖堂

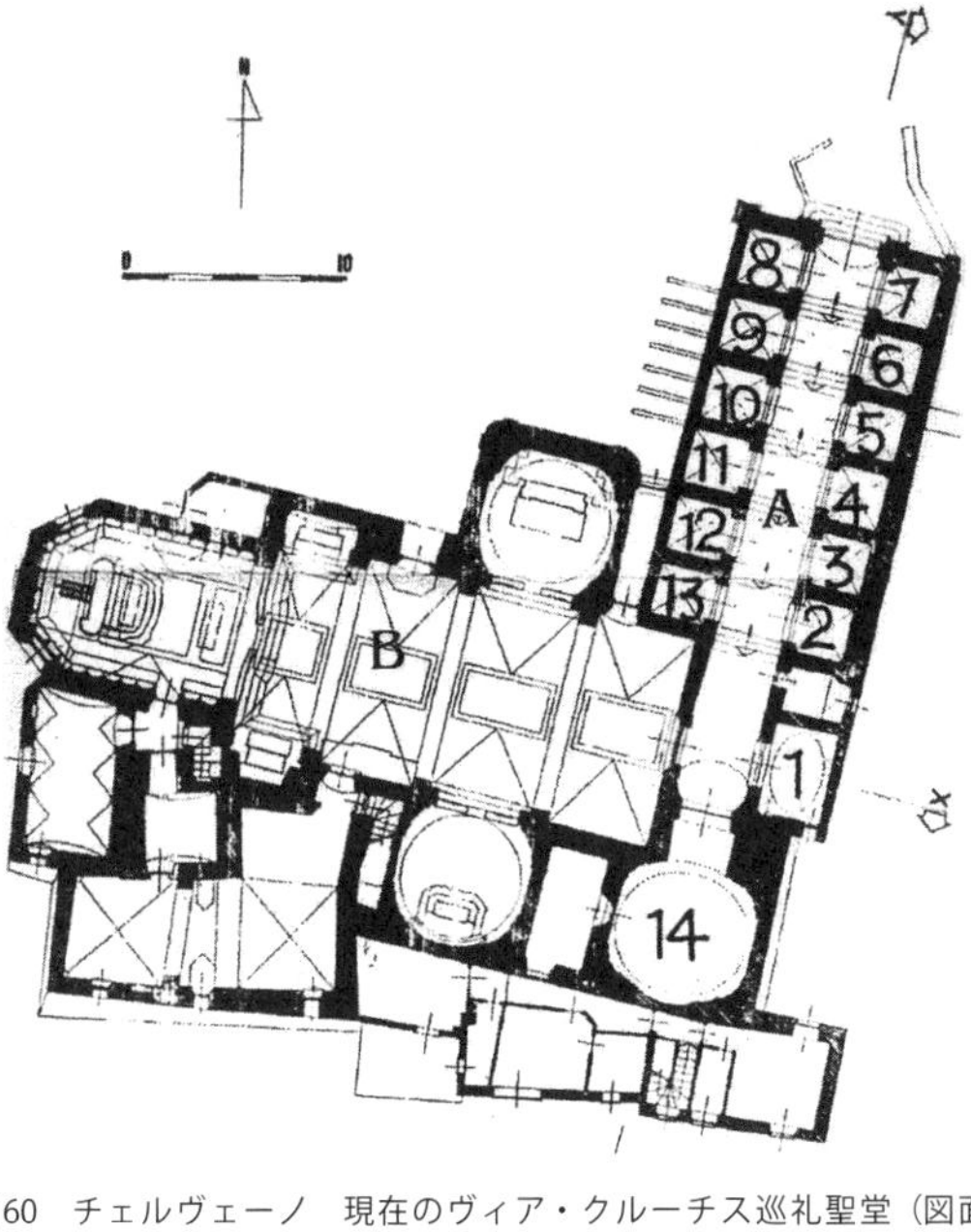

図160　チェルヴェーノ　現在のヴィア・クルーチス巡礼聖堂（図面は Comune di Cervenoのgeom. Vielmi氏提供）
1. 死刑宣告／2. 十字架を負う／3. 一度目の転倒／4. 聖母との出会い／5. キレネ人シモン／6. ウェロニカ／7. 二度目の転倒／8. 敬虔な婦人たちとの出会い／9. 三度目の転倒／10. 聖衣剥奪／11. 十字架に打ち付けられる／12. 十字架に上げられる／13. 十字架降下／14. 埋葬／A. 巡礼聖堂／B. サン・マルティーノ教区聖堂

図161　チェルヴェーノ　ヴィア・クルーチス巡礼聖堂内（階段の両側に礼拝堂がある、階段はスカーラ・サンタを示唆）

図162　チェルヴェーノ　ヴィア・クルーチス巡礼聖堂内の第4留《聖母との出会い》（彫刻：ベニアミーノ・シモーニ、バルトロメオ・カルリーノ、1757-1759年頃）

後の第一四留に至るように設定されている。そして礼拝堂内には、最近になって再評価(32)されたベニアミーノ・シモーニと助手のバルトロメオ・カルリーノの作品を主とする総計一九八体に及ぶ木彫像と石膏像が配されている（図162）。

二―四　諸類型の総括

以上、イタリアに建造されたサクロ・モンテ群の展開を、建造地や建造時期、構成、主題、形態、創設者などに着目しながら辿ってきた。以上の作業を整理した表3から明らかに言えることを付言しておけば、まず建造地については、トスカーナ州のモンタイオーネ（サン・ヴィヴァルド）を除けば、ピエモンテ州かロンバルディア州のいずれかであり、二州のうちではピエモンテ州の方が圧倒的に多いこと、また着工時期は、二つの代用エルサレムを別とすれば、一六世紀末から一九世紀末にまで亘っていると言える。さらに、創設、設計、建造推進者は、サクロ・モンテの祖型と言える代用エルサレム期を含む初期にはフランシスコ会やカプチン会修道士が多かったが、やがて大司教や司教といった高位聖職者や司祭が多くなっていくのが分かる。主題的には、二つの代用エルサレムにおけるキリスト伝以後は、聖人や聖母マリア伝が多くなり、ロザリオの祈りが定着してからはロザリオの三玄義が、また一七世紀後半以降は圧倒的に十字架の道行きが多くなっていくと言えよう。

最後に本章の主要な考察対象であった形態、すなわち外観の類型については、初期の二つの代用エルサレムは、創設当初は言うまでもなく山上聖地再現型であったが、ヴァラッロの施設に限っては後年山上ストーリー型に改造され、それ以後しばらくはストーリー型のサクロ・モンテが開設されたと言える。次いで、ヴァレーゼのサクロ・モンテの建造を機に、ストーリー型と併存しながらも、以後のサクロ・モンテの殆どが、主題はロザリオの玄義ではなくとも、山上か斜面上、ないしは平地上いずれかの行列（ヴァレーゼ）型を取るようになったことがわかる。そしてさらに時代が下ると、山上集中環状型や山上集中馬蹄型などのコンパクトな形態も見られるようになったと言える。

三　南チロル（トレンティーノ＝アルト・アディジェ州）の「カルヴァリオ山」

三―一　研究・紹介の現状

続いて南チロルのトレンティーノ＝アルト・アディジェ州に建造された巡礼施設を見ていこう。現在イタリア共和国に属している同州は、周知のように、かつてはオーストリアに属しており、第一次世界大戦後の協定によって初めてイタリアに併合された地域である。従って、同地域の史的建造物や古美術品は、言うまでもなくオーストリア領時代に建造されたか制作されたものである。それは、この地方に現存する日本ではまだ未紹介の

「カルヴァリオ山」の巡礼施設についても当てはまる。

イタリア人による従来のサクロ・モンテ研究では、類似の施設がこの地方に存在すると指摘された[1]ことはあっても、最近までサクロ・モンテとそれらが同じ土俵で考察されたことはなかった。しかし、サクロ・モンテと幾つかの点で異なるとはいえ、バロックのカルヴァリオ山は、著者によれば明らかに近世カトリックの代用巡礼施設の一類型と見做しうるものである。それはトレンティーノ＝アルト・アディジェ州の遺例を概観すれば自ずと理解されるはずである。

三―二　カルヴァリオ山とは

カルヴァリオ山については、第一章二節ですでに言及したが、ここで改めて触れておけば、「カルヴァリオ山（カルヴァリエンベルク）」とは、キリストが磔刑に処せられた刑場のゴルゴタを意味し、初期の十字架の道行き（しばしば起点と終点だけからなる）の終点のゴルゴタから発展したものであった。十字架の道行きは、実際に体験可能な留としての礼拝堂や聖柱などによって表現されたが、このような表現はカルヴァリオ山にも取り入れられ、磔刑の場の周囲や磔刑の場に至る道に沿って、留としての小礼拝堂か聖柱を行列的に設置することが基本型となった。挿入された留の数はまちまちであったが、定められた行程を歩くなかで、聖書が語るキリストの苦しみの道行きが体験されるようになっていた。そして、この行程は大抵は〈聖母との別れ〉か〈オリーヴ山〉の場面から始まり、〈磔刑〉の劇的な場面で終っているが、なかには〈ピエタ〉や〈埋葬〉、〈復活〉の場面で終っている場合もある。さらに、ここで言う「カルヴァリオ山」とは、前提として、設置されたキリストの単身の磔刑像か盗人やマリアやヨハネ、マグダラのマリアなどを含む群像の磔刑像、もしくは一本か三本の十字架が、山や丘の意味深長なしるしとなっているものでなければならない。つまりそれは、原則として巡礼にふさわしい山や丘に設置されていなければならないと言える。

三―三　現存する具体的建造例

カルヴァリオ山は以上のような特徴に集約されようが、それでは、アルト・アディジェ地方にはどのような遺例が存在しているのであろうか。以下では主にA建造時期やB構成（行程の構成や構成要素など）・規模、C主題、D礼拝堂の配列（形態）、E創設者等に絞って着目しながら、また同時にそれらのデータを表4に整理しながら見ていくことにしよう（次項で用いるアルファベットは上記のアルファベットに対応）。

カルヴァリオ山には主として集塊型複合体（ハウフェンアンラーゲン）と、巡回もしくはコース型巡礼施設の二類型があるとしたL・アンダーガッセンの分類によれば、[2] 以下に挙げる諸例は類型的にはいずれも前者に属している。

ボルツァーノ（ボーツェン）のカルヴァリオ山（図163）の建造は、一六八〇年頃、ヴィルゴロへ向かう坂道の途中にある小広場にカルヴァリオの設置が決定されたことに始まる。そしてカプチン会士フランツ・フォン・ゼイボルツドルフと住民によって、まず、ロレート橋からカルヴァリオまでの上り坂にキリストの受難を表現する群像を伴った七棟の礼拝堂が着工された。次いで一六八三年には、この坂の終点のヨーゼフ・フリードリヒ・フォン・クエパッハから提供された土地に聖墳墓聖堂の礎石が置かれ、町の設計技師が既存の聖墳墓の模造建築を考慮に入れて設計した、内陣を長く引き伸ばしたギリシャ十字プランに基づいて着工された。また、〈聖母との別れ〉、〈ピラトの前のキリスト〉、〈嘲笑〉、〈笞刑〉、〈カイアファの前のキリスト〉、〈荊冠〉、〈十字架を負う〉の各礼拝堂内には、一六世紀後半に同地で活躍した彫刻家のゲオルク・メイルによって堂名と同じ受難場面が彫刻によって表現された。さらに、カルヴァリオの丘とその下の蒲鉾型のグロッタにも、それぞれメイルの彫刻像を伴った三本の独立した十字架と《埋葬》の場面が設営された（図164）。次いで、聖堂の前庭（北西）に、復活のキリストの大理石像を収めた〈復活の泉〉の礼拝堂（一六九五年？）と、一七三九年には群像を伴う〈オリーヴ山〉の礼拝堂も設置され、バロック様式のカルヴァリオ山の総体はほぼ完成された。しかし、それら九堂のうち〈嘲笑〉の礼拝堂は落石によって倒壊し、〈カイアファの前のキリスト〉のそれも第二次世界大戦時の爆弾の犠牲となってもはや存在していない。また、各礼拝堂内のメイルの彫刻像は現在は聖墳墓聖堂内に収められている。ボルツァーノのカルヴァリオ山は、多くの遺例と同様に、どちらかと言えば私的な礼拝的性格をもった施設である。しかし、町から外れた高所に一種の十字架の道行きのコースを設定し、終点にエルサレムの聖墳墓の模造建築を

図163　ボルツァーノ　カルヴァリオ山全景

図164　ボルツァーノ　〈磔刑〉の三本の十字架と〈埋葬〉の礼拝堂（彫刻：ゲオルク・メイル）

図165　カステルロット　カルヴァリオ山の〈磔刑〉の三本の十字架

配した設営法は、対抗宗教改革的文化によって確立された巡礼施設の類型に従っていると言える[3]（表4-a）。

カステルロット（カステルルース）のカルヴァリオ山は、かつて城が立っていた山の円頂（図165）に、領主のゲオルク・アントン・フォン・クラウスが一六七五年以降に建造したもので、同地のバロック的信心のしるしとなっている。この施設の一種の十字架の道行きは、山の周囲を一巡りするように造られた緩やかな上り坂に沿って設置されている。そしてそこには、下方から順に〈聖母との別れ〉、〈オリーヴ山での祈り〉、〈笞刑〉、〈荊冠〉（二階に手を洗うピラトの場面を伴う）（図166）、〈十字架を負う〉の礼拝堂と、〈磔刑〉を表現する彫刻を伴った三本の独立した十字架（図167）が置かれている。これらの礼拝堂は一六九五年に奉納されたもので、それぞれ形態が異なり、堂内には受難場面を表現した木彫の群像が配されている。円頂の平地には、中央にフランツ・

図166　カステルロット　カルヴァリオ山の〈荊冠〉の礼拝堂（二階には《手を洗うピラト》の場面

ヨーゼフ皇帝の治世六〇周年記念として既存の礼拝堂を改築して造られた泉の建造物があり、西側に〈キリストの墓〉の礼拝堂がある。また、東側にはバルコニーに木彫による〈エッケ・ホモ〉の場面を伴った建造物があるが、これは、一二〇〇年頃に建てられた物見櫓（中世の城郭の一部）跡に領主が私的礼拝堂として建造したもので、パドヴァの聖アントニウスなどに献堂されている(4)（表4-b）。

ナッレス（ナルス）村からプリッシアーノ（プリシアン）村に通じる長い坂道にも、一七世紀末にカルヴァリオ山が設置され、当初は五堂によってロザリオの玄義が表現されていた。しかし、現在は〈磔刑〉と〈ピエタ〉の小礼拝堂、そしてそれぞれに《笞刑》、《荊冠》の玄義がアーチ型の板に描かれた聖柱が二基残るのみである。なお、プリッシアーノ村の入口の木橋の所にある〈ピエタ〉の礼拝堂には、今も《死せるキリスト》像が現存している(5)（表4-c）。

サロルノ（サルルン）のカルヴァリオ山（図168）は、同地の隊長であったフランツ・ヤコブ・カンピ・フォン・ハイリゲンベルクと、その最初の配偶者であったアンナ・バルバラ・ドロテア・フォン・フェンナー・ツー・フェンベルクが一七一八年から一七一九年頃にかけて建造したもので、簡素な七棟の小礼拝堂からなる一種の十字架の道行きと山腹の小広場に置かれたキリストの墓の小礼拝堂、キリスト像を伴った十字架（図169）、並びにキリストの墓の小礼拝堂のやや下方にある泉の礼拝堂から成っている。そしてポーキ方面に向かう新道から始まるその十字架の道行きの小礼拝堂には、順に《聖母との別れ》、《オリーヴ山での祈り》、《捕縛》、《カイアファの前のキリスト》、《笞刑》、《荊冠》、《十字架を負う》（著者の調査時には焼失していた）の玄義が描かれている。また、《キリストの墓》の礼拝堂には、《死せるキリスト》像の他に、《磔刑》と《エマオの巡礼》を描いた板絵が掛けられている。泉の礼拝堂にはキリストの泉は現存していないが、堂内のグロッタ状に装飾された壁面には、今も《ティベリア海のイエス》と《遠近法による庭園図》、《ノリ・メ・タンゲレ》の壁画が識別される(6)（表4－d）。

図167　カステルロット　カルヴァリオ山の《磔刑》の三本の十字架

図168　サロルノ　カルヴァリオ山全景

スルデルノ（シュルデルン）に一七二八年頃（?）建造されたカルヴァリオ山も、七留の一種の十字架の道行きに属するもので、村の北側のマッチェに至る傾斜が急な旧道に設置されている。そして、《聖母との別れ》の板絵があるオリーヴ山の家と呼ばれる一軒の家の角から始まるこの道には、上り坂に沿って

図169　サロルノ　単独の《磔刑》像と〈キリストの墓〉の礼拝堂

図170　スルデルノ　カルヴァリオ山の《磔刑》の三本の十字架

《笞刑》、《荊冠》、《十字架を負う》の玄義が描かれた礼拝堂や聖柱が順に配されている。《磔刑》の場面はここでも、キリストと盗人像を伴う三本の十字架（図170）によって表現されている。この後、上った道を少し下ると、左に分岐した道上に〈キリストの墓〉の礼拝堂が見出される。そしてこの小礼拝堂をもって受難の道は終わっている（表4-e）[7]。

サン・ロレンツォ・ディ・ゼバート（ザンクト・ロレンツェン）近郊の嵐の丘（シュトゥルムビューエル）と呼ばれる丘の上に建造されたカルヴァリオ山と、サン・ロレンツォ・ディ・ゼバートの教区聖堂からフロンヴィースまでの平坦な道上に建造された一種の十字架の道行きは、七留の十字架の道行きから一四留のそれへの移行を証する例である。嵐の丘のカルヴァリオ山は、一六九七年にサン・ロレンツォ・ディ・ゼバートの住民が官庁の決定を待たずに貴族のフィリップ・ヤコブ・フォン・エゲラーを出資者として建造したもので、当初は丘の麓の七棟の礼拝堂と丘の高所の〈キリストの墓〉の礼拝堂から成っていた。しかし、官庁の追認に気を良くしたエゲラーがさらに礼拝堂を増やすと、この行為は枢機卿会の顰蹙を買い、許可なしに建てられた礼拝堂の取壊しが命じられた。エゲラーはその厳粛な命令に従い、一七〇〇年に〈ピエタ〉までの礼拝堂を取壊して地均ししたが、その代わりに、教区聖堂からフロンヴィースまでの間に八棟の礼拝堂を建てることが許された。しかし、彼は一七二三年に他界したため、娘のヨハンナ・ルクレツィアが彼の遺志を引き継ぎ、一七三三年に礼拝堂の数を増やす許可を願い出て認められ、一七三四年に、その頃確定された一四留で十字架の道行きを完成させた。そして礼拝堂内にもエーレンベルク出身の彫刻家イェルグ・シュティガーのきわめて表現主義的な群像を設置させた。しかし、それら一四留のうちで現存しているのは、第四、第五、第一三（十字架聖堂）、第一四留のみである（図171）。また、堂内に配されていたシュティガーの彫刻群は、教区聖堂の北側に隣接するエゲラー礼拝堂内（図172）に移された。この礼拝堂内には、今日でも、新しい十字架の道行きの礼拝堂内に置かれていた《聖母との別れ》や《オリーヴ山》、《笞刑》、《荊冠》、《エッケ・ホモ》、《十字架を負うキリストとウェロニカ》、《聖衣剥奪》、《サロメのマリア、マグダラのマリア、そして聖ヨ

図171　サン・ロレンツォ・ディ・ゼバート　二度目に建造された「十字架の道行き」上に残った第13留（左端の聖十字架教会）と第14留（右端の〈キリストの墓〉の礼拝堂）

図172　サン・ロレンツォ・ディ・ゼバート　エゲラー礼拝堂内の「十字架の道行き」の彫刻群（イエルグ・シュティガー）

図173　サン・ロレンツォ・ディ・ゼバート　エゲラー礼拝堂内の「十字架の道行き」のうち《ピエタ》（イエルグ・シュティガー）

図174　カルダーロ　カルヴァリオ山の聖墳墓聖堂

ハネを伴うピエタ》（図173）の群像を見ることができる。但し、それらの一部には、嵐の丘に最初に建造された礼拝堂用に制作されたものであった可能性が残るものもある。いずれにしても、一七三四年に完成した新しい十字架の道行きは、南チロル地方における最古の一四留の複合体であった[8]（表4-f）。

町の東に位置する丘に展開されているカルダーロ（カルテルン）のカルヴァリオ山は、現在、彫刻（一八世紀前半）を伴う八棟の礼拝堂とキリストと盗人像を伴う三本の十字架（著者の訪問時には彫刻は存在していなかった）、そして聖墳墓聖堂（＝聖十字架聖堂）から成っている（図174）。礼拝堂群の正確な建造年代は知られていないが、一七二〇年から一七二三年までの間に建築家ジュゼッペ・デラーイが建造した聖墳墓聖堂より若干早く、一七世紀末に建造されたと推測されている。八棟の礼拝堂は、多くのカルヴァリオ山におけると同様に、《聖母との別れ》（図175）、《オリーヴ山での祈り》、《カイアファの前のキリスト》、《嘲笑》、《笞刑》、《荊冠》、《十字架を負う》、そして《ピエタ》の場面から成っており、《磔刑》を表現する三本の十字架は、〈十字架を負う〉の礼拝堂と〈ピエタ〉のそれとの間に若干列から外れて剥き出しのまま設置されている。しかし、最後の〈ピエタ〉の礼拝堂は後代に付加されたものであった可能性があり、カルダーロでも元来は七留型であったことが推察される。聖堂内では、祭壇上に《十字架上での死》のタブローが置かれ、ヴォールトに《キリストの復活》が描かれている。また、祭壇の平板にも《死せるキリストと天使》像が嵌め込まれている。なお、聖堂の西側の内壁に、ヴィッラ・ディ・メッツォ（ミッタードルフ）に定住した貴族階級の聖職者シュテファン・イグナツ・セップ・フォン・セッペンブルクとヨーゼフ・フォン・ウンターリヒターの紋章があることから、同堂、並びに礼拝堂群の建造に両家が関与していたことが推測されている[9]（表4－g）。

図175　カルダーロ　第1堂〈聖母との別れ〉の堂内

オーストリアとの国境に近いサン・シルヴェストロ谷の東側の出口に位置するプラート・アッラ・ドラーヴァ（ヴィンネバッハ）村にも、美しい山岳を背景とした十字架の道行きの複合体が建造されている（図176）。それは、村から小高い丘の上にあるサン・ニコロ教区聖堂までの細道に沿って一七〇〇年頃に設置された〈オリーヴ山での祈り〉、〈笞刑〉、〈荊冠〉、〈十字架を負う〉の四棟の小礼拝堂から成っている。そして各小堂内には、一七〇〇年頃に制作された堂名と同じ場面を表現した粗野な木彫像が配されている。また、教区聖堂の墓地に面した壁面にも、キリストと盗人像を伴った三本の十字架によって《磔刑》の場面が表現されている[10]（表4－h）。

アッピアーノ（エッパン）でも、一七一六年に、おそらくはキリスト受難の日に厳粛な行列を行っていたカプチン会士の求めで、グライフの丘に至るつづら折の道に堂内に群像を配した七堂から成る一種の十字架の道行きの設置が決定された（図177）。しかし、その後一八三五年頃にさらに二堂が加えられ、小礼拝堂は〈聖母との別れ〉、〈オリーヴ山〉、〈カイアファの前のキリスト〉、〈笞刑〉、〈荊冠〉、〈嘲笑〉、〈エッケ・ホモ〉、〈十字架を負う〉、〈磔刑〉の九堂になった。そしてこの時、ボルツァーノの彫刻家アントン・ラインアルターに木彫像が委嘱され、第一堂の群像と第九堂のキリスト像を除き、古い群像（素材は不詳）は彼の木彫像と交換された。なお、《十字架降下》の場面は、一七一七年に丘上に建造された聖墳墓聖堂内の祭壇画がこれに当てられている。また、聖堂の入口の壁龕には《ピエタ》の群像、祭壇上には《横臥のキリスト》像

図176　プラート・アッラ・ドラーヴァ　「十字架の道行き」の小礼拝堂群と丘上のサン・ニコロ教区聖堂

図177　アッピアーノ　カルヴァリオ山の小礼拝堂群

も置かれている[11]（表4―i）。

三―四　カルヴァリオ山の総括並びにサクロ・モンテとの類似点・相違点

以上、イタリアに建造されたカルヴァリオ山の展開を表に整理しながら概観してきたが、最後に、その概観をもとに、カルヴァリオ山の建造時期（A）や構成・規模（B）、主題（C）、礼拝堂の配列（形態）（D）、創設者（E）などを、サクロ・モンテのそれらと比較しながら整理しておこう。

A．建造時期――サクロ・モンテは一五世紀末に建造された代用エルサレムをモデルとして一六世紀から一八世紀にかけて次々に建造され、中には一九世紀の創設になるものもあったが、トレンティーノ＝アルト・アディジェ州のカルヴァリオ山の建造時期は、一七世紀の第4四半期から一八世紀一杯に限られている。

B．構成・規模――サクロ・モンテの場合には、行程は必ずしも〈磔刑〉や〈キリストの墓〉の礼拝堂で終ってはおらず、行程の構成も物語の連続的な留やロザリオの玄義の留、また十字架の道行きの受難の留などによるものがあるのに対し、トレンティーノ＝アルト・アディジェ州のカルヴァリオはほとんど例外なく、〈磔刑〉の礼拝堂に代わる屋外に剝き出しで設置された一本ないしは三本の十字架（多くはキリスト像や盗人像を伴う）と、《横臥のキリスト》像を伴う〈キリストの墓〉の礼拝堂とで行程が締め括られている。また、出発点から終点のカルヴァリオ、もしくはキリストの墓までの行程は、七留か九留の一種の十字架の道行きか確定された一四留のそれによって構成されている。同じことは施設の規模についても言える。当該地方のカルヴァリオ山に限って言えば、主要なサクロ・モンテに見られるような壮大な規模で展開されているものは一つもない。

C．主題――サクロ・モンテでは、聖母マリアや聖人、隠修士の生涯、またロザリオの玄義や十字架の道行きといった確立された祈禱や信心も主題として採用されて多様であるが、トレンティーノ＝アルト・アディジェ州のカルヴァリオ山では、主題はキリスト（の受難）に限られている。

D．礼拝堂の配列（形態）――サクロ・モンテでは、ロザリオの玄義や十字架の道行きの信仰が流布してからは、礼拝堂は殆どが山や丘の斜面に間隔を空けて配されるようになったが、そのプロトタイプ（代用エルサレム）時代や初期においては、山上や丘上の平地に、聖地エルサレムのキリストゆかりの聖蹟を地形的に再現するように配されたり、迷路のような順路に沿って配されたりしていた。トレンティーノ＝アルト・アディジェ州のカルヴァリオ山では、礼拝堂は殆どすべて山や丘の斜面に間隔を空けて配されている。

E．創設者――サクロ・モンテでは、わずかな例を除き、殆どがフランシスコ会やカプチン会の修道士、もしくは聖職者によって創設されていたが、トレンティーノ＝アルト・アディジェ州のカルヴァリオ山では、創設者は殆どが俗人である。

以上のように、サクロ・モンテとカルヴァリオ山とは、第一章で挙げたA・バルベロ氏指摘の相違点以外でも幾つかの点で異なっており、アルプス以北の大半の定義のように前者を後者の一部と見做すことには無理がある。従って著者によれば、両者は類型的には区別して扱うのが妥当である。

ところで、著者はすでに第二章の末尾において、対抗宗教改革に先行する時代のイタリアには類似の形態を見ないヴァレーゼ型の誕生には、アルプス以北で一五世紀に発生した初期の十字架の道行きの形態や霊的巡礼が影響を与えていたのではないかと示唆した。かりにこの推測が正しいとすれば、サン・ヴィヴァルド（代用エルサレムの面影を留める）とヴァラッロ（改造されて物語の連続的な留が行程を構成）、そのヴァラッロの施設を手本として建造された若干のサクロ・モンテ、並びに聖堂内包型のそれを除く殆どすべてのサクロ・モンテとバロック期のカルヴァリオ山は、一定の間隔を空けて礼拝堂を規則正しく行列的に配すという形態の点では、いずれも初期の十字架の道行きの留の配列に共通の源をもっていたことになる。バロック時代のカルヴァリオ山が、W・ブルンナーが定義（第一章）したように、元来、初期の十字架の道行きの終点に設置された十字架や礼拝堂を起源として発展したものであるならば、それは少なくともカルヴァリオ山については当てはまる。著者が、両者を、「近世のカトリックの複合的巡礼施設」のそれぞれ別の一類型として総合的に考察しなければならないと考えたのはそのためである。いずれにしても、規則正しく行列的な礼拝堂の配列は、反復的な祈りの実践や多くの信徒が参加して行う宗教行列に適しており、信徒の信仰の再強化の道具としては最も有効であったために長く踏襲されたのに違いない。

注

はじめに

（1）但し、すべての教令が教皇ピウス四世の大勅書（Benedictus Deus）によって承認されるのは翌一五六四年一月二八日であり、公付は六月のことであった（A・ジンマーマン監修／浜寛五郎訳『デンツィンガー・シェーンメッツァー――カトリック教会文書資料集』（エンデルレ書店、二〇〇二年（改訂五版第一刷）三一六、三一七頁）。

（2）一六世紀末以降にアルプス周辺域に開設されたサクロ・モンテを対抗宗教改革のとりでや要塞に見立てる見

方は、早くもS. Butler, *Ex Voto. Stuidio artistico sulle opere d'arte del S. Monte di Varallo e di Crea*, ediz. Italiana tradotta dall'inglese per cura di A. Rizzetti, Novara, 1894, pp. 46-47（英文の原書は一八八八年刊）に見られる。日本でも大野陽子氏が、ロンバルディア地域特有の宗教状況やミラノ司教区のカトリック改革運動などを根拠に、それらを「対抗宗教改革のとりで」として紹介している（『ヴァラッロのサクロ・モンテ――北イタリアの巡礼地の生成と変貌』（三元社、二〇〇八年、一七〇―一七三頁）。

（1）「カトリック改革」は、一五世紀にさまざまな個別の改革運動として始まり、一六世紀半ばからトレント公会議を中心に教皇たちの指導のもとで一つの大きな流れとなって一七世紀まで続いた明確な連続性を示すカトリック教会の大改革。「対抗宗教改革」は、反宗教改革、反動宗教改革、反対改革などとも呼ばれ、ルターやツヴィングリ、カルヴァンなどの新興教派に対する防衛や防御のために発達させられた防衛手段、またそれらの手段とともに生まれた防衛的・戦闘的精神といった一連の現象を指す。対抗宗教改革はカトリック改革を前提とし、多くの場合それと平行し、相互に関連し合う現象であったが、新興教派ないし反撃という意味での反動であるため、自発的な改革であるカトリック改革とは区別されなければならない。トレント公会議は、カトリック改革と対抗宗教改革の交錯するところであり、両者の発展に寄与した（「カトリック改革」『新カトリック大事典Ⅰ』（新カトリック大事典編纂委員会編、研究社、二〇〇九年（第三刷）、一一一七―一一一九頁）、沢田昭夫「世界教会会議の歴史Ⅱ　トレントの教会会議」（『公会議解説叢書六　歴史に輝く教会』南山大学監修、中央出版社、一九六九年、二二九―二五六頁）。

（2）同地域の事情は大野『前掲書』一三九―一四四頁に詳しい。

（3）'BORROMEO, Carlo', in *Dizionario biografico degli italiani*, Vol.XIII, Roma, 1971, p. 30.;「カルロ・ボロメオ」『新カトリック大事典Ⅱ』（新カトリック大事典編纂委員会編、研究社、二〇一〇年（第三刷）、五〇、五一頁）。

（4）トレント公会議後のサクロ・モンテや改造後のヴァラッロの施設の礼拝堂内の聖なる場面に対して用いられている'misteri'の用語には、同用語が代用エルサレム時代のヴァラッロやサン・ヴィヴァルドの礼拝堂内の表現に対して用いられていた時に含んでいた、事件の発生「場所」まで含む多義的な意味はもはやない。本章では通例

'misteri' に対して用いられている「玄義」という訳語を充てた。

（5）詳しくはジンマーマン監修／浜訳『前掲書』（三一五、三一六頁）、大野『前掲書』（二一五―二三〇頁）参照。

二

（1）G. Gentile, 'Evocazione topografica, composizione di luogo e tipologia dei Sacri Monti', in Aa.Vv., *Sacri Monti. Devozione, arte e cultura della Controriforma*, 1992, Milano, p. 95.

（2）以上は主に 'BASCAPÈ, Carlo', in *Dizionario biografico degli italiani*, Vol.Ⅶ, Roma, 1971, p. 30.; S. S. Perrone, 'Il Sacro Monte di Varallo', in Aa. Vv., *Sacri Monti in Piemonte. Itinerali nelle aree protetti di Belmonte*, Torino, 1994, pp. 128-187.; 大野『前掲書』（八七―二五四頁）参照。

（3）本書第四章、拙稿「トスカーナ管区サン・ヴィヴァルドの'エルサレム'地形模倣的巡礼施設からサクロ・モンテへ」『芸術学研究　第六号』（九―二二頁）参照。

（4）Gentile, *Ibid.*, p.97（原文はA. Castelli; D. Roggero, *Crea. Il Sacro Monte*, Casale, 1989, p. 14）.

（5）以上は、A cura del personale del Parco, *Guida alle cappelle del Sacro Monte di Crea*, s. d.; C. Bonardi, 'Il Sacro Monte di Crea', in Aa.Vv., *Sacri Monti in Piemonte.Itinerali nelle aree protetti di Belmonte*, Torino, 1994, pp. 29-64.

（6）E. D. Filippis, 'Il Sacro Monte di Orta', in *Ibid.*, p. 109.

（7）以上、*Ibid.*, pp. 106-127.; A. Rusconi, *Il Lago d'Orta e sua Riviera*, pp. 179-190参照。

（8）V. Barale, *Il principato di Masserano e il Marchesato di Crevacuore*, Biella, 1987, Capitolo XXXVII, Capitolo XXXVIII, pp. 245-256. なお、G. G. Amodeo, *Nuova guida di Biella e Provincia*, Biella, 1994, p. 324によれば、マッセラーノの隣町のブルースネンゴのレヴェーラの丘上には、ベルナルディーノ・カイーミが建てたとされる小さなサンチュアリオ・デッラ・マドンナ・デッリ・アンジェリがある。伝承によれば、カイーミはそこを壮大な巡礼地にしようとしたが、住民の反対でヴァラッロの山上にしたとされる。

（9）'Rosario (SS)', in *Dizionario di Erudizione Storico-Ecclesiastica*, Venezia, MDCCCLII, pp. 150-158.;「ロザリオ」『カトリック辞典』第Ⅴ巻（冨山房、一九六〇年、五一一―五二一頁）。

（10）以上、Aa. Vv., *Il Sacro Monte sopra Varese*, Milano, 1981.; C. A. Lotti, *Santa Maria del Monte. Il Sacro Monte del*

Rosario sopra Varese, Milano, 1991参照'

（11） Gentile, 'Evocazione topografica…', *op. cit*., p. 98.

（12） 以上は 'BORROMEO, Federico', *Dizionario biografico……Ibid*., pp. 33-42.; A. Stoppa, 'Il Sacro Monte di Arona. Tradizione e innovazione del fenomeno dei Sacri Monti', in Aa. Vv., *I Sacri Monti di Varallo e Arona dal Borromeo al Bascapé*, Novara, 1984, pp. 159-161. ; M. Centini, *I Sacri Monti dell'arco alpino italiano*, Torino, 1990, p. 68参照。

（13） 以上' P. G. Papavassiliou, *Il Sacro Monte di Ossuccio. Guida alle cappelle*, Bergamo, 1996. ; A cura del Santuario della Beata Vergine del Soccorso-PP. Cappuccini, *Santuario Madonna del Soccorso*, Ossuccio-Lago di Como, 1998, pp. 1-19参照。

（14） 以上' Scuola media G. Pietro Ligari, *Andar … per cappelle*, Sondrio, 1986. ; B. Leoni, 'Le cappelle del Rosario lungo la via Valeriana a Sondrio', in *Bollettino della Società storica valtellinese*, N. 46, Sondrio, 1993, pp. 153-165. ; A. Dell'Oca, 'I Sacri Monti : L'itinerario della Sassella', in *Valtellina e Valchivenna.Storia dell'arte*, Ediz. Stefania Lecco, 1996, pp. 128-130.; Aa.Vv., *La Cappella dell'Annunziata in Sondrio*, Sondrio, 1997, pp. 3-38参照。

（15） 以上は' G. Vacchetta, *Nuova storia artistica del Santuario della Madonna di Mondovì a Vico*, Cuneo（?）, 1984, pp. 380-385参照。その他Ufficio tecnico comunale di Mondovì提供の' 同複合体の歴史と近年の再整備計画に関する諸資料参照。

（16） 'Via Crucis', in *Enciclopedia italiana di Scienza, Lettere e Arti*, vol. 35, Roma, 1950, p. 282. ; A. Teetaert de Zedelgen, 'Aperçu historique sur la dévotion au chemin de la croix', in *Collectanea Franciscana*, 19（1949）, pp. 45-142. ; G. Casagrande, 'Una devozione popolare : la Via Crucis', in Aa. Vv., *Francescanesimo e società cittadina di Perugia*, Perugia, 1979, pp. 265-287.

（17） T. Bertamini, *Il Sacro Monte Calvario di Domodossola*, Verbania, 1980. ; R. Frattalini, 'Il Sacro Monte di Domodossola', in *Sacri Monti in Piemonte…, op. cit*., pp. 66-87参照。

（18） 以上' 歴史的な部分については' E. Debiaggi, 'Il Sacro Monte di Belmonte', *Ibid*., pp. 10-26参照。

（19） 以上は' L. Gentile, *Mongardino e le sue cappelle*, Torino, 1906. ; A cura di M. L. Moncassoli Tibone, *Sindone e Sacri Monti. Arte società, spettacolo e devozione*, Torino, 1998, p.158, pp. 111-112参照。

（20） 以上は' G. Mazza, M. Merlo, *Guida della Provincia di Pavia*, Pavia, 1967, pp. 456-457. ; L. G. Faravella Stradella（Gli allievi della 5 A geometri), 'Santiario della Passione', in *Faravelli Geometri*, n. 2, gennaio 1995, s. l., pp. 4-11参照。

(21) M. Novo, *Il Santuario dei Piloni.Montà* (*CN*), Alba, 1991. ; F. Caresio, *I Sacri Monti del Piemonte*, Torino, 1989, pp. 274-275.

(22) F. Fontana, P. Sorrenti, *Oropa Sacro Monte*, s. d., p. 88では二六堂と推測されている。

(23) Gentile, 'Evocazione topografico …', *op .cit.*, p. 99. その他オローパについては、Amodeo, *op. cit.*, pp. 123-134.; M. Centini, *op. cit.*, pp. 71-76参照。

(24) A. Marzi, 'Il Sacro Monte di Ghiffa', in Aa. Vv., *Sacri Monti in Piemonte*, Torino, 1994, pp. 89-103.

(25) G. C. Sciolla, *Il Biellese dal Medioevo all'Ottocento-artisti-committenti-cantieri*, Torino, 1980, pp. 214-215. ; F. Caresio, *I Sacri Monti del Piemonte*, Torino, 1989, pp. 242-243. ; D. Lebole, *Storia della chiesa biellese. La Pieve di Biella*, vol. V, Biella, 1989, pp. 93-142.

(26) Caresio, *op. cit.*, p. 194.

(27) 以上C. Testori, *Il Santuario di Graglia*, Venezia, 1939. ; D. Lebole, 'Il Sacro Monte e il Santuario di Graglia', in *Storia della chiesa Biellese. La Pieve di Biella*, Biella, 1994, pp. 161-324など。

(28) G. Ieni, *L'Oratorio di S.Maria Maddalena a Novi Ligure*, Torino, 1982.

(29) D. C. Caldara, *Il Santuario di S. Anna in Montrigone di Borgosesia*, Varallo, 1966. ; F. Caresio, *op. cit.*, pp. 222-233.; F. C. Gibellini, *Il Sacro Monte di Sant'Anna a Montrigone di Borgosesia*, Borgosesia, 1984 (?).

(30) A. Aspesi, *L'arte nel Novarese. Il Santuario del Varallino di Galliate*, Novara, 1963. ; A cura del Santuario, *Santuario del Varallino*, Novara, 1984 (?). ; R. Cardano, *Santuario del Varallino. Arte e devozione popolare*, Novara, Parrochia di Galliate, 2001.

(31) C. Debiaggi, 'La diocesi di Novara, terra di Sacri Monti', in Aa.Vv., *Sacri Monti. Devozione, arte e cultura della controriforma*, Milano, 1992, p. 399, p. 406. ; P. Bassotto, *Il Santuario del Cavallero*, Coggiola, 1998, pp. 8-24.

(32) G. Vezzoli, P. V. Begni Redona, *Sculture lignee in Valle Camonica*, Breno, 1981, pp.46-50, pp.161-162, p.166. ; A cura di R. Bossaglia e V. Ferraroli, *Settecento lombardo*, Milano, 1991, pp. 316-321.; F. Minervino, *Beniamino Simoni*, Martellago (Venezia), 2000. ; 以上の他、Comun di Cervenoの技官、Vielmi Cesare氏提供の図面や図面解説参照。

三

(1) C. Debiaggi, *A cinque secoli della fondazione del Sacro Monte di Varallo. Problemi e ricerche*, Varallo, 1980, pp.46-47. ; C. Debiaggi, 'La diocesi di Novara terra di Sacri Monti', in Aa. Vv., *Sacri Monti. Devozione, arte e cultura della Controriforma*, Milano, 1992, pp. 397-410.
(2) L. Andergassen, 'Kalvaria am Kofel', in P. Gleischer *et alt.*, *Der Kofel in Kastelruth*, Kastelruth, 1990, SS. 47-48.
(3) *Ibid.*, SS. 58-59.; G. Conta, *I luoghi dell'arte*, vol. Primo, Bolzano, Media d'Adige Merano, Calliano, 1998, pp. 158-159.
(4) J. Weingartner, *Die Kunstdenkmäler südtirols*, Band 1, Bozen, 1998, S. 410. ; Andergassen, *op. cit.*, SS. 71-114.
(5) *Ibid.*, S. 60.
(6) V. Mattevi, *La chiesa nella storia di Salorno*, s. d., 2000, pp. 269-273. ; Andergassen, *op. cit.*, SS. 60-62.
(7) J. Weingartner, *Die Kunstdenkmaler südtirols*, Band 2, Bozen, 1991, S. 888. ; Andergassen, *op. cit.*, SS. 62-63.
(8) *Ibid.*, SS. 63-64.; S. Demetz, *Arte sacra nel territorio di San Lorenzo di Sebato*, Bolzano, 1996, pp. 26-30, pp. 34-41. ; G. Conta, *I luoghi dell'arte*, volume quinto, Val Pusteria, Valli Ladine, Ora, 1999, pp. 122-125, p. 171.
(9) Andergassen, *op. cit.*, SS. 67-71. ; idem., 'Der Kultraum in der Peripherie. Filialkirchen und Kapellen', in A. Werth *et alt.*, *Kirche in Kaltern. Geschichte,Kult und Kunst*, Kaltern, 1992, SS. 313-314.; G. Conta, *I luoghi dell'arte*, volume terzo, Oltradige e Bassa Atesia, Bolzano, 1994, pp.159-160.
(10) G. Conta, *I luoghi dell'arte*, Volume quinto, Ora, 1999, p. 319. ; E. Kühebacher, *Paesaggio culturale e artistico del territorio di San Candido*, San Candido, 1990, p. 51.
(11) B. Mahlknecht, *Die Gleifkirche in Eppan*, s. d., ; Andergassen, *op. cit.*, S. 65. ; idem., *Eppan. Kunst-und Architekturführer*, Eppan, 1996, S. 50.

謝辞

本章執筆に際しては、ヴィーコフォルテ市の測量士Pastrelli氏、モンガルディーノ市モンタの建築家 Francesco Bevione氏、ビエッラ在住のOrazio Boggio Marzet氏より、それぞれ貴重な図面をご提供頂いた。記してお礼申し上げる。

結語

終始巡礼の実践によって貫かれていた中世西欧のキリスト教徒にとって、巡礼は生活の象徴的な瞬間を意味していた。当時、聖地は、パレスティナのエルサレム、イタリアのローマ、そしてスペインのサンティアゴ・デ・コンポステラであったが、これら三大聖地のうち神の存在の物理的痕跡や聖蹟、またキリストの歴史的実在性の故にキリスト教徒にとってとりわけ重要であった（ある意味では現在も）のは、エルサレムであった。この聖地パレスティナへの巡礼の歴史は古く、四世紀前半にコンスタンティヌス大帝によって町の宗教的設備が再建された直後に遡るが、とりわけ一〇世紀以降は、巡礼の数が全体的に増え、エルサレムへの巡礼もサンティアゴ・デ・コンポステラへのそれと並んでますます頻繁に行われた。しかし一三、一四世紀になると、十字軍は所期の目的を達せられないまま失敗に終わり、異教のトルコ帝国の勢力は再び拡大した。またヨーロッパでは、農業が発展して人々の日常生活が次第に改善されていくなか、聖体の秘蹟に対する信仰が普及した。さらに、フランシスコ会士はキリストの受難に対する信仰を煽って都市を一時的にエルサレムに変貌させるのに成功し、神秘主義者は日々の生活を送るなかで個々人の中にエルサレムのキリストを探すことを説教や著作によって説いた。こうして、危険を冒し大金をかけてまでエルサレムに巡礼する必要性は次第に失われていった。

このような状況のなかで、危険な長旅を敢行できない者にも巡礼の機会を提供し、巡礼の意味を後世に伝えることを目的に代用巡礼が導入されるようになった。従って居住する地域の近くにある巡礼地（サンチュアリオ）への巡礼や奉納行為は、一五世紀にあってはエルサレム巡礼の代用を意味していた。このようなエルサレムと代用の巡礼地との関わりは、そこに何らかの特別な聖遺物（聖地からの請来品であればなおさらよい）が収められているか、建造物の外観や献堂名に聖地パレスティナを偲ばせるものが含まれていればますます強められることになった。聖なる建造物や聖なる品々の多くが言わば聖地の象徴的模造品や聖遺物であるヨーロッパでは、キリストゆかりの聖蹟を何らかの形で模し再現するという願いは、コンスタンティノポリスやローマ、ボローニャ等で早くから具体的な形をとって表現されていた。そして九世紀を過ぎると、第二章で見たように、エルサレムの聖墳墓（キリストの墓）や円形プランの復活聖堂を記念あるいは模造した祠堂や小神殿が西欧全域で建造されるようになった。しかし、一四世紀までの西欧の模造建築は、聖墳墓か復活聖堂あるいはその両方を模造するに留まっていた。これに対し、一五世紀に入ると、模造対象の「複数化」ないしは模造体の「複合化」傾向が見られるようになり、新しいタイプの一種の霊的模造体もアルプス以北に出現し始めた。後者は、キリストの受難に対する特殊な諸信仰を実践するための複数の留からなる一種の十字架の道行きであった。

北イタリアのヴァラッロと中央イタリアのサン・ヴィヴァルドに、それぞれ一五世紀末と一六世紀初めに着工された代用の巡礼地、すなわち「代用エルサレム」とは、以上のような西欧におけるエルサレム模造の探究の最終的な発展形態であったと考えられる。しかし、「サクロ・モンテ」の起源や成立過程を、まずはその初期の形態である代用エルサレムに遡り、西欧の長い聖地模造の歴史に照らして納得のゆく形で示してくれた論考は存在していなかった。そこで、模造対象の数や模造の規模の変化に留意しながら、西欧におけるエルサレム模造の展開を辿ると同時に、イタリアの二つのサクロ・モンテの初期の形態（＝代用エルサレム）を平面図上で明らかにすることで、一五世紀までの西欧におけるエルサレム模造の展開とイタリアの二つの「代用エルサレム」の誕生が決して無縁ではないことを示そうと試みたのが本書である。

我が国では、サクロ・モンテは未だ十分に紹介されているとは言い難い。しかし、ピエモンテとロンバルディア両州の主要なサクロ・モンテが二〇〇三年に群としてユネスコの世界遺産に登録されて以降、認知度は高まりつつある。また、第一章二節三項で紹介した日本の優れたパイオニアたち、とりわけ近年の気鋭の女流研究者たちが発表、刊行したヴァラッロのサクロ・モンテに関する諸論考や研究書が、ピエモンテの「山の劇場」の周知に大いに貢献しており、今後はそれらに啓発された志ある若い学徒たちが同地やその他の未紹介の遺例の調査、研究をさらに推進してくれるに違いない。

拙著は、平成一五（二〇〇三）年度に筑波大学に提出した課程博士論文の原稿と、その複数箇所を独立させて提出前後に発表した複数の論考のテキストや図版を照合しながら加除し、それらにさらに修正を加えたものである。学位論文の提出時からはや一四年の歳月が流れ、その間にサクロ・モンテを構成している礼拝堂を主とする建造物や堂内の彫刻や壁画といった芸術作品の修繕や修復が進み、同施設群の管理や運営体制も変化した。例えばピエモンテ州では二〇〇九年に、経費節減と再編成を目的として、州法（no.19）により、クレアのサクロ・モンテを登録事務所とする「サクロ・モンテ管理運営財団」（Ente di gestione dei Sacri Monti）が創設され、それまで個々の地方自治体等が管理してきた各サクロ・モンテが同財団のもとに統合（ベルモンテ、クレア、ドモドッソラ、グィッファ、オローパ、オルタ、ヴァラッロの七施設）された。また、各施設の名称も、「特別自然保護区＋各サクロ・モンテ名」（Riserva Naturale Speciale + nome del Sacro Monte）から、「特別保護区＋各サクロ・モンテ名」（Riserva Speciale +

nome del Sacro Monte）に改称されるに至った。しかし、そうした変化は本書の論旨の展開にはほとんど関係がなく稿を改めて紹介すべきことであるし、欧米における最新の研究傾向にも管見の限り大きな変化は認められない。それゆえ本書では、時間と紙幅の制約もあり、主として平成一六年度以降に日本で発表、刊行された論考や著作を加筆するに留めた。

このように本書は、ここ十数年のサクロ・モンテをめぐる状況の変化や欧米の研究に関する情報を十分に補ってはいないが、最新の諸研究中にすら拙著と同様な視点でサクロ・モンテの起源の問題にアプローチしたものは見出されない。従って、遅きに失した感は否めずとも、拙著の刊行は今なお意義があることのように思われる。本書が、日本における既刊の僅少な研究書や論考とともに、今後のサクロ・モンテ研究やキリスト教における代用巡礼研究、さらには学際的な視野の下、世界の諸宗教における巡礼や代用巡礼に関心を抱く専門諸氏に、多少とも新しい情報や知見を提供できるならば望外の喜びである。また、著者の非力ゆえに十分に論じ尽くせていない箇所や思わぬ誤記があるかもしれない。併せて専門諸氏のご指摘やご教示、ご寛恕を乞う次第である。

謝辞

学位論文準備・執筆時には、下記の施設で史・資料の閲覧や写真撮影、並びに文献の複写をさせて頂いた。ご快諾下さった各機関、職員各位に衷心より御礼申し上げる次第である（順不同）。

Biblioteca Hertziana（Roma）; Istituto Germanico di Storia dell'Arte（Firenze）; Istituto Nazionale di Studi sul Rinascimento（Firenze）; Biblioteca del Convento Francescano di Fiesole ; Archivio Provioncia Toscana Ordine Frati Minori ; Biblioteca Comunale di Biella ; Biblioteca Centrale dell'Università degli Studi di Pisa ; Biblioteca della Scuola Normale Superiore（Pisa）; Biblioteca Nazionale di Firenze ; Biblioteca Berenson（=Villa i Tatti）（Firenze）; Neder Lands Inter Universitair Kunst Historisch Institut（Firenze）; Biblioteca di Spiritualità : 'A. Levasti'（Firenze）; Biblioteca statale di Lucca ; Biblioteca Comunale di Montaione ; Biblioteca Civica Farione Centa（Varallo）; Biblioteca Civica Comunale di Varese ; Biblioteca Ambrosiana（Milano）; Biblioteca dell'Università Cattolica del Sacro Cuore di Milano ; Biblioteca francescana（presso la Chiesa di S. Angelo）（Milano）; Centro di Documentazione（Parco Naturale e Area attrezzata del Sacro Monte di Crea）; Biblioteca Civica Carlo Negroni（Novara）; Biblioteca Nazionale Centrale di Roma ; Comune di Torricella Verzate ; Santuario del Varallino ; Biblioteca del Comune di Appiano ; Biblioteca del Comune di Dobbiaco ; Sacro Monte di Domodossola ; 筑波大学中央図書館、同体芸図書館、聖アントニオ神学院図書館、上智大学中世思想研究所

また、以下の各位の御指導や御教示、御助力、激励、そして資料提供なしには研究を遂行することも継続することもできなかった。記して厚く御礼申し上げる次第である。（凡例／Prof.：Professore, Dott.: Dottore, Dott.ssa: Dottoressa, Sig.: Signore, Sig.ra: Signora, Sig.na: Signorina, Uni.：Università, P. N. A. A. S. M. C.: Parco Naturale e Area attrezzata del Sacro Monte di Crea, なお、御所属は現在と異なる場合もある。）

（順不同）Prof. Antonio Pinelli（Uni. degli Studi di Pisa）；Prof. Fernando Mastropasqua（Uni. di Pisa）；Dott. Fausto Nisticò（Pisa）；Prof. Roberto Bizzocchi（Uni. di Pisa）；Prof. Giuseppe Patralia（Uni. di Pisa）；Prof. Guido Vannini（Uni. degli Studi di Firenze）；Ex Direttore Amilcare Barbero（Centro di Documentazione, P. N. A. A. S. M. C.）；Dott.ssa Katia Murador（Centro di Documentazione, P. N. A. A. S. M. C.）；Sig. Franco Andreone（Centro di Documentazione, P. N. A. A. S. M. C.）；Centro di Documentazione, P. N. A. A. S. M. C. のその他の職員, Sig.ra Susanne Grossman（Crea）；Sig. Cavallone（Crea）；Direttore Dott.ssa Elena De Filippis（Ente di Gestione dei Sacri Monti / Riserva speciale del Sacro Monte di Varallo）；Dott. Stefano Aietti（Ente di Gestione dei Sacri Monti / Riserva speciale del Sacro Monte di Varallo）；Direttore Dott.ssa Piera Mazzone（Biblioteca Civica Farinone Centa）；Sig. Valentino Morello（Varallo）；Sig. Giorgio Regaldi（Varallo）；Sig.ra Ornella Marchi（Varallo）；Padre Vito Donatello Boddi（Archivio Provincia Toscana O. F. M.）；Signor Bruno（Archivio Provincia Toscana O. F. M.）；Padre Pacifico Bianchi（Santuario di Belmonte）；Padre Floriano Zambaiti（Santuario della B. V. del Soccorso di Ossuccio）；Sig. Cesare Fassio（Comune di Mongardino）；Sig.na Elena Visca（Comune di Montà）；Architetto Francesco Bevione（Montà）；Sig.ra Daniela Turri（Agenzia Turistica di Coggiola）；Geometra Pastrelli（Comune di Vicoforte）；Geometra Cesare Vielmi（Comune di Cerveno）；Architetto Cecilia Furrone（Firenze）；Sig. Boggio Marzet Orazio（Biella）；Direttore Angela Dell'Oca Fiordi（Museo Valtellinese di Storia e Arte, Comune di Sondrio）；Direttore Silvia Spada（Museo Civico di Bolzano）；Soprintendente Helmut Stampter（Rip. Beni Culturali）；Vicesindaco Peter Ausserdorfer（S. Lorenzo di Sebato）；Bibliotecario Christian Kofler（Comune di Appiano）；Sindaco Giorgio Marco Giacomozzi（Comune di Salorno）；Vicesindaco Arnoldo von Stefenelli（Comune di Caldaro）；Sindaco Mair Bernhard（Comune di Dobbiaco）；Padre G. Battista Bruzzone（Centro Propaganda e Stampa di Terra Santa）；Dott.ssa Maria Sindoni Pavone（Museo Regionale di Messina）；Direttore Sandra Conti e Dirigente Responsabile Maria

Teresa Rodriquez（Biblioteca Regionale Universitaria di Messina）；Dottor Giovanni Moretti（Biblioteca Comunale di Fabriano）；Dott. Giorgio Pellegrini（Amministrazione Comunale di Fabriano）；（以下、五十音順）石井健吾神父様、五十殿利治先生、斎藤泰嘉先生、坂本満先生、寺門臨太郎先生、中山典夫先生、三神弘彦先生、水野千依先生、三森のぞみ先生、森田義之先生、和田廣先生、その他の機関、第二七七〇地区（埼玉）とピサ・ガリレイ（第二〇七一地区）のロータリアン各位、国際ロータリー財団、鹿島美術財団

なお本書は、「公益財団法人 花王芸術・科学財団」（The Kao Foundation for Arts and Sciences）の「平成二九年度 美術に関する研究への助成（出版助成）」により刊行に至ったものである。記して同財団並びに選考下さった諸先生方に衷心より感謝の意を表する次第である。

さらに、出版を快くお引き受け下さった勉誠出版（株）、とりわけルネサンスがご専門で著者以上に熱意をもって大変な編集に当たって下さった豊岡愛美氏に心より厚く御礼を申し上げたい。

索　引

事　項

【あ】

【か】

【さ】

【た】

【な】

【は】

【ま】

人　名

【あ】

【か】

【さ】

【た】

【な】

【は】

【ま】

【や】

【ら】

図版出典

序

図1、2、3：著者撮影

第2章

図4：M. Piccirillo, *La Nuova Gerusalemme. Artigianato palestinese al servizio dei Luoghi Santi*, Edizione Custodia di Terra Santa ; Centro di Documentazione dei Sacri Monti, Calvari e Complessi devozionali europei, Bergamo, 2007, TAV. LX, Figura della p.92.

図5、19：F. Cardini, 'La devozione al Santo Sepolcro, le sue riproduzioni occidentali e il complesso stefaniano. Alcuni casi italici', in Aa. Vv., *7 colonne & 7 chiese*, p. 21, p. 43.

図6、7、8：E. A. Steinmair, *Heiliggrab-Denkmäler in Südtirol*, Brixen, 1993, SS.123, 82, 91.

図9：A cura di P. B. Rossi, *La Terra Santa*, Bologna, 1979, p. 56.

図10（左図）、20：M. Untermann, *Der Zentralbau im Mittelaiter*, Darmstadt, 1989, SS. 55, 72, Abb. 32, 43-44.

図10（右図）、18（左図)、18（右図)、21、22、23（上、下図）、25、26、31（右図）：G. Dalman, 'Das Grab Christi in Deutschland', in *Studien über christliche Denkmäler*, Herausgegeben von J. Ficker, Leipzig, 1922, S. 27, Abb. 3 ; Tafel VII, Ab . 17 ; S. 57, Abb. 15,16 ; Tafel V, Ab. 6a ; Tafel III, Ab. 5 ;（上図）Tafel VIII, Abb. 21,（下図）S. 76, Abb. 20 ; Tafel IX, Ab. 29 ; TafelXII, Abb. 47 ; Tafel VIII, Ab. 23 ; S. 82, Abb. 22.

図11：R. Krautheimer, 'For an iconography of Architecture', in *Journal of the Courtauld and Warburg Institutes*, 1942, Pls. 1b.

図12、37、38、39：A cura di A. Barbero, *Atlante dei Sacri Monti Calvari e Complessi devozionali europei*, Centro di Documentazione, Ponzano Monferrato, Novara, 2001, p. 17, p. 125, p. 124, p. 126.

図13、16、24、27（両図)、29（両図)、30：著者撮影

図14：C. Ricci, *Romanesque architecture in Italy*, New York, n. d., p. 202.

図15：M. Antonietta di Paco Triglia, *La chiesa del Santo Sepolcro di Pisa*, Pisa, 1986, p. 42.

図17：*Abbazia di Santo Stefano. Sancta Jerusalem Bononiensis*, Promosso e realizzato dalla Fondazione del Monte di Bologna e Ravenna, Villa Verucchio（RN）, s. d., ultima pagina.

図28：G. Conta, *I luoghi dell'arte*, Volume quinto, Ora, 1999, p. 52.

図31：（左図）Margit Kempgen（Evangelische Kulturstiftung）氏提供

図32：E. Kramer, *Kreuzweg und Kalvarienberg*, Kehl, S. 81.

図33：A. Barbero, 'Il ricordo del Pellegrino e l'esperienza del Sacro', in *Di Ritorno dal Pellegrinaggio a Gerusalemme. Riproposizione degli avvenimenti e dei luoghi di Terra Santa nell'immaginario religioso fra XV e XVI secolo*, atti delle Giornate di Studio 12-13 maggio 2005, Università della Calabria, a cura di A. Barbero e G. Roma, Centro di Documentazione dei Sacri Monti, Calvari e Complessi devozionali europei, Vercelli, 2008, p. 85（Fig. 11）.

図34：Aa. Vv., *Gli abitanti immobili di San Vivaldo in Monte Sacro della Toscana*, Firenze, 1987, p. 41, Fig. 4.

図35：G. Donnini, 'L'oratorio dei Beati Becchetti. Un'iconografia della passione del primo '400 a Fabriano', in *Di Ritorno dal Pellegrinaggio a Gerusalemme……, op. cit.*, p. 145（Fig. 1）（左図）, p. 149（Fig. 5）（右図）.

図36：F. T. Fagliari Zeni Buchicchio, 'Gli oratori dell'Isola Bisentina dal tempo di Ranuccio Farnese agli interventi di Antonio da Sangallo il Giovane', in Aa. Vv., *Il Quattrocento a Viterbo*, Viterbo, 1983, p. 109.

第3章

図40 : A cura di F. Fontane e P. Sorrenti, *Sacri Monti. Note architettonico- urbanistiche*, 1°Convegno internazionale sui Sacri Monti, Varallo, 1980, p. 18の図面を著者が加工、修正

図41：C. Debiaggi, *il Sacro Monte di Varallo*, Varallo Sesia, 1996, p. 1.

図42、45、47-1、47-2、48、50-1、50-2、53、59-1、59-2、63、65、74、76、80：著者撮影・作成

図43：C. Debiaggi, 'La primitiva cappella dell'Annunciazione al Sacro Monte di Varallo', in *Arte Lombarda*, 40, 1974, p. 177, pianta 1 e pianta 2.

図44、55、58、58a、58b、58c、58d：G. Alessi, *Libro dei Misteri. Projetto di pianificazione urbanistica, architettonica e figurativa del SacroMonte di Varallo in Valdelsa（1565-1569）*, 2 volumi, Bologna, 1974, c. 23 ; c. 10 verso ; pianta 5.

図46、54、60、75 : A. Durio, 'Il Santuario di Varallo secondo uno sconosciuto cimelio bibliografico del 1514', in *Bollettino storico per la Provincia di Novara*, 1926, Fascicolo, II , tra pp. 124-125.

図49、57、66：A cura di C. Baratto, *Guida di Terra Santa*, Milano, 1999, p. 164, p. 95, p. 57.

図51、69：A cura di S. S. Perrone, *Questi sono li Misteri che sono sopra el Monte de Varallo*, Borgosesia, 1987, p. 74, fig. 12 ; p. 65, fig. 2.

図52：B. Amico, *Plans of the sacred edifices of the Holy land*, Jerusalem, 1953, p. 65.

図56､64：Fra Niccolò da Poggi, *Libro d'Oltramare*（*1346-1350*）, Gerusalemme, 1945, p. 33, p. 25.

図61：P. Galloni, *Sacro Monte di Varallo. Origine e svolgimento delle Opere d'Arte*, Varallo, 1914, p. 27, fig. 4.

図62：S. S. Perrone, 'I《Misterij》architettonici di Galeazzo Alessi al Sacro Monte di Varallo', in G. Alessi, *Libro dei Misteri*, Bologna, 1974, pianta 1.

図67：T. Nanni, *Dialogo Sopra i Misterij del Sacro Monte di Varallo*, Varallo, 1626, Cappella 50.

図68：G. G. Ferrari, *Brevi considerazioni sopra i Misteri del Sacro Monte diVarallo*, Varallo, 1613, Capella 44.

図70：A cura di G. Romano, *Gaudenzio Ferrari e la sua scuola*, Accademia Albertina di Belle Arti, Torino, 1982, p. 191.

図71：A cura di M. Bernardi, *Il Sacro Monte di Varallo*, Torino, 1960, p. 13.

図72、73：C. Debiaggi, 'Le cappelle dell'Ascensione dell'Apparizione di Gesù ai discepoli e l'originaria topografia del Sacro Monte di Varallo', in *Bollettino storico per la Provincia di Novara*, luglio-dicembre, p. 63, fig. 2 e p. 66, fig. 3.

図77：A. Trovari, 'Il Beato Bernardino Caimi ha veramente riprodotto al Sacro Monte di Varallo i Luoghi Santi della Palestina?', in *Sacro Monte di Varallo*, 39, agosto, 1963, p. 11.

図78：A. Bossi, 'Il sepolcro della Vergine o cripta dell'assunzione a Gerusalemme a Varallo', in *Quaderno di Studio*, n. 4, Sacro Monte di Varallo, 1986, p. 42, p. 39.

図79：Aa.Vv., *Gli abitanti immobili di San Vivaldo*, Firenze, 1987, p. 51.

第4章

図81: A cura di F. Fontana e P. Sorrenti, *Sacri Monti Note architettonicourbanistiche*, 1° Convegno internazionale sui Sacri Monti, Varallo, 1980, p. 42の図をもとに著者が加工・作成

図82、83、84、85、86、88、89、90、91、92、95、97、99、103、104、105、107、108、109、112、113：著者撮影・作成

図87：Y. Yadin, *Jarusalem Revealed*, Jerusalem, 1976, p. 105.

図93：関谷定夫『図説新約聖書の考古学』（講談社、1981年、174頁）

図94、98、110、111：R. Pacciani, G. Vannini, *La 'Gerusalemme' di San Vivaldo in Valdelsa*, Montaione, 1998, p. 43, p. 37, p. 35.

図96、114：テディ・コレック、モーシェ・パールマン著／石田友雄訳『聖都エルサレム』（学研、1979年、113、146頁）

図100：Fra Niccolò da Poggibonsi, *Libro d'Oltramare*（*1346-1350*）, Gerusalemme, 945, p. 49.

図101：P. D. Baldi, *Guida di Terra Santa*, Gerusalemme, 1973, p. 17.
図102：ジャン・ロージャン著／三笠宮崇仁監修／小野寺幸也訳『新聖書地図』（朝倉書店、1988年、174頁）
図106、115、116：Aa. Vv., *Gli abitanti immobili di San Vivaldo*, Firenze, 1987, p. 122, p. 65, p. 66.
第5章
図117、119、120、122、123、126、130、132、137、139、141、143、144、149、151、154、156、157、159、161、162、163、164、165、166、167、168、169、170、171、174、175、176、177：著者撮影・作成
図118：A. Castelli, D. Roggero, *Un Santuario mariano : Il Sacro Monte di Crea*, Casale Monferrato, 2000, p. 108の図を著者が加工
図121、127、145、147：a cura di F. Fontana e P. Sorrenti, *Sacri Monti. Note architettonico-urbanistiche*, 1° Convegno internazionale sui Sacri Monti, Varallo, 1980, p. 70, p. 96, p. 162, pp. 106-107の図を著者が加工
図124：*Guida d'Italia, Lombardia*, Touring Club Italiano, Milano, 1987, p. 193.
図125：A cura di C. A. Lotti, *La decima cappella del Sacro Monte di Varese*, Milano, 1987, p. 15.
図128：M. Pagliano, G. Quirico, P. Tosi, *Il Sacro Monte di San Carlo. Itinerari storico-artistici aronesi*, Arona, pp. 40-41.
図129：P. Gatta Papavassiliou, *Il Sacro Monte di Ossuccio*, Bergamo, 1996, p. 30の図を著者が加工
図131：Comune di Vicoforte提供
図133、134：Aa. Vv., *Sacri Monti in Piemonte*, Torino, 1994, p. 69の図を著者が加工、p. 71.
図135：G. Bertotti, L. Bertotti, *Belmonte ed il suo Santuario*, Torino, 1988, p. 95の図を著者が加工
図136：Comune di Mongardino提供
図138：L. G. Fararella Stradella, *Santuario della Passione*, Faravelli Geometri, n. 2, gennaio, 1995, p. 9.
図140：Arch. Francesco Bevione 氏提供の図面を著者が加工
図142：F. Fontana, P. Sorrenti, *Oropa. Sacro Monte*, s. d., p. 177の図面を著者が加工
図146：Orazio Boggio Marzet氏提供の図面を著者が加工
図148：A cura di L. Zanzi e P. Zanzi, *Atlante dei Sacri Monti prealpini*, Milano, 2002, p. 87.
図150：Giulio Ieni, *L'oratorio di S. Maria Maddalena a Novi Lugure*, Edizioni dell'Orso, Alessandria, 1982, p. 6, figura 3.

図152：D. Camillo Caldara, *Il Santuario di S. Anna in Montrigone di Borgosesia*, Varallo, 1966, p. 2.

図153：F. C. Gibellini, *Il Sacro Monte di Sant'Anna a Montrigone di Borgosesia*, Borgosesia, 1984, p. 65.

図155：Parrocchia di Galliate, *Santuario del Varallino, Arte e devozione popolare*, Galliate, 2001, p. 13.

図158：P. Bassatto, *Il Santuario del Cavallero*, Coggiola, 1998, p. 10の図面を著者が加工

図160：Comune di Cerveno（Geometra Vielmi氏）提供の図面を著者が加工

図172、173：Comune di S. Lorenzo di Sebatoの副市長Peter Ausserdorfer氏撮影・提供

初出一覧（対照表）

※記載のない部分は本書が初出。

目 次
第1章　「サクロ・モンテ」の定義と研究史
1 「サクロ・モンテ」の定義
1.1 〜 1.3
2　イタリアのサクロ・モンテ研究史
第2章　15世紀以前の西欧におけるエルサレムの模造建築
2　14世紀以前のエルサレムの模造建築
2.1 〜 2.2
3　15世紀のエルサレムの模造建築
3.1 〜 3.2
第3章　ミラノ管区ヴァラッロのサクロ・モンテ
はじめに〜 5
第4章　トスカーナ管区サン・ヴィヴァルドのサクロ・モンテ
はじめに〜 4
第5章　形態の変遷から見たイタリアのサクロ・モンテとその他の巡礼施設の展開
2　トレント公会議後の巡礼施設――「サクロ・モンテ」の諸類型と展開
2.1 〜 2.4
3　南チロル（トレンティーノ＝アルト・アディジェ州）の「カルヴァリオ山」
3.1 〜 3.4

初　出		
発表年	掲載誌・頁	タイトル
2010年3月	『崇城大学芸術学部研究紀要』第3号　105-129頁	ヨーロッパ近世の代用巡礼施設の定義をめぐる問題についての一提言――トレンティーノ＝アルト・アディジェ州のカルヴァリオ山の踏査を通して――（第5章3節と組み合わせ独立させて発表）
2007年3月	『藝叢』第23号　117-130頁	研究ノート　イタリアのサクロ・モンテ研究小史
2003年3月	『芸術学研究』　第7号　53-62頁	14世紀以前の西欧における‘エルサレム’の模造建築
2012年3月	『崇城大学芸術学部研究紀要』第5号　51-73頁	15世紀の西欧における聖地エルサレム模造の変化と展開
（上）：2006年3月　（下）：2007年3月	『藝叢』第21号　1-34頁　第22号　49-74頁	フラ・ベルナルディーノ・カイーミの「代用エルサレム」――ヴァラッロのサクロ・モンテの失われた初期の形態について（上）（下）
2002年3月	『芸術学研究』第6号　9-22頁	「トスカーナ管区サン・ヴィヴァルドの‘エルサレム’――地形模倣的巡礼施設からサクロ・モンテへ」
2011年3月	『崇城大学芸術学部研究紀要』第4号　75-102頁	トレント公会議後のイタリアのサクロ・モンテの展開――その多様な形態の類型化に関する一試論
2010年3月	『崇城大学芸術学部研究紀要』第3号　105-129頁	第1章1節と組み合わせ独立させて発表

参考文献

※平成15（2003）年度における学位論文提出後も数多くの論考や著作が発表、出版されているが、ここでは若干の論文や著作を例外として、平成15年度までに参照した文献のみを刊行順に掲げた。

第1章

1

〈1942年〉

・上智大学編纂、独逸ヘンデル書店共編『カトリック大辞典』II（冨山房、1942年、301頁）。

〈1949年〉

・A. Teetaert de Zedelgen, ‘Aperçu historique sur la dévotion au chemin de la croix’, in *Collectanea Franciscana*, 19, 1949, pp. 45-142.

〈1970年〉

・‘Kalvarienberg’, in *Lexikon der christlichen Ikonographie*, 2nd. Vol, 1970, Herder, Rom, Freiburg, Basel, Wien, SS. 489-490.

〈1978年〉

・‘sacro monte’, in *Lessico universale italiano*, XIX, Roma, 1978.

〈1991年〉

・‘Kalvarienberg’, in *Lexikon der Kunst*, G-K, Band III, 1991, Leipzig, S. 612.

〈1992年〉

・W. Brunner, ‘Jerusalempilger, Kalvarienberg und Passionsfrömmigkeit’, in ‘Kreuz-Kreuzifix-Kalvarienberg’, in W. Brunner, M. Čičo, G. Jontes, R. Pretterhofer, J. Rantfl, E. Renhart, *Calvario Tod und Leben*, Graz, 1992, SS. 88-89.

・W. Brunner, ‘Europäische Kalvarienberge’, in *Ibid.*, SS. 136-137.

〈1994年〉

・‘Sacro Monte’, in *Dizionario della pittura e dei pittori*, S-T, Torino, 1994, p. 8.

〈1995年〉

・‘sacro monte’, in *L’enciclopedia dell’arte*, Novara, 1995, p. 833.

〈1996年〉

・‘Sacromonte’, in *The Dictionary of Art*, vol. 27, London, New York, 1996, p. 497.

〈1998年〉

・R. Pacciani, G. Vannini, *La 'Gerusalemme' di S. Vivaldo in Valdelsa*, 1998, Calenzano, p. 59.

2

〈1566年〉

・F. Sesalli, *Breve descrizione del Sacro Monte di Varallo di Valdelsa etc.*, Novara, 1566.

〈1570年〉

・F. Sesalli, *Descrittione del Sacro Monte di Varallo di Valsesia*, Novara, 1570.

〈1839年〉

・M. Sartorio, *Il Santuario di S.Maria del Monte sopra Varese*, Milano, 1839.

〈1906年〉

・H. Thurston, *The Stations of the Cross*, London, 1906.

〈1907年〉

・H. Thurston, *Étude historique sur le Chemin de la Croix*, Paris, 1907.

〈1908年〉

・F. Ghilardi, *San Vivaldo in Toscana*, Firenze, 1895. ; F. Ghilardi, 'La chiesa le cappelle di S. Vivaldo (spigolature)', in *Miscellanea Storica della Valdelsa*, XVI, 1908, pp. 31-55.

・K. A. Kneller, *Geschichte der Kreuzwegandacht von den Anfängen bis zur völligen Ausbildung, 1957*, Freiburg, 1908, SS. 22-24.

〈1921年〉

・F. Ghilardi, 'Sulle cappelle di S. Vivaldo. Un documento di Leone X', in *Miscellanea Storica della Valdelsa*, XIX, 1921, fasc.1-2, pp. 1-26.

〈1927年〉

・A. Durio,'Il Santuario di Varallo secondo uno sconosciuto cimelio bibliografico del 1514', in *Bollettino Storico per la Provincia di Novara*, 1927, Fasci. II, pp. 117-139.

・A. Durio,'Francesco Sesalli e la prima 'Descrittione' del Sacro Monte di Varallo', in *Bollettino Storico per la Provincia di Novara*, XX, fasci.II, 1927, pp.167-178.

・A. Durio,'Francesco Sesalli e la prima 'Descrittione' del Sacro Monte di Varallo', in *Bollettino Storico per la Provincia di Novara*, XXI, fasci.IV, 1927, pp. 379-396.

〈1929年〉

・A. Durio, 'Bibliografia del Sacro Monte di Varallo e della Chiesa di Santa Maria delle Grazie annessa al Santuario 1493-1929', in *Bollettino Storico per la Provincia di Novara*, Anno XXIII-1929, pp. 357-405.

〈1936年〉

・F. Ghilardi, *Guida al Santuario di S.Vivaldo*, Castelfiorentino, 1936.

〈1956年〉

・G. Testori, *Il gran Teatro montano*. Saggi su Gaudenzio Ferrari, Milano, 1956.

〈1957年〉
・E. Kramer, *Krezuweg und Kalvarienberg. Historische und baugeschichtliche Untersuchung*, Studien zur deutschen Kunstgeschichte, Band 313, Kehl/Strassburg, 1957.
〈1974年〉
・P. C. Brookes, 'The Sacri Monti of Lombardy and Piemonte', in *The Connaisseur*, 1974, Heft 750, pp. 286-295.
〈1975年〉
・M. Praz, *Il giardino dei Sensi:Studi sul manierismo e il barocco*, Milano, 1975.（マリオ・プラーツ著／若桑みどり、森田義之、白崎容子、伊藤博明、上村清雄訳、第五部　バロックの宇宙「サクロ・モンテの礼拝堂」『官能の庭――マニエリスム・エンブレム・バロック』ありな書房、1992年、556-564頁）。
〈1980年〉
・C. Debiaggi, *A cinque secoli dalla fondazione del Sacro Monte di Varallo. Problemi e ricerche*, Varallo, 1980, pp. 24-27, nota. 41.
〈1981年〉
・Aa.Vv., *Il Sacro Monte sopra Varese*, Milano, 1981.
〈1987年〉
・J. Pieper, '3. Das Hinwegführende : Die entwirklichte Architektur', in *Das Labyrinthische-Über die Idee des Verborgenden, Rärselhaften, Schwieringen in der Geschichte der Architektur*, Braunschweig/Wiesbaden, 1987, SS. 86-106.（ヤン・ピーパー著／和泉雅人、佐藤恵子、加藤健司訳、第三章「聖なる山――超越へと導くもの…脱現実化された山上の理想都市・サクロ・モンテ」『迷宮――都市・巡礼・祝祭・洞窟……迷宮的なるものの解読』工作舎、1996年、129-157頁）。
〈1990年〉
・G. Kubler, 'Sacred Mountains in Europe and America', in G. Kubler *et alt.*, *Christianity and the Renaissance-Image and Religious Imagination in the Quattrocento*, NewYork, 1990, pp. 413-441.
・L. Andergassen, 'Kalvaria am Kofel', in L. Andergassen *et alt.*, *Der Kofel in Kastelruth*, Kastelruth, 1990, SS. 47-114.
〈1992年〉
・S. Langé, 'Problematiche emergenti nella storiografia sui Sacri Monti', in Aa.Vv., *Sacri Monti. Devozione, arte e cultura della controriforma*, 1992, Milano, p. 2.
・G. Gentile, 'Evocazione topografica, composizione di luogo e tipologia dei Sacri Monti', in *Ibid.*, pp. 90-91.
・R. Wittkower, 'I Sacri Monti, delle Alpi italiane', in *Idea e immagine, Studi sul*

Rinascimento italiano, Torino, 1992, pp. 321-338.（原本は*Idea and image. Studies in the Italian Renaissance*, London, 1978.）
・W. Brunner, 'Europäische Kalvarienberge', in W. Brunner, M. Čičo, G. Jontes, R. Pretterhofer, J. Ranftl, E. Renhart, *Calvario Tod und Leben*, Graz, 1992, S.136.
〈1994年〉
・坂本満「アルプス山麓の巡礼地「サクロ・モンテ」」（『歴博』63号、1994年2月、4-5頁）。
〈1996年〉
・G. Gentile, 'Da Bernardino Caimi a Gaudenzio Ferrari. Immaginario e regia del Sacro Monte', in *de Valle Sicida*, *L'immagine e l'immaginario al Sacro Monte di Varallo*, periodico annuale, Società Valsesiana di Cultura, Anno VII, n.1/1996, pp. 207-287, pp. 226-230.
〈1998年〉
・水野千依「絵画の語り、聖劇の語り――ロレンツォ・ロット作スアルディ家礼拝堂フレスコ画装飾をめぐって」（『美術史』145号、平成10年、特に147-148頁）。
〈1999年〉
・拙稿「16世紀前半のイタリア美術とサクロ・モンテ」（『鹿島美術研究』年報第16号別冊、鹿島美術財団、1999年11月、83-102頁）。
〈2001年〉
・A cura di A. Barbero, *Atlante dei Sacri Monti, Calvari e Complessi devozionali europei*, Ponzano Monferrato, 2001.
・大野陽子「対抗宗教改革期におけるヴァラッロのサクロ・モンテ」（『鹿島美術研究』年報第18号、鹿島美術財団、2001年11月、387-401頁）。
〈2002年〉
・L. Zanzi, 'Introduzione', in a cura dei L. Zanzi e P. Zanzi, *Atlante dei Sacri Monti prealpini*, Milano, 2002.
・拙稿「トスカーナ管区サン・ヴィヴァルドの'エルサレム'――地形模倣的巡礼施設からサクロ・モンテへ」（『芸術学研究』第6号、2002年、9-22頁）。
〈2004年〉
・坂本満「キリスト生誕の小型群像とサクロ・モンテ」（『国立歴史民俗博物館研究報告』第114集、2004年2月、1-23頁）。
〈2005年〉
・水野千依「ヴァラッロのサクロ・モンテ創設期におけるベルナルディーノ・カイーミの構想――〈場の記憶〉と〈心の巡礼〉」（京都造形芸術大学紀要〔GENESIS〕、第9号、2005年、196-215頁）。
〈2008年〉

参考文献

・大野陽子『ヴァラッロのサクロ・モンテ　北イタリアの巡礼地の生成と変貌』（三元社、2008年）。

〈2012年〉

・水野千依『イメージの地層――ルネサンスの図像文化における奇跡・分身・預言』（名古屋大学出版会、2012年（第2刷）、474-504頁）。

第2章

1

〈1987年〉

・F. Cardini, ‘La devozione al Santo Sepolcro, le sue riproduzioni occidentali e il complesso stefaniano. Alcuni casi italici’, in Aa.Vv., *7 colonne & 7 chiese*, Bologna, 1987, pp.19-49.

〈1996年〉

・ヤン・ピーパー著／和泉雅人、佐藤恵子、加藤健司訳『迷宮――都市・巡礼・祝祭・洞窟…迷宮的なるものの解読』（工作舎、1996年（J. Pieper, *Das Labyrinthische-Über die Idee des Verborgenen, Rätselhaften, Schwierigen in der Geschichte der Architektur*, Frankfurt am Main, 1987））。

2

〈1921年〉

・N. C. Brooks, ‘The sepulchres of Christ in Art and Liturgy’, in *University of Illinois Studies in Language and Literature*, VII, 2, 1921, pp. 9-25.

〈1922年〉

・J. Ficker, *Studien über christliche Denkmäler*, Leipzig, 1922.

〈1942年〉

・R. Krautheimer, ‘For an iconography of Architecture’, in *Journal of the Courtauld and Warburg Institutes,* 1942, pp. 1-33.

〈1953年〉

・Fra B. Amico, *Plans of the sacred edifices of the holy land*, translated from the Italian by Fr. T. Bellorini O. F. M. and Fr. E. Hoade O. F. M., Jerusalem, 1953.

〈1957年〉

・E. Kramer, *Kreuzweg und Kalvarienberg*, Kehl, 1957.

〈1963年〉

・G. Bazin, *Aleijadinho et la sculture baroque au brésil*, Paris, 1963.

〈1970〉

・P. Parsi, *Chiese romane. Da S. Maria di Loreto a SS. Nome di Gesù*, Vol. V, Roma, 1970, pp. 211-12.

〈1971年〉
・D. Neri, *Il Santo Sepolcro riprodotto in Occidente*, Jerusalem, 1971.
〈1974年〉
・G. B. Bautier, 'Les imitations du Saint-Sépulcre de Jérusalem (IXe-XVe siécles), Archéologie d'une dévotion, in *Revue d'histoire de la spiritualité*, XL, 1974, pp.319-342.
・W. Buchwiecki, *Handbuch der Kirchen Roms. Die Kirchen innerhalb der Mauern Roms S. Maria della Neve bis S. Susanna*, 3. band, Wien, 1974, SS. 407-415.
〈1976年〉
・A. Reinle, *Zeichensprache der Architektur*, Zürich und München, 1976.
〈1977年〉
・関谷定夫『図説新約聖書の考古学』(講談社、1977年)。
〈1979年〉
・B. Rossi, *La Terra Santa*, Bologna, 1979.
〈1980年〉
・C. Debiaggi, *A cinque secoli dalla fondazione del Sacro Monte di Varallo. Problemi e ricerche*, Varallo, 1980.
〈1983年〉
・M. Rossi, A. Rovetta, 'Indagine sullo spazio ecclesiale immagine della Gerusalemme celeste', in a cura di M. L. Gatti Perer, *《La dimora di Dio con gli uomini》 Immagini della Gerusalemme celeste da Ⅲ al XⅣ secolo*, Milano, 1983, pp.77-118.
〈1989年〉
・M. Untermann, *Der Zentralbau im Mittelalter*, Darmstadt, 1989, S.78.
・G. Bresc-Bautier, 'Les chapelles de la mémoire : souvenir de la terre sainte et vie du Christ en France (XVe-XIXe siécles)', in a cura di S. Gensini, *La 《Gerusalemme》 di San Vivaldo e i Sacri Monti in Europa*, Ospedaletto, 1989, pp. 215-231.
〈1990年〉
・E. Kühebacher, *'L' 《Außerkirchl》 ' di San Candido*, San Candido, 1990.
〈1993年〉
・E. A. Steinmair, *Heiliggrab-Denkmäler in Südtirol*, Brixen, 1993.
〈2008年〉
・A. Barbero,'Il ricordo del pellegrino e l'esperienza del sacro', in a cura di A. Barbero e G. Roma, *Di ritorno dal pellegrinaggio a Gerusalemme*,Vercelli, 2008, pp. 74-75
3
〈1626年〉
・B. Mazzara, *Leggendario francescano*, Venezia, MDCLXXVI, p. 121.
〈1903年〉

参考文献

・Suora Jacopa Pollicino, *La leggenda della Beata Eustochia da Messina (Smeralda Calefati-Colonna)*, Testo a penna del secolo XV per la prima volta pubblicato, Messina, 1903.

〈1906年〉

・G. Vasari, *Le Vite*, Vol. V., ed. Milanesi, Firenze, pp. 455-456.

〈1942年〉

・R. Krautheimer, 'For an iconography of Architecture', in *Journal of the Courtauld and Warburg Institutes*, 1942, pp. 1-33.

〈1949年〉

・A. Teetaert de Zedelgen, 'Aperçu historique sur la dévotion au chemin de la croix', in *Collectanea Franciscana*, 19, 1949, pp. 45-142.

〈1954年〉

・小林珍雄編『キリスト教用語辞典』（東京堂、1954年）。

〈1957年〉

・E. Kramer, *Kreuzweg und Kalvarienberg*, Kehl, 1957, p. 104.

〈1961年〉

・*Compendio della vita della Beata Eustochia*,Clarissa messinese, Messina, 1961, p. 45.

〈1967年〉

・R. Sassi, 'Oratorio dei beati Becchetti', *Le chiese di Fabriano. Brevi cenni storico-artistici*, Fabriano, 1967.

〈1969〉

・G. Martin, *Roma Sancta (1581)*, edited from the manuscript by G. B. Parks, Roma, 1969.

〈1970年〉

・P. Parsi, *Chiese romane. Da S. Maria di Loreto a SS. Nome di Gesù*, Vol.V, Roma, 1970, pp. 211-212.

〈1974年〉

・W. Buchowiecki, *Handbuch der Kirchen Roms. Die Kirchen innerhalb der Mauern Roms S. Maria della Neve bis S. Susanna*, 3. band, Wien, 1974, SS. 407-415.

〈1976〉

・石井健吾『フランシスカニズムの系譜　黄金の世紀・十三世紀』（中央出版社、1979年）。

〈1982年〉

・P. Rinelli, *Vivo io , non più io. La spiritualità della beata Eustochia da Messina*, Messina, 1982.

〈1983年〉

・F. T. F. Zeni Buchicchio, 'Gli oratori dell'Isola Bisentina dal tempo di Ranuccio Farnese

agli interventi di Antonio da Sangallo il giovane', in Aa. Vv., *Il Quattrocento a Viterbo*, Viterbo, 1983, pp. 108-132.
〈1985年〉
・D. Pilati, *Storia di Fabriano dalle origini ai nostri giorni*, Fabriano, 1985, pp. 326-327.
〈1986年〉
・M. Antonietta di Paco Triglia, *La chiesa del Santo Sepolcro di Pisa*, Pisa, 1986.
〈1987年〉
・Aa.Vv., *Gli abitanti immobili di San Vivaldo in Monte Sacro della Toscana*, Firenze, 1987.
〈1989年〉
・la voce di 'Eustochia Calafato', in *Dizionario dei Santi*, Firenze, 1989, p. 117.
・F. Cardini, 'La devozione a Gerusalemmme in occiedente e il《caso sanvivaldino》', in a cura di S. Gensini, *La《Gerusalemme》di san Vivaldo e i Sacri Monti in Europa*, Ospedaletto, 1989, pp. 55-102.
〈1991年〉
・J. Weingartner, *Die Kunstdenkmäler Südtirols*, Band. 2, Bozen, 1991.
・F. Vandenbroucke, *La spiritualità del Medioevo*, Bologna, 1991.
〈1994年〉
・A cura di G. Donnini, 'Oratorio', in *I legni Devoti*, Fabriano, 1994, pp.58-62.
・L. Iriarte, *Storia del Francescanesimo*, Roma, 1994.
〈1995年〉
・G. Donnini, 'L'Oratorio dei Beati Becchetti e il gruppo ligneo del Calvario', in Aa. Vv., *Il portale restaurato*, Fabriano, 1995.
〈1996年〉
・G. Gentile, 'Da Bernardino Caimi a Gaudenzio Ferrari. Immaginario e regia del Sacro Monte', in *De Valle Sicida*, Periodico annuale Società Valsesiana di Cultura, Anno VII. n.1, 1996, pp. 207-287.
・M. D. ノウルズ他著／上智大学中世思想研究所編訳・監修『キリスト教史4　中世キリスト教の発展』（平凡社、1996年）。
〈1997年〉
・J. ルクレール、F. ヴァンダンブルーク著／岩村清太他訳『キリスト教神秘思想史2　中世の霊性』（平凡社、1997年）。
・H. テュヒレ他著／上智大学中世思想研究所編訳・監修『キリスト教史6　バロック時代のキリスト教』（平凡社、1997年）。
〈1999年〉
・G. Conta, *I luoghi dell'arte*, Vol. quinto, Ora, 1999, p. 52.

・Egeria, *Pellegrinaggio in Terra Santa*, a cura di N. Natalucci, 1999, Bologna, pp. 157-221.
・イグナチオ・デ・ロヨラ著／門脇佳吉訳・解説『霊操』（岩波文庫、1999年）。
〈2000年〉
・'Stazione' , in *Grande dizionario della lingua italiana*, XX, Squi-Tog, Torino, 2000, p.111.
〈2001年〉
・A cura di A. Barbero, *Atlante dei Sacri Monti Calvari e Complessi devozionali europei*, Centro di Documentazione, Ponzano Monferrato, Novara, 2001.
・上智大学中世思想研究所編訳・監修『中世思想原典集成16　ドイツ神秘思想』（平凡社、2001年）。
・同上『中世思想原典集成12　フランシスコ会学派』（平凡社、2001年）。
〈2004年〉
・C. フルゴーニ著／三森のぞみ訳『アッシジのフランチェスコ　ひとりの人間の生涯』（白水社、2004年）。
〈s.d.〉
・C. Ricci, *Romanesque architecture in Italy*, New York, s. d., p. 202.

第3章
手稿
〈1566-69年〉
・G. Alessi, *Libro dei Misteri*, ms..
刊行物
〈1507年〉
・Descrizione del cancelliere Girolamo Morone a Lancino Curzio, il 28 sett. 1507.（→1863年の文献参照）
〈1514年〉
・Anonimo, *Tractato de li capituli de passione:Questi sono li misteri che sono sopra el Monte de Varale*, Milano, 1514（→1987年の文献参照）
〈1566年〉
・F. Sesalli, *Breve descrizione del Sacro Monte di Varallo di Valsesia*, Novara, 1566.
〈1570年〉
・F. Sesalli, *Descrittione del Sacro Monte di Varallo di Valsesia*, 1570.
〈1603年〉
・F. Francisci Gonzaga, *De origine seraficae religionis*, Venetiis, 1603, pp. 407-411.
〈1613年〉

・G. G. Ferrari, *Brevi Considerazioni sopra i Misteri del Sacro Monte di Varallo*, composte per ordine di Monsignor illustrissimo & reverendissimo don Carlo Bascapè Vescovo di Novara, Varallo, 1613.

〈1626年〉

・T. Nanni, *Dialogo sopra i Misterij del Sacro Monte di Varallo. Ove con facilità imparerai a contemplare le attioniprincipali, che operò Christo in vita, & doppo morte ; con l'ordine delle Cappelle*, Varallo, 1626.

〈1628年〉

・B. Manino, *Descrittione de Sacri Monti di S. Carlo d'Arona, di S. Francesco, d'Horta, di Santa Maria sopra Varese e di Varallo*, Milano, 1628.

〈1671年〉

・G. B. Fassola, *La nuova Gierusalemme o sia il Santo Sepolcro di Varallo*, Milano, 1671.

〈1686年〉

・F. Torrotti, *Historia della Nuova Gierusalemme, il Sacro Monte di Varallo del canonico Francesco Torrotti*, Varallo, 1686.

〈1706年〉

・G. Battista da Grignasco, *Direttorio per ben visitare la Nuova Gierusalemme o sia il Santo Sepolcro di Varallo, e per ben contemplare li altri Misterij della Vita, Passione, Morte e Resurretione del nostro Signore Giesù Christo*, con l'ordine, e guida delle Cappelle, Milano, 1706.

〈1740年〉

・*La Nuova Gerusalemme o sia il S. Sepolcro di Varallo-Sesia con la descrizione istorica di ciascuna Capella, Mistero, e Luogo per saper conoscere ogni cosa, ed andare rettamente per tutto il Santuario. Dedicata all'Illstrissimo Signore il signor marchese Don Giuseppe d'Adda*,Varallo,1740.

〈1741年〉

・*Dorettorio per ben visitare la Nuova Gierusalemme, o sia il Santo Sepolcro di Varallo, e per ben contemplare gli altri Misterij della Vita, Passione, e Morte del nostro Signore Gesù Cristo con l'ordine, e guida di tutte le Cappelle. Dedicato a'piedi di Maria Assonta dagli Eredi di Girolamo Draghetti di Varallo*, Milano, 1741.

〈1803年〉

・B. M. Chiara, *Opera la più compita, che si possa trovare intorno al Santuario di Varallo composta nell'anno 1803*, ms. originale di pp. 68 non numerate.

〈1819-24年〉

・*Guida per ben visitare la Nuova Gerusalemme nel Sacro Monte di Varallo*, pubblicata a spese de medesimo S. Monte, Varallo, 1819-24.

〈1826年〉
・*Guida per ben visitare la Nuova Gerusalemme nel Sacro Monte di Varallo esposta alla pietà de'fedeli*, Varallo, 1826.
〈1829年〉
・G. A. Chiara Sorini, *Direzione per visitare bene il Santuario di Varallo e contemplare i Misteri della Redenzione corredata da una dissertazione storica e cronologica intorno l'origine, ed i progressi del medesimo*, Varallo, 1829.
〈1830年〉
・G. Bordiga, *Storia e guida del Sacro Monte di Varallo*, Varallo, 1830.
〈1835年〉
・*Guida al Sacro Monte di Varallo ossia la Nuova Gerusalemme*, Varallo, 1835.
〈1857年〉
・M. Cusa, *Nuova guida storica, religiosa ed artistica al Sacro Monte di Varallo, ed alle sue adiacenze*, Varallo, 1857.
〈1863年〉
・Lettera del Cancelliere milanese Gerolamo Morone a Lancino Curzio, in cui si descrive il nuovo Sacro Monte di Varallo, in *Miscellanea di Storia italiana edita per cura della R. Deputazione di Storia Patria*, Torino, 1863, Ⅱ, p. 148.
〈1871年〉
・F. Tonetti, *Guida storica e pittorica della Valsesia e del Santuario di Varallo*, Varallo, Torino, 1871.
〈1875年〉
・F. Tonetti, *Storia della Valsesia e dell'alto Novarese*, Varallo, 1875.
〈1891年〉
・F. Tonetti, *Guida della Valsesia e del Monte Rosa*, Varallo, 1891.
〈1894年〉
・S. Butler, *Ex Voto : An Account of the Sacro Monte on New Jerusalem at Varallo Sesia*, London, 1888.（*Ex Voto-Studio Artistico sulle Opere d'arte del S. Monte di Varallo e di Crea*, ed. italiana tradotta dall'inglese, Novara, 1894.）
〈1908年〉
・P. Goldhart, *Die Heiligen Berge Varallo, Orta und Varese*, Berlino, 1908.
〈1909年〉
・P. Galloni, *Sacro Monte di Varallo. Atti di fondazione. B. Caimi fondatore*, Varallo, 1909.
・P. Galloni, *Il Sacro Monte di Varallo*, 2 vols., Varallo, 1909-1914.
〈1913年〉
・S. Batler, *Alps and Sanctuaries of Piemonte and the Canton Ticino*, London, 1913.

〈1914年〉
・P. Galloni, *Il Sacro Monte di Varallo-Origine e svolgimento delle Opere d'Arte*, Varallo, 1914.
〈1921年〉
・L. Ravelli, *La Valsesia e il Monte Rosa*, Varallo, 1921.
〈1924年〉
・L. Bracaloni, *L'arte francescana nella vita e nella storia di settecento anni*, Todi, 1924, p. 249.
〈1926年〉
・A. M. Brizio, 'Studi su Gaudenzio Ferrari', estratto da *L'Arte*, XXIX（1926）, fasc. IV, pp.1-38.
・A. Durio, 'Il Santuario di Varallo secondo uno sconosciuto cimelio bibliografico del 1514', in *Bollettino storico per la Provincia di Novara*, Fasci. II, 1926, pp. 117-139.
〈1927年〉
・A. Durio, 'Francesco Sesalli e la prima〈Descrittione〉del Sacro Monte di Varallo', in *Bollettino Storico per la Provincia di Novara*, XX, fasc.II, 1927, pp. 167-178.
・A. Durio, 'Francesco Sesalli e la prima〈Descrittione〉del Sacro Monte di Varallo', in *Bollettino Storico per la Provincia di Novara*, XXI, fasc. IV, 1927, pp. 379-396.
〈1928年〉
・L. Gillet, *Dans les Montagnes Sacrès-Orta-Varallo-Varese*, Paris, 1928, pp. 67-121.
〈1929年〉
・A. Durio, 'Bibliografia del Sacro Monte di Varallo e della Chiesa di Santa Maria delle Grazie annessa al Santuario 1493-1929, I. Storia Artistica Letteraria e Religiosa', in *Bollettino Storico per la Provincia di Novara*, Anno XXIII, 1929, pp. 357-405.
〈1930年〉
・A. Durio, 'Bibliografia del Sacro Monte di Varallo e della Chiesa di Santa Maria delle Grazie annessa al Santuario 1514-1748, II. Descrittioni-Direttorii-Guide', in *Bollettino Storico per la Provincia di Novara*, Anno XXIV, 1930, pp. 82-94.
・A. Durio, 'Bibliografia del Sacro Monte di Varallo e della Chiesa di Santa Maria delle Grazie annessa al Santuario 1751-1927, II. Descrittioni-Direttorii-Guide', in *Bollettino Storico per la Provincia di Novara*, Anno XXIV, 1930, pp. 279-291.
〈1931年〉
・G. Romerio, 'Il Sacro Monte di Varallo in una tavola del Cinquecento', in *Bollettino Storico per la Provincia di Novara*, XXV, fasc. I-II, Novara, 1931.
〈1940-1941年〉
・G. Rocco, 'Del Sacro Monte di Varallo e del "Libro dei Misteri"', in *Bollettino della*

Sezione di Novara della R. Deputazione Subalpina di Storia Patria, I-1940, N. 2-3, pp. 30-42, II -1941, N. 2-3, pp. 190-206.
〈1943年〉
・A. Durio, ‘Bibliografia del Sacro Monte di Varallo. Omissioni e aggiornamenti 1600-1943’, in *Bollettino della Sezione di Novara della Reale, Deputazione Subalpina di Storia Patria*, 1943, n. 1-2, pp. 75-100.
〈1954-57年〉
・A. M. Brizio, ‘Configurazione del Sacro Monte di Varallo nel 1514’, in *Bollettino della Società Piemontese di Archeologia e di Belle Arti*, Anni Ⅷ-XI, 1954-57, pp. 1-6.
・A. M. Brizio, ‘La più antica veduta del Sacro Monte di Varallo’, in *Bollettino della Società Piemontese di Archeologia e di Belle Arti*, Anni Ⅷ-XI, 1954-57, pp. 1-5.
〈1956年〉
・G. Testori, ‘Gaudenzio e il Sacro Monte’, in Aa.Vv., *Gaudenzio Ferrari*, Catalogo della mostra, Milano, 1956, pp. 21-33.
〈1960年〉
・Aa.Vv., *Atti e memorie del Congresso di Varallo Sesia*, Torino, 1960.
・A cura di M. Rosci, *Pinacoteca di Varallo Sesia*, Varallo, 1960.
〈1962年〉
・G. Testori, *Elogio dell'arte novarese*, Novara, 1962.
〈1963年〉
・A. Trovati, ‘Il Beato Bernardino Caimi ha veramente riprodotto al S. Monte di Varallo i Luoghi Santi della Palestina?’, in *Il Sacro Monte di Varallo*, Anno 39°, 1963, marzo: pp. 8-11; luglio: pp. 10-15; agosto: pp. 8-11.
〈1964年〉
・M. L. G. Perer, ‘Martino Bassi. Il Sacro Monte di Varallo e Santa Maria presso San Celso a Milano’, in *Arte Lombarde*, Milano, 1964, Secondo semestre, pp. 21-57.
〈1965年〉
・G. Testori, *Il gran teatro montano: saggi su Gaudenzio Ferrari*, Milano, 1965.
・A. M. Brizio, ‘Il Sacro Monte di Varallo: Gaudenzio e Lotto’, in *Bollettino della Società Piemontese di Archeologia e Belle Arti*, XIX, 1965.
〈1967年〉
・S. Langè, *Sacri Monti piemontesi e lombardi*, Milano, 1967.
〈1969年〉
・G. Repaci Courtois, ‘La Pietra dell'Unzione di Martino Spanzotti’, in *Critica d'Arte*, n. 99, 1969, pp. 27-42.
〈1972年〉

・A. Bossi, ‘Primi visitatori al S. Monte’, in *Corriere Valsesiano*, 38, 6 ottobre, 1972, p. 3.

〈1974年〉

・G. Alessi, *Libro dei misteri. Progetto di pianificazione urbanistica, architettonica e figurativa del Sacro Monte di Varallo in Valsesia (1565-1569)*, Prefazione di A. M. Brizio, Commento critico di S. S. Perrone, Bologna, 1974.

・P. C. Brookes, ‘The Sacri Monti of Lombardy and Piedmonte’, in *The Connaisseur*, 1974, Heft 750, pp. 286-295.

・C. Debiaggi, ‘La primitiva cappella dell’Annunciazione al Sacro Monte di Varallo’, in *Arte Lombarda*, 1974, 40, pp. 175-178.

・C. Debiaggi, ‘Origine sviluppo dell’urbanistica di Varallo Sesia fino al secolo XV’, in *Bollettino Storico per la Provincia di Novara*, 2, 1974.

・Aa.Vv., *Galeazzo Alessi*, mostra di fotografie disegni e rilievi a palazzo bianco in occasione del convegno internazionale di studi, Genova, 1974.

〈1975年〉

・S. S. Perrone, ‘L’urbanistica del Sacro Monte e Galeazzo Alessi’, in *Galeazzo Alessi e l’Architettura del Cinquecento*, Atti del Convegno Internazionale di Studi, Genova, 1975, pp. 501-516.

・Aa.Vv., *Atti del Convegno sul centro storico di Varallo*, Varallo Sesia, 6 sett. 1974, Borgosesia, 1975.

・C. Debiaggi, ‘La cappella <subtus Crucem> al Sacro Monte di Varallo’, in *Bollettino Storico per la Provincia di Novara*, 1975, pp. 72-80.

〈1976年〉

・C. Debiaggi, ‘Sulla presunta Via Dolorosa al Sacro Monte di Varallo’, in *Bollettino Storico per la Provincia di Novara*, LXV,1, 1976, pp. 67-75.

・A. Bossi, ‘Il Sacro Monte di Varallo in un documento inedito’, in *Bollettino Storico per la Provincia di Novara*, LXV, 2, 1976, pp. 119-124.

〈1977年〉

・C. Debiaggi, ‘La preistoria del Sacro Monte di Varallo testimoniata da un resto archeologico’, in *Bollettino Storico per la Provincia di Novara*, LXVⅢ, 1, 1977, pp. 95-107.

・C. Debiaggi, ‘Sulla data di fondazione del Sacro Monte di Varallo’, in *Bollettino Storico per la Provincia di Novara*, LXVⅢ, 2, 1977, pp. 152-160.

〈1978年〉

・C. Deviaggi, ‘Le cappelle dell’Ascensione, dell’Apparizione di Gesù ai discepoli e l’originaria topografia del Sacro Monte di Varallo’, in *Bollettino Storico per la Provincia di Novara*, luglio-dicembre, 1978, pp. 56-81.

・A. Bossi, 'Un mistero attorno alla Sacra Orma', in *Il Monte Rosa*, marzo, 1978 ed in *Il Sacro Monte di Varallo*, marzo, 1978, s. pag..

〈1979〉

・A. Bossi, 'I Vangeli apocrifi e il Sacro Monte', in *Il Sacro Monte di Varallo*, Dicembre,1979, s. pag..

〈1980年〉

・C. Debiaggi, *A cinque secoli dalla fondazione del Sacro Monte di Varallo. Problemi e ricerche*, Varallo, 1980.

・Aa.Vv., *Aspetti storici ed artisici del Sacro Monte di Varallo*, mostra documentaria, 1. Convegno Internazionale sui Sacri Monti, Varallo, 1980.

・F. Fontana, P. Sorrenti, *Sacri Monti. Note architettonico-urbanistiche*, Primo convegno internazionale di studi sui Sacri Monti, Varallo, 1980.

〈1981年〉

・M. Rosci, S. S. Perrone, *Pinacoteca di Varallo recuperi e indagini storiche*, Varallo, 1981.

・A cura di F. Fontana, P.Sorrenti, *Sacri Monti. Itinerari di devozione tra architettura, figurativa e paesaggio*, Biella, 1981.

〈1982年〉

・S. S. Perrone, 'I Sacri Monti come città ideale', in a cura di C. Maltese, *Centri storici di grandi agglometrati urbani*, Comite International d'Histoire de l'Art, 9, 1982, pp. 55-66.

・G. Testori, G. Frangi, D. Bianco, *Sacri Monti delle Alpi*, Milano, 1982.

・A cura di G. Romano, *Gaudenzio Ferrari e la sua scuola. I cantoni cinquecenteschi dell'Accademia Albertina*, Torino, 1982.

〈1984年〉

・A. Bossi, 'La data di fondazione del Sacro Monte di Varallo. Contributo per una definizione', in *Quaderno di studio*, n.1, Borgosesia, 1984, s. pag..

・C. Debiaggi, 'Sacro Monte di Varallo', in *Quaderno di studio*, n. 1, Borgosesia, 1984.

・M. Cusa, *Il Sacro Monte di Varallo*, illustrato da Michele Cusa in litografia dei Fratelli Doyen, 1857-1863, Varallo, Borgosesia, 1984.

・A cura di M. G. Cagna Pagnone, *Il Sacro Monte di Varallo : mostra documentaria*, Comune di Varallo, 1984.

・A. Bossi, 'La data di fondazione del Sacro Monte di Varallo. Contributo per una definizione', in *Bollettino Storico per la Provincia di Novara*, 75, 1984, pp. 233-238.

・S. S. Perrone, 'Il Sacro Monte. La Nuova Gerusalemme', in *5° Centenario di Fondazione del Sacro Monte. Monumenti di Fede e di Arte in Varallo*, a cura di A. Bossi, C. Debiaggi, S. Stefani Perrone, Varallo, 1984.

・M. C. Valle, P. Bellini, V. C. Mandracci, *Iconografia del Sacro Monte di Varallo. Dipinti e incisioni dal XVI al XX secolo*, Varallo, 1984.
・W. Hood, 'The Sacro Monte of Varallo Renaissance Art and Popular Religion', in Aa.Vv., *Monasticism and the Arts*, Syracuse University Press, 1984.
・J. Bober, 'Storia e storiografia del Sacro Monte di Varallo-Osservazioni sulla 'prima pietra' del S. Sepolcro', in *Novarien*, n.14, 1984, pp. 3-18.
・P. G. Longo, 'Alle origini del Sacro Monte di Varallo: la proposta religiosa di Bernardino Caimi', in *Novarien*, 14, 1984, pp.19-98.
・Aa.Vv., *Quaderno di Studio*, San Carlo e il Sacro Monte, Atti del convegno culturale, n. 2, Borgosesia, 1985.
・Aa.Vv., *San Carlo e la Valsesia. Iconografia del culto di San Carlo*, Borgosesia, 1984.
〈1985年〉
・G. Testori, S. S. Perrone, *Artisti del legno. La scultura in Valsesia dal XV al XVIII secolo*, Bolgosesia, 1985.
・G. Gentile, 'Il Sacro Monte di Varallo nella pietà di Carlo Borromeo sviluppi spirituali e catechetici di una tradizione devozionale', in *Bollettino Storico per la Provincia di Novara*, Anno LXXVI, 1985, pp. 201-231.
〈1986年〉
・Aa. Vv., *Bernardino Lanino e il Cinquecento a Vercelli*, Torino, 1986.
・P. F. Carnago, 'Documento con data di fondazione del Sacro Monte-Due note di cronaca', in Aa.Vv., *Quaderno di Studio*, n. 3, Borgosesia, 1986, pp. 7-12.
・C. Debiaggi, 'Sui cinque secoli del Sacro Monte-Genesi del centenario-Conferma dell'anno di fondazione 1486', in Aa.Vv., *Quaderno di Studio*, n. 4, Borgosesia, 1986, pp. 9-24.
・M. G. Grazia Pagnone, *La famiglia D'Adda Salvaterra e la Valsesia*, mostra documentaria, Varallo, 1986.
〈1987年〉
・A cura di S. S. Perrone, introduzione di G. Testori, *Questi sono li Misteri che sono sopra el Monte de Varalle (in una'Guida' poetica del 1514)*, Borgosesia, 1987.
〈1990年〉
・G. Kubler, 'Sacred mountains in Europa and America', in T. Verdon *et alt.*, *Christianity and the Renaissance. Image and Religious Imagination in the Quattrocento*, New York, 1990, pp. 413-441.
・M. Centini, *I Sacri Monti dell'arco alpino italiano : dal mito dell'altura alle ricostruzioni della Terra Santa nella cultura controriformista*, Ivrea (Torino), c. 1990.
・A. Lugli, *Guido Mazzoni e la rinascita della terracotta nel Quattrocento*, 1990, Torino,

pp. 337-341.
〈1991年〉
・S. Langè, A. Pensa, *Il Sacro Monte:esperienza del reale e spazio virtuale nell'iconografia della passione a Varallo*, Milano, 1991.
〈1992年〉
・A cura di M. Centini e M. L. M. Tibone, *Tra i prodigi dei Sacri Monti l'arte e la società e lo spettacolo e la devozione*, Torino, 1992.
・Aa.Vv., *Sacri Monti devozione, arte e cultura della Controriforma*, Milano, 1992.
・R. Wittkower, *Idea-Immagine*, trad. italiano, Torino, 1992, pp. 323-338.
・*de Valle Sicida*, Anno Ⅲ, periodico annuale, Borgosesia, 1992.
・マリオ・プラーツ著／若桑みどり、森田義之、白崎容子、伊藤博明、上村清雄訳『官能の庭——マニエリスム・エンブレム・バロック』(ありな書房、1992年、555-564頁)。
〈1994年〉
・Aa.Vv., *Sacri Monti in Piemonte itinerari nelle aree protette di Belmonte, Crea, Domodossola, Ghiffa, Orta, Varallo*, Torino, c. 1994.
〈1995年〉
・Testi e fotografie di M. Vianelli, *La nuova Gerusalemme. Il Sacro Monte di Varallo in Valsesia*, Bologna, 1995.
〈1996年〉
・Aa.Vv., *Le Valle Sicida. L'immagine e l'immaginario al Sacro Monte di Varallo*, periodico ann., Società Valsesiana di Cultura, Anno VⅡ, n.1/1996, Borgosesia.
・ヤン・ピーパー著／和泉雅人、佐藤恵子、加藤健司訳『迷宮——都市・巡礼・祝祭・洞窟…迷宮的なるものの解読』(工作舎、1996年、129-157頁)。
〈1998年〉
・A cura di M. L. M. Tibone, *Sindone e Sacri Monti. L'arte e la società . Lo spettacolo e la devozione*, Torino, 1998.
・A cura di M. L. G. Perer, *Terra Santa e Sacri Monti*, Atti della giornata di studio, Università Cattolica (25 novembre 1998), Milano, 1999.
〈2000年〉
・M. L. G. Perer, 'Gli studi sulle origini del Sacro Monte di Varallo e sulla personalità di Bernardino Caimi', in Aa.Vv., *Arte, religione, comunità nell'Italia rinascimentale e barocca*, atti del convegno d studi sul Santuario della Beata Vergine dei Miracoli di Saronno, Azzate (Varese), 2000, pp. 95-119.
〈2001年〉
・A cura di A. Barbero, *Atlante dei Sacri Monti, Calvari e Complessi devozionali europei*,

Novara, 2001.
・大野陽子「対抗宗教改革期におけるヴァラッロのサクロ・モンテ」(『鹿島美術研究』年報第18号、鹿島美術財団、2001年11月、83-102頁)。
〈2002年〉
・A cura di L. Zanzi e P. Zanzi, *Atlante dei Sacri Monti prealpini*, Milano, 2002.
〈2005年〉
・水野千依「ヴァラッロのサクロ・モンテ創設期におけるベルナルディーノ・カイーミの構想――〈場の記憶〉と〈心の巡礼〉」(京都造形芸術大学紀要〔GENESIS〕、第9号、2005年、196-215頁)。

エルサレム関係(第3章、第4章共通)
巡礼記
〈1862年〉
・Frescobaldi, Lionardo di Niccolò, *Viaggio in Terra Santa di Lionardo Frescobaldi e d'altri del secolo XIV*, Firenze, 1862.
〈1900年〉
・Fra F. Suriano, *Il trattato di Terra Santa e dell'Oriente di Frate Francesco Suriano, Missionario e viaggiatore del secolo XV*, Milano, 1900.
〈1944年〉
・L. Frescobaldi, S. Sigolo, *Viaggi in Terrasanta*, a cura di C. Angelini, Firenze, 1944.
〈1945年〉
・Fra Niccolò da Poggibonsi, *Libro d'Oltramare (1346-1350)*, Gerusalemme, 1945.
〈1961年〉
・Bernhard von Breydenbach, *Die Reise ins Heilige Land...*, Übertragung und Nachwort von E. Geck (aus dem *Peregrinatio in Terram Sanctum...*, In Civitate Moguntiana, 1486), Wiesbaden, 1961.
〈1990年〉
・A cura di A. Lanza, M. Troncarelli, *Pellegrini scrittori. Viaggiatori toscani del Trecento in Terrasanta*, Firenze, 1990.
〈1996年〉
・Santo Brasca, *Viaggio in Terra Santa di Santo Brasca 1480 con l'itinerario di Gabriele Capodilista 1458*, a cura di A. L. Momigliano Lepschy, Milano, 1996.
〈1999年〉
・A cura di N. Natalucci, *Egeria. Pellegrinaggio in Terra Santa*, Bologna, 1999.
研究書、ガイドブック他
〈1910年〉

・E. Battaglia, *La via dolorosa a Gerusalemme*, Firenze, 1910.
〈1914年〉
・H. Vincent, 'Qualques rapresentatons antique du Saint-Sépulcre constantinier', in *Revue biblique*, 1914, p. 94.
・H. Vincent, F. M. Abel, *Jérusalem nouvelle*, vol. 4, Paris, 1914-1926.
〈1935年〉
・D. Baldi, *Enchiridion Locorum Sanctorum*, Jerusalem, 1935.
〈1952年〉
・A cura della rivista 'La Terra Santa', *La settimana santa a Gerusalemme*, supplemento straordinario de 'La Terra Santa', 1952.
〈1953年〉
・Pr. D. Baldi, *Guida di Terra Santa*, Gerusalemme, 1953.
・Fra B. Amico, *Plans of the sacred edifices of the holy land*, translated from the italian by Fr. T. Bellorini and Fr. E. Hoade, Jerusalem, 1953.
〈1954年〉
・H. Vincent, *Jérusalem de l'Ancien Testament, recherches d'archéologie et d'histoire*, avec la collaboration graphique du P. M. A. Steven, Paris, 1954-56.
〈1960年〉
・É. Delaruelle, 'Deux guides de Terre Sainte aux XIVe et XVe siécles', in *Eleona*, XL, 1960, pp. 7-13.
〈1962年〉
・Pr. E. Horn, O. F. M., *Ichnographiae Monumentorum Terrae Sanctae (1724-1744)*, Jerusalem, 1962.
〈1966年〉
・ジャック・フィネガン著／三笠宮崇仁、赤司道雄、中澤治樹訳『古代文化の光——ユダヤ教とクリスト教の考古学的背景』（岩波書店、1966年（第三刷））。
〈1971年〉
・M. Halbwachs, *La topographie légendaire des évangiles en terre sainte*, Paris, 1971.
〈1973年〉
・*Jerusalem*, Israel pocket library, Jeruslem, 1973.
・P. D. Baldi, *Guida di Terra Santa*, Gerusalemme, 1973.
〈1976年〉
・Y. Yadin, *Jerusalem revealed, archeology in the holy city 1968-1974*, Jerusalem, 1976.
〈1979年〉
・A cura di P. B. Rossi, *La Terra Santa*, Bologna, 1979.
・T. コレック、M. パールマン著／石田友雄訳『聖都エルサレム』（学習研究社、

1979年)。

・A. パロ著／波木居斉二、辻佐保子訳『エルサレム』聖書の考古学3（みすず書房、1979年（第2刷))。

〈1981年〉

・J. Madaule, *Gerusalemme:La città santa di tre religioni*, Milano, 1981.

・関谷定夫『図説　新約聖書の考古学』(講談社、1981年)。

〈1984年〉

・M. Catane, *Jérusalem. A travers trois millénaires*, Fribourg (Suisse), 1984.

〈1987年〉

・聖心女子大学キリスト教文化研究所編『宗教文明叢書1　巡礼と文明』(春秋社、1987年)。

〈1991年〉

・今野國男『巡礼と聖地　キリスト教巡礼における心の探究』(ペヨトル工房、1991年)。

〈1993年〉

・D. バハト著／高橋正男訳『図説イェルサレムの歴史』(東京書籍、1993年)。

〈1996年〉

・F. Cardini, *Il pellegrinaggio.Una dimensione della vita medievale*, Roma, 1996.

・高橋正男『イェルサレム』(文芸春秋社、1996年)。

〈1998年〉

・R. Oursel, trad. E. G. F. Robberto, *Vie di pellegrinaggio e santuari da Gerusalemme a Fatima*, Ascoli Piceno, 1998.

・A. エロン著／村田靖子訳『エルサレム　記憶の戦場』(法政大学出版局、1998年)。

〈1999年〉

・A cura di C. Baratto, *Guida di Terra Santa*, Gerusalemme, Milano, 1999.

・歴史学研究会編『巡礼と民衆信仰』(青木書店、1999年)。

〈2000年〉

・A cura di M. Piccirillo, *In Terrasanta. Dalla Crociata alla Custodia dei Luoghi Santi*, Catalogo della mostra, Firenze-Milano, 2000.

〈2002年〉

・A cura di F. Pellegrini, *Capricci Gobbi Amore Guerra e Bellezza. Incisioni di Jacques Callot dalle raccolte del Museo d'Arte di Padova*, 2002, pp. 86-95.

第4章

手稿（Archivio Provinciale Toscana Ordine Frati Minori所蔵）

・'Relazione del convento di S. Vivaldo', *Relazione dei Conventi Osservanti della Provincia Toscana secc. XVII-XVIII*, ms.（I. 380 B. cc. 447-471）
・*Memorie del Convento di S.Vivaldo dal 1686 al 1903*, 2 vol. originali, ms.（V II . G. 201）（V II . G. 204）
・三部構成のタイトルのない手稿（二部はオリジナルのコピー、他の一部はインノチェンティ神父によるコピー）（435. I. 435）
・P. F. Innocenti, 'S. Vivaldo', in *Memorie di conventi della Provincia Minoritica Toscana di Bonaventura*, ms.（414. I. 414）
・*Memorie del Convento di San Vivaldo dal 1906 sino al 1926*, terzo libro, 1 vol., mancante di collocazione.
・*Memorie del Convento di San Vivaldo dall'agosto 1926 al 1951*, ms., mancante di collocazione.
・Cronaca del Convento di San Vivaldo 1952-1979（I. 430）
・P. Felice Innocenti, 'N. 49 Convento di San Vivaldo', in *I Conventi Francescani in Toscana*, mancante collocazione, 1919, pp. 315-333.
・P. Felice Innocenti, *San Vivaldo in Toscana*, 1 vol., 1925（I. 430）
・Fra Antonio Tognocchi da Terrinca, *Theatrum etrusco-minoriticum*, Florentiae, cinque volumi e un volume di indice.
・Atti della Provincia, *Regestrum Antiquum ab. An.1523 ad An.1567*（I. 1/Seg. v. A-1）

刊行物

〈1603年〉

・F. Gonzaga, *De origine seraphicae religionis*, II , Roma, 1603, p. 285.

〈1875年〉

・A. Angelelli, *Memorie storiche di Montaione in Valdelsa*, Firenze-Roma, 1875, p. 221 seg.

〈1895年〉

・F. Ghilardi, *San Vivaldo in Toscana*, Firenze, 1895.

〈1896年〉

・P. Berti, 'Camporena e le dispute pel suo territorio fin verso la metà del secolo XVI', *Miscellanea Storica di Valdelsa*, IV , 1896, pp. 36-59.

〈1906年〉

・F. Ghilardi, 'S.Vivaldo eremita di Camporena ed il suo culto', in *Miscellanea Storica di Valdelsa*, A. XIV , 1906, pp.101-118.

〈1908年〉

・F. Ghilardi, 'La chiesa e le cappelle di S.Vivaldo（spigolature）', in *Miscellanea Storica*

della Valdelsa, XVI, 1908, pp. 31-55.
・F. Ghilardi, 'Vivaldo eremita del Terz'Ordine di San Francesco', in *Archivum Franciscanum Historicum*, 1908, p. 521 seg.
〈1909年〉
・F. Ghilardi, 'S. Vivaldo e la sua bibliografia', in *Miscellanea della Valdelsa*, XVII/1909, pp. 90-122.
〈1911年〉
・M. Cioni, *La Valdelsa*, Firenze, 1911, pp. 246-259.
・Fr. Mariano de Fiorentia, *Compendium chronicanum ordinis ff.minorum*, Quarecchi, 1911（estratto da *Archivum franciscanum historicum*, 1908-1911）.
〈1916年〉
・D. Pulinari, *Cronache dei Frati Minori della Provincia di Toscana*, a cura di S. Mancherini, Arezzo, 1913, p. 89, pp. 101-102, pp. 147-222, pp. 492-499.
・F. Ghilardi, 'S.Vivaldo e la sua iconografia', in *Archivum Franciscanum Historicum*, IX, 1916, p. 43 seg..
〈1920年〉
・A. Marquand, *Giovanni della Robbia*, Princeton, 1920, p. 219 seg..
〈1921年〉
・F. Ghilardi, 'Sulle cappelle di S.Vivaldo. Un documeto di Leone X', in *Miscellanea Storica della Valdelsa*, XIX, 1921, fasc. 1-2, pp. 1-26.
〈1922年〉
・F. Lazzeri, 'I santuari di Terrasanta e la famiglia dei Medici', in *Archivum Franciscanum Historicum*, XV, 1922, pp. 207-211.
〈1924年〉
・L. Bracaloni, *L'arte francescana nella vita e nella storia di settecento anni*, Todi, 1924, p. 248.
〈1928年〉
・S. Isolani, 'La selva di Camporena, proprietà del Comune di Castelfiorentino', in *Miscellanea Storica della Valdelsa*, XXXVI, 1928, pp. 124-133.
〈1933年〉
・L. Wadding, *Annales Minorum*, Lugduni-Romae 1625-1654, a cura dei PP. del Collegio di San Bonaventura, Ad Claras Aquas, 15, 1933, p. 192.
〈1936年〉
・F. Ghilardi, *Guida al Santuario di S. Vivaldo*, Castelfiorentino, 1936.
〈1940年〉
・D. Neri, 'La nuova Gerusalemme di San Vivaldo in Toscana', in *Miscellanea storica*

della Valdelsa, anni 48-49, 1940-41, pp.79-95.

〈1942年〉

・M. Cavallini, 'Gli antichi ospedali della diocesi volterrana', in *Rassegna Volterrana*, XIV, 1942, p.11, p.14.

〈1943年〉

・S. Isolani, 'Quando morì l'eremita S.Vivaldo?', in *Miscellanea Storica della Valdelsa*, LI/1943, p.48.

〈1971年〉

・D. Neri, *Il S. Sepolcro riprodotto in Occidente*, Gerusalemme, 1971.

〈1975年〉

・A. Paolicci, 'Il Sacro Monte di S.Vivaldo', in *Antichità Viva*, XIV, No. 4, 1975, pp. 27-40.

〈1976年〉

・A. Paolucci, *Guida di S.Vivaldo*, Poggibonsi, 1976.

〈1978年〉

・Fr. L. Waddingus, *Scriptores Ordinis Minorum*, Roma, 1978, p. 167.

〈1980年〉

・F. Cardini, G.Vannini, 'San Vivaldo in Valdelsa: problemi topografici ed interpretazioni simboliche di una <Gerusalemme> cinquecentesca in Toscana', in Aa.Vv., *Religiosità e Società in Valdelsa nel basso medioevo*, Atti del Convegno di S. Vivaldo, 29 settembre 1979, Biblioteca della Miscellanea Storica della Valdelsa, 3, 1980, pp. 11-74.

〈1981年〉

・A cura di F. Fontana, P. Sorrenti, *Sacri Monti. Note architettonico-urbanistiche*, Varallo, 1981.

・R. Pacciani, 'Aspetti dell'imitazione della natura fra '400 e '500', a cura di M. Fagiolo, in *Natura e Artificio*, Roma, 1981.

〈1982年〉

・F. Cardini, 'La Gerusalemme di San Vivaldo. Un caso archeologico palestinese in Toscana', in *Archeologia Viva*, I/6 settembre, 1982, pp. 32-39.

・F. Cardini, 'Le scorciatoie dell'indulgenza', in *Archeologia Viva*, n. 6, 1982, pp. 27-31.

・Aa.Vv., *Toscana e Terrasanta nel Medioevo*, Firenze, 1982.

・B. Bagatti, 'Sacri Monti', *La Terra Santa*, maggio-giugno, 1982.

・C. Bensi, L. Lazzeri, *I 51 conventi dei Frati Minori in Toscana*, Firenze, 1985, pp. 143-145.

〈1986年〉

・E. Battisti, 'Concetto di imitazione e riflessi sui Sacri Monti', in Aa.Vv., <*La*

Gerusalemme> di San Vivaldo e i Sacri Monti in Europa, Atti del Convegno internazionale di Studi, Firenze-Montaione, 11-13 settembre, 1986.
・R. Pacciani, 'La città come palcoscenico: Luoghi e proiezioni urbane della sacra rappresentazione nella città italiana fra trecento e quattrocento', in Aa.Vv., *Ceti Sociali ed Ambienti Urbani nel Teatro Religioso Europeo del'300 e del'400*, Viterbo, 30 maggio-2 giugno 1985, Viterbo, 1986.
〈1987年〉
・Aa.Vv., *Gli abitanti immobili di San Vivaldo il Monte Sacro della Toscana*, Firenze, 1987.
・P. Roselli, O. F. Micali, *Itinerari della memoria.Badie, conventi e monasteri della Toscana*, scheda 66 S. Vivaldo, Firenze, 1987.
・F. Cardini, 'Gerusalemme in Valdelsa', in *Atlante*, IV, 1987, pp. 120-129.
・G. Vannini, 'Una Gerusalemme ricostruita sui poggi toscani', in *Jesus*, IX, 1987, pp. 16-19.
・L. Civilini, *Guida al Sacro Monte di S.Vivaldo*, s. d., 1987.
〈1989年〉
・Aa.Vv., *La <Gerusalemme> di San Vivaldo e i Sacri Monti in Europa*, Atti del Convegno Internazionale, Pisa, 1989.
〈1992年〉
・R. Wittkower, *Idea e Immagine*, trad. italiano, Torino, 1992, pp. 323-338.
・G. Felli Piccaluga, 'L'iconografia della passione e il dibattito sulle sacre scritture. Il progetto di un Sacro Monte nella chiesa milanese del Santo Sepolcro nell'età della Controriforma', in Aa.Vv., *Sacri Monti devozione, arte e cultura della controriforma*, Milano, 1992, pp. 173-193.
・S. Gensini, 'La <Gerusalemme> di San Vivaldo tra agiografia e storia', in *Ibid.*, pp. 65-85.
・R. Pacciani, 'La <Gerusalemme> di San Vivaldo e le informazioni sull'architettura dell'antica Gerusalemme nel primo '500', in *Ibid.*, pp. 195-206.
・G. Gentilini, *I Della Robbia. La scultura invetriata nel Rinascimento*, Firenze, 1992, p. 283, p. 321, p. 374, p. 399, p. 435.
〈1995年〉
・P. A. Innocenti, *San Vivaldo Stricchi eremita terziario francescano 1260-1320*, s. d., seconda ediz., 1995.
〈1996年〉
・A cura di C. Galli, *Montaione*, Firenze, 1996.
〈1997年〉

・A. M. Amonaci, *Conventi toscani dell'Osservanza francescana*, Milano, 1997, pp. 195-205.
〈1998年〉
・R. Pacciani, G.Vannini, *La "Gerusalemme" di S.Vivaldo in Valdelsa*, Comune di Montaione, 1998.
〈1999年〉
・F. Cardini, 'Nota su San Vivaldo in Toscana', in a cura di M. L. Gatti Perer, *Terra Santa e Sacri Monti*, Atti della giornata di studio, Milano, 1999, pp. 117-128.
〈s. d.〉
・L. Civilini, *San Vivaldo, una Gerusalemme in Toscana*, Bologna.
〈2002年〉
・拙稿「トスカーナ管区サン・ヴィヴァルドの'エルサレム'——地形模倣的巡礼施設からサクロ・モンテへ」(『芸術学研究』第6号、2002年、9-22頁)。
(※エルサレム関連の文献については、第3章の同項目の文献一覧を参照。)

第5章
全般
〈1992年〉
・G. Gentile, 'Evocazione topografica, composizione di luogo e tipologia dei Sacri Monti', in Aa.Vv., *Sacri Monti. Devozione, arte e cultura della Controriforma,* Milano, 1992, pp. 89-110.
〈1994年〉
・澤田昭夫他訳『カトリック改革』(宗教改革著作集13)(教文館、1994年)。
〈1997年〉
・ヘルマン・テュヒレ他著/上智大学中世思想研究所編訳・監修『キリスト教史5 信仰分裂の時代』(平凡社、1997年)。
・同上『キリスト教史6 バロック時代のキリスト教』(平凡社、1997年)。
1
(※ヴァラッロとサン・ヴィヴァルドについては、第3章、第4章の文献一覧参照)

サクロ・モンテ・ディ・クレア
〈1590年〉
・C. Massino, *Trattato dell'antichissima del sacro monte di Crea posto nel Ducato di Monferrato*, Pavia, 1590.
〈1894年〉
・S. Butler, *Ex voto. Studio artistico sulle opere d'arte del S. Monte di Varallo e di Crea,*

ediz. italiana tradotta dall'inglese, a cura di A. Rizzetti, Novara, 1894.

〈1902年〉

・F. Negri, *Santuario di Crea. Arte e storia nel Monferrato*, con Prefazione di A. N. Ariotti (riproduzione del saggio, 'Il Santuario di Crea in Monferrato', in *Rivista di storia, arte e archeologia per la Provincia di Alessandria*, anno 1902), Villanova Monferrato, 1902.

〈1928年〉

・F. Maccono, *Il Santuario di N. S. di Crea nel Monferrato*, Casale Monferrato, 1928.

〈1980年〉

・A cura di F. Fontane e P. Sorrenti, *Sacri Monti. Note architettonico-urbanistiche*, Varallo, 1980.

〈1982年〉

・G. Testori, G. Frangi, D. Bianco, Sacri Monti delle Alpi, Milano, 1982, pp. 125-138.

〈1989年〉

・F. Caresio, "Crea", in *I Sacri Monti del Piemonte*, Torino, 1989, pp. 100-137.

〈1990年〉

・M. Centini, *I Sacri Monti dell'arco alpino italiano*, Ivrea, 1990, pp. 52-56.

・*Santuario Madonna di Crea (Monferrato)*, Genova, 1990.

・A cura di personale del parco, testo di A. Barbero, S. Berti, *Guida alle cappelle del Sacro Monte di Crea*, s.d..

〈1994年〉

・C. Bonardi, ed al., *Sacri Monti in Piemonte. Itinerari nelle aree protette di Belmonte, Crea, Domodossola, Ghiffa, Orta, Varallo*, Torino, 1994, pp. 28-65.

〈1998年〉

・A cura di A. Barbero e C. Spantigati, *Sacro Monte di Crea*, Alessandria (Casale di Risparmio di Alessandria), 1998.

サクロ・モンテ・ディ・オルタ

〈1628年〉

・B. Manino, *Descrittione de Sacri Monti di S. Carlo d'Arona, di S.Francesco d'Horta, di Santa Maria sopra Varese e di Varallo*, Milano, 1628.

〈1770年〉

・D. Patriofillo, *Il Sacro Monte d'Orta*, Novara, 1770.

〈1887年〉

・A. Rusconi, *Il lago d'Orta e la sua riviera*, Torino, 1880, pp. 179-191.

〈1908年〉

・P. Golhardt, *Die Heiligen Berge Varallo, Orta und Varese*, Berlino, 1908, pp. 24-61.

〈1956年〉
・E. Pellegrino, *Rinascimento e Barocco nell'architettura del Sacro Monte d'Orta*, Novara, 1956, pp. 3-41.
〈1963年〉
・R. Verdina, *Orta e la sua riviera*, Omegna, 1963, pp. 84-103.
・S. Langé, *Sacri Monti piemontesi e lombardi*, Milano, 1967.
〈1977年〉
・M. Di Giovanni Madruzza, G. Melzi d'Eril, *Isola San Giulio e Sacro Monte d'Orta*, Torino, 1977, pp. 103-227.
〈1980年〉
・A cura di F. Fontana e P. Sorrenti, *Sacri Monti. Note architettonico-urbanistiche*, Varallo, 1980.
〈1981年〉
・F. Mattioli Carcano, *Il Sacro Monte d'Orta*, Laveno, 1981.
〈1982年〉
・E. Pellegrino, *Il Sacro Monte d'Orta nella storia e nell'arte : Convento francescano,Orta San Giulio*, Trenzzano, 1982.
・G. Testori, G. Frangi, D. Bianco, *Sacri Monti delle Alpi*, Milano, 1982, pp. 121-124.
〈1985年〉
・Aa.Vv., *Il Sacro Monte d'Orta e San Francesco nella storia e nell'arte della controriforma*, Atti del Convegno, Orta San Giulio, Torino, 1985.
・Aa.Vv., *Riserva naturale speciale del Sacro Monte di Orta. Piano naturalistico e Piano d'intervento*, Torino, 1985.
〈1987年〉
・Aa.Vv., *Medioevo in cammino dei pellegrini*, Atti del convegno internazionale di studi, Orta San Giulio, 2-5 sett. Novara, 1987, 1989.
〈1990年〉
・M. Centini, *I Sacri Monti dell'arco alpino italiano*, Ivrea, 1990, pp. 57-62.
〈1991年〉
・E. De Filippis, F. Mattioli Carcano, *Guida al Sacro Monte di Orta*, Casale Corte Cerro, 1991.
・Aa.Vv., *Il Sacro Monte di Orta*, atti del Quarto Centenario, Orta 6 ottobre 1991, estratto da *Novarien*, 21, 1991.
・A cura di A. Malzi, *Orta San Giulio. La fabbrica del Sacro Monte Conoscenza Progetto Restauro*, Centro studi Sistemi Ambientali della Fondazione, Giorgio Amendola, Torino, 1991.

〈1992年〉

・Aa.Vv., *Sacri Monti-devozione, arte e cultura della controriforma*, Milano, 1992, pp. 206-230.

〈1995年〉

・A. Rusconi, *Guida al Lago d'Orta e sua riviera*, Novara, 1995（ristampa）.

〈1996年〉

・Aa.Vv., *Il lago d'Orta Arte e storia, ambiente, letteratura, tradizioni*, Novara, 1996, pp. 24-28.

〈1999年〉

・F. Mattioli, W. Zerla, A. Molinari, *Luoghi di sguardi le Terra alte del lago d'Orta : Torre di Buccione, Monte Mesma, Sacro Monte di Orta*, Cittadella（PD）, 1999.

・F. Mattioli Carcano, 'Il ruolo di ideazione e di committenza della comunità ortese nella vicenda del S. Monte di S. Francesco', in a cura di M. L. Gatti Perer, *Terra Santa e Sacri Monti*, Atti della giornata di studio, Milano, 1999, pp. 93-102.

・M. Dell'Ormo, 'Artisti del Settecento al Sacro Monte di Orta e al Sacro Monte di Varallo: un confronto', in *Ibid.*, pp. 103-116.

サンチュアリオ・デル・ヴァラッリーノ（ガッリアーテ）

〈1918年〉

・A. Cremona, *Il Santuario del Varallino e le sue opere d'arte e di fede*, Novara, 1918.

〈1963年〉

・A. Aspesi, M. Rosci, *Il Santuario del Varallino di Galliate, L'Arte nel Novarese,* Novara, 1963.

〈1964年〉

・F. M. Ferro, 'Dionigi Bussola e il Santuario del Varallino di Galliate', in *Bollettino Storico per la Provincia di Novara*, 2, 1964, pp. 143-159.

〈1977年〉

・G. B. ed F. M. Ferro, 'Lettere di Lorenzo Peracino per i lavori al Varallino di Galliate', in *Bollettino Storico per la Provincia di Novara*, 2, 1977, pp.161-195.

〈1984年〉

・A cura di Santuario, *Santuario del Varallino*, Novara, 1984.

〈1993年〉

・A cura di A. Minardi, M. Fonio, A. Colombano, *Percorsi storia e documenti artistici del novarese*, 2, Galliate, Casale Corte Cerro（NO）, 1993, pp. 33-38, p. 68.

〈1999年〉

・F. Bisogni, 'Il Varallino di Galliate', in *Terra Santa e Sacri Monti*, a cura di M. L. Gatti

Perer, Milano, 1999, pp. 129-136.
〈2001年〉
・Parrocchia di Galliate, *Santuario del Varallino, Arte e devozione popolare*, Galliate, 2001.

サクロ・モンテ・ディ・マッセラーノ
〈s. d.〉
・F. Fontana, P. Sorrenti, *Oropa Sacro Monte*, s. d. p. 30.
〈1987年〉
・V. Barale, *Il Principato di Masserano e il Marchesato di Crevacuore*, Biella, 1987, pp. 251-256.

サクロ・モンテ・ディ・ヴァレーゼ
〈1628年〉
・B. Manino, *Descrittione de Sacri Monti di S. Carlo d'Arona, di S. Francesco d'Horta, di Santa Maria sopra Varese e di Varallo*, Milano, 1628.
〈1699年〉
・D. Bizzozero, *Le glorie della Gran Vergine al Sacro Monte sopra Varese*, Milano, 1699.
〈1817年〉
・G. Ghirlanda, *Compendiose Notizie di Varese e de' luoghi adiacenti compreso il Santuario del monte*, Milano, 1817, pp. 68-93.
〈1904年〉
・I*l Santuario della Madonna del Monte sopra Varese*, Varese, 1904.
〈1908年〉
・P. Goldhart, *Die Heiligen Berge Varallo, Orta und Varese*, Berlino, 1908, pp. 62-87.
〈1924年〉
・A. Del Frate, *Il Santuario di Santa Maria del Monte sopra Varese*, Varese, 1924.
〈1931年〉
・F. Minola-Cattaneo, *Santa Maria del Monte sopra Varese*, Varese, 1931.
〈1933年〉
・Costantino Del-Frate, *S. Maria del Monte sopra Varese*, Chiavari, 1933.
〈1948年〉
・A. Del Frate, *Il Santuario del Sacro Monte sopra Varese*, Varese, 1948.
〈1962年〉
・A. Del Frate, *Il Santuario del Sacro Monte sopra Varese : cenni e spiegazioni popolari*, Varese, 1962.

〈1965年〉

・A. Da Casorate, *P. Aguggiari Giambattista da Monza e la sua opera sul Sacro Monte di Varese*, Varese, 1965.

・A. Da Casorate, *I Cappuccini a Varese e l'opera di Padre Aguggiari da Monza sul Sacro Monte*, Varese, 1965.

〈1974年〉

・E. Tagliaferri, *Il Santuario del Sacro Monte sopra Varese : cenni storici e artistici*, Varese, 1974.

〈1977年〉

・A cura di S. Colombo, *Varese vicende e protagonisti*, vol. I- Ⅲ, Bologna, 1977.

〈1978年〉

・G. Montanari, *Il Sacro Monte di Montanari*, Varese, 1978.

・L. Zanzi, *Per la storia di una fabbrica del rosario in una terra lombarda nell'epoca della Controriforma, il Sacro Monte sopra Varese : questioni critiche*, Malnate, 1978.

〈1979年〉

・*Compendiose notizie di Varese e dei luoghi adiacenti compreso il Santuario del Monte*, Varese, 1979.

・S. Colombo, *In giro per Varese*, Varese, 1979.

〈1981年〉

・P. Bianconi, S. Colombo, A. Lozito, L. Zanzi, *Il Sacro Monte sopra Varese*, Milano, 1981.

〈1982年〉

・E. Cattaneo, S. Colombo, *Nel cuore di Varese*, Varese, 1982.

〈1984年〉

・A. M. Bianchi Gaggini, *La via sacra del rosario a Santa Maria del Monte sopra Varese*, Milano, 1984.

・S. Lutze, *Die Kapellenanlage des Sacro Monte von Varese*, Inaugural-Dissertation zur Erlangung der Doktorwurde der Philosophischen Fakultat der Julius-Maximilians-Universität zu Wurzburg, Karlsruhe, 1984.

〈1987年〉

・C. A. Lotti, *La decima cappella del Sacro Monte di Varese*, Cinisello Balsamo, 1987.

〈1990年〉

・L. Zanzi, *Sacri Monti e dintorni*, Milano, 1990.

・L. Zanzi, '<Opere> e <Istituzioni> della <pietà popolare> nell'età della controriforma : il caso di Varese', a cura di A. Capriori, A. Rimoldi, L.Vaccaro, in *Diocesi di Milano*, 2nd V, Brescia, 1990, pp. 479-575.

・A cura di C. A. Lotti, testi di S. Colombo, C. A. Lotti, P. Lotti, P. Macchi, *Il Sacro Monte di Varese. La quattordicesima cappella e la <Fabbrica> del Rosario*, Milano, 1990.

〈1991年〉

・C. A. Lotti, *Santa Maria del Monte. Il Sacro Monte del Rosario sopra Varese*, Milano, 1991.

・P. Fedele Merelli, *Le Cpapelle del Rosario al Sacro Monte sopra Varese : l'opera dei cappuccini*, Milano, 1991.

〈1992年〉

・Aa.Vv., *Sacri Monti-dezozione, arte e cultura della controriforma*, Milano, 1992.

〈1994年〉

・S. Colombo, *Conoscere il Sacromonte-Guida alle Cappelle, al Santuario ed ai Musei del Sacro Monte sopra Varese*, Varese, 2 nd ed., 1994.

〈1997年〉

・F. Restelli, P.Viotto, *Sacro Monte di Varese. Il Santuario-Il monastero-Le cappelle*, Varese, 2001.

〈1999年〉

・A. Spiriti, 'La IV cappella del Sacro Monte di Varese: cultura ebraica e scelte iconografiche di una famiglia emergente', in a cura di M. L. Gatti Perer, *Terra Santa e Sacri Monti*, Atti della giornata di studio, Università Cattolica, Milano, 1999, pp. 83-92.

〈2000年〉

・R. Corsini, *Affreschi del Sacro Monte di Varese*, Gavirate, 2000.

・C. A. Lotti, *Santa Maria del Monte sopra Varese. Il monte sacro Olona e il Sacro Monte del Rosario*, Guida per il pellegrino del terzo millennio, Cinisello Balsamo, 2000.

サクロ・モンテ・ディ・サン・カルロ（アローナ）

〈1628年〉

・B. Manino, *Descrittione de Sacri Monti d S. Carlo d'Arona, di S. Francesco d'Horta,di Santa Maria sopra Varese e di Varallo*, Milano, 1628.

〈1984年〉

・A cura di A. Mazzatta, G. Oneto, A. Torelli, *Immagini e presenze di San Carlo nella terra di Arona*, catalogo della mostra, Arona, 1984.

〈1985年〉

・A. L. Stoppa, 'Tradizione e innovazione del fenomeno dei Sacri Monti', in Aa.Vv., *Da Carlo Borromeo a Carlo Bascapè. La pastrale di Carlo Borromeo e il Sacro Monte di Arona*, Novara, 1985, pp. 183-210.

・G. Gentile, 'Ideazione e realizzazione del Sacro Monte di Arona. Percorsi, edifici e

immagini', in *Ibid.*, pp. 211-246.
〈1987年〉
・P. Federe Merelli, *I Cappuccini ad Arona : Sacro Monte e convento. Documenti inediti per la storia*, Milano, 1987.
・M. Pagliano, G. Quirico, P. Tosi, *Il Sacro Monte di San Carlo. Itinerari storico-artistici aronesi*, Arona, 1987.
〈1990年〉
・M. Centini, *I Sacri Monti dell'arco alpino italiano*, Ivrea, 1990, pp. 68-70.
〈1992年〉
・A. B. Mazzotta, 'L'apoteosi di Carlo Borromeo disegnata in due secoli di progetti per il Sacro Monte di Arona（1614-1828）', in Aa.Vv., *Saciri Monti: devozione, arte e cultura della controriforma*, Milano, 1992, pp. 231-240.
〈1995年〉
・A. L. Stoppa, 'Tradizione e innovazione del fenomeno dei Sacri Monti', in *I Sacri Monti di Varallo e Arona dal Borromeo al Bascapè*, Novara, 1995, pp. 141-168.

サクロ・モンテ・ディ・グラーリア
〈1939年〉
・C. Testori, *Il Santuario di Graglia*, Venezia, 1939.
〈1963年〉
・F. Caresio, *I Sacri Monti del Piemonte*, 1989, Torino, pp. 194-197.
〈1990年〉
・M. Centini, *I Sacri Monti dell'Arco alpino italiano-dal mito dell'altura alle ricostruzioni della Terra Santa nella cultura controriformista*, Ivrea, 1990, pp. 77-81.
〈1991年〉
・S. Langé, 'Il libro dei Progetti, presso il Santuario di Graglia nel Biellese', *Il disegno di architettura*, 3, 1991, pp. 66-72.
・P. Jorio, L. Borello, *Santuario Mariani dell'arco alpino italiano*, Quaderni di cultalpina 39-40, Ivrea, 1993, pp. 109-110.
〈1994年〉
・D. Lebole, *Storia della Chiesa biellese-La Pieve di Biella*, Vol. VⅢ, Biella, 1994, pp. 159-329.

サクロ・モンテ・ディ・オローパ
〈1967年〉
・S. Langé, *Sacri Monti piemontesi e lombardi*, Milano, 1967.

・M. Trompetto, *Storia del Santuario di Oropa*, Milano, 1967, Biella, 1978/83.
〈1982年〉
・G. Testori, G. Frangi, D. Bianco, *Sacri Monti delle Alpi*, Milano, 1982, pp. 155-158.
〈1990年〉
・M. Centini, *I Sacri Monti dell'arco alpino italiano*, Ivrea, 1990.
〈s. d.〉
・F. Fontana, P. Sorrenti, *Oropa Sacro Monte*, s. d..

サクロ・モンテ・ディ・オッスッチョ
〈1982年〉
・G. Testori, G. Frangi, D. Bianco, *Sacri Monti delle Alpi*, Milano, 1982, pp.104-120.
〈1990年〉
・M. Centini, *I Sacri Monti dell'arco alpino italiano*, Ivrea, 1990, pp. 82-85.
〈1996年〉
・P. G. Papavassiliou, *Il Sacro Monte di Ossuccio-guida alle cappelle*, Gorle（Bergamo）, 1996.

サンチュアリオ・ディ・サン・タンナ（モントリゴーネ）
〈1966年〉
・C. Caldora, *Il Santuario di Sant'Anna in Montrigone di Borgosesia*, Varallo, 1996.
〈1984年〉
・F. Cimmina Gibellini, *Il Sacro Monte di Sant'Anna a Montrigone di Borgosesia*, Borgosesia, 1984.
〈1989年〉
・F. Caresimo, *I Sacri Monti del Piemonte*, Torino, 1989, pp. 22-233.
〈1990年〉
・M. Centini, *I Sacri Monti dell'arco alpino italiano*, Ivrea, 1990, pp. 86-89.

サクロ・モンテ・ディ・グィッファ
〈1989年〉
・F. Caresio, 'Ghiffa', in Aa.Vv., *I Sacri Monti del Piemonte*, Torino, 1984, pp. 236-239.
〈1990年〉
・M. Centini, *I Sacri Monti dell'arco alpino italiano*, Ivrea, 1990, pp. 90-92.
〈1994年〉
・Aa.Vv., *Sacri Monti in Piemonte. Itinerari nelle aree protette di Belmonte, Crea, Domodossola, Ghiffa, Orta, Varallo*, Torino, 1994.

〈2000年〉

・Aa.Vv., *Sacro Monte di Ghiffa arte e storia nella riserva naturale della ss. trinità*, Milano, 2000.

サクロ・モンテ・ディ・サン・ジョヴァンニ（アンドルノ）

〈1962年〉

・D. Lebole, *La chiesa biellese nella storia e nell'arte*, Biella, 1962.

〈1978年〉

・D. Lebole, *Il Santuario di S.Giovanni di Andorno*, Biella, 1978.

〈1980年〉

・G. C. Sciolia, *Il Biellese dal Medioevo all'Ottocento-Artisti-commitenti-cantieri*, Torino, 1980, pp. 214-215.

〈1989年〉

・F. Caresio, *I Sacri Monti del Piemonte*, Torino, 1989, pp. 242-243.

・D. Lebole, 'Il Santuario di S. Giovanni di Andorno', in *Storia della Chiesa bilellese-La Pieve Biella*, Vol. V, Biella, 1989, pp. 91-142.

〈1990年〉

・M. Centini, *I Sacri Monti dell'arco alpino italiano*, Ivrea, 1990, pp. 93-96.

サクロ・モンテ・カルヴァリオ（＝ディ・ドモドッソラ）

〈1980年〉

・T. Bertamini, *Il Sacro Monte Calvario di Domodossola*, estratto da <*Oscellana*> Anno10, n. 2, 1980.

〈1982年〉

・G. Testori, G. Frangi, D. Bianco, *Sacri Monti delle Alpi*, Milano, 1982, p. 159 segg..

〈1985年〉

・M. Centini, *I Sacri Monti dell'arco alpino italiano*, Ivrea, 1990, pp. 97-99.

〈1994年〉

・Aa.Vv., *Sacri Monti in Piemonte. Itinerari nelle aree protette di Belmonte, Crea, Domodossola, Ghiffa, Orta, Varallo*, Torino, 1994, pp. 68-87.

〈1995年〉

・A. Marzi, *Guida al Sacro Monte di Domodossola*, estratto da Aa. Vv., *Sacri Monti in Piemonte*, Torino, 1995.

サンチュリオ・ディ・ヴィーコフォルテ

〈1966年〉

・N. Carboneri, *Architetto Vitozzi. Un architetto tra manierismo e barocco*, Roma, 1966.
〈1974年〉
・N. Carboneri, 'Il Santuario di Vicoforte nella storia dell'architettura e dell'arte in Piemonte e in Italia', in *Bollettino della Società per gli studi storici,archeologici ed artistici della Provincia di Cuneo*, n. 71, 1974, pp. 21-25.
〈1984年〉
・G. Vacchetto, *Nuova storia artistica del Santuario della Madonna di Mondovì a Vico*, Cuneo, 1984.
〈1992年〉
・C. Debiaggi, 'La diocesi di Novara, terra di Sacri Monti', in Aa. Vv., *Sacri Monti-devozione, arte e cultura della controriforma*, Milano, 1992, p. 399.
〈その他〉
・Comune di Vicoforteから提供頂いたロザリオの道行きの整備に関する図面等の資料

サクロ・モンテ・ディ・ソンドゥリオ
〈1969年〉
・G. A. Paravicini, *La pievè di Sondrio*, Sondrio, 1969, p. 283, p. 299.
〈1986年〉
・Scuola media G. Pietro Ligari, *Andar...per cappelle*, Sondrio, 1986.
〈1992年〉
・C. Debiaggi, 'La diocesi di Novara, terra di Sacri Monti', in Aa.Vv., *Sacri Monti-devozione, arte e cultura della controriforma*, Milano, 1992, p. 399.
〈1993年〉
・B. Leoni, 'Le cappelle del Rosario lungo la via Valeriana a Sondrio', in *Bollettino della Società storica valtellinese*, N. 46, Sondrio, 1993, pp. 153-165.
〈1996年〉
・A. Dell'Oca, 'I Sacri Monti : L'itinerario della Sassella', in *Valtellina e Valchivenna. Storia dell'arte*, Ediz. Stefania Lecco, 1996, pp. 128-130.

サクロ・モンテ・ディ・ベルモンテ（ヴァルペルガ・カナヴェーゼ）
〈1980年〉
・A cura di F. Fontana e P. Sorrenti, *Sacri Monti. Note architettonico-urbanistiche*, Varallo, 1980.
〈1988年〉
・G. e L. Bertotti, *Belmonte e il suo Santuario*, Torino, 1988.

〈1990年〉

・M. Centini, *I Sacri Monti dell'arco aipino italiano*, Ivrea, 1990, pp. 101-104.

〈1993年〉

・P. Jorio, L. Brello, *Santuari Mariani dell'arco alpino italiano*, Quaderni di cultura alpina 39-40, Ivrea, 1993, pp. 101-103.

〈1994年〉

・Aa.Vv., *Sacri Monti in Piemonte, Itinerari nelle aree protette di Belmonte, Crea, Domodossola, Ghiffa, Orta, Varallo*, Torino, 1994.

〈1996年〉

・F. Sacconier, A. B. Marcheis, R. Poletto, *Belmonte*, Castellamonte (Torino), 1996.

サンチュアリオ・デッラ・マドンナ・デッラ・ネーヴェ（コッジョラ）

〈s. d.〉

・F. Fontana, P. Sorrenti, *Oropa Sacro Monte*, Valsesia editrice, p. 30.

〈1992年〉

・C. Debiaggi, 'La diocesi di Novara, terra di Sacri Monti', in Aa.Vv., *Sacri Monti-devozione, arte e cultura della controriforma*, Milano, 1992, p. 399, p. 406.

〈1988年〉

・P. Bassotto, *Il Santuario del Cavallero*, Coggiola (Biella), 1998.

サクロ・モンテ・ディ・サンタントニオ・ダ・パドヴァ（モンガルディーノ）

〈1980年〉

・S. Miravalle, 'Mangardino vuol salvare il tesoro della sua <Via Crucis> rupestre', in *La Stampa*, martedì 2 settembre 1980.

〈1981年〉

・Don A. Bianco, *Storia di Mongardino*, Mongardino, 1981, pp. 259-273.

〈1989年〉

・T. Valente, 'Il calvario di Mongardino tra lattine di birra e moplen', in *La Stampa*, martedÌ 31 ottobre, 1989.

〈1992年〉

・C. Debiaggi, 'La diocesi di Novara, terra di Sacri Monti', in Aa.Vv., *Sacri Monti-devozione, arte e cultura della controriforma*, Milano, 1992, p. 399.

〈1998年〉

・A cura di M. L. Moncassoli Tibone, *Sindone e Sacri Monti-Arte e società spettacolo e devozione*, Torino, 1998, pp. 111-112, p. 158.

〈1999年〉

・L. Gentile, *Mongardino e le sue cappelle*, Torino, 1999.（Prima stampa, 1906）

サンチュアリオ・デッラ・ヴィア・クルーチス（チェルヴェーノ）
〈1966年〉
・G. Testori, 'Giacomo Ceruti. Lingua e dialetto nella tradizione bresciana', in *Giacomo Ceruti*, Mostra di 32 Opere inedite, Milano, 1966, p. XXXXⅣ.
〈1976年〉
・G. Testori, *Beniamino Simoni a Cerveno*（con documenti a cura di Paola Pierattini）, Brescia, 1976.
〈1980年〉
・G. F. Piccaluga, 'San Maurizio : L'ex "Santuario della Via Crucis" in Breno', in Aa.Vv., *I Fantoni e il loro tempo*, Atti del convegno di studio, Bergamo, 1980, pp. 144-175.
〈1981年〉
・G. Vezzoli, P. V. Begni Redona, *Scultore lignee in valle camonica*, Breno, 1981, pp. 166-168.
〈1982年〉
・G. Testori, G. Frangi, D. Bianco, *Sacri Monti delle Alpi*, Milano, 1982, pp. 101-104.
〈1991年〉
・A cura di R. Bassaglia, V. Terraroli, *Settecento Lombardo*, catalogo della mostra, Milano, 1991, pp. 316-321.
〈2000年〉
・F. Minervino, *Beniamino Simoni*, Mertellago（Venezia）, 2000.

サンチュアリオ・デッラ・パッシオーネ（トッリチェッラ・ヴェルツァーテ）
〈1987年〉
・F. Bernini, A. Gauarnaschelli, *Torricella Verzate-il comune, la chiesa e la via crucis*, Broni, 1987.
〈1992年〉
・C. Debiaggi, 'La diocesi di Novara, terra di Sacri Monti', in Aa.Vv., *Sacri Monti-devozione, arte e cultura della controriforma*, Milano, 1992, p. 399.
〈1995年〉
・Gli allievi della 5A gometri, 'Recupero dei beni architettonici-Santuario della Passione a Torricella V.', in *Faravelli Geometri*, n. 2, gennaio 1995, pp. 4-11.

サクロ・モンテ・ディ・モンタ
〈1975年〉

・V. Comoli Mandracci, ‘Sacri Monti e territorio in ambito piemontese e lombardo’, II parte, in *Cronache economiche*, n. 11/12, Torino, 1975.
〈1985年〉
・M. Novo, *Il Santuario dei Piloni*, Alba, 1985.
・F. Bevione, ‘Il Santuario dei Piloni’, in *gazzetta del roero* 7, 1985.
〈1989年〉
・F. Caresio, *I Sacri Monti del Piemonte*, Torino, 1989, pp. 274-275.
〈1990年〉
・M. Centini, *I Sacri Monti dell’arco alpino italiano*, Quaderni di cultura alpina 28, Ivrea, 1990, pp. 105-108.
〈1991年〉
・M. Novo, *Il Santuario dei Piloni. Montà (CN)*, Alba, 1991.

オラトリオ・ディ・サンタ・マリア・マッダレーナ（ノーヴィ・リグーレ）
〈1982年〉
・Giulio Ieni, *L’oratorio di S. Maria Maddalena a Novi Lugure*, Edizioni dell’Orso, Alessandria, 1982, p. 6, figura 3.
〈1997年〉
・Michel martin, *La Statuaire de la Mise au Tombeau du Crist des XVe et XVIe siècles en Europa occidentale*, Picard éditeur, Paris, 1997, pp. 341-357.

2
南チロルのカルヴァリオ（山）
〈1980年〉
・C. Debiaggi, *A cinque secoli dalla fondazione del Sacro Monte di Varallo. Problemi e ricerche*, Varallo, 1980, pp. 46-47.
〈1990年〉
・L. Andergassen, ‘Kalvaria am Kofel’, in P. Gleirscher *et al.*, in *Der Kofel in Kastelruth*, Kastelruth, 1990, SS. 47-95.
・E. Kühebacher, *Paesaggio culturale e artistico del territorio di San Candido*, San Candido, 1990, p. 51.
〈1991年〉
・J. Weingartner, *Die Kunstdenkmäler südtirols*, Band 2, Bozen, 1991.
〈1992年〉
・C. Debiaggi, ‘La diocesi di Novara, terra di Sacri Monti’, in Aa.Vv., *Sacri Monti. Devozione, arte e cultura della controriforma*, Milano, 1992, pp. 397-410.

参考文献

・L. Andergassen, 'Der Kultraum in der Peripherie. Filialkirchen und Kapellen', in A. Werth *et al.*, *Kirche in Kaltern. Geschichte, Kult und Kunst, Kaltern*, 1992, SS. 313-314.

〈1994年〉

・G. Conta, *I luoghi dell'arte. Oltradige e Bassa Atesia*, Vol. Ⅲ, Borgogno (Bolzano), 1994, pp. 159-160.

〈1996年〉

・S. Demetz, *Arte sacra nel territorio di San Lorenzo di Sebato*, Bolzano, 1996, pp. 26-30, pp. 34-41.

・L. Andergassen, *Eppan. Kunst-und Architektur-führer*, Eppan, 1996, S. 50.

〈1998年〉

・G. Conta, *I luoghi dell'arte. Bolzano, Media d'Adige, Merano*, Vol. I, Calliano (Trento), 1998, pp. 158-159.

・J. Weingartner, *Die Kunstdenkmäler südtirols*, Band I, Bozen, 1998, S. 410.

〈1999年〉

・G. Conta, *I luoghi dell'arte. Val Pusteria, Valli Ladine*, Vol. V, Ora (Bolzano), 1999, pp. 122-125, p. 171, p. 319.

〈2000年〉

・V. Mattevi, *La chiesa nella storia di Salorno*, s. d., 2000, pp. 269-273.

【著者略歴】

関根浩子（せきね・ひろこ）

1963年、埼玉県生まれ。崇城大学芸術学部美術学科教授。筑波大学大学院芸術学研究科博士後期課程修了後、同大学院博士特別研究員など公設・私設の研究員などを経て現職。専門は西洋美術・文化史（特にイタリア）、日本近代美術・文化史。訳書に『キリストの受難　十字架の道行き――心的巡礼による信仰の展開』（勉誠出版、2016年）、最近の論文に「日本における模造ルルド発生考――パリ外国宣教会の日本における再布教との関係から」（『崇城大学芸術学部研究紀要』、2014年）などがある。

サクロ・モンテの起源
――西欧におけるエルサレム模造の展開

2017年10月20日　初版発行

著　者　関根浩子
発行者　池嶋洋次
発行所　勉誠出版株式会社
〒101-0051　東京都千代田区神田神保町3-10-2
TEL：(03)5215-9021(代)　FAX：(03)5215-9025
〈出版詳細情報〉http://bensei.jp/

印刷・製本　太平印刷社
装丁　岡澤理奈
組版　トム・プライズ

ISBN 978-4-585-22188-3 C3022

キリストの受難
十字架の道行き
心的巡礼による信仰の展開

十字架の道行き信仰の発生と展開を探った、ベルギー人神父の論考を初邦訳。日本においてはほぼ皆無の「十字架の道行き」研究を切り開く、重要な一書。

ゼデルヘム著／関根浩子訳・本体三二〇〇円（＋税）

古代ローマの港町
オスティア・アンティカ研究の最前線

3Dレーザー測量や、考古学的調査、壁に記された文字の解読など、残された史料を復元し、古代ローマの都市の構造や人々の生活を明らかにする。

坂口明・豊田浩志編・本体一二〇〇〇円（＋税）

モノとヒトの新史料学
古代地中海世界と前近代メディア

コイン、土器、粘土板、パピルス、羊皮紙、ガラス、モザイク、石像、建築物など、言葉や図像を刻まれたメディアから地中海史を考察。

豊田浩志編・本体二七〇〇円（＋税）

世界神話伝説大事典

全世界五〇におよぶ地域を網羅した画期的大事典。一〇〇人を越える研究者が執筆。従来取り上げられてこなかった地域についても、最新の研究成果を反映。

篠田知和基・丸山顯德編・本体二五〇〇〇円（＋税）

世界神話入門

『世界神話伝説大事典』との姉妹編。世界中の神話を類型ごとに解説し、神話そのものの成立に関する深い洞察を展開する。世界神話を知るための最良の入門書がここに。

篠田知和基 著・本体二四〇〇円（＋税）

フルカラー　メディチ家の至宝
驚異の工芸コレクション

中国の工芸品や日本の武器・磁器・漆器にいたるまで、華麗なる一族の珠玉のコレクションを豊富なエピソードとともに紹介する。二五〇点を超えるフルカラー図版を掲載。

松本典昭 著・本体三二〇〇円（＋税）

ユーラシア諸宗教の関係史論
他者の受容、他者の排除

日本・中国から地中海・ヨーロッパにいたるユーラシア地域の諸宗教間の受容と排除の問題を歴史学、人類学、宗教学など多角的視点から探る。

深沢克己 編・本体六〇〇〇円（＋税）

書物学 第2巻　書物古今東西

世界三大宗教の思想を伝える書物をはじめ、アジア世界に生まれた擬似漢字による典籍、そして電子書籍まで、洋の東西を越え、古今の書物文化の海を航海する。

編集部 編・本体一五〇〇円（＋税）